本书为国家社会科学基金项目
2006年度国家一般课题"新中国成
与反思"的主要成果。课题编号：E

U0573687

当代中国教育转型的制度研究丛书

张乐天 等 著

XINZHONGGUO CHENGLI YILAI
NONGCUN JIAOYU ZHENGCE DE HUIGU YU FANSI

新中国成立以来
农村教育政策的回顾与反思

北京师范大学出版集团
BEIJING NORMAL UNIVERSITY PUBLISHING GROUP
北京师范大学出版社

图书在版编目(CIP)数据

新中国成立以来农村教育政策的回顾与反思/张乐天等著.—北京:北京师范大学出版社,2016.11(2022.7重印)
(当代中国教育转型的制度研究丛书)
ISBN 978-7-303-20251-5

Ⅰ.①新… Ⅱ.①张… Ⅲ.①乡村教育-教育政策-研究-中国-现代 Ⅳ.①G725

中国版本图书馆 CIP 数据核字(2016)第 059145 号

营 销 中 心 电 话 010-58807068

出版发行:北京师范大学出版社 www.bnupg.com
北京市西城区新街口外大街 12-3 号
邮政编码:100088
印 刷:北京虎彩文化传播有限公司
经 销:全国新华书店
开 本:787 mm×1092 mm 1/16
印 张:26.5
字 数:380 千字
版 次:2016 年 11 月第 1 版
印 次:2022 年 7 月第 4 次印刷
定 价:58.00 元

策划编辑:路 娜 责任编辑:路 娜
美术编辑:焦 丽 装帧设计:焦 丽
责任校对:陈 民 责任印制:马 洁

　　本书是国家社会科学基金项目"十一五"规划(教育学科)2006 年度国家一般课题"新中国成立以来农村教育政策的回顾与反思"的主要成果。课题编号：BGA060028

前　言

本书是国家社会科学基金一般项目"新中国成立以来农村教育政策的回顾与反思"的主要研究成果。这里，先对课题研究的基本情况做简要说明，并以之为前言。

一、研究目的、意义与内容

1. 研究目的与意义

新中国成立以来，中国共产党和中国政府高度重视农村教育，始终把推进农村教育发展作为国家教育发展乃至建设以人民为中心的社会主义国家的重大历史使命。为了推进和实现农村教育发展，党和政府一直坚持政策驱动和政策引领。数十年来中国农村教育的发展始终与政策的调整与变革紧密相随。新中国农村教育发展的巨大成就彰显着政策的巨大威力与作用。

本课题旨在对新中国成立以来的农村教育政策做一次系统的梳理（时间跨度是 1949—2010 年），并在梳理的基础上，对 60 年来农村教育政策变革的轨迹及其特征进行一次系统的回顾与分析，结合农村教育发展的实际反思农村教育政策的成效及其存在的问题，并对农村教育政策的进一步调整与变革予以思考和提出建议。

本课题研究的意义是：其一，本课题是对新中国成立以来农村教育政策进行系统的、综合的研究。尽管农村教育研究早已成为教育研究的重心，研究成果堪称丰硕，但从总体上看，对农村教育政策所进行的系统性和综合性的研究并不多见。在此意义上，本课题研究具有一定的独到性与创新性。其二，通过对新中国成立以来农村教育政策的系统回顾与反思，可以揭示农村教育政策变迁的轨迹与特点，分析农村教育发展中的政策经验与政策问题，为 21 世纪农村教育政策调整和制度创新提供资鉴。其三，本课题研究具有鲜明的本土化特点，是紧密结合中国特有的国情而对农村教育政策的研究，这对充实与丰富我国教育政策的理论与实践研究具有现实意义，也是对农村教育研究的一种新贡献。

2. 研究内容

（1）从纵向维度上，结合新中国成立以来社会发展的分期，把农村教育发展分为"前十七年"的农村教育、"文化大革命"时期的农村教育、改革开放以来的农村教育这三大阶段。在此基础上，对新中国成立以来的农村教育政策分时段进行梳理，揭示不同时期农村教育政策形成的背景和不同时期农村教育政策的目标与特征，进而揭示农村教育政策变迁的轨迹。

（2）从横向的维度上，对不同类别的农村教育发展与农村教育政策的关系进行分析。重点分析农村普及教育和义务教育发展与农村教育政策的关系、农村职业教育发展与农村教育政策的关系。与此同时，也分析农村学前教育、成人教育发展与农村教育政策的关系。

（3）通过对农村教育政策的系统梳理和农村教育发展与教育政策关系的考察，深入分析 60 年来我国农村教育发展的政策经验与政策问题。

（4）结合 21 世纪我国进一步发展农村教育的需要，探讨调整与继续变革农村教育政策的路径与方法。

二、研究假设与核心概念

1. 研究假设

本课题研究主要基于如下两种基本假设：

其一，农村教育发展是一种政策主导下的发展。新中国成立以来，农村教育的发展与教育政策密不可分，农村教育发展的每一步都深受教育政策的影响。不同时期的农村教育发展都有不同的政策要求与规定。数十年来我国农村教育的发展虽然受到种种因素的影响与制约，但最为重要的影响或制约因素莫过于教育政策。正是农村教育政策决定了农村教育的发展。

其二，从历史的视角看，农村教育政策既具有积极的影响，也具有消极的影响。由此，需要对农村教育政策进行审视或反思。理性地认识农村教育政策对促进农村教育政策变革和促进农村教育发展具有极为重要的意义。

2. 核心概念

本课题研究的核心概念是农村教育和农村教育政策。

（1）关于农村教育。农村教育是一种与城市教育相对应的概念。在我国学术界，对农村教育的概念有两种阐述。一是从地域的概念理解农村教育，即把农村教育理解为在农村中发生的教育。我国的农村一般是指县域范围内的不含县城的地区，主要是指县域内以从事农业生产为主的劳动者聚居的地方。从地域的概念看，农村教育一般是指县以下（不含县城）地区的教育，是指存在于乡镇、行政村或自然村落的教育。二是从功能的角度理解农村教育，即把农村教育理解为为农村建设和农村发展服务的教育。这样的农村教育，会超越农村地域的边界，泛指一切为提高农村人口素质进行的教育。本课题研究中的农村教育主要是指发生在农村和为农村人服务的教育。

从另一种角度看，农村教育也是一个动态发展的概念。一方面，新中国成立以来，我国农村处在不断变革之中。农村政治结构、经济结构和社会结构的变化使得农村教育结构发生变化。改革开放以来，我国农村变化加快，与此相适应的是我国城市化进程加快。城市化既是农村变化的一种趋向，也是推进农村变革的重要力量。农村变革既导致农村教育的变革，也包含农村教育的变革，在很大程度上也依赖于农村教育的变革。新中国成立以来的不同历史时期，农村教育的内涵与外延也有所不同。从总体上看，农村教育是一种外延不断缩小而内涵不断扩充与丰富的概念。

（2）关于农村教育政策。教育政策是一种公共政策。它是一个国家或政党为实现一定历史时期的教育任务而制定的有关教育的行为准则。教育政策从政策制定主体的角度可分为政党的教育政策、国家教育政策、社会团体的教育政策；从政策层次的角度可分为教育的总政策、教育基本政策和教育的具体政策；从政策效力范围的角度可分为全局性教育政策和局部性（或区域性）教育政策。

农村教育政策是指为促进农村教育发展所制定的基本或具体的政策。基本政策是指引领或推进农村教育发展的一些总体性政策，具体政策则是针对某一类别的农村教育发展或着眼于解决农村教育发展中的某些特定问题而制定的具有可操作性的政策。如农村义务教育政策、农村学前教育政策、农村职业教育政策、农村教育投入政策等。由于我国农村教育在国家教育发展中具有极为重要地位，因而农村教育政策是我国教育政策的重要组成部分，甚至是教育政策的重心。

本课题研究的农村教育政策，重点是新中国成立以来国家制定的有关推进农村教育发展的基本或具体政策。

三、研究背景

1. 课题研究的历史背景

本课题研究可视为一种历史研究，是对新中国成立以来农村教育政策的历史考察。这一研究是在一种特定的历史背景中展开的。新中国成立之后的 60 年，既是不断发展的 60 年，也是经历曲折和坎坷的 60 年。60 年农村教育政策烙下了社会变革的深深印记。对新中国成立之后社会发展分期的划分，本身是一种政策性划分。正是不同的社会发展政策导致社会发展的不同状态。同样，不同的农村教育政策也导致了农村教育发展的不同状态。

因此，对新中国成立以来农村教育政策的回顾与反思，其本身作为一种历史研究，无疑需要立足于当时的历史背景，需要结合历史背景进行研究。农村教育政策是国家教育政策的重要组成部分，而国家教育政策与国家政治政策、经济政策、科技政策和文化政策等密切相连，它们共同构成国家政策系统。无论是国家教育政策还是教育政策中的农村教育政策都不可能孤立地存在，都是为了适应或反映出国家政治经济建设及教育自身建设的时代要求。正是在这种意义上，对农村教育政策的历史研究必然蕴含着研究背景的历史性。

2. 课题研究的现实背景

　　进入 21 世纪以来，我国经济和社会发展进入一个新的历史时期。建设社会主义新农村，一方面是加速推进我国现代化进程的需要；另一方面也是基于"三农"问题的严重性，基于改革开放以来我国城乡经济社会获得很大发展但城乡发展的差距依然存在甚至差距仍在扩大的现实而提出。新时期我国农村发展需要与时俱进，需要赋予新的内涵和显现新的特征。

　　建设社会主义新农村，自然需要进一步发展农村教育。进一步发展农村教育不仅是新农村建设的重要内容与任务，同时也是推进新农村建设的最重要的力量。因为新农村建设需要以人为本，全面提高农村人口素质，大力开发农村人力资源本身是新农村建设的重要目标。为了促进新时期农村教育的发展，2003 年 9 月，国务院发布了《关于进一步加强农村教育工作的决定》。这是新世纪以来我国做出的关于加强农村教育工作的重要政策。而在进入新世纪的十余年时间内，我国先后出台了一系列引领和支持农村教育发展的教育政策，为农村教育发展构建了新的政策环境，也使农村教育发展面临新的时代背景。

　　正因为新世纪以来我国农村教育发展受到新的重视与关注，有了新的政策要求与目标，同时也因为农村教育在继续发展的过程中，不仅受惠于政策的支持与激励，同时也遇到新的政策问题与困惑，有鉴于此，切实加强对农村教育政策的研究便是教育研究者的重要使命。

四、研究的基本思路与方法

1. 研究的基本思路

　　本课题研究是对新中国成立以来农村教育政策进行一种整体性研究。这里的农村教育政策，如前所述，是指国家颁布与实施的一系列引领和作用于农村教育发展的教育政策。课题研究主要从两个维度展开：一是从纵向的维度，即从新中国成立以来社会发展历史分期的角度，对农村教育政策进行一种历时性考察。60 年中国社会发展整体上分为三大时期：新中国成立后的前 17 年（1949—1966 年）、"文化大革命"时期（1966—1976 年）、改革开放新时期（1977 年之后）。这是比较常规的分期方式。当然，在这三大时期中，每一时期又可分为不同的阶段。例如，前 17 年又可分为"过渡时期"和"全面建设社会主义时期"这样两个阶段。改革开放之后的 30 多年，也可分为几个阶段。本课题研究重在从大的分期视角考察农村教育政策的演变。即主要考察"前十七年"的农村教育政策、"文化大革命"中的农村教育政策和改革开放后的农村教育政策。而在具体考察每一大的历史时期的农村教育政策时，兼顾到不同时期的阶段性。二是从横向的维度对农村教育政策进行回顾与分析。这里的横向维度，意指从不同类别的农村教育发展的维度考察农村教育政策。在横向维度上，本课题结合农村教育发展的实际，重点考察农村学前教育政策、农村义务教育政策、农村职业教育政策、农村成人教育政策。无论是从纵向的维度还是从横向的维度，课题研究均按照如下思路进行：政策演变——政策特征分析——政策成效分析——政策问题分析。通过对 60 年来农村教育政策的回顾，总结政策成效与经验，分析政策问题，对农村教育政策的继续变革提出思考与建议，这是贯穿本课题研究的基本思路与目标。

2. 主要研究方法

本课题研究主要采用文献研究法、历史研究法和案例研究法进行。

文献研究法主要指搜集、鉴别、整理文献，并通过对文献的研究，形成对事实科学认识的方法。本课题研究主要通过查阅、梳理和分析教育政策文献进行。依据的主要政策文献是历年的《中国教育年鉴》、何东昌主编的《中华人民共和国重要教育文献》（海南出版社，1998）、相关农村教育政策文献汇编或选编等。与此同时，也对已有的关于农村教育政策研究的文献进行梳理和分析。

历史研究法是运用历史资料，按照历史发展的顺序对过去事件进行研究的方法。亦称纵向研究法。本课题研究依据的文献大多是历史文献。对新中国成立以来的农村教育政策的研究也主要按照历史发展的顺序进行。

除了以文献研究法和历史研究法进行研究外，本课题的一些专题研究还结合案例研究进行。

五、关于本书的撰写

本书是课题组共同研究的成果。课题研究负责人张乐天对全书进行统一设计，并撰写了主要章节。课题组的一些主要成员参与了撰写。全书共分10章，并附上3个典型案例和60年来农村教育重要政策目录。执笔情况如下：张乐天：前言、第一章、第三章、第十章；张胜军：第二章、第七章、案例1；王正惠：第四章；邵泽斌：第五章；彭华安：第六章；刘孙渊：第八章；魏峰：第九章；任安民：案例2；李遥望：案例3；李平：附录——农村教育政策重要文献目录。

予以说明的是，由于本课题是对农村教育政策的一种历史研究，时间跨度为1949年至2010年，故未对新时代农村教育的新发展及其与政策的关系进行研究。我们深知，进入新时代，在习近平新时代中国特色社会主义思想的引领下，中国农村教育发展进入了新的阶段，农村教育政策又有了新的调整与变革，这恰恰为课题的后续研究提出了新的要求与任务。

目　录

专 题 篇

反思篇

案例篇

历史 篇

第一章　新中国"前十七年"农村教育发展的政策考察

新中国成立之后的"前十七年"（即 1949 年至 1966 年无产阶级"文化大革命"爆发之前），是中国社会发展的重要时期。在这一时期内，中国社会发展经历了"从新民主主义向社会主义过渡"和"开始全面建设社会主义"的两个阶段。17 年间，中国的教育事业和社会其他各项事业一样有了新的起步与发展。而在教育事业的发展中，农村教育的发展成为新政权关注的重心，成为新中国教育发展乃至国家建设的重要任务与目标。17 年间，中国农村教育事业是在一系列新的政策的驱动与指引下而不断向前发展。17 年农村教育政策运行具有其鲜明的特征。17 年农村教育的发展烙下了教育政策的鲜明印记。

一、"前十七年"农村教育发展的政策制定与政策引领

"前十七年"我国农村教育的发展深受教育政策的作用与影响，鲜明地体现出政策的驱动与指引。这里，我们追寻农村教育的发展轨迹，对 17 年指引农村教育发展的重要政策予以阐述。

1.《中国人民政治协商会议共同纲领》中国家文化教育政策的制定和"教育为工农服务，为生产建设服务"方针的确立使新中国教育的发展有了新的明确的政策指向，也使中国农村教育发展成为国家教育发展的重要政策目标和政策任务。

新中国成立前夕，为了国家的筹建，1949 年 9 月 21 日至 30 日，中国人民政治协商会议召开。会议通过了《中国人民政治协商会议共同纲领》（以下简称《共同纲领》），这一纲领具有临时宪法的作用。《共同纲领》首先对国体、政体进行了规定，指出："中华人民共和国为新民主主义即人民

民主主义的国家，实行工人阶级领导的、以工农联盟为基础的、团结各民主阶级和国内各民族的人民民主专政，反对帝国主义、封建主义和官僚资本主义，为中国的独立、民主、和平、统一和富强而奋斗。""中华人民共和国的国家政权属于人民。人民行使国家政权的机关为各级人民代表大会和各级人民政府。"《共同纲领》也明确规定了国家的文化教育政策："中华人民共和国的教育为新民主主义的，即民族的、科学的、大众的文化教育。人民政府的文化教育工作，应以提高人民文化水平、培养国家建设人才、肃清封建的、买办的、法西斯主义的思想、发展为人民服务的思想为主要任务。""有计划有步骤地实行普及教育，加强中等教育和高等教育，注重技术教育，加强劳动者的业余教育和在职干部教育，给青年知识分子和旧知识分子以革命的政治教育，以应革命工作和国家建设工作的广泛需要。"①

基于《共同纲领》的文化教育政策，新中国成立初期，国家确立了"教育为工农服务，为生产建设服务"的方针。时任教育部副部长钱俊瑞于1950年在《人民教育》第1卷第1、2期上发表了题为"当前教育建设的方针"一文，明确指出"为工农服务，为生产建设服务，这就是当前实行新民主主义教育的中心方针。离开这个方针，我们就会出偏差，就会犯错误。"②

从《共同纲领》对国家政权性质和文化教育政策的规定中，从新民主主义教育方针的确立，我们可以深切地认识到其所蕴含的对大力发展农村教育的政策要求。它奠定了农村教育在国家教育发展中的重要的地位，也为农村教育的发展指明了方向。之所以如此认识，是因为在新中国成立之时，农村人口是人民的主体。仅以1952年的全国城乡人口构成为例，时年全国总人口为57482万人，城镇人口为7163万，乡村人口50319万，乡村

---

① 《中国人民政治协商会议共同纲领》，载《新华月报》第1卷，1949 (1)。
② 华东师范大学教育系教育学教研室编：《教育学参考资料》，103页，北京，人民教育出版社，1980。

人口占全国总人口的 87.54%。[①] 因此，发展民族的、科学的、大众的文化教育，提高人民的文化水平，自然不能不着眼于发展农村人口的教育。正因为着眼于农村人口的教育需要，才有了新民主主义的文化教育政策。舍弃农村人口的文化教育，又何有"科学的、民族的、大众的"教育可言？教育为工农服务，为生产建设服务，则更明确地表达了发展农村教育的政策要求。"正因为工农是国家的主体，而现阶段工农又最缺乏文化，因此我们必须首先用主要的力量给工农以教育。"[②] 教育为工农服务，为生产建设服务体现了新中国教育方针的根本转向，它使工农的教育成为教育的重心，因而也使农村教育的发展成为整个国家教育发展的重心。

2. 实行学制改革，以利于劳动人民及其子女尤其是农民及其子女能够充分享有受教育的权利与机会。1951 年 8 月，政务院发布的《关于改革学制的决定》体现了新中国成立初期国家教育制度的重要变革与创新。学制改革是针对旧中国的学制进行的。旧学制存在多种弊端，而其主要弊端之一是劳动人民在旧中国的文化教育上没有权利、没有地位，特别是农民及其子女不能享有受到完全的初等教育的机会。正是为了使劳动人民及其子女，特别是农民的子女能享有受教育的权利和机会，才有了新中国成立之初的学制改革。正如《中央人民政府政务院关于改革学制的决定》中指出："我国原有学制（即各级各类学校的系统）有许多缺点，其中最重要的，是工人、农民的干部学校和各种补习学校和训练班，在学校系统中没有应有的地位；初等学校修业六年并分为初高两级的办法，使广大的劳动人民子女难于受到完全的初等教育；技术学校没有一定的制度，不能适应培养国家建设人才的要求。这些缺点亟须改正。在目前，全国学制的完全统一虽然还有一些困难，但是确定原有的和新创的各类学校的适当地位，改革各种不合理的年限与制度，并使不同程度的学校互相衔接，以利于广大劳动人民文化水平的提高，工农干部的深造和国家建设事业的促进，却是必要

---

① 中国教育与人力资源问题报告课题组：《从人口大国迈向人力资源强国》，526 页，北京，高等教育出版社，2003。
② 钱俊瑞：《当前教育建设的方针》，见何东昌主编：《中华人民共和国重要教育文献》，17 页，海口，海南出版社，1998。

的和可能的。"① 正是针对原有学制的弊端,新学制建立起了幼儿教育、初等教育、中等教育和高等教育四级学校教育系统。在初等教育中设立小学,对儿童进行初等教育;设立青年成人初等学校、业余初等学校和识字学校,对自幼失学青年和成人进行初等教育。在中等教育中,设立多种形式的中等学校,包括中学、工农速成中学、业余中学和中等专业学校,同时还设立新的师范学校。这次学制改革,体现了为工农服务的根本宗旨。这是新中国教育制度建设也是教育政策建设上的一件大事,对新中国农村教育的发展,尤其是对农村基础教育发展,带来了重大而深远的影响。"在新学制中,工人、农民的干部学校和各种训练班,补习学校取得了应有的地位;小学实行五年修业的一贯制,取消初小和高小两级修业的分段制,便利于广大劳动人民尤其是农民的子女能够受到完全的初等教育;各种为培养国家建设人才所急需的技术学校被列入正规的学校教育关系之内,并建立了必要的制度;各种学校教育在整个教育系统中都能够互相衔接,从初等教育到高等教育,形成了人民教育的一条康庄大道。"② 学制改革决定的颁布,是新中国教育制度建设也是教育政策建设上的一件大事,使新中国教育的发展有了新的方向,也为新中国教育的发展奠定了制度基础。新学制为广大农村人口,特别是为农民子女接受基础教育提供了制度保障。

3. 制定发展初等教育和师范教育的具体政策以促进农村教育的发展。初等教育是人民教育的基础。新中国初等教育的大头在农村,大力发展初等教育本身就意味着大力发展农村教育。为实现初等教育在全国范围内尤其是广大农村地区的发展,国家先后制定了一系列具体政策措施,提出了具体目标与要求。例如,1951 年 8 月,教育部召开了第一次全国初等教育及师范教育会议,明确提出大力发展初等教育的目标,要求从 1952—1957 年,争取全国平均 80％的学龄儿童入学,从 1952 年开始,争取 10 年内基本上普及小学教育。1956 年,国家制定了《十二年国民教育事业规划纲要》,要求"普及义务教育,使新生一代受到国民必须受的教育,成为社会

---

① 袁振国:《中国当代教育思潮》,6 页,上海,三联书店上海分店,1991。
② 社论:《为什么必须改革学制?》,载《人民日报》,1951-10-03。

主义社会全面发展的成员。同时在普及义务教育的基础上大力发展中学，以进一步提高青年一代的文化水平。"并要求"7 年内在全国基本普及义务教育：在一般的城镇和条件较好的农村普及完全小学教育，在条件较差的农村先普及初级小学教育，在直辖市、省会和主要工业城市基本上普及初中教育。"① 而在如何推进农村初等教育的发展上，国家制定的具体政策措施主要是：其一，努力发展农村公立小学。新中国成立前，农村学校稀少，开设的学校主要是私塾，公立学校实为鲜见。新中国成立后，一方面接管和改造旧政权的教育机构；另一方面逐步增设新式教育机构。在农村则表现为增设新式公立小学。公立小学主要由县级政府规划设立，并负责选派教师和发放教师的工资。其二，在设立公立小学的同时，也积极鼓励农村兴办民办小学，以应农村初等教育发展之需要。农村民办小学主要由农村社队举办，教师由社队聘请，教师也称为民办教师，其年薪报酬由社队解决。20 世纪 50 年代至 60 年代初期，农村类似于私塾的办学形式也在政策上允许存在。这是由农村有学龄儿童的家庭自发联合起来聘请教师，由农民家庭集资供给教师的报酬。这样的学校实则是另一种形式的民办学校。在 20 世纪 50 年代后期至 60 年代初，这类学校的存在受到政策限制，逐步由社队举办的学校取代。其三，实行多种形式办学。1952 年国家颁发试行的《小学暂行规程（草案）》中规定：各地为适应特殊需要，得举办二部制的小学、季节性的小学、半日制的小学和巡回制的小学，或酌设早、晚班。1953 年《政务院关于整顿和改进小学教育的指示》予以发布，进一步强调多种形式办学，要求办好乡村完全小学和中心小学，除办正规的乡村小学外，还可办分散的非正规的乡村小学，如半日班、早学、夜校之类。这些有关发展农村初等教育和普及小学教育具体政策目标和政策措施的提出与实施，有效地导引着农村初等教育的发展。

在制定大力发展初等教育政策之时，国家也制定出努力发展师范教育和提高教师质量的政策。在第一次全国初等教育及师范教育会议上，确立了要为培养百万人民教师而奋斗的目标，明确师范教育的工作方针是正规

---

① 何东昌：《中华人民共和国重要教育文献》，550～551 页，海口，海南出版社，1998。

师范教育和大量短期训练相结合。这一师范教育工作的目标与方针，在很大程度上，是着眼于为农村初等教育的发展培养与培训教师。正是这样，新中国成立初期，国家通过大力发展中等师范学校和举办短期师资训练班相结合的方式以为初等教育尤其为农村初等教育的发展培养大量需要的师资。1953 年后，随着高等学校院系调整计划的施行，我国确立了独立的师范教育体系。在独立的师范教育体系中，中等师范教育占有重要的地位，其主要担负着为国家初等教育的发展培养师资的任务。新中国成立的前 17 年，我国独立师范教育体系的确立和中等师范教育的发展为新中国农村初等教育的发展作了可贵的贡献。

4. 通过政策制定，引领农民业余教育和扫除文盲教育的开展。1950 年 12 月，教育部发布了经政务院批准的《关于开展农民业余教育的指示》（以下简称《指标》）。《指示》指出，有计划、有步骤地开展农民的业余教育，提高农民的文化水平，是当前我国文化建设上的重大任务之一。《指示》要求农民业余教育继续以冬学形式为主，并可采取集中与分散相结合的方式进行，同时实行"以民教民"的方针。《指示》还要求农民业余教育工作应由各级人民政府教育部门领导，其他有关机关及人民团体协助。在《指示》精神及相关政策的指引下，新中国成立初期，农民业余教育受到各级政府的重视，有了新的发展。1954 年，教育部召开了第一次全国农民业余文化教育会议，进一步明确了农民业余教育的方针和任务。

进入 20 世纪 50 年代中期，我国农村的农民教育被赋予新的重要使命。全国范围内大力开展的扫除文盲运动将农村的扫盲工作提到前所未有的重要议事日程。1956 年 3 月，中共中央、国务院联合发布了《关于扫除文盲的决定》（以下简称《决定》），指出："在全国范围内积极地有计划有步骤地扫除文盲，使广大劳动人民摆脱文盲状态，具有现代的文化，这是我国文化上的一个大革命，也是国家进行社会主义建设中的一项重大的政治任务。"[①]《决定》要求，从 1956 年开始，必须密切结合国家的社会主义工业化和农业合作化的发展，在工农群众中大力开展识字教学。要求各地按照

---

① 袁振国：《中国当代教育思潮》，17 页，上海，三联书店上海分店，1991。

当地情况，在 5 年或者 7 年内基本上扫除文盲。鉴于中国以农业人口为主体的国情，全国扫盲工作的重心与难点都在农村。农村扫除文盲的任务特别艰巨，这就要求各地组织更多更大力量来进行这方面的工作。大张旗鼓地在农村开展扫盲运动，成为 20 世纪 50 年代中期中国农村教育发展也是农村社会发展的壮观景象。为了推进农村扫盲工作，1959 年 5 月，中共中央、国务院专门发出了《关于在农村中继续扫除文盲和巩固发展业余教育的通知》（以下简称《通知》）。《通知》规定："必须继续鼓足干劲，在农村中开展扫盲运动，采取各种切实有效的办法，利用一切有利时机，组织尚未摆脱文盲状态的农民参加识字学习，形成群众的学习高潮。其中应特别抓紧青年壮年和基层干部的扫盲工作。"[1]《通知》还规定农村的扫盲工作必须走群众路线，必须和农民的业余教育、和农村生产以及中心工作密切结合起来。1959 年 12 月和 1960 年 1 月，教育部为深入贯彻执行中央《通知》精神，分别召开了全国农村扫除文盲工作电话会议和农村扫盲工作经验交流会。农村扫盲工作在一系列政策的指引下大力向前推进。

　　5. 制定创办与发展农业中学的政策，以为农村培养具有一定农业生产知识的初级技术人才。农业中学的创办一方面与农村初等教育的较大发展有关；另一方面与农业生产"大跃进"有关。由于普通初中设置较少，大量的小学毕业生不能升学，而他们成为农业劳动者又缺乏一定的农业生产知识。鉴于这种状况，20 世纪 50 年代中期，在一些农村地区，一种由农民群众集体举办的农业中学开始出现。这种办学形式很快得到从地方到中央的肯定。1958 年 4 月，《人民日报》发表了《大力发展民办农业中学》的社论。社论指出："大量发展民办农业中学，对于满足广大农民学习科学文化的强烈要求和小学毕业生升学的要求，有重大的作用"，并指出农业中学是培养学生全面发展的教育形式之一，农业中学是职业中学的一种主要形式。[2] 1959 年 11 月，中共中央批转江苏省教育厅、共青团江苏省委关于赣榆县夹山农业中学的调查报告。批示指出：农业中学是一种重要的中等学

---

①　《中国教育年鉴（1949—1981）》，898 页，北京，中国大百科全书出版社，1984。
②　《教育社论选辑（1941—1959）》，320～322 页，北京，北京师范学院教育教研室，1959。

校，多办一些农业中学，并把它们办好，是农村工作中也是教育工作中的当务之急。① 自此，发展农业中学进一步成为一种政策要求。

6. 适应社会主义建设的需要，确立了党的教育方针，并确立了教育"大跃进"的发展目标，以此推进农村教育更快速地发展。1958 年 9 月 20 日，《人民日报》发表了《中共中央国务院关于教育工作的指示》，这是新中国进入全面建设社会主义时期的一部极为重要的教育政策文献，影响十分深远。在这部重要的教育政策文献中，明确提出"党的教育工作方针，是教育为无产阶级的政治服务，教育与生产劳动相结合；为了实现这个方针，教育工作必须由党来领导。"在这一重要政策文献中，体现了对教育如何为无产阶级政治服务，如何与生产劳动相结合的政策部署。在此基础上，又确立了教育事业"大跃进"的发展目标："全国应在三年到五年时间内，基本完成扫除文盲、普及小学教育、农业合作社社社有中学和使学龄前儿童大多数都能入托儿所和幼儿园的任务。应当大力发展中等教育和高等教育，争取在十五年左右的时间内，基本上做到使全国青年和成人，凡是有条件的和自愿的，都可以受到高等教育。我们将以十五年的时间来普及高等教育，然后再以十五年左右的时间来从事提高的工作。"② 正是党的教育方针的确立和教育"大跃进"的发展目标的提出，使国家教育发展其中包含农村教育的发展有了新的方针的指引，同时有了新的政策的驱动。而对于农村教育来说，扫盲教育、普及小学教育和学前教育有了加快发展的政策要求。农村教育的"大跃进"与农村经济建设"大跃进"及农村人民公社化运动相应和，共同构成了新中国成立后农村社会主义建设的新高潮。

7. 农村教育发展的政策调整。1958 年至 1960 年 3 年间，"大跃进"运动在全国轰轰烈烈地展开，但这场席卷全国的"大跃进"运动，并没有真正带来国家经济的大发展，它只不过是使得高指标、瞎指挥和浮夸风甚嚣尘上。就在"大跃进"的 3 年间，新中国的农村经济出现了严重滑坡，发

---

① 《中国教育年鉴（1949—1981）》，180 页，北京，中国大百科全书出版社，1984。

② 华东师范大学教育系教育学研究室编：《教育学参考资料》，44 页，北京，人民教育出版社，1980。

生了严重的饥荒。到了 1960 年冬，鉴于"大跃进"运动带来的严重后果，中央政府开始纠正农村工作中的"左倾"错误，并且决定对国民经济实行"调整、巩固、充实、提高"的方针。在此背景下，农村教育工作也开始进行调整。1961 年 2 月 7 日，在中央批转的中央文教小组《关于 1961 年和今后一个时期文化教育工作安排的报告》中认为，教育工作存在着多占用了农村一部分劳动力，质量的提高跟不上数量发展的状况。根据八字方针的要求，今后一段时间内要节约劳动力支援农业生产。"在今后三五年内，农村十六岁以上的在校学生占农村全部劳动力的比率，应该控制在百分之二左右。继续处理小学和初中的超龄生。中学和小学一般都不应该招收超龄生。中学和农业中学的在校人数，应该加以控制。农村学校的学习、劳动和假期，要适应农事的需要和忙闲。在目前情况下，农村全日制中学和高小可以根据当地劳动力的需要情况，全部或者一部分改为每年一半时间学习、一半时间回生产队劳动。农业中学应该改为业余学校，或者利用农闲季节一年学习三个月到五个月，其余的时间回生产队劳动。农村中各类学校的教学计划和教材要力求适合农村的特点。扫盲、业余教育和业余文化、体育活动，必须不影响群众的生产和休息，农闲多办，农忙少办，大忙不办。"[①] 与此同时，要求农村全日制中小学要适当压缩规模、调整布局。在 1961 年至 1965 年的这段时期内，我国教育事业整体上都在贯彻"调整、巩固、充实、提高"的八字方针，教育发展的规模和速度受到控制，重视教育质量的提高，这种调整式的教育政策对 20 世纪 60 年代前半期农村教育的发展产生着影响。

二、"前十七年"农村教育政策的运行特征

"前十七年"农村教育的新发展与国家实施一系列指向农村教育发展的教育政策相联系。17 年指引农村教育发展的教育政策在运行的过程中也鲜

---

① 何东昌主编：《中华人民共和国重要教育文献》，1028 页，海口，海南出版社，1998。

明地表现出其自身所特有的性质与特征。对"前十七年"农村教育发展的政策考察，我们可以在追踪教育政策演进的基础上，进一步聚焦于农村教育政策运行特征的分析。因为这一时期农村教育的发展，包括它的数量发展、规模发展、形式与类别的发展及其发展速度和发展质量等，都不仅仅取决于有了政策的制定与颁布，更重要地取决于政策的运行与实施。恰恰是农村教育政策特有的运行方式与特征造成农村教育的特有发展。换言之，"前十七年"农村教育发展的历程与发展状况深深地烙下了政策运行的印记，是与政策所确定的发展路径和发展方式相一致的。

对"前十七年"农村教育政策运行特征可以进行多维度的分析，这里先将这一时期农村教育政策运行的总体特征概述为：革命式、运动式和"两条腿走路"，然后对每一特征进行具体分析。

1. 革命式。所谓革命式，是指用革命的方式或革命的办法发展农村教育。"用革命的办法办好人民教育"是"前十七年"国家发展教育的重要方式。它不仅成为一种重要的政策宣示与政策号召，更成为一种重要的政策行动。1951年，时任教育部党组书记、副部长钱俊瑞在第一次全国初等教育与师范教育会议上所作的题为"用革命的办法办好人民教育"的总结报告中对"革命办法"有过清晰的阐释，他说："什么叫革命办法？革命办法的基本特点就在于它根据事物发展的规律，首先是根据旧东西必然衰亡和新东西必然生长的发展规律办事；就在于根据一切困难本身包含着克服困难的因素，克服困难的过程就是自身力量壮大的过程这一规律，而能不怕一切困难，并有克服一切困难的决心和勇气；就在于全心全意为着人民群众的利益，并且坚决地依靠群众，实行群众路线，来进行自己的工作；就在于决不自满自足，而能经常警惕，不断地进行自我批评；就在于对一切新鲜事物具有敏锐的感觉，具有高度的创造精神；就在于把自己的工作与当前革命与建设的总任务正确和密切地联系起来，而决不闭关自守地坐井观天地进行工作。"① 从这段对"什么叫革命办法"的阐释中，我们不难理解"革命办法"的意涵。

---

① 何东昌主编：《中华人民共和国重要教育文献》，113页，海口，海南出版社，1998。

"用革命的办法办好人民教育"本身寓含着要办好或发展农村教育。因为农村教育是人民教育中极为重要的组成部分，不能设想舍弃发展农村教育而能办好人民教育。发展农村教育体现了新中国教育的"革命"，这是新中国社会发展必然要求生长与发展的一种新教育。而这种新教育的发展又是仅仅地依靠"革命的办法"进行。用革命的办法办农村教育客观地成为"前十七年"发展农村教育最基本的、也是主要的方法，因而也成为这一时期农村教育政策运行的重要特征。具体而言，用革命办法办农村教育主要体现在：其一，用艰苦奋斗的精神办农村教育。新中国成立初期，中国农村仍处于积贫积弱之状态，国家虽然重视农村教育的发展，但对发展农村教育所给予的财政支持在总体上看还很有限，这决定了要用艰苦奋斗的精神办农村教育。17年间，中国农村教育的发展，体现了艰苦奋斗精神的主导与弘扬。克服困难、因陋就简、勤俭办学成为风尚。这可以用无数农村初等教育发展的案例予以说明。其二，发动群众、依靠群众办农村教育。走群众路线是革命办法的精魂所在。17年间用革命的办法办农村教育突出地体现为发动群众、依靠群众办农村教育。这主要是指依靠农村集体和农民自身的力量办农村教育。"各市、县人民政府应根据群众需要与自愿的原则，提倡群众办学。如发动群众出工、出料、出钱修建校舍、添置校具、解决公杂费开支、聘请教师等。"① 在群众中蕴藏着兴办教育的积极性，政策的作用是调动这种积极性。17年间农村教育发展的过程是不断地运用政策的力量以调动农民兴办教育的过程，由此也彰显着用革命的办法办农村教育的意义。其三，将发展农村教育与国家的政权建设和文化建设密切联系起来，把发展农村教育视为重要的政治任务。"前十七年"推进农村教育发展的教育政策具有明确的政治性，它诉诸农民的翻身解放，是社会主义制度优越性的必然要求。实施农村教育政策的过程实质上是把握政治方向、履行政治任务的过程，是衡量与检验革命性的过程。这也是农村教育政策运行中"革命式"特征的突出体现。

2. 运动式。"运动式"是"前十七年"农村教育政策运行的另一重要

---

① 何东昌主编：《中华人民共和国重要教育文献》，110页，海口，海南出版社，1998。

特征，其与"革命式"相依相随，可视为革命式的一种变奏。在"前十七年"的社会发展中，"运动"成了那个时代的主题词，它往往附上"革命"的前缀，即称为"革命运动"。一个又一个"革命运动"连接起那样一种特有的时代。在那样一种特有的时代中，教育事业的发展也同样凸显着"运动式"。一方面，国家宏观上通过政策设计的"革命运动"或"政治运动"必然影响甚或支配着教育的发展；另一方面，教育事业又有其自身特有的通过政策设计的"运动式"，即在教育中兴起与推进的"运动"。

"前十七年"农村教育的发展也鲜明地体现出"运动式"地发展。首先，十七年农村教育的发展与在农村所推进的一系列的"革命运动"相联系，即与农村土地改革运动、农业合作化运动、"大跃进"运动、人民公社化运动及其后来的农村经济政策的调整相联系。这些运动构成农村教育发展的时代背景，同时也深刻地影响着农村教育的发展。例如，农村经过土地改革之后，划分了阶级成分，这使得农村教育发展需要特别强调为贫下中农及其子女服务。另外，农村教师中若教师本人属于剥削阶级的成员，则需要逐步被清理出教师队伍。剥削阶级家庭出身的子女是农村教师者也需要接受革命的改造。其次，十七年农村教育的发展与整个国家教育事业的"运动式"发展相联系。突出表现是：新中国成立初期国家对旧教育的接管与改造也包含对农村旧式教育的改造，20世纪50年代中期国家大力开展的扫盲教育运动是以农村的扫盲为重要内容与目标；50年代中后期兴起的教育"大跃进"运动也包含农村教育的"大跃进"，60年代初期开始的教育调整包含农村教育的调整。从另一种角度看，"前十七年"中国教育的"运动式"发展在很大程度上着眼于农村教育的发展，或指向农村教育的发展。而农村教育的"运动式"发展则成为中国教育"运动式"发展的重要体现与标志。

3. "两条腿走路"。"两条腿走路"是"前十七年"国家基础教育办学的重要方针，更是农村教育办学的重要方针。所谓"两条腿走路"，是指国家办学与厂矿企业、社队办学相结合。这是同时作为社会主义公有制教育的两种办学形式。"前十七年"中国农村教育的重心是发展与普及小学教育，而农村小学教育的发展则是紧紧地依托于"两条腿走路"。一方面，随着新中国的成立，国家从发展"民族的、科学的、大众的"教育出发，从教育为工农服务出发，努力在农村设立公办小学，即由教育部门代表国家在农村设立国有学校。1950年后，这类学校在中国农村大地不断崛起，它成为社会主义国家农村教育发展的重要载体，成为农村教育新发展的重要标志。另一方面，鉴于国家当时的经济社会发展状况，也鉴于群众中蕴藏着巨大的兴办教育的积极性与热情，国家在努力发展农村公立小学的同时，也在农村实行鼓励群众办学的政策。这一政策从1950年提出，其间稍经曲折，到20世纪50年代中期得到进一步的肯定与坚持。1957年正式公布的《1956—1967年全国农业发展纲要（修正草案）》中指出：农村办学应采取多种形式，除了国家办学以外，必须大力提倡集体办学，允许私人办学，以便逐步普及小学教育。"1958年9月19日，中共中央、国务院《关于教育工作的指示》，把小学教育的发展方针概况为：在同一的目标下，国家办学与厂矿、企业、农业合作社办学并举。并于同年5月在印发教育工作的10个文件的通知中，又进一步概括为两条腿走路的方针。"[1] 正是在"两条腿走路"的方针的指引下，"前十七年"中国农村教育有了国家办学与集体办学的共同发展，有了公立学校与民办学校的共同发展，由此组合成推进农村基础教育不断向前发展的大潮。"两条腿走路"也成为"前十七年"农村教育政策运行的最为突出的特征。

三、"前十七年"农村教育政策的成效

"前十七年"是中国农村教育处于前所未有的新发展时期，这与国家颁布与实施一系列大力推进农村教育发展的教育政策相关。"前十七年"农村教育政策的积极作用与成效具有多方面的表现，兹列述如下。

1. 由于国家文化教育政策的制定和为工农服务的教育方针的确立，使得农村教育，即农民及其子女的教育有了新的政策与制度保障。教育政策

---

[1] 《中国教育年鉴（1949—1981）》，123页，北京，中国大百科全书出版社，1984。

的制定与实施使农村人口，无论是成人还是儿童都享有受教育的权利，或者说，正是教育政策赋予农村人口受教育的权利。仅此而言，教育政策所具有的积极意义及其产生的正面效应是值得高度肯定的。数千年的中国农村，虽然也曾有重视教育的传统，但却从来没有像新中国成立初期这样，将在全体农村人口中推进普及教育和开展扫盲教育作为一种制度安排和政策要求。着意于推进农村教育发展的教育制度的设立和相关教育政策的制定与实施本身体现了教育制度和政策建设的一种特色与亮色，这是新中国教育制度对于旧中国教育制度的重大改造与变革，其本身也体现了教育制度与政策变革的成效。而其更突出的成效是使农村人不仅成为教育的对象，也成为教育的主人，或通过接受教育成为社会的主人。"前十七年"的农村教育政策也由此成为国家教育政策的主题和重心。农村教育在新中国教育事业发展中所具有的重要地位在教育政策中得以奠定与确立，这是中国以往任何时代都无法比拟的。

2. 农村教育政策的实施，有效地促进了农村小学教育的规模扩展，同时也促进了农村小学办学形式的变革。1949 年前的中国，战乱频仍，农村凋敝，农村教育的发展处于十分落后的状况。新中国成立后，随着新的教育政策的确立，农村教育很快得到发展。这首先表现在农村小学教育的发展上。"1949 年有小学校 34.68 万所，在校生 2439.1 万人，1952 年发展到 52.7 万所，在校生 5110 万人，比 1949 年分别增长 51.9% 和 1.1 倍；学龄儿童入学率，1949 年分别为 20% 左右，1952 年上升为 49.2%，提高了 1 倍多，超过了国民党统治时期的最高水平（最高为抗日战争前的 40%）。工农子女已占小学在校生总数的 80%。"[1] 而到了 1957 年，全国小学学龄儿童入学率达 61.7%，到 1965 年，全国小学学龄儿童入学率为 84.7%。[2] 全国学龄儿童入学率的迅速提升包含农村学龄儿童入学率的提升。农村学龄儿童是全国学龄儿童的主体，只有占学龄儿童大多数的农村学龄儿童入学率快速提升才有全国学龄儿童入学率的快速提升。统计资料显示，1962

---

① 《中国教育年鉴（1949—1981）》，125 页，北京，中国大百科全书出版社，1984。
② 同上书，125~126 页。

年全国小学学生数为 6923.9 万人，农村小学生为 5344.4 万人，农村小学生的人数占全国小学生总数的 77.2%；到了 1965 年，全国小学生增长到 11620.9 万人，农村小学生为 9399.9 万人，占全国小学生总数的 80.9%。[1]农村小学规模的扩展，是与农村小学办学形式化的变革相联系。正是在"实行多种形式化办学"的政策引领下，中国农村小学教育的发展，出现办学形式的多样化。在以全日制小学为办学主体的同时，农村的半日制小学，巡回制小学、季节性小学等也都应运而生，成为农村发展小学教育的学校形式。

这里，仅以全国普及小学教育的先进典型河北省原阳县为例说明"前十七年"农村小学教育的发展。

解放前，原阳县文化十分落后，全县 370 多个村庄中，有 130 多个村庄找不到 1 个识字人。解放后，原阳县各级政府，在抓经济建设的同时，坚持把普及教育当作帮助农民文化翻身、提高社会生产力的大事来抓。经过多年的努力，1964 年全县已经普及了小学教育，成为"普及小学教育的红旗县"。原阳县普及小学教育的成功原因是：第一，人民政府关怀、重视。解放后，历届县人民政府都注意抓教育。根据原阳县的经济状况、文化基础，年年都制定教育发展规划和实现规划的措施。他们特别重视山区教育，鼓励教师进山工作。第二，坚持国家办学和群众集体办学并举的方针。在国家投资办学的同时，充分调动社队集体办学的积极性。全县的社队很重视普及小学教育，除了国家拨给的教育经费之外，对民办教师的报酬、修建校舍、添置教具和仪器等费用，社队也能尽力负担。第三，建立了一支能吃苦耐劳、忠实于山区教育事业的教师队伍。第四，从实际出发，因地制宜，采取多种形式办学。针对山区学生居住分散的状况，在办好全日制小学的同时，还采取其他简便、灵活的办学形式，如举办"半日制小学"，派教师巡回教学等。第五，实行教育与生产劳动相结合，开展勤工俭学活动。[2]

---

[1] 《中国教育成就统计资料（1949—1983）》，214 页，北京，人民教育出版社，1984。
[2] 《中国教育年鉴（1949—1981）》，126～127 页，北京，中国大百科全书出版社，1984。

原阳县普及小学教育的发展，只是全国农村小学教育发展的一个典型案例。"前十七年"，中国农村小学教育的发展是农村教育发展乃至全国教育发展的显著标志，体现了民族的大众的教育的发展，体现了教育为工农服务的方针。"前十七年"农村小学教育的发展无疑是积极的教育政策实施的结果。

3. 教育政策驱动下的农村扫盲教育的大力开展。"前十七年"农村教育政策的成效，也突出地体现在扫盲政策的实施迅速推进农村扫盲工作的开展。遵循政策要求，农村扫盲工作有了专门的负责机构。20 世纪 50 年代初期，在成立的国家扫盲工作委员会中，曾设立农村扫盲工作司，专门负责农村扫盲工作。后来有国家扫盲协会或扫盲办公室负责全国农村扫盲工作。而在地方层面，各省、自治区、直辖市、县、乡（人民公社）、村（生产大队）都建立了相应的扫盲机构，结合国家对农村的扫盲要求，制订出具体的扫盲计划。农村的扫盲教学工作主要依托农民业余学校进行。它们大多结合农村生产和生活实际，坚持"不忙多学、小忙少学、大忙放学、忙后复课"的原则，利用灵活多样易于为农民接受的方式进行教学，以促进扫盲工作取得成效。以江苏省农村扫盲工作为例。"据 1954 年统计，全省有 40％的农业生产合作社有扫盲的教学组织。教学内容融思想政治教育、识字教育和文娱活动为一体；选用教师采用以民教民，能者为师的办法；教材有江苏省统编的《冬学课本》《农民识字课本》以及市、县、基层单位编的乡土教材等。教材编写坚持由浅入深、由易到难、循序渐进、通俗易懂的原则，以掌握 1500 个常用字为标准，编出单字、词组、短语、逐步形成简短的朗朗上口的课文，按内容分成几个单元。课文大多是记叙文，也有少量诗歌、快板、谚语、成语、寓言、故事等，以增加学员的兴趣。"[1] 随着农业合作化运动的发展，1954 年后，我国农村扫盲教育兴起新的高潮。全国各地农村，田头、工地上，都开展起扫盲教学活动，许多村口、路旁设有文字标记，有的地方还设有识字岗，到处都在营造识字学文化的气氛。

---

[1] 陈乃林：《江苏教育史》，651 页，南京，江苏人民出版社，2007。

"前十七年"间，我国农村扫盲教育高潮迭起，成为中国扫盲教育的广阔阵地。据教育统计资料，1949—1953 年，全国扫除文盲 701.0 万，1954—1965 年，全国扫除文盲 9571.3 万，17 年间全国共扫除文盲 1.02 亿。这其中包含扫除了大量农村文盲。17 年农村扫盲教育的成就彰显着扫盲政策的成效。

4. 农村教育政策的实施，使得农村教育结构发生着新的变化。"前十七年"，由于国家在农村推进普及小学教育和开展扫盲教育，同时也鼓励农业中学的发展和学前教育的发展，这使得农村教育结构发生了新的变化。关于新的教育结构，我们可从如下几个方面予以认识：一是从办学类别上看，农村小学教育中，出现了公立小学和民办小学并存的局面。尽管这一时期国家在接管和改造旧学校，在接办私立中小学，但在农村还是允许民办小学的存在，鼓励农民自行出资办教育。据统计资料统计，时至 1964 年，我国农村民办小学为 58.54 万所，从绝对数上看，大大超过农村公办学校数。二是从形式结构上看，农村的正规教育和非正规教育在共同发展。正规教育是指全日制学校教育，主要指农村普通小学教育。非正规教育，是指农村扫盲教育和农民业余教育。新中国成立初期，农民业余教育的主要形式是开展冬学教学。如 1950 年，全国农村冬学人数为 2500 万人，1951 年为 3500 万人，1952 年为 4885 万人。[1] 农业合作化运动开始后，农民的业余教育有了新的学习组织形式。三是从办学层次上看，农村在大力发展小学教育的同时，也出现了学前教育和农业中学的发展。就农村学前教育的发展来说，"前十七年"曾出现农村学前教育的"大跃进"，这种"大跃进"后来因难以为继而被调整，但一定数量的农村托儿所、幼儿园还在开设。就农业中学的发展状况看，1958 年至 1960 年 3 年间，我国农业中学发展迅速，1960 年为 22597 所。1961 年随着国民经济的调整，农业中学有较大压缩。随着农业生产形势的好转，1963 年以后，农业中学又大量发展，至 1965 年，全国农业中学已为 54332 所。农业中学的发展，使农村教育能面向农村发展培养具有一定农业生产知识的初级技术人才。

---

[1] 《中国教育年鉴（1949—1981）》，603 页，北京，中国大百科全书出版社，1984。

总之，在政策的作用与影响下，17年间，我国农村已基本形成以小学教育为主的普通学校教育，以扫盲为重心的成人教育和以农业中学为载体的职业教育相结合的教育结构形态。这样的结构形态，不仅显示着农村教育自身的发展，更重要的是对促进农村经济社会的发展起到了有效的作用。无论是农村的普通中小学教育还是农业中学教育，客观上都在为农村培养劳动后备军，农民业余教育和扫盲教育也对提高农民的文化素质和劳动技能发挥着积极作用。农村教育的发展促进了农村生产力的发展，也改变着农村社会面貌。

四、"前十七年"农村教育发展的政策问题

回顾"前十七年"农村教育的发展，虽然取得了突出的成就，但也存在突出的问题。农村教育的成就，可归因为政策的成效；而农村教育发展存在的问题亦可归因为政策问题。这里，就"前十七年"农村教育发展所遭遇的政策问题做一分析。

1. "前十七年"农村教育发展在整体上缺乏明晰的、科学的政策规划，农村教育发展的政策目标及政策要求存有一定的主观性和盲目性，这导致农村教育发展的"摇摆性"。

尽管新中国成立之后，国家确立了文化教育的总政策和教育为工农服务的方针，农村教育发展也被提到国家教育发展的重要议事日程，同时也制定并颁行了种种发展农村教育的政策，但从总体上看，"前十七年"国家对农村教育的发展在整体上还是缺乏明晰的科学的政策规划。从对政策文献的梳理看，"前十七年"的农村教育政策主体上是包含在国家发展各类教育的政策中，一些专门性的教育政策也主要是针对不同类别或不同形式的农村教育发展的政策。而全国农村教育如何发展？17年间并未制订出一个科学的规划方案。另外，在国家教育政策文献中，虽然也有对农村教育发展目标和发展要求的具体表达，但农村教育发展的具体目标和政策要求也存在笼统性、主观性色彩，存在着前后不一致与摇摆状态，这对农村教育

发展形成了制约与障碍。这主要体现在"前十七年"农村初等教育或义务教育的目标设立及其政策要求上。例如，新中国成立初期的 1952 年，国家就提出 10 年内全国普及小学教育的目标，到了 1956 年又提出 7 年内普及小学教育的目标，到了 1958 年又提出 3～5 年内全国普及小学教育，而到了 1960 年后，国家仍在要求普及小学教育，但在时间要求上反而没有明确的规定。从全国小学教育发展尤其是农村小学教育发展的实践上看，事实上，到 20 世纪 60 年代初期直至"文化大革命"前，小学教育规模尽管有了很大的发展，学龄儿童入学率有了显著的提高，但距离普及的要求仍有较大差距，这尤其表现在农村地区。"前十七年"农村小学教育发展的实践反映出农村普及小学教育的目标未能实现，由此也表明普及教育的目标在一定程度上脱离了国情，尤其是脱离了农村实际，因而也说明目标设立的主观性，说明目标的设立缺乏科学的论证。

　　"前十七年"农村教育发展政策要求的摇摆性也可以通过对农村教育政策的反思予以认识。"前十七年"农村教育发展的起伏跌宕显然是政策所致，由此也显现出教育政策的非稳定性与非连贯性，这又与教育政策受到宏观政策的控制、影响甚或"干扰"有关。"前十七年"农村教育发展的曲折历程，也反映出"革命式""运动式"发展存在的问题与弊端。用"革命式""运动式"的办法发展农村教育虽然在一定时间内带来了农村教育"热热闹闹"的发展，但这种发展潜存的问题是农村教育办学条件的简陋、落后和办学质量的不高。"革命式""运动式"所蕴含的特有的政治性特征导致了农村教育发展的政治化、形式化倾向，它使农村教育发展不能很好地按照教育自身发展的规律进行，因而也在一定程度上使农村教育的发展偏离了科学化的发展轨道。例如，在农村小学教育发展过程中，对民办学校发展的政策要求与政策规定有过一定的摇摆性。20 世纪 50 年代初期农村教育发展较为迅速，其后因对民办学校的整顿而使农村小学教育的发展受到一定的抑制。而后，实行"两条腿走路"的政策又使得农村民办小学获得发展空间。又例如，在农业中学的发展上，政策的摇摆性也显而易见，这给农业中学的发展带来不利的影响。

　　2."前十七年"农村教育政策执行资源的严重不足制约了农村教育的

正常发展。

"前十七年"中国农村教育的发展，面临的突出问题是政策执行资源问题。而政策执行的资源问题，又与资源的存量与增量状况及资源的配置状况密切相关。十七年间国家对农村教育发展虽然关注，但囿于国家整体经济水平还比较落后，对农村教育的投入有限，同时也未能建立起对农村教育投入的有效保障机制，致使农村教育发展在整体上存在着投入不足的困扰。20世纪50年代国家倡导用艰苦奋斗的精神办教育，尤其是办农村教育，这本身也暗含着办学经费的不足与困难。十七年间，农村教育经费的供给主要实行的是国家和农村集体共同供给的方式，但无论是国家供给还是集体供给，其经费来源都很有限，充其量只能满足农村学校基本的办学需要。在广大农村，办学条件简陋的学校比比皆是。

"前十七年"农村教育政策执行资源不足的另一重要表现是师资供给的不足，尤其是合格师资的缺乏。新中国成立初期，国家虽然做出了大力发展师范教育的决定，非常重视教师的培养，但通过师范学校培养出来的教师总量有限，难以满足全国基础教育发展尤其是农村基础教育发展对教师供给的需求。以中等师范教育的发展为例，1949年至1965年，我国中等师范学校共培养毕业生135.89万人，而1965年我国小学专任教师总数为385.7万人，其中城市专任教师为43.6万，县镇专任教师为23.8万，农村专任教师为318.3万人。[①] 从十七年我国中等师范学校共培养的毕业生数和农村专任教师总数的对比中，我们不难认识农村专任教师中师范学校毕业生数可能占有的比重。因为师范学校的毕业生首先是满足城市和县镇小学教育发展的需要。另外，"前十七年"培养的师范毕业生，也还有一批进入行政机关或其他事业单位，这导致分配到农村小学任教的师范毕业生数量的减少。对于"前十七年"农村合格教师缺乏的状况，我们还可以从另一组数据中予以认识。据教育统计资料统计，1965年，我国小学专任教师385.7万人中，属于教育部门办学的专任教师198.0万人，属于其他部门办

---

① 《中国教育成就统计资料（1949—1983）》，222页，北京，人民教育出版社，1984。

学的专任教师为 12.6 万人，属于民办学校的专任教师为 175.1 万人。① 毫无疑义，当时的民办小学主要是农村民办小学。而民办小学的教师是农村集体或农民自己聘请的教师，称之为民办教师，这恰恰是与公办教师相区别的概念。从总体上看，民办教师在专业水平上没有达到小学合格教师的要求，这对农村小学教育的质量自然也会带来不利的影响。

3. 教育的"大跃进"带来农村教育发展的"瞎折腾"。

"前十七年"农村教育发展所呈现的突出政策问题之一是教育的"大跃进"及其带来的不良后果。这里，我们既可以把教育"大跃进"视为一种教育发展的政策追求与目标，也可以视为教育政策运行的方式。农村教育的"大跃进"是呼应农村经济建设的"大跃进"，它展现出与农村经济建设高潮相伴随的文化建设的高潮。农村教育掀起"大跃进"的高潮是在 1958年。这一年之内，农村学校数量激增，不同类别的学校都在突飞猛进地发展，农村学校的入学人数也在迅速增长。以小学教育的发展为例。教育统计资料显示，1957 年全国小学入学学龄儿童数为 4986.6 万人，1958 年猛增到 6886.4 万人，一年间增加了 1900 万人。入学学龄儿童数的激增，主要是在农村。这里，我们还可以举一具体实例说明农村教育的"大跃进"。当年《人民教育》杂志有一篇《河南郾城县白坡乡七天普及了初中和小学教育》的报道。报道称，从 2 月 25 日到 3 月 3 日，在这个长 18 里，宽 5里，近 1.5 万人口的乡里办起民办小学 25 所，25 个班，入学学生 1025 人；民办业余学校 3 所，4 个班，入学学生 231 人；全乡适龄儿童全部入了小学，高校毕业生和相当于高小文化程度的青少年都上了民办中学或业余中学；全乡实现了村村有小学，联社有中学，人人勤劳动，户户有书声。② 类似的案例在 1958 年的农村教育"大跃进"中并不少见。这样的教育"大跃进"，展现出农村发展教育的高涨热情，但违背了教育发展的客观要求与规律，其结果自然是欲速则不达。事实上，1958 年至 1960 年的 3 年间，中国农村的"大跃进"并没有给农村带来经济繁荣，恰恰相反，农村呈现的

① 《中国教育成就统计资料（1949—1983）》，218 页，北京，人民教育出版社，1984。
② 金一鸣主编：《中国社会主义教育轨迹》，216 页，上海，华东师范大学出版社，2000。

是严重的"自然灾害"。当农民面临饥饿威胁的时候，生存的需要会压倒作为追求人的发展的教育的需要。与此同时，农村教育的发展也会因为农村经济资源的匮乏而受到严重的制约与障碍。农村教育的"大跃进"，实质上是一种"左"的政策所致，它使教育染上了"浮夸风"的病症，仅仅为了适应政治的需要。由此也显现出一种错误的教育政策所导致的不良后果。

4. 城乡有别的教育政策对农村教育发展形成障碍。

20 世纪 50 年代以来，中国在计划经济体制下形成了城乡有别的二元经济制度和二元社会制度。在这样的制度安排下，国家实施了城市优先的发展战略，同时也是一种农村支援城市的发展战略。其突出表现是，国家在经济建设、文化建设的资源配置上明显地向城市倾斜。非但如此，农村劳动者生产的财富也通过价格"剪刀差"的方式流向城市，以优先保障城市的需要。尤其是 20 世纪 50 年代中期户籍制度的设立，使得城乡居民在社会身份和社会待遇上的界限泾渭分明。这一切都直接或间接地对农村教育的发展产生影响。从教育的层面看，国家教育的发展，也存在明显的城市优先的倾向。在对待城乡基础教育发展的投入上，实施城乡有别的投入政策。城市基础教育的投入，由国家财政保障，而农村基础教育的投入，则以"公办民助"或"民办公助"的方式解决。在教师资源的配置上，师范学校培养的师资，也是优先保障城市教育发展的需要，而农村教师的大多数，则为民办教师。在办学条件和学校的课程教学方面，20 世纪 50 年代，城乡差距已明显存在。

"前十七年"城乡有别的教育政策，还突出地表现在重点学校制度的设立上。早在 1953 年，国家就开始建立重点学校制度。国家在基础教育阶段设立重点学校制度，客观上起到了优先保障城市教育发展的作用，或使优质教育资源优先配置给城市。纵观 17 年间形成的重点中学与重点小学，从地域分布上看主要设立在城市与城镇，而鲜有设立在农村。鉴于户籍制度的原因，设立在城市中的重点学校一般也不接纳属于农村户口的学生。唯有一些城市重点高中，方可接受一些成绩特别优秀的农村初中毕业生，并且也要求他们将户口转到城市。农村学生到城市上学并能将户口转到城市，这也被视为很荣耀的事情，逐渐成为农村学生接受教育的重要追求甚至是教育目标。重点学校制度的实施隐含着对农村教育或农村学校的一种歧视与轻慢，因其存有明显的城市偏向而使农村教育的发展受到不公平的对待。

简要结论

"前十七年"农村教育的发展谱写了新中国教育发展的新篇章。它不仅为新中国60余年农村教育发展奠定了基础，也为整个国家教育事业的现代化发展奠定了基础。农村教育17年的发展历程，清晰地展现出教育政策的作用与影响。它留下了宝贵的政策经验，也留下了值得汲取的政策教训与政策问题。深入反思"前十七年"农村教育发展的政策经验与政策问题，对于今日促进农村教育的新发展仍然具有现实意义。

第二章 "文化大革命"时期的农村教育政策

一、"教育革命":"文化大革命"时期农村教育政策运行的背景

1966—1976 年,史称"无产阶级文化大革命"时期。"文化大革命"是首先发轫于文化教育领域的一场"教育革命"。要认识并理解这一时期的农村教育政策,首先需要认识作为"文化大革命"重要组成部分的"教育革命"。

(一)"教育革命"的由来

1962 年 9 月八届十中全会召开,毛泽东同志在会上重新提出了"阶级斗争"问题,确立了"阶级斗争为纲"的基本路线,并提出在全国城乡进行社会主义教育运动。[①] 会后,社会主义教育运动在全国范围内迅速掀起和全面铺开,对被视为阶级敌人的"地""富""反""坏""右"分子,以及一些存在政治、经济、思想意识问题的干部群众,进行了阶级批斗,点燃了阶级斗争的火焰。

在"阶级斗争为纲"的基本路线"指引"下,教育领域也开展了阶级斗争。1963 年《人民日报》第 10 期发表署名文章《谁说教育战线无战事》,文章一开头就提出了一个这样的问题:"教育到底有没有阶级性,要不要为无产阶级政治服务,学生要不要进行无产阶级的阶级教育,这是当前教育战线上无产阶级思想和资产阶级思想的一个大论战",并认为"阶级教育是

---

① 周全华:《"文化大革命"中的"教育革命"》,5 页,中共中央党校博士学位论文,1997。

思想教育的核心"。由于当时的主要领导者,错误地估计了国际、国内政治斗争形势,把阶级矛盾作为国家政治生活、社会生活的主要矛盾,不断扩大阶级斗争的对象和范围,导致了阶级斗争的扩大化。

阶级斗争扩大化为开展"教育革命"做好了政治、思想和舆论上的准备,推动了"教育革命"的发动和开展。

(二)"教育革命"的依据

1971年的《全国教育工作会议纪要》(以下简称《纪要》集中地反映了"教育革命"的依据。《纪要》提出了"两个估计"。第一个估计是"原有教师队伍中,比较熟悉马克思主义,并且站稳无产阶级立场的,是少数;大多数是拥护社会主义,愿意为人民服务的,但是世界观基本是资产阶级的;对我们国家抱着敌对情绪的知识分子是极少数";第二个估计是"由于刘少奇一伙网罗一小撮叛徒、特务、走资派,把持教育部门的领导权,疯狂推行反革命修正主义教育路线,毛主席的无产阶级教育路线基本上没有得到贯彻执行,教育制度、教学方针和方法几乎全是旧的一套。……在无产阶级专政的国家内,在教育战线上,这种资产阶级专了无产阶级政的严重现象,引起了全国广大工农兵的强烈不满。"

这"两个估计"尽管是错误的,却构成了"教育革命"主要的依据。从这两个错误估计出发,开展"教育革命",彻底改变教育阵线"资产阶级专了无产阶级的政"的现象、重新夺取无产阶级在教育领域的领导权,就变得合乎逻辑;从两个错误估计出发,就可以对"前十七年"教育做出全盘否定。"前十七年"我国教育发展虽然也经历了大起大落,但总体而言,基本方向是正确的,是在曲折中向前发展。要批判和否定"前十七年"的教育发展道路,必然要采用一种极具政治色彩的"革命方法"。这种方法,自然不能是和风细雨、循序渐进式的"教育改革""教育革新",只能是一场疾风骤雨式的"教育革命"。

（三）"教育革命"的内涵

"教育革命"理论从属于"无产阶级专政下继续革命"的理论，"教育革命"是"无产阶级文化大革命"的重要组成部分。"教育革命"不是"教育改革"。"教育改革"是对落后的教育状况、思想、理论等进行有计划、有目的的变革，使其获得预期的发展和进步的过程；教育革命也不是"革命教育"。如果说"教育革命"是一种手段、一种方式、一场运动，那么，"革命教育"则是这种手段、方式、运动的结果，两者在形态、结构、功能上有本质的区别。①

"教育革命"是指"文化大革命"时期在教育领域所进行的各种名目的"革新""改革""变革"和"革命"。其实质是"以阶级斗争为纲"，以"斗、批、改"为基本运动形态，试图建立教育"新秩序"，以塑造"社会主义新人"的一次冒险的"教育改革"大实验。

二、对"文化大革命"时期农村教育政策的总体回顾

由于"文化大革命"时期农村职业教育和以扫盲为主要任务的农村群众业余教育，或被取消或处于停顿状态，因此，从当时的农村教育实际出发，我们将重点对农村基础教育政策进行回顾。

（一）以普及农村小学五年教育为重心的"群众办学"政策

新中国成立之初，作为临时宪法的《中国人民政治协商会议共同纲领》即提出了"有计划有步骤地普及教育"的教育事业发展目标。为实现这一目标，从20世纪50年代始，我国开始以"人民教育人民办"为基本指导

---

① 程晋宽：《"教育革命"的历史考察：1966—1976》，8页，福州，福建教育出版社，2001。

思想，国家和群众共同办学，积极发展农村教育。到"文化大革命"开始前，农村群众已经成为农村教育，尤其是农村基础教育的办学主体。

"文化大革命"时期，国家处在动乱之中。农村教育在遭受严重破坏之时，还在艰难地沿袭"前十七年"的"群众办学"政策。

1967 年 8 月，在《教育部、中国人民解放军财政部军事管制委员会转发江苏军管会批转省教育厅、财政厅关于解决目前民办中小学教师生活困难问题的意见》中，明确提出：民办中、小学（包括农业中学和耕读小学）"应该依靠群众，勤俭办学，自力更生"；各级教育行政部门，要根据毛主席的教导，"依靠人民公社、生产大队、生产小队和街道办事处等基层组织把民办中小学办好"；群众办学要因陋就简，勤俭办学，开源节流，自力更生；教师工资除国家补助外，由办学单位自行解决；有条件的生产队可以从公益金中补助等。①

1968 年 11 月 14 日，《人民日报》发表了山东省嘉祥县马集公社马集大队两位小学教师侯振民、王庆余《关于将公办小学下放到大队来办的建议》（简称"侯王建议"）的来信。信中"建议所有的（农村）公办小学下放到大队来办，国家不再投资或少投资小学教育经费，教师国家不再发工资，改由大队计工分"，"教师都回本大队工作。"《人民日报》在编者按语中号召就此建议"展开讨论"，并为此开辟讨论专栏，发表了大量拥护、赞扬、支持"侯王建议"的来信和文章。"许多地方还立即付诸实施，将大批农村公办小学改为民办，大批农村公办小学教师被强行下放回原籍，改拿工资为计工分，本人及其子女被转为农村户口。"②

1971 年 4 月 15 日—7 月 31 日，国务院在北京召开了全国教育工作会议，形成了《全国教育工作会议纪要》（以下简称《会议纪要》）。《会议纪要》提出："除国家办学以外，必须提倡群众办学"，大力普及教育，扫除文盲；争取在第四个五年计划期间，农村普及小学五年教育，有条件的地

---

① 何东昌主编：《中华人民共和国重要教育文献》，1419 页，海口，海南出版社，1998。
② 中央教育科学研究所：《中华人民共和国教育大事记（1949—1982）》，422 页，北京，教育科学出版社，1983。

区，普及七年教育；要采取多种形式办学，把学校办到家门口，让"农民子女就近上学方便"等。8 月 13 日，中共中央批转了这个《会议纪要》。

1971 年 7 月 29 日，周恩来总理接见出席教育、出版等七个专业会议的代表时指出："培养教育后代，这是百年大计，不能忽视"；"小学教育要求在第四个五年计划期间能够普及，主要是在农村"；"必须把小学经费固定下来，只有民办、集体办，没有公办就办不起来"；"小学教育的经费，年年还要增长一点"；"初中、高中在农村要因地制宜，凡能办的就办，师资不够的也不要勉强。"①

1972 年 3 月 26 日《人民日报》发表的评论文章《普及小学教育是农村教育的重点》中提出："当前农村普及教育的重点应当放在普及五年小学教育上"，不能"一口想吃两个桃子"，把普及小学五年教育和七年教育的问题一下子解决。4 月 20 日，《人民日报》发表短评《坚持多种形式办学》指出：在农村要尽快普及小学五年教育，"必须坚持两条腿走路的方针，除国家办学外，必须大力提倡群众集体办学，办学形式要多种多样，方便农民子女就近入学。""在此前后，一些地区采取'两条腿走路'的办法，抓了普及农村小学五年教育的工作。"②

1974 年，国务院科教组提出"继续大力普及农村小学五年教育"，"积极创造条件，逐步在大中城市普及十年教育，在农村有条件的地区普及七年教育。"

从以上这些政策文本可以看出：(1)"文化大革命"时期，"群众办学"依然是农村办学的基本政策。不过，与"十七年"农村教育"群众办学"有所不同的是："文化大革命"时期的"群众办学"是指以大队、公社为主要组织的"群众集体办学"，不包括任何形式的私人办学；(2)"群众办学"的重点是小学，目的是普及农村五年小学教育；(3)"文化大革命"时期，国家盲目放大了"群众办学"的政策内涵，加重了农村群众举办农村教育

---

① 中央教育科学研究所：《中华人民共和国教育大事记（1949—1982）》，439 页，北京，教育科学出版社，1983。

② 同上书，442 页。

的责任。农村教育，特别是农村基础教育，作为一种典型的"公共产品"，应由国家提供。但实际上整个"文化大革命"时期，不但农村社队要举办民办中小学，还要接办那些被"下放"到社队的公办中小学，农村群众几乎承担了农村教育办学的全部责任。尽管"文化大革命"时期，城市也同样实行了"群众办学"政策，厂矿、街道、企业也举办了为数不少的城市"民办中小学"。但是，城市的民办中、小学，其办学资金主要是来源于那些厂矿、企业本应上缴国库的生产利润或税收，名义上虽然也是"群众办学"，但实际还是国家办学。可以认为，"文化大革命"时期的农村教育的"群众办学"政策典型特征是"有责任，无资源"，是一种城乡二元社会结构下的有失公平的教育政策。

当然，"文化大革命"时期，除农村小学教育基本得到普及外，农村的中学教育也得到了很大的普及。据统计，初中生中农村学生的比例，从1965年的33.7%提高为1976年的75.2%；高中生中农村学生的比例，从1965年的9.0%，提高为1976年的62.3%[①]，它大致与1997年的水平相近（初中生中农村的比例83.01%，高中生为62.96%）。

（二）以解决师资匮乏为要务的农村教师政策

"文化大革命"时期，较为典型的农村教师政策主要包括如下几个方面。

1. 民办教师的大量任用

与农村教育"群众办学"政策密切关联的是独具中国特色的"民办教师"政策。农村学校的民办教师是指：1949—2000年，主要在农村集体办学的普通中小学校任教，由学校所在集体支付报酬并由国家给予部分补助，但没有正式财政编制，实际上也不享有与公办教师对等待遇的教师。在新中国成立之初，就实行了民办教师政策，"文化大革命"中继续沿用了这一

---

① 中国教育年鉴编辑部：《中国教育年鉴（1949—1981）》，1001、1021页，北京，中国大百科全书出版社，1984。

政策的基本精神和基本做法。而且，随着农村小学教育的逐步普及，民办教师政策在农村教育发展中发挥的作用越来越大。特别是从 1968 年开始，农村公办中小学迅速、大规模地下放到社队办学后，农村公办教师在农村教师队伍中所占比例非常小，因此，在某种程度上也可以说，"文化大革命"时期最有代表性的农村教师政策就是民办教师政策。

"前十七年"农村公、民办中小学并存，公办教师和民办教师各占一定比例。即使到"文化大革命"前夕，民办教师和公办教师占比也大体相当。"前十七年"由于师范教育的发展，为农村教师提供了较为稳定的师资来源，民办教师尽管数量不少，但主要还是起补充农村师资不足的作用。进入"文化大革命"后，这种情况发生了质的变化，民办教师逐步取代公办教师成为农村学校的最为重要的师资力量。主要原因在于：其一，在"群众办学"和"普及农村教育"的政策号召下，农村教育规模在迅速扩大，到"文化大革命"中、后期，基本形成了"村村有小学，队队有初中，社社有高中"的办学格局。这种办学规模的急速扩张，亟须持续、大量地补充农村教师。其二，在实行公办中小学下放社队政策后，原有的公办中小学也就相应地变身为民办中小学。而民办中小学的师资需要靠办学单位自己解决，这就必然要求大量补充民办教师。其三，"文化大革命"中，师范教育受到严重破坏，导致了公办教师供给的严重不足。如 1966—1970 年，湖北省有中师 19 所、高师 3 所，但全部停止招生，直到 1971 年才开始恢复招生①；1966—1969 年，安徽省全省虽有 15 所中师，但没有一个学生，仅中师就至少培养了 5 万名小学教师。② 在这种师资缺乏稳定来源的情况下，也就只能依靠大量任用民办教师来解决农村教师的师资缺乏问题。

凡此种种原因，直接导致了"文化大革命"时期我国民办教师队伍的急速膨胀。据统计，1965 年，农村民办教师占农村小学教师总数的 43.5%，到 1975 年则上升为 59.1%；③ 1977 年，全国民办教师达 471.2 万

---

① 湖北省地方志编撰委员会：《湖北省志·教育》，426～566 页，武汉，湖北人民出版社，1993。
② 宋仇美主编：《安徽教育四十年（1949—1989）》，99 页，北京，中国科学技术出版社，1990。
③ 周全华：《"文化大革命"中的"教育革命"》，238 页，中共中央党校博士学位论文，1997。

人，占全国当年中小学教师总数的 56%。[1]"文化大革命"结束后，国家和政府共用了 20 多年时间，才基本解决历史遗留的民办教师问题。

民办教师由社队聘用，归社队管理，民办教师的报酬也由社队负责解决。1967 年 8 月 12 日，在《教育部、中国人民解放军财政部军事管制委员会转发江苏军管会批转省教育厅、财政厅关于解决目前民办中小学教师生活困难问题的意见》中，就明确提出，民办中小学"教师工资除国家补助外，由办学单位自己解决。"也就是说，农村民办教师的报酬，由社队自己负责。1971 年，在《全国教育工作会议纪要》中也提出，国家对民办中小学教师只承担"补助"责任。1974 年，在《国务院科教组、卫生部、财政部关于中小学财务管理若干问题的意见》进一步明确规定：为落实《五七指示》和"两条腿走路"的政策，要厉行节约，勤俭办学；教育经费实行"块块为主，条块结合"的原则；适当安排民办公助经费；集体办学需要的民办教师数量，要"按照群众需要和自愿"的原则，同群众商量后，纳入地方计划；"城镇街道和农村社队集体办学的经费，应由国家补助、集体负担、杂费收入和勤工俭学收入等方面解决。其中国家助学应逐步做到是主要的。"民办教师的补助费，全国平均计算，暂按每人小学 170 元，中学 210 元。民办教师工资报酬计为工分，按中等以上劳动力的实际收入水平，实行"工分＋补贴"的方式支付报酬；国家安排的民办教师补助费，可按一定比例，直接补助给民办教师本人，等等。[2]

由此可见，"文化大革命"时期，为解决农村基础教育规模迅速扩大而带来的严重师资短缺问题，作为办学主体的社队，大量聘用民办教师，并承担了民办教师报酬支付的主要责任。国家对农村民办教师的任用、管理和报酬支付，只给予了原则性的政策规定，而没有实际的责任承担。

2. 公办教师转"民办"

公办教师转"民办"，是"文化大革命"时期农村"教育革命"的重要表现。1968 年的"侯王建议"提出"把公办小学下放到大队办，把公办小

---

① 王献玲：《中国民办教师始末研究》，39 页，浙江大学博士学位论文，2005。
② 何东昌主编：《中华人民共和国重要教育文献》，1517～1518 页，海口，海南出版社，1998。

学教师转为民办"，并认为这有如下几点好处：（1）改变县文教局领导中心校，中心校领导高完小，高完小领导各小学的修正主义路线，使小学直接在大队党支部领导下工作；（2）有利于对知识分子的再教育；（3）有利于贯彻毛主席指示"贫下中农管理学校"；（4）教师都回本大队工作，一些被清出的"地""富""反""坏""右"分子就可以回本大队监督劳动。"地""富"子女回本大队教学，也便于接受群众监督；（5）可以减轻国家负担。在1968年的"侯王建议"提出后，大量的农村公办学校随即下放给社队办学。与此同时，原来的农村公办中小学教师，也被下放回原籍，由公办教师转变为民办教师，民办教师队伍进一步扩大。

1969年1月6日，《人民日报》发表了《教师工资可实行民办公助》一文，介绍了吉林省东丰县南屯基公社万兴大队办小学的经验：将公办小学下放到大队办，农村中学由公社办，或大队联办，公办教师的工资改为工分制加补贴等，并加注"编者按"说："这个办法可供各地参考。"[①]

据统计，仅"侯王建议"发表后，山东省被赶回原籍的教师有4万多人，占当时山东农村公办教师总数的33%；嘉祥县全部一千多名农村公办教师，三天之内统统被赶走。尽管各地对公办教师转民办的做法不一，但都不同程度上造成了教育混乱。河北省搞全省试点，把几十万农村公办教师下放回原籍，取消工资计工分，取消商品粮改吃农村粮，造成了极坏影响。[②]

直到1972年，全国开展教育调整，才有被下放的部分教师得以重新回到学校，也只有部分下放公办教师能够恢复公办教师身份。

3. "五七大军"充任教师

"五七大军"称呼源自1966年毛泽东的"五七指示"。"文化大革命"中，以改造资产阶级世界观、"接受贫下中农再教育"为目的，以"下放劳动"为特征的干部和知识分子，被称为"五七大军"。最有代表性的是自1968年开始大批下放的国家干部、教师和"上山下乡知识青年"。这些

---

① 周全华：《"文化大革命"中的"教育革命"》，237页，中共中央党校博士学位论文，1997。
② 同上。

"五七大军"的到来，成为"文化大革命"时期农村民办教师的重要来源。

在"五七大军"中，特别值得一提的是"下放知识青年"。1968 年 12 月 22 日，《人民日报》发表了甘肃省会宁县一些城镇居民和知青到农村落户的消息，并加了编者按语。编者按中引用了毛泽东的指示："毛主席最近又一次教导我们：知识青年到农村去，接受贫下中农再教育，很有必要。要说服城里干部和其他人，把自己初中、高中、大学毕业的子女，送到乡下去，来一个总动员。各地农村的同志应当欢迎他们去。"① 此后，城镇初、高中毕业生绝大多数都要到农村插队落户，不少地方因此停办了高中。到 1973 年中，全国有 800 多万城镇知青上山下乡。② 到"文化大革命"结束，总共下放知青 1700 余万，年均近 200 万。③ 这些"上山下乡知识青年"，实际上成为"文化大革命"时期农村学校的一个相对稳定和重要的师资来源。

4."工农兵"充任教师

"文化大革命"时期，农村教师队伍建设，既要解决严重的师资短缺问题，还要解决教师队伍的"革命化"建设问题。"工农兵"在"文化大革命"中具有代表"革命者"的象征意义，使其成为农村民办教师的又一重要来源。

1968 年 10 月 21 日，《人民日报》转载《红旗》发表的《一所理论和实际一致的新型学校——江西省婺源县武口茶叶耕读中学的调查报告》称：这所学校只有 4 个专职老师（包括一名负责人），其他的则请工人、茶农以及工人出身的技术员当老师，效果很好。1970 年 9 月 22 日，《光明日报》发表了《改造学校教育阵地的一支重要的力量——关于北京市香厂路小学工农兵讲师团的调查报告》一文并加编者按，介绍了北京市香厂路小学 1968 年 11 月起建立了一支 37 人队伍的工农兵讲师团的情况，并称赞这种做法的种种好处。如"坚决落实了毛主席关于教育必须为无产阶级服务，

---

① 何东昌主编：《中华人民共和国重要教育文献》，1437 页，海口，海南出版社，1998。
② 卓晴君、李仲汉主编：《中小学教育史》，245 页，海口，海南出版社，2000。
③ 周全华：《"文化大革命"中的"教育革命"》，41～42 页，中央党校博士学位论文，1997。

必须同生产劳动相结合的伟大指示，使教学和三大革命实践结合起来"，"改变了知识分子独占讲台的现象"，"改变了教师队伍成分"，等等。①1971年，《全国教育工作会议纪要》提出："教改的问题，主要是教员问题。工农兵、革命技术人员和原有教师三结合，建立一支无产阶级教师队伍，是创建社会主义学校的重要任务。""工农兵教师是三结合教师队伍的骨干力量。要采用多种形式广泛吸收工农兵参加教学活动，主要是就地聘请。要从工厂、农村、部队选调一批工农兵和同工农兵结合较好的革命技术人员充实教师队伍，也可以选留工农兵毕业生担任教师。各级领导和有关单位要积极支持选送教师的工作。"②选聘工农兵做教师，一方面，是基于改造教师队伍的需要。凡知识分子扎堆的地方，都要派工农兵"掺砂子"加以政治改造，以改变教师队伍的成分，建设一支革命化的教师队伍；另一方面，基于当时农村师资极度短缺，"工农兵教师充任教师"，也是解决农村师资短缺问题的权宜之计。

选聘工农兵教师的方法灵活多样，有的地方由学校自己聘用工农兵做兼职教师，也有的地方则由大队革委会指派，或由公社统一组织"工农兵讲师团"，在统一集训后，分派到各学校。湖南省临湘县的桃林中学党支部组织了一个四十人的"坚强的工农兵讲师团"，分别担任各科教学工作，"牢固占领教学阵地"。"对于原有教师，党支部引导他们走与工农相结合的道路，接受工农兵的再教育。并且建立了制度：学校每周安排一个晚上，让师生到生产队的政治夜校同贫下中农一起学习；每月安排一天至两天时间，作为'请教日'，让教师下厂、下乡，向工人、贫下中农请教；每个教师拜一位或几位工人、贫下中农为师，与他们交朋友，经常联系，虚心向他们求教。"③据1973年统计，全国中小学选聘工农兵教师总计42万余人，民办教师增至280万余人。④

工农兵中的确有少数人有一定的文化水平，可以担任教师，但选聘工

---

① 何东昌主编：《中华人民共和国重要教育文献》，1468~1470页，海口，海南出版社，1998。
② 同上书，1481页。
③ 教育局联合调查组：《一所农村中学的新变革》，50页，《人民教育》，1974（11）。
④ 周全华：《"文化大革命"中的"教育革命"》，123页，中央党校博士学位论文，1997。

农兵教师的首要条件是政治思想，很少考虑其业务素质。工农兵教师虽然有丰富的实践经验，但他们缺乏教育教学的基本知识和技能，丰富的实践经验并不能使他们自动成为合格教师。实际上，不少工农兵教师在学校充当的是政治教员的角色，上不了文化课，只能讲讲家史、村史等"阶级斗争"课和生产劳动课，并不能发挥《全国教育工作会议纪要》所规定的"骨干作用"。

到"文化大革命"后期，农村中小学的工农兵教师的数量越来越少，工农兵教师承担的教学工作也不多，不少工农兵教师仅在学校承担一些后勤服务工作，或干脆做一个挂名教师。不过，从政策规定看，直至"文化大革命"结束，"工农兵讲师"才正式退出中国农村教育的历史舞台。

"文化大革命"时期的农村教师政策，除以解决农村教师短缺为要务外，还把农村教师队伍的"革命化"建设作为主要目的。如：1967年中共中央《关于小学无产阶级"文化大革命"的通知（草案）》《关于中学无产阶级"文化大革命"的意见（供讨论和试行用）》、1968年的《人民日报》文章《工人阶级必须领导一切》、1971年的《全国教育工作会纪要》等，都提出了对教师队伍的改造要求。实际上，这些改变教师队伍成分和性质、加强教师队伍的革命化建设的政策，在农村地区，往往只在一定程度上得到贯彻执行。不过，每当政治运动来临，作为政策对象的农村中小学教师，常常会受到较大冲击。

（三）以"占领无产阶级教育阵地"为主旨的农村学校管理政策

"教育革命"的直接原因之一，是毛泽东及当时的中央领导集体，对学校教育性质做出了错误判断。1966年，毛泽东在给林彪的信中指出："学生也是这样，以学为主，兼学别样，即不但学文，也要学工、学农、学军，也要批判资产阶级。学制要缩短，教育要革命，资产阶级知识分子统治我们学校的现象再也不能继续下去了。"[1] 重新夺回无产阶级对学校教育的领

---

① 何东昌主编：《中华人民共和国重要教育文献》，1396页，海口，海南出版社，1998。

导权，就成为当时制定和实施学校管理政策的基本指导原则。

"文化大革命"中，最有代表性的农村学校管理政策是"贫下中农管理学校"。1967年1月，"全面夺权"开始，国家陷入混乱。经过了近20个月的夺权斗争，即使在学校建立了革命委员会后，其混乱局面仍然没有得到有效控制。在这种情况下，1968年7月27日，遵照毛泽东的命令，首都工人毛泽东思想宣传队（简称"工宣队"）进驻清华大学。同年8月25日，中共中央、国务院、中央军委、中央"文革小组"发出《关于派工人宣传队进驻学校的通知》，提出："各地应该仿照北京的办法，把大中城市的大、中、小学校逐步管起来……在革命委员会的领导下，以优秀的产业工人为主体，配合人民解放军战士，组成毛泽东思想宣传队分期分批，进驻学校。"8月26日，《人民日报》刊载《红旗》杂志第2期发表的姚文元题为《工人阶级必须领导一切》的文章，提出："工人宣传队要在学校中长期存在下去，参加学校中全部斗、批、改任务，并且永远领导学校。在农村，则应由工人阶级的最可靠的同盟者——贫下中农管理学校。"① 从此，各地农村学校纷纷派驻"毛泽东思想贫下中农宣传队"，并组建"贫下中农管理学校委员会"（简称"贫管会"）或"贫下中农管理学校领导小组"，行使农村学校的管理权。

1974年2月2日，国务院教科组转发了河北省威县辛店大队贫下中农管理学校委员会管理学校的经验材料。强调要在批林批孔运动中，"加强贫下中农对农村学校的管理，巩固和发展无产阶级'文化大革命'的成果"。在此前后，《人民日报》以《贫下中农管理学校就是强》为题，《教育革命通讯》以《顶得住，站得稳，管得好》为题，刊登了辛店大队贫管会的这份经验材料，并在编者按语中肯定了"贫下中农管理学校"的"反潮流的革命精神"和"创造性"。

"贫管会"管理学校后，宣布废除校长负责制，学校的一切重大工作，

---

① 卓晴君、李仲汉主编：《中小学教育史》，228～229页，海口，海南出版社，2000。

均由贫管会决定。①"贫管会"的主要工作包括：领导学校学制改革，决定学制长短；组织贫下中农讲师团，承担学校教育、教学工作；按照社队要求安排教学活动；聘任民办教师；开展教师的思想教育活动，等等。例如，天津市静海县王口公社朱家村的"五七"学校就是一所贫下中农管理的学校。该校是一所小学、初中、高中九年一贯制学校，小学九个班，学生284人；中学四个班（其中高中一个班），学生135人；专职教师20人（其中拿工分的民办教师10人），兼职教师28人。从1970年起，该校实行"校队合一"，是与五个生产队平行的单位，直接受大队党支部和革委会的领导。"二十八个兼职教师实际上是一支贫下中农管理学校的骨干力量"，负责开展具体的教学工作、学生政治思想教育、教师队伍建设和教师世界观的改造、"改革旧的教学方针和方法"等，认为"这是把学校办成无产阶级专政工具的重要措施"。②

从"贫下中农管理学校"政策的实际执行力度看，1968—1971年，这一政策执行的力度较大，"贫管会"对学校一切重大事务有最后决定权，在农村学校管理中发挥了决定性作用；1971年至"文化大革命"结束，尽管"贫管会"依然在形式上行使对学校事务的管理权，但其威信明显下降。而且，由于学校普遍恢复了党支部组织，贫管会只能在学校党支部领导下开展工作，其地位也大不如"文化大革命"初期，在学校管理中的象征意义大于其实际意义。

（四）结构单一的学校政策

"前十七年"，我国实行了"两种教育制度，两种劳动制度"，教育事业得到了巨大发展。在农村地区，国家和农村集体主要举办了两种性质的学校：农村普通中小学和农业中学。农业中学在教育性质上，属于中等职业

---

① 中央教育科学研究所：《中华人民共和国教育大事记（1949—1982）》，421页，北京，教育科学出版社，1983。
② 天津师院三结合调查组：《一所贫下中农称心的学校》，51、52页，载《天津师院学报》，1975（3）。

技术教育，从 1958 年开始举办，并在"教育大跃进"时期得到了巨大发展。尽管农业中学发展过程中存在严重的质量问题，但也为农村经济发展培养了一定数量的职业技术人才。

"文化大革命"伊始，刘少奇提倡的"两种教育制度"首先遭到批判。1967 年 7 月 18 日，《人民日报》发表了《打倒修正主义教育路线总后台》一文，全面否定了新中国成立十七年以来的教育工作。认为半工半读"就是资产阶级的职业学校"，"两种教育制度"就是资本主义国家的"人才教育"和"劳动者教育"的双轨制的翻版。1971 年的《全国教育会议工作纪要》也明确地把"两种教育制度"定性为"资产阶级的教育制度"，并对其进行了猛烈批判。而农业中学作为"两种教育制度"的具体产物，也就"顺理成章"地被指责为"资本主义训练奴仆的歧视劳动人民的学校"，到 1968 年，大多数农业中学或停办，或转办为普通中学。农业中学的停办、转变，以及农村普通小学、中学的迅速膨胀，导致了"文化大革命"时期我国农村中等教育结构的极度单一。

举办以农业中学为主要形式的职业教育，本是我国经济困难时期发展农村职业教育的有效方式。但是，按照"教育革命"的思维逻辑，为追求形式上的教育公平，停办以农业中学为主体的农村职业教育，实际上，剥夺了农民子女根据个人条件选择和接受职业教育的权利，也不符合当时农村社会发展的实际。这种片面追求教育形式公平、主体单一的办学政策，使我国农村职业教育遭受了巨大破坏，导致了农村中等教育结构的单一。据统计，1976 年普通中学在校生为 5836.6 万人，其中高中段 1483.6 万人，而中专、技工、农中、职中等类学校在校生与高中生之比仅为 1.16％。而 1965 年底，全国高中段在校生 273.1 万人，其中普通高中在校生 130.8 万人，仅占 47.9％；而中专 54.7 万人，技工学校 10.1 万人，农业高中职业高中 77.5 万人，合计 142.3 万人，占 52.1％。1965 年底全国初中段在校生 1169.1 万人，其中普通初中 803 万人，占 68.7％；而农业初中、职业初中、初级师范等各类职业学校 3661 万人，占 31.3％。[1]

---

[1]　周全华：《"文化大革命"中的"教育革命"》，74 页，中央党校博士学位论文，1997。

(五) 缩短教育年限的学制政策

"文化大革命"初期,原来的学制就受到了猛烈批评,认为大中小学的学制过长。1966年7月12日《人民日报》发表人民大学学生致毛主席的信,给当时学制列举十大罪状。说小学6年、中学6年、大学5年共17年读书,占去人生最宝贵时间17年,脱离三大革命运动17年,最后必出教条主义和修正主义。如果缩短一半学制,学校可以多进一倍工农子女。立论的中心是"读书害人",多读、长读,为害愈甚。1969年,刚刚复课的中小学即草率地、一刀切地改变了学制。①

"教育革命"中由于大幅度降低办学经费,降低师资水平、降低学费,将大多数农村初小升级为完全小学,从而变实行几十年的小学分段6年制为5年一贯制;原中学3~3分段6年制,一砍而为2~2分段4年制,与小学5年连为9年一贯制。此外,中小学校内部还有各种学习时间长短不一的"普通班""专业班""培训班"等。例如,安徽阜阳县城郊中学普通班"根据社、队的迫切需要",实行长短学制,允许学生提前毕业;学校开办的各种类型的短训班,培训社队政治辅导员、中小学教师和农机、农技、农药、植保、兽医、针灸、会计等方面人才。短训班,时间长的如兽医、音乐师资等,四个月至六个月,短的如社、队政治学习辅导员,只有三天至五天。②

学制改革没有统一的政策规定,全国各地的实际做法并不一致,有五年一贯制、七年一贯制、九年一贯制、中学四年一贯制、中小学五四分段等,但不管如何变化,其共同特点都是缩短学制。缩短学制降低了办学经费、降低了对教师数量的要求,客观上也扩大了农村中小学数量和入学人数,提高了农村中小学教育的普及率,但也导致了农村中小学教育、教学质量的整体下降。

---

① 同上书,77页。
② 调查组:《为农村三大革命培养人才》,77页,载《安徽师范大学学报》(自然科学版),1974 (7)。

（六）形形色色的教学改革政策

"斗、批、改"最初是作为"文化大革命"的目的提出的。"斗"是斗"走资本主义道路"的当权派；"批"是批判资产阶级反动学术权威，批判一切资产阶级和剥削阶级的意识形态；"改"是改革教育，改革文艺，改革一切不适应社会主义经济基础的上层建筑。"斗、批、改"在教育领域的表现之一，即是形形色色的教学改革。作为"教育革命"的重要组成部分，"文化大革命"时期主要实行了如下几个方面的教学改革政策。

1. "开门教学"的教学形式改革

"五七指示"指出：学生要"以学为主，兼学别样，即不但学文，也要学工、学农、学军，也要批判资产阶级。"学工、学农、学军的基本方法之一，即是进行教学改革，实行"开门教学"。

"开门教学"的主要方式有两种：一是"请进来"；二是"走出去"。

"请进来"的基本做法有：聘请工农兵充任教师；临时聘请工人、农民上政治课和实践课。如：广东龙川县老隆公社五七小学二年级教《白毛女》一课，就是请农村老大娘到课堂上讲解成语"牛马不如"[①]；湖北省黄梅县第一中学三次把一个目不识丁的农村妇女请到学校讲鲁迅作品《祝福》等。[②]

"走出去"的基本做法是让师生走出校门、走出教室，走进工场和田间地头，在生产劳动和社会调查过程中，开展教学活动。如：广东一个中学教几何图形不在教室讲，却把学生拉到公社发电厂现场教学；还有一个中学是如此改革语文教学的：学习《青年运动的方向》和《洒满阳光的宽广道路》两课，领学生"走出去"访知识青年黄秀如，大家"一齐批判了林彪攻击知识青年上山下乡"；学习《五指山上大寨花》一课，又"走出去"西水生产队的农田；学习《首次上阵》一课，"走出去"找妇女队长姚传娣

---

① 周全华：《"文化大革命"中的"教育革命"》，150 页，中央党校博士学位论文，1997。
② 《湖北省黄梅县教育志（1840—1985）》（未出版），167~168 页。

讲斗争事迹；上《收租院解说词》一课，"走出去"叫老贫农忆苦思甜等。[①]

"开门教学"能够增加学生的社会经验，培养学生的动手能力，让学生更多地了解和认识社会。但，"开门教学"并不否认课堂教学，也不否认系统学习文化基础知识的重要性。"文化大革命"中的"开门教学"，是本末倒置，它不是服务于提高教学质量，而是服务于思想政治教育和阶级斗争的需要。因此，这种"只开门不教学"的"开门教学"，不仅浪费了时间，干扰了生产，而且导致了教学质量的严重下降。为此，1974年国务院教科组和财政部不得不联合下发通知，要求对"开门教学"予以相应控制。[②]

2. 突出政治和劳动的课程改革

为突出教育的政治性、革命性，"文化大革命"时期农村中小学课程、教材与"十七年"相比，有很大变动。

1966年6月30日，中国中央、国务院批转教育部党组《关于一九六六——一九六七学年度中学政治、语文、历史教材处理意见的请示报告》指出：目前中学所用教材，没有以毛泽东思想挂帅，没有突出无产阶级政治，违背了毛主席关于阶级和阶级斗争的学说，违背了党的教育方针，不能再用；小学语文、历史教材，问题很多，教育部应组织力量着手编写和审查；不论高小或初小都要学习毛主席著作，初小各年级学习毛主席语录，高校可以学习"老三篇"（指毛主席的三篇著作：《愚公移山》《纪念白求恩》《为人民服务》）等。[③]

1967年2月4日和2月9日，中共中央发布了《关于小学无产阶级"文化大革命"的通知（草案）》和《关于中学无产阶级"文化大革命"的意见（供讨论和试行用）》，规定：小学1～4年级学生学习毛主席语录，兼学识字，学唱革命歌曲，学习算术，学习科学常识；5～6年级学生学习毛主席语录、老三篇、三大纪律八项注意、学唱革命歌曲；中学生学习毛主

---

① 周全华：《"文化大革命"中的"教育革命"》，151页，中央党校博士学位论文，1997。

② 同上书，152页。

③ 中央教育科学研究所：《中华人民共和国教育大事记（1949—1982）》，401页，北京，教育科学出版社，1983。

席语录、批判旧教材和教学制度，以必要的时间复习数、理、化、外和各种必要常识，在农忙期间师生下乡劳动。这些政策大大增加了中小学，包括农村中小学的政治课程和劳动教育课程。

1969年5月12日，《人民日报》发表了吉林省梨树县革委会《农村中、小学教育大纲》（以下简称《大纲》）。《大纲》规定：小学设5门课：政治语文课、算术课、革命文艺课、军事体育课、劳动课；中学设5门课：毛泽东思想教育课、农业基础课、革命文艺课、劳动课。①《人民日报》在编者按语中说：《大纲》为今后农村教育革命指出了方向。在此之后，又陆续发表了支持、拥护《大纲》的文章和来信。《大纲》所设定的课程方案，基本上反映了当时农村中小学课程设置的基本情况。②

"文化大革命"时期的农村中小学校普遍附设学农基地、学工基地、校办农场或校办工厂，这些农场、工厂也是师生上劳动课的主要地方。一些农村中小学大量开设劳动课，以劳动代替教学。如广东屯昌县（现划海南省）全县中、小学办农场有田12564亩，中学生人均8分田，小学生人均4分田，竟超过江浙许多地方的农民人均占田量。其中甘蔗田6763亩，年产3万吨。劳动时间安排：平时每周一天半（学生在校6天，占1/4），双周再加上星期日劳动一天（占用休息日1/2）；每天还有"来来回回""星星点点"的"爱农劳动"活动；每学期另有农忙半个月以上的集中劳动和临时组织的"大会战"。要求学生像贫下中农"两个6点（早6点出工晚6点收工），中午不休息，晚上加一班"。要求教师"既是教师，又是生产队长"。学校"既是学校，又是生产队"。选"像生产队长一样的人去当校长""教育局成了农业局、甘蔗局"。上级检查学校，"不进课堂，只看农场"。③

从以上课程政策、课程方案及实例可以看出："文化大革命"时期，农村中小学的课程政策具有典型的政治教育取向、劳动教育取向，课程设置简单、粗糙，削弱了文化基础课程在中小学课程结构中的应有分量和地位。

---

① 中央教育科学研究所：《中华人民共和国教育大事记（1949—1982）》，427页，北京，教育科学出版社，1983。
② 同上书，426～427页。
③ 周全华：《"文化大革命"中的"教育革命"》，65页，中央党校博士学位论文，1997。

与课程政策相对应的教材改革政策。从 1966 年 6 月开始，中小学的政治、语文、历史教科书全部停用。自此到"文化大革命"结束，全国中小学没有统一的教材。1970 年后，各省开始统一教材。虽然全国各地教材版本各不相同，但教材形式和内容却高度一致。主要内容是毛主席著作、阶级斗争历史和工农业生产劳动常识。部分农村中小学，还使用自编的乡土教材。这些乡土教材除政治教育、阶级教育的内容外，也包含了一些服务农业生产的实用知识，如农作物播种、施肥、病虫害防治，以及"三机一泵"（指拖拉机、柴油机、电动机和水泵）的使用和修理等。应该说，"文化大革命"时期教材编写在一定程度上还是注意到了实用性，但由于内容简单、肤浅且缺乏系统性，其实用性并没有得到较好体现。

3. 标新立异的教学方法改革

教学方法与教学组织形式、课程、教材密切关联。教学组织形式、课程、教材改革必然要求相应的教学方法改革。"标新立异"的教学方法，有如下典型体现：（1）革命小将上讲台。1967 年 12 月，当时的中央文革小组组长陈伯达在视察了北京市的一些中小学过程中，提出：要"提出新的教改方案"，要"搞些劳动，学做工，学做农"；要让学生上讲台，"小孩子也会讲课"，"让学生教学生"，"要个个准备当先生，不能是一两个当先生"；"学制可长可短"等。陈伯达讲话后，全国许多地方的中小学，包括农村中小学在内，都在提"教改方案"，改变学制，搞"革命小将上讲台"，请工农兵上课等风行一时。[①] 1969 年 11 月 18 日，《光明日报》发表了评论员文章《教育革命的一条好经验》[②]，认为：革命小将上讲台，教师与学生互教互学，教师教课，学生也教课，教师向学生学习，学生也向教师学习，是"无产阶级专政条件下教育领域的一场革命"，"它对于培养无产阶级革命事业接班人，对于夺取无产阶级教育革命的全面胜利，对于巩固无产阶级专政，具有深远意义。"正是在这些教改政策和报刊舆论的引导和推动下，

---

① 中央教育科学研究所：《中华人民共和国教育大事记（1949—1982）》，416 页，北京，教育科学出版社，1983。

② 何东昌主编：《中华人民共和国重要教育文献》，1450～1451 页，海口，海南出版社，1998。

"革命小将上讲台"成为当时中小学（包括农村中小学）的一条重要教学改革举措。（2）"边实践，边教学"。在毛主席的"五七指示"和"七二一指示"发表后，如何实现"教学、生产、科研三结合"，在"三大革命实践"中开展教学，就成为全国各地中小学教学改革的中心工作。"边教学，边实践"即是当时中小学普遍采用的教学方法。如：上海宝山县刘行中学按照农村三大革命运动的需要，大、小课相结合，学生一边在农田里参加劳动，一边在课堂里学习理论知识；此外，刘行中学还结合课堂教学，开展了几十项科学实验活动。[①]（3）工农兵上课。我们在前文已提及，为解决农村教育师资短缺及加强教师队伍的"革命化"建设，农村中小学大量任用工农兵充任教师。工农兵上课，不仅是教学主体的改变，也是一种教学方法的改革。因为这些工农兵教师，主要是在工场、田间地头讲"活的农业生产基础"，并负责对专职教师"进行再教育"。工农兵与革命小将、原有教师"三结合"建立起来的备课、讲课新制度，被认为是"彻底改变了'知识分子独占讲台的现象'。"

由于缺乏对教学规律的基本认识和尊重，这些标新立异的教学方法，并没有取得积极的教学效果。

4. 废除考试的教学评价改革

"教育革命"开始后，各种教育制度曾被作为资产阶级的旧制度受到批判和取消，这也包括学校考试制度。1968—1971 年，"教育革命"高潮期，农村中小学校也普遍取消了"旧"的考试制度和方法，采用了"三结合"的命题和考试方法。如：江苏省泰兴县永安公社在"批判旧的考试制度的基础上"，创立了一套"新"的考查学生成绩的办法：考查学生成绩时，由贫下中农、革命师生三结合出卷、三结合评卷，并联系学生平时政治思想表现、学习态度、学习成绩进行三结合评分。考政治时，就召开"讲用会"，到贫下中农中去讲用；考语文，就以农村为对象，采取"搞一次活动，作一次调查，受一次教育，写一篇文章"的办法；考数学、工农业基础知识课等，采取开卷考试和现场考试相结合的办法，以现场考试为主，

---

① 程晋宽：《"教育革命"的历史考察：1966—1976》，382 页，福州，福建教育出版社，2001。

既考理论，更考实践。①

1974年1月31日，《河南省唐河县马振扶公社中学情况简报》发出后，全国各地按照文件精神，组织师生检查、揭露修正主义路线"回潮""复辟"等，一批忠于职守、热爱教育工作的中小学教师因之被打成"复辟"典型，或下放，或撤职，或开除公职，甚至判处徒刑。一时造成学校领导、教师怕负责任，不敢管学生，不敢抓文化课教学，不敢进行文化考查，教学质量严重下降。②

从实际情况看，"文化大革命"中，一些农村中小学并没有完全废除考查、考试。但这种考查、考试，具有较大的随机性，没有制度上的硬性规定。而且，这些考查、考试只局限在一定的教学范围内，考试题目可以预先讨论，实行开卷考试，甚至由教师提供答案，让学生在考试时相互讨论、相互抄袭。考试分数不公布，也没有不及格的记录，不管考试结果如何，都可以自动升学升级。③

总之，这些形形色色的教改政策，不但没有促进农村中小学校教学质量的提高，反倒破坏了农村中小学校的教学秩序，导致了教学质量的不断下滑。

"文化大革命"期间，除农村基础教育在"教育革命"浪潮中，断断续续地有所发展外，农村职业教育和以扫盲为主的农村群众业余教育基本上处于停顿状态。仅出于思想政治教育目的和阶级斗争的需要，在一些农村地区，开办了一些夜校，进行业余教育。这类夜校并非固定的业余教育形式，实际上多是一些政治学习和社会教育活动。主要是学习文件、学唱样板戏、学习编写"顺口溜"，或进行以阶级斗争为主题的"忆苦思甜"等。这种性质的农村群众业余教育多是花架子，"运动来了一阵风，运动过后无影踪"，没有连续性和实效性。

---

① 程晋宽：《"教育革命"的历史考察：1966—1976》，389页，福州，福建教育出版社，2001。
② 中央教育科学研究所：《中华人民共和国教育大事记（1949—1982）》，461页，北京，教育科学出版社，1983。
③ 程晋宽：《"教育革命"的历史考察：1966—1976》，390页，福州，福建教育出版社，2001。

三、对"文化大革命"时期农村教育政策特征及其影响的简要评析

（一）"文化大革命"时期农村教育政策的特征

1. 革命性

"文化大革命"时期的农村教育政策带有典型的时代特点，这个特点首先表现为"革命性"。其一，从目的上看，"文化大革命"时期的农村教育政策，不是为了推动农村教育事业的健康发展，而是服务于"教育革命"的政治目的。"教育革命"实际上是在教育领域开展的一场政治革命。"文化大革命"时期的大多数农村教育政策的制定，既没有反映农村教育发展的实际需要，也没有尊重教育自身的发展规律，而是盲目服从政治斗争的需要。其二，从政策内容和政策话语上看，"文化大革命"时期的农村教育政策，充斥了大量的意识形态内容和"革命"话语。不管是办学政策、教师政策、学校管理政策，或其他的方面的政策，都是强调"政治挂帅"，强调阶级斗争，强调"反修防修"，意识形态内容占了很大篇幅。从政策话语上，也大量使用带有那个时代特征的"革命"话语，如"大破大立""阶级异己分子""走资派""斗、批、改""革命小将""工农兵""反潮流"，等等，以此来强化教育政策的政治服务功能。其三，从实施方式上看，"文化大革命"时期教育政策的实施，不是依靠广大教育工作者的自觉和努力，而是与政治运动相结合，采用群众运动式的"革命"方式施行。如1968年《人民日报》发表"侯王建议"后，在很短时间内，大多数农村公办中小学就被迅速、大规模地下放；1971年"九一三"事件后，包括农村学校在内的各级各类学校立即开展了热火朝天的"批林批孔"运动，等等。

总之，"文化大革命"时期的农村教育政策，是在"文化大革命"这个大的时代背景下制定和实施的，必然带有这个"革命"时代强烈的"革命"

色彩。从一种比较的角度上,"前十七年"的农村教育政策也具有明显的"革命"特征,但远不如"文化大革命"时期那么强烈、鲜明和典型。

2. 非规范性

"非规范性"在此指"文化大革命"时期的教育政策缺乏明确的形式和规范。教育政策是一个国家(或地区)政府(或权力机构)制定的关于教育的行为准则和行动方案的总和。教育政策对教育实践具有导向、评价、激励、监督功能,深刻地影响教育实践活动的方向和进程。因此,教育政策的制定应有制度化程序,教育政策的表达应有规范、严谨的形式,教育政策的执行应合法、有效。

"文化大革命"时期,我国社会陷入动乱,国家权力机关和政府部门受到各种运动的冲击,失去了其本身应该具有的政策制定和社会管理功能。因此,"文化大革命"时期,我国的公共政策建设停滞不前。通过梳理相关政策文献可以看出,"文化大革命"十年,国家很少出台形式规范的农村教育政策,农村教育政策建设同样处于停滞状态。当然,这并不是说"文化大革命"时期就没有农村教育政策,而是说"文化大革命"时期缺乏具体、科学、表达形式规范的农村教育政策。"文化大革命"时期的农村教育政策,有两种主要表现形式:一是多表现为"最高指示"、领袖复信、领袖谈话、领导批示、会议报道、重要报刊杂志的编者按语或评论;二是把某些地方农村教育实践中的一些做法作为典型,通过重要官方媒体的宣传报道,把这些典型上升为国家农村教育政策。例如,突出政治与劳动的课程改革政策、下放农村公办中小学的"侯王建议""革命小将上讲台"的教学改革政策等,莫不如此。

"非规范化"的农村教育政策必然缺乏严谨性、科学性,在实践中也极易被误读和曲解,给农村教育的发展造成了严重的消极影响。

(二)"文化大革命"时期农村教育政策的实际影响

尽管我们认为"文化大革命"时期大多数农村教育政策缺乏科学性,但这并不排除个别政策或某些具体政策措施在特定历史条件下的合理性,也不否定一些具有良知的教育工作者在实践中对教育政策的创造性执行，以及由此对教育实践产生的积极意义。因此，我们还是要实事求是，一分为二地对"文化大革命"时期的农村教育政策做出评价。

1. "文化大革命"时期农村教育政策客观上对农村教育的积极影响

客观上，"文化大革命"时期的农村教育政策对农村教育发展有如下两个方面的积极影响值得肯定：一是使农村中小学教育，特别是小学教育基本上得到了普及。"文化大革命"时期教育的重心是基础教育，尤其是农村的基础教育。教育重心下移的政策，尽管以牺牲教育质量为代价，但它首先解决了教育"有与无"的基本问题。"文化大革命"时期农村小学教育的普及，从政策角度看，既得益于"群众办学"政策，也得益于"民办教师"政策。在当时社会动乱、工农业生产停顿的情况下，国家财政极度困难，根本无力举办农村教育。自 1958 年人民公社普遍建立后，生产小队、大队、公社，作为农业社会的基层组织，既具有一定的社会动员能力，也有一定的集体积留，在牺牲社员利益的情况下，社队集体有能力也有条件因陋就简地举办民办中小学。正是由于实行了"群众办学"政策，才使得农村中小学得以普遍建立。在农村社队办学的过程中，由于实行了"民办教师"政策，这在很大程度上使农村社队能够依靠自身的力量，解决了农村学校的师资来源和补充问题。这些政策的实施，在很大程度上，使"文化大革命"时期的农村基础教育规模不但没有缩小，反而得到迅速扩大。到"文化大革命"后期，我国大多数农村地区普及了小学五年教育，少数农村地区还普及了七年基础教育，这在一定程度上，保障了农村劳动人民子女的受教育权利。"文化大革命"中，在"普及教育"的政策下，不少地方提出"小学不出村，初中不出队，高中不出社"的口号，与 1958 年"大跃进"时"村村有小学，队队有中学"的目标很相似。据统计，1970 年，湖北省文教局在《1971—1975 年文化教育事业发展规划要点的初步意见》中提出："大力发展高中教育，到 1975 年要普遍做到区区有高中，社社有初中。"普通中学开始急剧增长，生产大队基本都办了初中，有的还办了高中班。到 1976 年，全省中学达 17949 所，为 1965 年 875 所的 20.5 倍，其中高中 4029 所,为 1965 年 147 所的 27.4 倍[①];二是"文化大革命"时期的一些农村教育政策措施,在一定程度上推动了农村教育改革实验的广泛开展,也留下了一些可资借鉴的经验。比如,"文化大革命"时期,农村中小学普遍实行了"开门办学";进行了课程改革,增加了工农业生产基础知识;一些农村学校自编了乡土教材等,这些政策举措与实践,在一定程度上,密切了农村学校教育与农村社会生活的联系,也在一定程度上丰富了学生的直接经验,培养了学生的实践意识和动手能力。尽管许多做法并不科学,但由此产生的经验教训,对我们今天的农村教育改革,还是具有较强的反思和借鉴意义。

2."文化大革命"时期农村教育政策的消极影响

由于整个"文化大革命"时期农村教育政策是服务于政治目的,而不是基于发展农村教育事业的需要,因此,它对农村教育事业发展产生的消极影响远远大于积极影响。这主要表现为:一是导致农村教育质量的普遍下降。虽然通过"群众办学"政策,基本普及了农村小学五年教育,但是,"文化大革命"中的"群众办学"与其说是农村群众的自觉行为,不如说是一项不得不为的政治任务。很多民办中小学是群众出工、出物、出力创办起来的,没有国家公共财政的投入和其他社会资助,办学条件简陋,合格师资匮乏。特别是一些"戴帽"中学,根本就不具备最基本的办学条件,这使整个"文化大革命"期间农村教育质量不但没有提高,与"前十七年"相比,反倒普遍下降;二是导致了农村中等教育结构单一,农村实用技术人才严重不足。"前十七年",我国农村职业教育和农村业余教育已初具规模。"文化大革命"时期,追求形式公平,撤销了以"农业中学"为代表的农村职业学校。这不但造成了农村普通中小学迅速膨胀,农村中等教育结构严重失衡,而且农村经济发展、农业生产急需的技术型人才严重不足。尽管在"文化大革命"后期,一些农村普通中学也在毕业班中举办了农机班、电机班、会计班等,增加了农技、农机、会记、医药卫生、土壤改良、农药化肥使用等教学内容,但这并不能有效解决农村实用技术人才短缺问

---

① 熊贤君主编:《湖北教育史》(下卷),255 页,武汉,湖北教育出版社,2003。

题，而且这种生产知识普及性质的教学，也不可能培养合格的农村实用技术人才。"文化大革命"时期所形成的农村中等教育极度畸形、单一的发展格局，对农村经济发展、农村职业教育发展，所带来的消极影响非常明显。"文化大革命"结束初期，调整农村中等教育结构，重建农村职业教育体系，大力发展农村职业教育，即成为我国当时农村教育改革的工作重点；三是导致了农村教师素质的整体下降。"文化大革命"时期，为解决农村中小学师资短缺问题，大量任用民办教师。与"前十七年"相比，"文化大革命"时期，对民办教师的政治条件要求更高，对文化素质要求却更低。一些工农兵教师甚至不识字，但依然承担了部分课程的教学工作。而且，"文化大革命"时期农村学校基本上都是民办，很少有文化素质相对较高的公办教师被分配到农村学校，这也导致了农村教师队伍整体素质的下降。我们并不否认，在"文化大革命"时期，广大民办教师忠诚党的教育事业，带着质朴的情感为农村教育发展披肝沥胆、尽心尽力，我们对他们的辛勤劳动应该表现出崇高的敬意。但是，我们也应承认，"文化大革命"时期民办教师来源复杂，有回乡知识青年、老贫农、老工人、下放干部、下放知青等，不但文化水平参差不齐，而且绝大多数人都没有接受过相应的教师培训，缺乏最基本的教育教学技能。特别是在"文化大革命"中、后期，农村普通中学的大规模发展，为解决师资不足，不少农村学校采用了"小学毕业教小学，中学毕业教中学"的教师任用制度，层层拔高任用农村教师，这也进一步降低了农村教师队伍的整体素质。此外，"文化大革命"时期，对农村教师队伍的清理、整顿、下放、批斗、改造的"革命"政策也给很多农村教师个人造成了严重的身心伤害，使不少教师既不愿也不敢想方设法提高自己的业务素质。

历史是最好的老师。回顾"文化大革命"时期的农村教育政策，或许能给今天的农村教育政策建设带来一些有益的启发和借鉴。

第三章　改革开放新时期农村教育政策考察
(1978—1999 年)

　　1978 年党的十一届三中全会的召开，开启了我国社会发展的新时期。十一届三中全会确立了解放思想、实事求是的思想路线，停止使用"以阶级斗争为纲"的口号，做出把党和国家的工作重心转移到经济建设上来，实行改革开放的伟大决策，这对中国社会的发展带来了重大和深远的影响。1978 年之后，在改革开放方针的引领下，中国社会在经济、政治、文化、教育、科技等各个领域都经历着新的变革，并且也不断取得变革的成效。新时期中国社会的变革，突出地表现为中国农村的变革。而农村的变革，也包含着农村教育的变革。农村教育的变革不仅成为农村变革的重要内容，也是中国教育变革的重要体现。无论是农村的变革，还是农村教育的变革，都是与引领和推进变革的政策相联系。本章重点对改革开放新时期农村教育政策进行考察，时间跨度是 1978 年至 1999 年，以下均把这一时期称为新时期。

一、新时期农村教育政策的变革及其演进

　　1978 年至 1999 年是 20 世纪最后的 20 年，也是中国走向改革开放的 20 年。从教育发展的视角看，20 年间，教育发展又可分为两个既相联系又呈现不同特色的时期：一是 1978 年至 1984 年，可称之为教育的拨乱反正时期；二是 1985 年至 20 世纪末，可称之为重点推进教育体制改革时期。而这两个具体时期的划分，也是一种政策性的划分，即是依据政策的划分。下面，依据这一划分，对 20 年间农村教育政策的变革及其演进做一考察。

（一）1978—1984 年农村教育的政策的变革与演进

结束"文化大革命"后，我国农村教育同样处于拨乱反正之中。"文化大革命"时期，农村普通中小学教育在规模与数量上有着扩大和增长，但遭受的破坏依然严重。这主要表现在：农村学校受"政治挂帅"和"读书无用论"的影响，教学秩序混乱，合格教师严重缺乏，教学质量普遍低下。另外，由于"文化大革命"中对"两种教育制度和两种劳动制度"的猛烈批判，导致农村职业技术学校和农业中学被"一扫而光"，农村教育成为结构十分单一的教育。有鉴于此，"文化大革命"后农村教育的拨乱反正便成为整个国家教育拨乱反正中的重要内容和应有之义。

拨乱反正其实是一种政策性称谓，它指向的是拨政策之"乱"而反政策之"正"。"文化大革命"后教育事业包含农村教育的拨乱反正，首先是通过制度恢复与政策的重新调整和变革进行的。这一时期，导引农村教育恢复健康发展的教育政策既有国家宏观的教育政策，尤其是国家重新发布的有关基础教育的政策，又有国家专门针对农村教育事业发展的教育政策。前者如 1978 年 1 月国务院批转《教育部关于加强中小学教师队伍管理工作的意见》的通知，1978 年 9 月教育部重新发布《关于实行全日制中学暂行工作条例（试行草案），全日制小学暂行工作条例（试行草案）》，1978 年 9 月教育部印发《关于加强和发展师范教育的意见》，1978 年 11 月国务院发布《关于扫除文盲的指示》，1980 年 12 月中共中央、国务院发布的《关于普及小学教育若干问题的决定》，1981 年 11 月教育部作出《关于调整中小学教职工工资中若干具体政策问题的处理意见》等；后者如 1979 年 1 月教育部发布《关于继续切实抓紧普及农村小学五年教育的通知》，1979 年 11 月中共中央批转湖南省桃江县委《关于发展农村教育事业的报告》，1980 年 12 月教育部印发《全国农民教育座谈会纪要》，1981 年 10 月国务院转发教育部《关于增加中小学民办教师补助费的办法》，1982 年 6 月教育部发布关于《县办农民技术学校暂行办法》，1983 年 5 月《中共中央、国务院关于加强和改革农村学校教育若干问题的通知》，1984 年国务院发出《关于筹措农村学校办学经费的通知》等。① 上述列举的导引农村教育发展的政策乃是这一时期有关农村教育政策的荦荦大端，由此则能反映农村教育拨乱反正的基本举措与方略。

对 1978 年至 1984 年有关农村教育的政策回顾，可以认识这一时期农村教育的政策重心和政策目标，这主要反映在如下几个方面。

1. 恢复农村中小学正常教学秩序。这与恢复高考制度息息相关。1977年恢复高考的政策决定对恢复全国的教育秩序，尤其是对恢复基础教育的教学秩序产生了积极影响。另一方面，为了使中小学教学秩序更好地步入常态化、规范化，教育部及时发布了《关于实行全日制中学暂行工作条例（试行草案），全日制小学暂行工作条例（试行草案）》等重要政策文件，这是对"文化大革命"前规范性政策的沿用，同时结合新的形势作了必要的修改。两部《暂行工作条例》对中小学德育、智育、体育及教师等工作进行了规范，强调保障正常的教学时间，保障课程的合理开设，保障基础教育中的基本知识教学和基本技能训练。这对恢复全国中小学教学秩序（自然包含恢复农村中小学教学秩序）发挥了良好作用。在这一时期内，农村基础教育学校的布局网点有着适当调整，基本取消了"戴帽"初中，农村高中适度集中，"文化大革命"中农村中小学形成的"村村点火、队队冒烟"的盲目发展状况有了改观。另一方面，农村初中与高中也都由"文化大革命"中的"二、二"学制恢复为"三、三"学制。这一切，对恢复农村中小学正常教学秩序起到了良好作用。

2. 普及农村小学教育受到高度重视，成为农村教育发展的首要目标。1980 年 12 月《中共中央、国务院关于普及小学教育若干问题的决定》（以下简称《决定》）中指出："建国以后，我国小学教育有很大发展，但是由于工作上的种种失误，特别是'文化大革命'的破坏，我国目前五年制小学教育尚未普及，新文盲继续大量产生。这种情况，同经济发展对人才培养的要求很不适应，同建设现代化的、高度民主、高度文明的社会主义强

---

① 文中列举的教育政策文献均可见于何东昌主编：《中华人民共和国重要教育文献》，海口，海南出版社，1998。

国的要求很不适应。"① 基于当时中国国情，普及小学教育的重点无疑是在农村。《决定》提出的普及农村初等教育的基本政策目标是：经济比较发达，教育基础较好的地区，应在 1985 年普及小学五年教育；其他地区一般应在 1990 年普及小学教育。极少数经济特别困难，山高林深、人口稀少的农村地区还可适当延长普及小学教育的年限。农村普及小学教育不搞"一刀切"，不搞形式主义，注重普及质量。《决定》同时要求，农村普及小学教育，要继续贯彻"两条腿走路"的方针，实行国家办学与社队集体办学相结合。办学经费也由国家和集体共同承担。要求建立好农村中心小学，并采取多种形式办学等。1983 年 5 月中共中央、国务院《关于加强和改革农村学校教育若干问题的通知》（以下简称《通知》）中进一步明确了农村普及初等教育的基本目标，要求普及初等教育的规划和措施要落实到县和区乡、社队，并制定普及小学教育的基本标准。要求改进农村小学的办学形式，实行弹性学制，使其灵活多样；要求小学教学内容联系农村生产、生活实际。《通知》对促进农村初等教育的发展发挥了有效的政策影响和作用。

3. 调整农村中等教育结构，发展职业技术教育。结束"文化大革命"后，为了尽快纠正农村教育结构过于单一的状况，以适应农村经济社会发展的新要求，国家及时出台了改革中等教育结构包含改革农村中等教育结构的政策。1980 年 10 月，国务院批转教育部、国家劳动总局《关于中等教育结构改革的报告》，这一报告是针对全国中等教育结构改革而提出的，其中有关于农村中等教育结构改革的要求与意见，提出重新设立农业中学。1983 年 5 月中共中央、国务院发布的《关于加强和改革农村学校教育若干问题的通知》（以下简称《通知》）中则就农村中等教育结构的改革提出了具体的政策要求与规定。《通知》指出："改革农村中等教育结构，发展职业技术教育，是振兴农村经济，加速农村现代化建设的一项战略措施。各地要根据本地区的实际需要与可能，统筹规划，有步骤地增加一批农业高中和其他职业学校，除在普通高中增设职业技术课，开办职业技术班，把

---

① 何东昌主编：《中华人民共和国重要教育文献》，1877 页，海口，海南出版社，1998。

一部分普通高中改办为农业中学或其它职业学校外，还要根据可能，新办一些各类职业学校。"① 《通知》对农村职业学校的课程教学也提出了具体要求，同时还要求以多种形式对农村青年与成人进行职业培训，以使他们获得一技之长。这些政策要求与规定对农村中等教育结构的改革起到了引领作用。

4. 加强农村中小学教师队伍建设成为农村教育政策的另一重要指向。由于"文化大革命"中师范教育受到严重摧残与破坏，全国基础教育战线合格教师的供给异常困难。而"文化大革命"期间农村中小学教育的非常规发展，是以大量吸纳民办教师为支撑。而民办教师，从总体上看是不具备合格学历的教师。"据统计，1977 年全国民办教师人数最多时曾达 491 万。这些民办教师不算国家职工，没有工资，只有一点生活补助，比公办教师的待遇低得多。"② "文化大革命"后农村教育的发展，一方面，面临着大量学历不合格的民师问题；另一方面，又因新的发展面临教师不足的问题。教育的发展靠教师，加强农村教师队伍建设自然成为农村教育政策的重要议题。1978—1984 年，国家致力于农村教师队伍建设的政策颇多，其主要政策内容与精神如下。

一是加强中小学在职教师的培训工作，这包含加强农村中小学在职教师的培训。1977 年恢复高考之后，国家教育部立即做出了《关于加强中小学在职教师培训工作的意见》（以下简称《意见》）。《意见》指出："中小学教育是教育的基础。普及教育和提高教育质量必须有一支又红又专的无产阶级的教师队伍。因此，除努力发展和积极办好师范教育工作以外，要采取强有力的措施，尽快地切实地抓好在职教师培训工作。用极大努力，提高教师的政治、文化和业务水平。这是当务之急，是一项关系到实现四个现代化的具有战略意义的重要任务。"③ 《意见》针对因"文化大革命"破坏所造成的相当多的中小学教师在教学中存在困难的状况，要求采取应急

---

① 刘英杰：《中国教育大事典（1949—1990）》（上），1747 页，杭州，浙江教育出版社，1993。

② 李岚清：《李岚清教育访谈录》，38 页，北京，人民教育出版社，2003。

③ 何东昌：《中华人民共和国重要教育文献》，977 页，海口，海南出版社，1998。

措施，加强培训，使现有文化业务水平较低的教师能提升教学水平。为此，要求建立和健全省、地、县、社和学校的师资培训网络。省（市、自治区）、地（盟、州）建立教育学院或教师进修学院；县（旗）建立教师进修学校。公社建立培训站，不设站的，要有专人负责。此后，我国不同层级的教师培训机构逐步建立，农村中小学教师的培训纳入教师培训的规划之中，其中市级教师教育学院或教师进修学院、县级教师进修学校成为主要面向农村培训中小学教师。农村教师的培训也因此有了机构与制度的保障。

二是大力发展师范教育以为中小学，尤其为农村中小学培养合格师资。1977 年恢复高考与师范院校恢复招生密切联系。在恢复高考之时，不仅原有的高等师范院校立即恢复招生，同时一批新增设的高等师范专科学校也立即开始招生。中等师范学校的招生则成为中等学校招生的主体。这体现了国家对中小学师资培养的重视，因而也体现了对农村中小学师资培养的重视。1978 年至 1984 年，国家对大力发展师范教育做出了多项政策决定。如 1978 年 10 月，教育部印发了《关于加强和发展师范教育的意见》（以下简称《意见》）。《意见》阐释了加强与发展师范教育的必要性，对如何加强和发展师范教育提出了明确的政策要求。其中突出的要求是统筹规划，建立师范教育网，以增强师资培养的针对性与层次性。为了更好地适应新时期对师范教育发展的要求，1980 年 6 月，教育部在京召开了全国师范教育工作会议。会议再度明确了师范教育的地位，明确了各级师范院校的培养任务。会议的根本宗旨是通过加强师范教育的发展，积极为全国中小学培养合格师资。这自然包含为农村中小学培养合格师资。

三是采取切实的政策措施解决民办教师问题。在农村中小学中尤其是在农村小学中，民办教师的大量存在是一种既定事实，他们为农村教育的发展做出了贡献。另外，民办教师也迫切需要提高业务能力和教学水平。对此，国家实施了多种支持性政策以解决民办教师问题。具体政策措施是：其一，改善对民办教师的工作与生活待遇，实行社队统筹工资制，增加民办教师的国家补助，有条件的地区还应建立起民办教师的福利基金，以解除他们的后顾之忧。其二，根据国家财力物力的状况，每年安排一定的劳动指标，在考核合格的民办教师中，转一部分为公办教师。其三，将招收民办教师列为中等师范学校的招生计划中。每年在中等师范学校招生中划拨一定指标专门招收民办教师，让他们经过学习后成为公办教师，或通过其他考核方式转为公办教师。大量民办教师通过多种方式转为公办教师，这成为 20 世纪 80 年代初期农村教育发展中一件十分突出的政策事件，体现出对农村教育发展的特有关注。

　　5. 加强对农民的扫盲教育和农业技术教育成为新时期农村教育政策的重要内容。新中国成立之后前十七年，我国扫盲工作取得了重要成就。但由于扫盲任务繁重及其他因素的影响，到 20 世纪 70 年代末，我国农村的文盲现象依然严重。"据一些地区调查，少年青年壮年中，文盲、半文盲一般占 30％～40％。有的边远地区、山区和一些少数民族地区，少年青年壮年中的文盲达到 50％以上。"① 结束"文化大革命"后，随着教育战线的拨乱反正，扫盲教育也迅速纳入教育发展的重要议事日程。1978 年 11 月，《国务院关于扫盲工作的指示》（以下简称《指示》）发布。《指示》针对当时农民群众中还有相当数量的文盲现象，认为扫除文盲是提高全民族素质的起码要求，对扫盲工作进行了新的部署。根据"一堵二扫三提高"的要求，要把 12～45 周岁的少年、青年、壮年中的文盲基本扫除，农村基本扫除文盲的标准是：非文盲人数达到 85％以上。所谓非文盲是指能识 1500 个字，能够看懂浅近通俗的报刊，能够记简单的账，写简单的便条。1980 年 12 月教育部印发的《全国农民教育座谈会纪要》阐释了加强农民教育的必要性，对农民教育的具体要求做出了政策性规定。重点是继续加强对农民的扫盲教育和农民中广泛开展农业技术教育。因此，继续进行扫盲教育成为当时发展农村教育的紧迫要求与任务。就农民技术教育来说，一方面，由于"文化大革命"中此类教育的中断；另一方面，更由于 1978 年后农村经济形势的迅速变化，对在农民中广泛开展农业技术教育有着新的要求，因而也成为农村教育政策需要关注的重要议题。1982 年至 1983 年，教育部、农牧渔业部、农村经济部和国务院办公厅均先后发文，旨在促进县农民技术学校的开设，促进农业技术教育的发展。

---

① 何东昌主编：《中华人民共和国重要教育文献》，1651 页，海口，海南出版社，1998。

（二）1985—1999 年农村教育政策的变革与演进

1985—1999 年的 14 年间，我国农村教育的改革发展在大力向前推进。这又与教育政策的变革息息相关。之所以将 1985 年作为教育改革发展的一个重要的时间节点，是因为 1985 年 5 月，《中共中央关于教育体制改革的决定》（以下简称《决定》）予以颁布。这是一个极为重要的政策宣示和政策颁行，是新时期中国教育政策建设中的一座新的里程碑，具有重大深远的政策影响和意义。《决定》清晰地阐明了教育体制改革的动因与根本目的，确立了教育体制改革的重要内容与任务，提出了保证教育体制改革顺利进行的制度措施与组织方略。我们可以将《决定》视为新时期引领中国教育改革发展的总政策或基本政策。在这一政策的引领下，中国农村教育改革被赋予新的任务与内容，有了新的政策要求与举措。既《决定》颁布之后，在 1985 年至 1999 年的十余年间，我国农村教育改革与发展又接连颁布了种种新的具体政策，以此推进着农村教育的新发展。

1. 农村教育管理体制改革的推进与农村九年制义务教育的实施。《决定》确立的教育体制改革的重大任务之一是"把发展基础教育的责任交给地方，有步骤地实行九年制义务教育"。诚如《决定》指出："实行九年制义务教育，实行基础教育由地方负责，分级管理的原则，是发展我国教育事业，改革我国教育体制的基础一环。"[1] 我国基础教育的重点在农村。"据 1985 年统计，县以下（含县）农村小学在校学生约占全国小学生总数的 92％，中学在校学生约占全国中学生总数的 82％"。[2] 由于我国幅员广大，经济文化发展很不平衡，义务教育需要分步实施。因此有步骤地实行九年制义务教育是我国农村义务教育发展的新的政策目标。它标志着我国义务教育的发展进入了新的阶段。这既是对拨乱反正时期实行普及小学教育政策的延续与拓展，又是为了全面提高民族素质、建设社会主义现代化

---

① 袁振国：《中国当代教育思潮》，400 页，上海，三联书店上海分店，1991。
② 何东昌主编：《中华人民共和国重要教育文献》，2623 页，海口，海南出版社，1998。

强国而对义务教育的发展提出的更高要求。

为了更好地推进与保障九年制义务教育的发展，1986 年 4 月出台了新中国成立后第一部专项教育法，即《中华人民共和国义务教育法》（以下简称《义务教育法》）。这标志着我国义务教育政策的稳定、成熟与定型化。《义务教育法》进一步明确了义务教育在国务院领导下，实行地方负责，分级管理的体制，为农村有步骤地实行九年制义务教育提供了法律支持与保障。

继《义务教育法》颁行之后，为了推进农村基础教育管理体制的改革，1987 年 6 月，国家教委、财政部发布了《关于农村基础教育管理体制改革若干问题的意见》（以下简称《意见》）。《意见》提出了从实际出发，科学地划分地方各级政府管理基础教育的职责权限，并明确把县、乡两级职责权限的划分作为工作的重点，尤其强调扩大乡一级管理农村学校的职责权限。同时还要求在农村基础教育管理体制改革中注意发挥村组织在解决学校危房、改善办学条件等方面的作用。

20 世纪 80 年代中期后，随着农村基础教育管理体制改革的推进，农村义务教育投入体制发生重大变革。早在 1984 年 12 月，国务院曾发出《关于筹措农村教育经费的通知》（以下简称《通知》），要求“开辟多种渠道筹措农村学校办学经费。除国家拨给的教育事业费外，乡人民政府可以征收教育事业费附加，并鼓励社会各方面和个人自愿投资在农村办学”[1]。1985 年国家颁布的《义务教育法》用法律的形式确认了《通知》精神，规定：实施义务教育所需事业费和基本建设投资，由国务院和地方人民政府负责筹措，予以保证。地方各级人民政府按照国务院的规定，在城乡征收教育事业费附加，主要用于实施义务教育。国家鼓励各种社会力量以及个人资源捐资办学。由此，我国农村义务教育的发展开始形成来源渠道多元化的投资体制。其中，农村义务教育的财政预算内拨款，主要由市县级地方财政负担。中央和省级财政只负责对贫困和少数民族地区提供专项资金与补助。地方财政预算经费，在很大程度上又来源于征收农村教育费附加。

---

[1] 何东昌主编：《中华人民共和国重要教育文献》，2244 页，海口，海南出版社，1998。

另外，农民集资办学也成为农村义务教育经费的重要来源。此外，对义务教育阶段学生收取少量杂费也成为农村学校办学经费的组成部分。

　　1985 年至 1993 年我国农村基础教育管理体制改革在普遍推进，其对促进农村基础教育发展产生的积极影响是显而易见的。但由于我国农村发展的不平衡，这一管理体制的改革在实践中也遭遇新的困惑与问题。1994 年以后中国财政体制实行分税制改革，在这种背景下，国家对义务教育管理体制及财政体制也进行了适当调整。1994 年国务院发布的《〈中国教育改革和发展纲要〉实施意见》中，已开始强调"县级政府在组织义务教育实施方面负有主要责任，包括筹措教育经费、调配和管理中小学校长、教师、指导中小学教育教学工作等"。同时也指出，"有条件的经济发展程度较高的地区，义务教育经费仍可由县、乡共管，充分发挥乡财政的作用"。这些意见，对深化农村基础教育管理体制改革产生了新的影响。

　　2. 以更有力的政策措施推进农村扫盲工作。随着九年制义务教育在中国农村有步骤地实施，扫除农村文盲的工作也在进一步向前推进。农村扫盲始终是中国扫盲的重心。时至 20 世纪 80 年代中期，中国的扫盲工作又取得新的成效，但农村的文盲与半文盲现象依然存在，尤其是一些贫困农村地区，扫盲任务依然繁重。这与农村经济社会发展的新要求和国家现代化发展的要求不相适应。有鉴于此，加强扫盲工作尤其是加强农村扫盲便具有更为重要的现实意义。当此之时，国家再度做出扫除文盲的政策决定，对扫盲工作提出新的政策目标与政策要求。1988 年 2 月，国务院发布《扫除文盲工作条例》。这是既 1978 年 11 月《国务院关于扫盲工作的指示》发布历经 10 年之后的又一个有关扫盲的重要政策文献。《扫除文盲工作条例》再度明确了扫盲的对象、脱盲标准和扫盲的形式，对扫盲的组织领导、经费保障、验收制度等做出了新的规定与要求。1993 年国务院对《扫除文盲工作条例》做了修正，对扫盲工作提出了更高要求。同年，中共中央国务院印发的《中国教育改革和发展纲要》中将扫盲工作尤其是农村扫盲列为更加重要的议事日程，要求"大力发展农村成人教育，积极办好乡镇成人文化技术学校。全面提高农村从业人员素质。抓紧扫除青壮年文盲，坚持标准。讲求实效，把文化教育和职业技术教育结合起来。各级政府要增加扫盲拨款，设立扫盲基金，并加强领导，把扫盲任务落实到乡、村"①。20
世纪 80 年代中期至 90 年代末，在农村有步骤地推进九年制义务教育的过
程中，农村扫盲工作也在持续推进。基本实现九年制义务教育和基本扫除
农村青壮年文盲成为 20 世纪末中国农村教育发展、也成为中国教育发展特
有的政策目标与政策行动。

　　3. 继续加强农村教师队伍建设。1985 年《中共中央关于教育体制改革
的决定》指出："建设一支有足够数量的、合格而稳定的师资队伍，是实行
义务教育、提高基础教育水平的根本大计。"农村九年制义务教育的推进和
农村整个基础教育的发展，无疑需要大力加强农村教师队伍建设。1985 年
至 20 世纪末的这段时期内，加强农村教师队伍建设继续成为教育政策的重
要指向与内容。加强农村教师队伍建设，首先是为发展农村义务教育而加
强培养合格师资。1986 年 3 月，国家教委印发了《关于加强和发展师范教
育的意见》的通知。强调我国师范教育分层发展，以满足小学、初中和高
中发展对不同合格标准的教师的需求。1987 年 7 月，国家教委办公厅印发
了《中等师范学校面向农村培养合格小学师资座谈会纪要》，强调中等师范
学校主要为农村培养合格小学教师服务。在重视加强农村小学教师队伍建
设的同时，农村初中教师队伍建设也受到充分关注。为此，国家十分重视
发展高等师范专科教育，强调高等师范专科学校面向九年制义务教育发展
为培养农村初中教师服务。1990 年 12 月，国家教委印发了《关于当前师范
专科学校工作的几点意见》，强调师范专科学校要坚持为基础教育服务的办
学方向，应主动适应农村教育改革的需要，努力培养合格初中教师。1994
年 11 月，国家教委印发了《全国师范专科学校面向农村、深化改革座谈会
纪要》，以进一步倡导全国师范专科学校为农村义务教育发展提供更好的
服务。

　　在加强为农村义务教育发展培养合格师资的过程中，进一步改善民办
教师工作继续成为 20 世纪 80 年代中期至 90 年代末农村教育政策的重要议
题。1992 年 8 月，国家教委、国家计委、人事部、财政部联合下发了《关

---

① 何东昌主编：《中华人民共和国重要教育文献》，3469 页，海口，海南出版社，1998。

于进一步改善和加强民办教师工作若干问题的意见》（以下简称《意见》），指出"当前和今后一定时期内民办教师工作总的指导思想是：适应教育事业发展的需要，减少数量、提高质量、改善待遇、加强管理，统筹解决民办教师问题，进一步调动广大民办教师教书育人的积极性，促进我国农村基础教育事业的发展"①。《意见》就民办教师的调整整顿、改善管理、加强培训、提高待遇、择优选招等事项做出了具体要求与规定。1993 年中共中央、国务院印发的《中国教育改革和发展纲要》（以下简称《纲要》）中对继续解决民办教师问题提出了要求，指出"目前农村学校存在大量的民办教师，是历史形成的。各地要改进民办教师工资管理体制和统筹办法，增加民办教师补助费，改善民办教师待遇，逐步使民办教师与公办教师同工同酬。对离职民办教师，给予生活补助，有条件的地方要逐步建立民办教师保险福利基金。师范院校要定向招收部分民办教师入学深造。各地要根据当地的实际情况，每年划拨一定数量的劳动指标，从优秀民办教师中选招公办教师。通过多种途径，逐步减少民办教师的比重"②。在《纲要》精神的引领下，进一步解决民办教师问题成为 20 世纪 90 年代一以贯之的政策行动。

4. 农村教育结构改革的推进。1985 年至 1999 年，我国农村在努力推进九年制义务教育的同时，农村教育结构的改革也在如火如荼地进行。《中共中央关于教育体制改革的决定》确立了"调整中等教育结构，大力发展职业技术教育"的重大任务。教育结构的改革由此受到新的重视。农村教育结构的改革作为整个教育结构改革的重要组成部分也迈开了继续前进的步伐。此时农村教育结构的改革在既往改革的基础上更强调适应调整农村产业结构和全面发展农村经济的需要。从政策的层面看，1985 年至 1999 年的 14 年间，为推进农村教育结构改革的教育政策相继出台，政策性行动不断展开。

（1）建立农村教育综合改革实验区。1987 年 2 月，国家教委与河北省

---

① 何东昌主编：《中华人民共和国重要教育文献》，3365 页，海口，海南出版社，1998。
② 同上书，3473 页。

政府决定，在原阳、完县、青龙三县建立农村教育综合改革实验区，旨在探索在贫困的农村如何使教育和经济协调发展、经济开发和智力开发密切结合的途径。同时使农村教育形成普通教育、职业技术教育和成人教育统筹发展之势（简称"三教统筹"）。随后，实验区得到扩展。1989 年 5 月，国家教委发布了《关于在全国建立'百县农村综合改革实验区'的通知》。1990 年 7 月，国家教委印发了《全国农村教育综合改革实验区工作指导纲要（试行）（1990—2000 年）》，进一步确立了综合改革实验的指导思想与原则、目标与任务、措施与条件、领导与评估，对推进综合改革实验具有更现实的指导意义。20 世纪 90 年代初期，农村教育综合改革实验向前推进。1993 年 2 月，中共中央、国务院印发的《中国教育改革发展纲要》要求积极推进农村教育综合改革。1995 年 6 月，国家教委发出《关于深入推进农村教育综合改革的意见》，对综合改革提出了"点上深化、面上推广"的政策行动方略。

（2）实施"燎原计划"。"燎原计划"是农村教育综合改革的重要行动计划。1988 年 5 月，国家教委提出了《关于组织实施'燎原计划'的意见》，经国务院批准予以实施。"燎原计划"的主要任务是："在做好普及义务教育工作的基础上，充分发挥农村各级各类学校的智力、技术的相对优势，积极开展与当地建设密切结合的实用技术和管理知识的教育，培养大批新型的农村建设者。并积极配合农业和科技等部门，开展以推广当地实用技术为主要的实验示范、技术培训、信息服务等多种形式的活动，促进农业的发展。"① "燎原计划"从建立示范乡始，进而不断扩展至更大范围的县、乡。1995 年 12 月，国家教委决定组织实施"燎原计划百、千、万工程"，即在全国上千个乡、上万个村、推广上百项农村实用技术。由此表明，"燎原计划"在逐步成为燎原之势。

（3）推进"农科教结合"。1989 年 8 月，农业部、国家教委等单位联合下发了《关于农科教结合，共同促进农村、林区人才开发与技术进步的意见（试行）的通知》，这使农业、科技、教育相结合的工作成为一种政策要

---

① 《中国教育年鉴（1989）》，769 页，北京，人民教育出版社，1990。

求。1992年2月,《国务院关于积极实行农科教结合、推动农村经济发展的通知》进一步阐明了农科教结合的目的、任务与重心。1994年4月,全国农科教结合协调领导小组正式成立,开始统一领导全国的农科教结合工作。1996年5月《中华人民共和国职业教育法》颁布,实行农科教结合成为法律规定与要求。

20世纪80年代中期至世纪之交,在我国广大农村,"燎原计划""星火计划""丰收计划"等行动计划与"农科教结合""三教统筹"等协调并进,形成农村教育综合改革的蔚然大观,展现出农村教育结构改革的新进展和新面貌。

二、新时期农村教育政策的特征

20世纪70年代末至90年代末的20年间是我国农村教育获得大力发展的新时期。这与整个国家实施改革开放的政策有关,更与引领农村教育发展的一系列具体政策有关。纵观这一时期的农村教育政策,我们可以对其特征分析如下。

1. 政策的变革性。农村教育的改革和发展,在一定程度上源于政策的变革。教育政策变革是教育实践变革的前提与基础。对于农村教育的改革和发展而言,教育政策的变革始终处于先行地位。20世纪末70年代至90年代末,国家颁行了种种关于农村教育改革和发展的政策,而教育政策自身的变革性得到了清晰的展现。首先是农村教育政策目标的变革。新中国成立后的"前十七年"直至20世纪80年代初期,中国农村一直以普及小学教育为政策目标,而到了20世纪80年代中期,农村普及教育的政策目标发生重大变化,有步骤地实行九年制义务教育成为全国自然也成为农村普及教育新的政策目标。这是着眼于提高全民族素质的需要,而在农村,则是着眼于提高全体农村人口素质的需要。正是这一政策目标的变革,导致20世纪80年代中期后中国农村展开了"普九"的行动。其次是政策执行组织与方式的变革。比如普及九年制义务教育的责任交给地方,对基础教育实行分级管理的体制，这是新的政策规定，也体现了基础教育管理体制的重要变革，这种对地方赋权式的政策变革使得农村基础教育的发展有了明确的责任主体，由此带来了政策执行组织与方式的新变化。农村教育政策的变革性还体现在更多方面。如对农村民办教师问题的解决而制定的政策，便反映出政策的变通与变革，这是基于农村基础教育师资状况的实际而做出的政策决定，对稳定农村教师队伍起到了良好的作用。

2. 政策的系统性。结束"文化大革命"之后，中国教育的拨乱反正，是通过新政策的宣示而实行的。如前所述，拨乱反正是一种政策性称谓，实质上是拨政策之乱而反政策之正。1985 年至 1999 年，经历拨乱反正之后，中国的教育政策处在系统的建构中，这也包括对农村教育政策的系统建构。由此也显现出政策的系统性特征。就农村教育政策的系统性而言，它体现在两个方面：一是农村教育政策纳入国家教育政策系统中，它成为国家教育政策的重要内容和重要组成部分，它在国家教育政策系统中具有特有的价值和地位；二是农村教育政策自身的系统性，即农村教育政策在系统地建构中，它自身是一种开放的政策系统。所谓开放的政策系统，是指农村教育政策既与国家教育政策相连接，又针对农村的实际进行自身建构与更新。20 世纪 80 年代中期后，农村教育政策的系统性建构突出地体现在：农村义务教育、职业教育、成人教育和幼儿教育的发展都受到政策的重视，有关各种类别的农村教育发展的政策都在制定与颁行中。另一方面，农村各类教育政策也在构成一种既相互联系又相互区别的整体。如农村教育的管理体制、农村教育投入政策、农村教师政策、农村学校政策等，这些政策在发挥各自的功能，共同促进农村教育的发展。农村教育政策的系统性，还表现在政策执行与政策评估的相统一。1985 年至 1999 年，随着农村"普九"与扫盲工作的大力推进，对"普九"和扫盲评估、验收的制度也随之建立。政策评估也成为政策运行过程中的重要环节，同时也增强了农村教育政策的系统性与科学性。

3. 政策执行主体的地方性。20 世纪 80 年代中期农村教育政策的重大变革，其突出特点莫过于将发展农村教育的责任交给地方。地方各级政府，尤其是县、乡政府成为发展农村教育的责任主体。1985 年至 1999 年，中国农村教育的发展，主要指农村义务教育的发展，是通过制定政策、改革管理体制、明确地方政府的管理与投入等责任，从而形成农村教育地方办的局面。正因为将发展农村教育的责任交给了地方，同时也划定了地方各级政府的具体责任，并且也赋予地方政府可通过征收教育费附加和鼓励集资办学等以解决教育投入问题，这导致我国农村教育发展过程中地方性的多样化发挥。一段时期内，农村教育发展的主体，尤其是农村小学发展的主体主要界定在乡级政府层面，教育支出在乡级财政支出中占有较大比重。另一方面，乡级政府也积极鼓励人民集资办学。20 世纪 80 年代后期至 90年代初，中国乡村出现了改革开放以来集资办学的新热潮。这被众多学者称为"人民教育人民办"。中国民间蕴藏的兴办教育的积极性因政策的作用得到充分的调动。与此同时，由于我国地域发展的不平衡，处于欠发达地区的乡级政府与乡村农民也逐步感受到教育的沉重负担。由此也衍化出一些新的困惑与问题。政策执行主体的地方性也因此需要重新认识与思考。然而，无论如何，在 20 世纪最后的 10 余年内，中国农村教育发展凸显出政策执行主体的地方性特征，也显现出这一特征的重大影响。

4. 政策运行的实验性。在新时期 20 余年的农村教育发展中，教育政策的运行也显现出鲜明的实验性特征。所谓实验性，即政策试验，是指在促进农村教育发展中通过遵循政策设计所进行的新的实验性的探索，它通过试验，取得经验，从而推广到更大层面。1985 年后，随着教育体制改革的推进，农村教育结构的改革提到重要的议事日程。农村教育需要多样化发展，不但要大力发展农村基础教育，也要大力发展农村职业教育和成人教育，同时要大力促进农村教育与农村经济发展和社会发展的有机结合。如何使农村三大教育统筹发展？如何促进农村教育与农村经济社会发展的结合？这既是农村教育发展面临的新课题，也是农村经济社会发展面临的新课题。这些问题也必然成为一种政策问题。正是基于这样的思考，农村教育综合改革试验被列为政策议题。"1987 年 2 月 27～28 日，国家教委和河北省政府联合在河北省涿州市召开农村教育改革试验区工作会议，标志着我国农村教育改革试验工作启动。1988 年 9 月 30 日，国务院办公厅批复国家教委《关于组织实施"燎原计划"的请示》，原则批准国家教委实施

"燎原计划"的总体设想。1989 年 5 月 23 日，国家教委发出在全国建立百县农村教育综合改革实验区的通知。"① 20 世纪 80 年后期至 90 年代，这种政策试验在努力推进。而在政策层面，也在进一步加强对农村教育综合改革试验的政策指导，颁布了《全国农村教育综合改革实验区工作指导纲要（试行）》。农村教育综合改革在试验中积累了经验，为更大范围内的农村教育综合改革提供了资鉴。

三、新时期农村教育政策的成效与政策问题

（一）新时期农村教育发展的政策成效

1978 年至 1999 年是中国农村教育获得巨大发展的时期，这彰显着政策变革的影响与作用。新时期农村教育发展的重要政策成效如下。

1. 农村普及九年制义务教育有步骤地推进，大部分农村地区实现了义务教育发展的新跨越。根据 1985 年《中共中央关于教育体制改革的决定》的要求，全国九年制义务教育的发展，大致划分为 3 类地区：一是约占全国人口四分之一的城市、沿海各省中的经济发达地区和内地少数发达地区，在 1990 年左右完成普及九年制义务教育；二是约占全国人口一半的中等发展程度的镇和农村，在 1995 年左右普及九年制义务教育；三是约占全国人口四分之一的经济落后地区，采取各种形式积极进行不同程度的普及教育工作。在 1985 年至 1999 年的 14 年间，中国农村九年制义务教育在政策的引领与作用下，积极地向前推进，并不断取得明显的进展与成效。其突出的表现是，农村学龄儿童入学率在不断提高，性别差异大大缩小。农村初中学生的辍学率得到有效控制，义务教育阶段学生的巩固率不断提高。农村义务教育阶段的教育投入在不断增加，中小学办学条件得到明显改善。

---

① 《中国教育年鉴（2000）》，929 页，北京，人民教育出版社，2000。

农村中小学教师队伍建设也在不断加强，教师合格率大幅度提高。这一切，使农村义务教育呈现良性发展的状态。据 1999 年全国教育事业发展统计公报，到 1999 年底，全国普及九年义务教育的人口覆盖率达到 80％，"普九"验收的县（市、区）总数达到 2430 个（含其他县级行政区划单位 145 个），9 个省市已按要求实现"普九"。① 这一数据，反映了中国农村普及义务教育取得的成就。这一成就，恰恰是中国实施九年制义务教育制度的结果，是制度与政策的变革以及制度与政策的指引所带来的中国义务教育发展的历史性变化。对于中国农村教育的发展而言，在一个经济发展尚不平衡，总体经济发展水平还不高的状况下实施九年制义务教育，这是农村教育发展的一项壮举。农村义务教育发展中种种突破与攻坚，都蕴含着、凝聚着政策的力量与作用，也彰显着政策的成效。

2. 农村扫盲工作持续推进，基本完成扫除农村青壮年文盲的历史性任务。20 世纪 80 年代以来，在国务院关于扫除文盲的政策精神引领下，我国扫盲工作在持续推进，并不断加强。这突出地表现在农村扫盲工作的推进与加强上。由于我国农村地域辽阔，各地经济与教育基础发展不平衡，形成了扫盲工作的特点与条件的不同。为此，各地根据国务院关于扫盲工作的要求，结合地方实际，制定与颁发了地方性的扫盲政策文件，以指导地方扫盲工作的开展。正是在国家与地方政策的共同作用下，农村扫盲工作卓有成效地推进，表现在：其一，扫除青壮年文盲列为政府工作目标以及考核各级政府领导工作实绩的内容。其二，将扫盲经费列入地方财政预算，并将社会筹措的教育经费适度用于扫盲。其三，通过设立农村成人教育的专门机构和充实专职人员以加强对农村扫除文盲工作的管理。其四，采取灵活多样的形式进行农村扫盲。如在文盲居住比较集中的地区，举办扫盲班集中学习；在文盲居住比较分散的地区，组织邻里小组开展学习；对文盲居住特别分散的边远地区，则采取个别包教、送教上门的方式扫除文盲。其五，切实实行扫除文盲验收制度，对在扫盲工作中做出突出贡献的单位与个人予以表彰与奖励。正是上述政策措施的有效推进，保障了农

---

① 《1999 年全国教育事业发展统计公报》，载《中国教育报》，2000-05-29。

村扫盲教育目标的如期实现。到 20 世纪末，我国农村实现了基本扫除青壮年文盲的历史任务。至 1999 年，"全国青壮年文盲人数降到 3000 万以下，青壮年非文盲率提高到 94.5％。截至 1999 年底，一、二片地区的 24 个省（自治区、直辖市）通过了教育部的抽查评估，按期实现了基本扫除青壮年文盲的目标，人口覆盖面达到 85％。全国累计已有 2500 多个县级单位的扫盲工作通过了省级政府的检查验收。"① 这一统计数据显现了中国农村扫盲教育的政策成效。

3. 农村中小学教师队伍建设有了明显的加强，教师结构得到改善，教师素质有了提高。1978 年至 1999 年，我国农村教育发展的政策成效也突出地反映在农村教师队伍建设的加强上。教育大计，教师为本。农村教育的发展，关键也在教师。20 余年间，我国通过大力发展师范教育，尤其是通过大力发展中等师范教育和高等师范专科教育以源源不断地向全国中小学尤其向农村中小学输送合格师资。"文化大革命"前的 1965 年，我国中等师范学校仅为 394 所，在校生为 15.5 万人。"文化大革命"中，师范教育成为重灾区。1977 年恢复高考，1978 年师范学校猛增到 1046 所，学生为 35.99 万人。20 世纪 80 年代和 90 年代，中等师范学校整体上在稳步发展中，在校学生呈不断增长趋势。到 1995 年，我国中等师范学校在校生数达到了 89.6 万人。与此同时，师范学校也在通过加强标准化建设以提高办学水平。20 余年间，中等师范学校培养出数百万毕业生，而毕业生中的大多数充实到农村义务教育第一线，成为农村义务教育发展中新型合格师资。另一方面，高等师范专科学校也处在新的发展中，成为向农村中学输送新型师资的主阵地。而省、地（市）教师进修学院和县级教师进修学校也在加强培训农村教师。这一切，使得农村合格教师的比例不断提升。据教育统计年鉴的统计，1978 年，我国小学专任教师学历合格率仅为 47.1％，初中教师合格率仅为 9.8％；到 1985 年，小学教师合格率上升到 60.6％，初中教师合格率上升到 27.5％；到 1990 年二者分别继续上升到 73.9％ 和 43.4％；而到了 1999 年，小学教师合格率已达 95.9％，初中教师合格率为

---

① 《中国教育年鉴（2000）》，131 页，北京，人民教育出版社，2000。

85.6%。从这些统计数据中，我们也可以认识到农村中小学教师合格率不断提高的状况。

关于促进农村教师队伍建设的政策成效，还突出地反映在民办教师问题的良好解决。20年间，国家通过中等师范学校招收民办教师、单独下达"民转公"指标和地方政府调剂配套指标选招民办教师等方式将成百万民办教师转为公办教师，对于被"辞"和"退"的民办教师，地方政府都尽可能地进行了妥善安置。以特有的政策解决农村民办教师问题，可称为新时期农村教育政策的一种切合实际的创新，它对稳定农村教师队伍和促进农村基础教育的发展起到了良好的作用。

4. 农村教育结构有了明显调整，农村职业教育和成人教育在大力发展，农村教育综合改革取得突出成效。在教育政策的引领下，20世纪70年代末至90年代末，我国农村中等教育结构积极调整，农村职业教育和成人教育大力发展。主要表现在：其一，农村普通中学与职业中学分设，两类学校同时发展。据中国教育年鉴统计，1999年，全国县镇和农村普通高中2774所，在校生为643.6万人；县镇和农村职业高中为4213所，在校生为220万人。[1] 农村普通中学和职业中学初步形成比翼发展之势。其二，县级职教中心、成教中心和乡镇职教中心、成教中心普遍设立，成为农村劳动力和农村人口接受职业教育和成人教育的重要载体。到20世纪末，从整体上看，中国农村职业教育和成人教育已成系统，成为农村教育发展中的不可或缺的组成部分。农村职业教育的发展，为农村培养了大量专业人才，为农村农业经济与非农产业经济的发展做出了贡献。仅以河北省为例。据统计，1978年至1999年，"河北省各类面向农村的中等职业学校累计培养了240多万人，其中许多毕业生现在成了颇有建树的农业技术员、技师、农场场长、果园承包人、畜禽饲养大户或企业主，有的还担任了县、乡政府、部门或村民委员会的领导职务"[2]。农村职业教育的发展，在为农村经

---

[1] 数据根据《中国教育年鉴（2000）》相关统计数据计算而成。

[2] 张志增：《论河北省的农村职业教育》，见中国联合国教科文组织全国委员会、国际农村教育研究与培训中心：《农村教育国际研讨会论文集》，2003。

济发展服务的同时，也为农村劳动力转移提供了服务。

20世纪80年代末启动的以农科教结合为特征的农村教育综合改革试验在不断推进，也不断取得新的进展与成效。到20世纪末，农村教育综合改革已大面积展开，形成了具有不同的特色与经验。1999年6月，教育部在湖南省邵阳市召开了全国农村教育综合改革经验交流会，实地考察、学习邵阳市实施"十百千万工程"的经验，即集中力量建设好10所示范性职业中学，由这10所学校来联系办好100所示范性乡镇农校，重点扶持带动100个村、1000名毕业生成为专业村和科技示范户，辐射带动10000个农户科技致富，使每户年纯收入达到1万元以上。全国许多省市也形成了具有各自特色的实施农村教育综合改革的经验。如湖北省重点实施"实用科技转化推广工程"、吉林省重点实施"农村科技致富新户主培训工程"、安徽省实施"电波入户工程"、江苏省实施"教育促小康"工程等。种种工程的实施，反映出农村教育综合改革有特色地推进，同时也取得良好的成效。

（二）新时期农村教育发展的政策问题

20年间农村教育发展在充分显现政策的积极作用与影响之时，也留下了一些值得反思的政策问题。

1. 农村义务教育管理体制改革实施中遇到的问题。将发展基础教育的责任交给地方，实行地方分级管理的体制是20世纪80年代中期以来最为重要的教育体制变革。这一变革对强化地方政府的教育发展责任，调动地方办学的积极性无疑起到了重要的推进作用。其积极的成效已如上述。但另一方面，基础教育分级管理体制的实施也使农村基础教育的发展，主要指农村义务教育的发展面临着地方政府投入不足和农民集资办学的艰难。这尤其反映在经济欠发达与贫困农村地区。在这类地区，由于县、乡财政并不富裕，投入教育的经费有限，致使一些农村学校办学经费紧张，办学条件难以改善。20世纪80年代至90年代，国家花大力气实施"农村中小学危房改造工程"，这也从另一个侧面反映出农村办学条件存在的严重问题。同样是在这类经济欠发达农村地区，集资办学也遭遇困难，由此加剧了农村学校办学经费供给的困难。20 世纪 80 年代中期实施基础教育管理体制改革之后,我国义务教育发展存在的最为突出的问题是城乡教育经费差距的拉大。有学者对 1999 年全国普通中小学生均教育经费支出进行了统计,结果见表 3-1。

表 3-1　1999 年全国普通中小学生均教育经费支出　　　（单位:元）①

	生均教育经费支出		生均财政预算内教育经费	
	初中	小学	初中	小学
全国	1102.50	625.45	625.46	378.72
城镇	1423.85	841.11	811.69	515.27
农村	861.64	519.16	485.82	310.58
城镇与农村比	100∶60.5	100∶61.7	100∶59.9	100∶60.3

以上统计是针对全国总体情况而言。事实上,在相对落后的农村地区,生均教育经费支出和生均预算内教育经费支出则远远低于上述平均数。有关这方面的分析已不少见,故不例举。20 世纪 90 年代中期开始,我国对普及九年制义务教育进行评估验收,它促进了农村地区办学条件的改善,但也使一些地方出现举债办教育的现象。

2. 农村中小学教师队伍建设存在的问题。改革开放新时期内,尽管农村教师队伍建设得到明显的加强,农村中小学合格教师比率在不断攀升,但农村教师队伍建设存在的问题仍较严重。突出的问题是,由于基础教育实行县、乡管理,农村教师的工资也由县乡政府发放,一些经济困难的农村地区教师待遇得不到切实保障,更不要说提高了,与经济发达地区和城市教师的待遇相比差距十分明显。不但如此,在经济相对落后的农村地区,甚至出现了严重拖欠教师工资的现象。1994 年,国家教委曾对全国拖欠农村教师工资的情况进行了一次汇总统计,结果表明,到 1994 年 5 月,全国拖欠农村教师工资总额已达 14.3 亿元之巨。恰如时任教委主任朱开轩在当

---

① 余秀兰:《中国教育的城乡差异———一种文化再生产现象的分析》,95 页,北京,教育科学出版社,2004。

年纪念教师节的讲话中所说，拖欠教师工资的"数额之大、时间之长、范围之广，在新中国成立以来 40 多年的历史上是没有过的"。这一问题一度成为重要的社会问题。另一方面，由于城乡教育差距的存在，尤其是重点学校制度的强化，导致农村中小学骨干教师大量流入城市（包括流入县城），同时也有一定数量的农村骨干教师流向国家行政机关和商业部门。这对农村教育发展而言，犹如釜底抽薪，构成了严重的伤害。随着骨干教师的流失，农村教师队伍结构的不合理问题也突出显现。这表现在农村教师的年龄结构、学科结构和性别结构等方面。到 20 世纪末，大量民办教师转为公办教师后，他们成为农村教师的主体，整体年龄已偏大。一些相关调查表明，农村教师年龄结构的老化问题已较严重。与年龄结构问题同时存在的是农村教师的学科结构问题。突出的是农村学校的音体美课程与外语课程等难以有学科专业教师开设，致使这类课程处于应对或边缘化状态。农村教师在接受专业培训方面也遭遇到诸如缺乏经费支持、缺乏时间保障等多种因素的制约与障碍，这对教师队伍建设也形成不利影响。

3. 农村义务教育发展中的质量问题。20 世纪 90 年代，我国城乡义务教育发展的差距已凸显在质量发展的差距上。首先是农村义务教育阶段的学生巩固率受到严峻考验。在中部和西部农村地区，义务教育阶段尤其是初中阶段学生辍学问题成为制约农村义务教育健康发展的突出问题。尽管国家对控制辍学率提出了政策要求并采取了一系列措施，也有部分控制辍学率的政策实施取得了成效，但直到 20 世纪末，一些农村地区初中辍学率实际上仍然居高不下。一些实地调查的数据反映出这一问题的严重状况。导致这一问题的存在有多方面的原因，但义务教育法执行的资源不足与执行不力应该是重要的原因。农村义务教育的质量问题还突出地表现在农村学校素质教育未能良好地实施。农村学校的办学环境、办学条件以及学校课程教学等方面存在的不足制约着素质教育的扎实开展与实施。

4. 农村职业教育发展中的政策问题。1985 年之后，我国农村职业教育处在新的发展中，在肯定发展的成效时，也依然感受到存在的问题。突出问题是：发展农村职业教育尽管已成为一种重要的政策要求，但在实践过程中，一些地方政府还未能真正高度重视农村职业教育的发展，对发展职业教育的政策执行存有轻视的倾向或处于应付的状态。农村职业教育政策执行的"失真"问题较严重存在。比如，在调整农村教育结构中普遍设立的职业中学，在实际办学的过程中遭遇到学生生源、师资、办学条件等多重问题的障碍，一些农村职业中学难以有效地实施职业教育，其办学目标发生了扭曲与变化。农村广泛设立的职教中心或成人教育中心，在组织开展对农村劳动力的实用技术培训和转移劳动力培训方面也同样遭遇重重困难。例如，培训的组织不力，缺乏优质培训资源，培训者缺乏主动接受培训的热情等，这些都对农村劳动力的职业培训形成阻碍。一种良好的促进农村职业教育发展的有效机制尚未建立。

5. 农村学前教育发展中的政策问题。20 世纪 80 年代至 90 年代，我国农村教育在总体上处于大力发展的阶段，但相对于农村义务教育发展，甚至相对于农村成人教育和职业教育的发展而言，农村学前教育的发展处于较为弱势的状况，这与政策问题相关。在政策制定与颁行层面上，1978 年至 1999 年，我国先后出台了种种关于学前教育发展包括农村学前教育发展的政策，如《幼儿园教育纲要（试行草案）》（教育部，1981）、《关于发展农村学前教育的几点意见》（国家教委，1983）、《幼儿园工作规程》（国家教委，1986）、《幼儿园管理条例》（国家教委，1989）等，这些政策的制定与实施，对促进全国学前教育的发展包括促进农村学前教育的发展起到积极的作用。但相对于城市学前教育的发展而言，农村学前教育发展依然滞后。县乡政府对发展农村学前教育责任承担的缺失，农村公办幼儿园数量甚少，社会力量兴办农村幼儿园的积极性不高，农村学前教育合格师资的严重缺乏，这一切都是导致农村学前教育发展艰难的重要原因。

简要结论

本章重点对 1978 年至 1999 年农村教育政策进行了考察。通过考察，我们能清晰地认识这 20 余年间我国农村教育发展所受到的政策重视与政策关注，能认识这一时期农村教育政策的系统性、多样性以及所具有的变革性与实验性等特征。20 余年间农村教育政策的实施有效地促进了农村教育的新发展，它使农村教育尤其是农村义务教育实现了历史性的跨越。在一个 13 亿人口、其中农村人口为大多数的发展中国家，能够在改革开放仅 20 余年的时间内，基本实现九年制义务教育和基本扫除青壮年文盲，这是令世界瞩目的教育成就。它为发展中国家农村教育的发展提供了范例。农村教育发展的卓然成就，彰显出教育政策的无限威力与作用。

另一方面，20 余年间，农村教育的发展也留下了一些值得反思的政策问题。到 20 世纪末，我国城乡教育在共同发展过程中显现的教育差距突出地存在，它也成为"三农"问题的重要表征。如何进一步变革与创新农村教育政策？这一问题理所当然地带进了新的世纪。

第四章 对新世纪农村教育政策的考察

进入新世纪以来，随着科学发展观的确立，我国教育事业被进一步置于优先发展的战略地位，其中农村教育的发展得到新的重视与加强。新世纪我国为加强农村教育发展颁行了一系列重要政策，这些政策饱含着加强农村教育发展的政策要求与政策精神。新世纪加强农村教育发展业已成为新世纪国家教育发展的重大政策行动，加强农村教育发展的政策实施，既取得了明显的政策成效，也存在值得反思的政策问题。

一、新世纪加强农村教育发展的政策回顾

新世纪我国加强农村教育发展，是适应推进社会主义新农村建设、适应全面建设小康社会和加快社会主义现代化进程的需要。"农村教育在全面建设小康社会中具有基础性、先导性、全局性的重要作用。"① 立足于此认识，新世纪以来，我国为加强与推进农村教育发展颁行了一系列新的重要政策。这些新的重要政策，从整体上看，是指向农村教育多层次、多类别且是综合性、协同性的发展，同时也是指向城乡教育的统筹发展与均衡发展。新世纪以来，国家加强农村教育发展的政策要求与政策精神重点反映在加强农村基础教育发展和加强农村职业教育、成人教育发展两大方面。

（一）加强农村基础教育发展

新世纪国家加强农村教育发展，首要是加强农村基础教育的发展。加

---

① 《国务院关于进一步加强农村教育工作的决定》，国发〔2003〕19号，2003-09-17。

强农村基础教育的发展，一方面是基于农村基础教育是提高农村人口素质和促进农村经济社会发展的奠基工程，因而也是提高全体国民素质，实现从人口大国迈向人力资源强国的奠基工程；另一方面则是因为进入新世纪之际，我国农村基础教育的发展虽然取得了很大的成就，但相对于城市基础教育的发展而言还处于滞后的状态，城乡基础教育发展严重不平衡的问题突出存在，并成为"三农"问题的重要表征。着眼于此，新世纪以来，国家通过不断加强政策法规建设，以加强基础教育特别是加强农村基础教育的发展。加强农村基础教育发展的政策要求与政策精神可见之于《国务院关于基础教育改革与发展的决定》（2001 年 5 月 29 日）、《国务院关于进一步加强农村教育工作的决定》（2003 年 9 月 17 日）等重要政策文献中。加强农村基础教育发展，具体而言，则包含加强农村义务教育、农村高中阶段教育和农村学前教育的发展。[1]

1. 加强农村义务教育的发展

农村义务教育发展在农村教育发展乃至国家教育发展中的重要地位不言而喻。新世纪国家加强农村义务教育发展的重要政策举措主要有如下几项。

（1）进一步完善农村义务教育的管理体制

2001 年我国颁布的《国务院关于基础教育改革与发展的决定》中重新确立了"实行在国务院领导下，由地方政府负责、分级管理、以县为主"的体制。具体内涵是：国家确定义务教育的教学制度、课程设置、课程标准，审订教科书。中央和省级人民政府要通过转移支付，加大对贫困地区和少数民族地区义务教育的扶持力度。省级和地（市）级人民政府要加强教育统筹规划，搞好组织协调，在安排对下级转移支付资金时要保证农村义务教育发展的需要。县级人民政府对本地农村义务教育负有主要责任，要抓好中小学的规划、布局调整、建设和管理，统一发放教职工工资，负责中小学校长、教师的管理，指导学校教育教学工作。乡（镇）人民政府要承担相应的农村义务教育的办学责任，根据国家规定筹措教育经费，改

---

① 张乐天：《新世纪我国加强农村教育发展的政策回顾与反思》，载《复旦教育论坛》，2010（3）。

善办学条件，提高教师待遇。继续发挥村民自治组织在实施义务教育中的作用。乡（镇）、村都有维护学校的治安和安全、动员适龄儿童入学等责任。①

为认真贯彻落实《国务院关于基础教育改革与发展的决定》，确保新的农村义务教育管理体制在 2002 年全面运行，经国务院批准，2002 年 4 月，国务院办公厅发布了《关于完善农村义务教育管理体制的通知》，《通知》就完善农村义务教育管理体制有关问题作了详尽说明，分别细化了省级人民政府、地（市）级人民政府、县级人民政府及乡（镇）人民政府具体职责，再次明确各级政府责任，鼓励继续发挥村民自治组织在实施农村义务教育中的作用。同时，提出对未实行农村税费改革试点的地方，地（市）、县、乡（镇）人民政府，要继续严格按照国家有关规定组织做好农村教育费附加的征收、管理，用于农村中小学的校舍建设、维修、危房改造和学校布局调整；继续严格按照国家有关规定组织做好农村中小学危房改造的教育集资工作。②

2006 年新修订的《中华人民共和国义务教育法》再次以法律的形式明确了义务教育的管理体制："义务教育实行国务院领导，省、自治区、直辖市人民政府统筹规划实施，县级人民政府为主的管理体制。"这一法律规定，体现了农村义务教育管理重心的适度上移，有利于统筹城乡教育资源，促进城乡义务教育的均衡发展。

（2）建立农村义务教育经费保障新机制

2005 年 12 月，国务院专门发布了《关于深化农村义务教育经费保障机制改革的通知》，要求将农村义务教育全面纳入公共财政保障范围，建立中央和地方分项目按比例分担的农村义务教育经费保障机制。其主要内容是：全部免除农村义务教育阶段学生学杂费，对贫困家庭学生免费提供教科书并补助寄宿生生活费；提高农村义务教育阶段中小学公用经费保障水平；建立农村义务教育阶段中小学校舍维修改造的长效机制；巩固和完善

---

① 《国务院关于基础教育改革与发展的决定》，国发〔2001〕21 号，2001-05-29。
② 国务院办公厅：《关于完善农村义务教育管理体制的通知》，2002-04-14。

农村中小学教师工资保障机制。2006 年新修订的《义务教育法》则将农村义务教育经费保障机制的政策法律化，明确规定"实施义务教育，不收学费、杂费"，从而使保障机制更具有保障性。

（3）推进农村中小学学校布局调整

进入新世纪以来，鉴于我国农村城镇化的发展和义务教育阶段适龄儿童、少年数量的变化，农村中小学布局调整列入教育政策议程。2001 年《国务院关于基础教育改革与发展的决定》要求："因地制宜调整农村义务教育学校布局。按照小学就近入学，初中相对集中、优化教育资源配置的原则，合理规划和调整学校布局。农村小学和教学点要在方便学生就近入学的前提下适当合并，在交通不便的地区仍需保留必要的教学点，防止因布局调整造成学生辍学。学校布局调整要与危房改造、规范学制、城镇化发展、移民搬迁等统筹规划。调整后的校舍等资产要保证用于教育事业。在有需要又有条件的地方，可举办寄宿制学校。"《决定》颁行之后，我国农村义务教育学校布局调整广泛推进。学校布局调整工作的推进，一方面，取得明显的成效，农村中小学的办学条件、办学效益和教育质量有了进一步的提高。另一方面，学校布局调整也出现了新的问题。如有的地方工作中存在简单化和"一刀切"的情况，造成新的上学难；有的地方一味追求调整速度，造成"巨型学校"和大班额现象，难以保障教学质量等。为了防止和纠正布局调整中的偏颇现象，2006 年 6 月《教育部关于实事求是地做好农村中小学布局调整工作的通知》发布，要求按照实事求是、稳步推进、方便就学的原则实施农村中小学布局调整，确保适龄儿童少年顺利完成九年制义务教育。《通知》就如何实事求是、稳步推进义务教育学校布局调整提出了一系列具体明确的要求。2010 年教育部印发了《关于贯彻落实科学发展观进一步推进义务教育均衡发展的意见》，再一次要求地方各级教育行政部门在调整中小学布局时，要统筹规划、实事求是，"避免盲目调整和简单化操作"。

（4）实施保障农村流动儿童平等接受义务教育的政策

进入新世纪以来，为进一步做好进城务工就业农民子女义务教育工作，教育部、中央编办、公安部、发展改革委、财政部、劳动保障部联合发文，对农民工子女义务教育工作提出了具体指导意见，明确规定：进城务工就业农民流入地政府（以下简称流入地政府）负责进城务工就业农民子女接受义务教育工作，以全日制公办中小学为主，充分发挥全日制公办中小学的接收主渠道作用。流入地政府要制定有关行政规章，协调有关方面，切实做好进城务工就业农民子女接受义务教育工作。建立进城务工就业农民子女接受义务教育的经费筹措保障机制，切实减轻进城务工就业农民子女教育费用负担。加强对以接收进城务工就业农民子女为主的社会力量所办学校的扶持和管理。加强宣传引导，营造全社会关心和支持进城务工就业农民子女义务教育工作的良好氛围。

2006 年新修订的《义务教育法》，对保障农村流动儿童平等接受义务教育问题做出了法律规定，要求"父母或其他法定监护人在非户籍所在地工作或者居住的适龄儿童、少年，在其父母或者其他法定监护人工作或者居住地接受义务教育的，当地人民政府应当为其提供平等接受义务教育的条件"。

为支持引导各地解决好进城务工农民工随迁义务教育阶段子女接受义务教育问题，教育部还制定了《进城务工农民工随迁子女接受义务教育中央财政奖励实施暂行办法》，规定：中央财政从 2008 年秋季学期起，对接收农民工子女较多且其义务教育问题解决较好的省份，给予适当奖励。同时指出，农民工子女接受义务教育问题，以流入地公办中小学校为主解决。各地有关部门要将农民工子女义务教育纳入公共教育体系，对符合当地政府规定接收条件的，按照相对就近入学的原则统筹安排在公办学校就读，免除学杂费，不收借读费。①

（5）加强农村义务教育阶段教师队伍建设

新世纪以来，国家继续致力于加强农村义务教育阶段教师队伍建设。其基本政策要求是继续改善农村教师工作与生活条件，完善农村教师工资经费保障机制；加强对农村学校教师、校长的培训，并促进本行政区域内

---

① 财政部、教育部：《关于印发〈进城务工农民工随迁子女接受义务教育中央财政奖励实施暂行办法〉的通知》，财教〔2008〕490 号，2008-12-10。

校长与教师的流动；在部分师范院校重新试行免费师范生政策，以面向农村培养新型合格教师。与此同时，实施"鼓励和支持城市学校教师和高等学校毕业生到农村地区、民族地区从事义务教育"的政策，并实施"鼓励高等学校毕业生以志愿者的方式到农村地区、民族地区缺乏教师的学校任教"的政策以加强农村义务教育阶段教师队伍建设。[①]

为努力提高农村教师实施素质教育的能力，教育部在《2001年工作要点》中指出：加强中西部地区教师的交流、合作，鼓励并引导在职教师由城市向县镇、农村、条件艰苦的边远地区流动任教。为做好农村中小学教职工编制核定和编制管理工作，教育部提出引导教职工从城镇和超编学校向农村和缺编学校流动，进一步提高教师队伍整体素质和学校教育教学质量，促进农村基础教育事业进一步发展。

2006年，教育部从建设社会主义新农村的战略高度，充分认识城镇教师支援农村教育工作的重要意义，提出：以推进城镇教师支援农村教育为重点，通过积极做好大中城市中小学教师到农村支教工作，认真组织县域内城镇中小学教师定期到农村任教，探索实施农村教师特设岗位计划，积极鼓励并组织落实高校毕业生支援农村教育工作，组织师范生实习支教，积极开展多种形式的智力支教活动等举措，不断优化和提高农村教师队伍的结构和素质。随后，全国各地积极开展城镇教师支援农村教育工作。[②]为提高西部农村中小学校长组织实施素质教育的能力和水平，教育部、中国移动通信有限公司决定自2006年至2008年，联合实施"中国移动西部农村中小学校长培训项目"，每年计划培训1200名西部农村中小学校长（3年共计培训3600名）。[③] 随后将中国移动西部农村中小学校长培训项目（2006—2008年）继续与深化，利用2009年至2011年3年时间组织实施中国移动中小学校长培训项目，通过影子培训和远程培训两种培训形式，促

---

① 邵泽斌：《新世纪国家对农村教师队伍建设的特别性支持政策、成效、问题与建议》，载《南京师范大学学报》，2010（5）。

② 教育部：《关于大力推进城镇教师支援农村教育工作的意见》，教人〔2006〕2号，2006-02-26。

③ 教育部：《关于启动"中国移动西部农村中小学校长培训项目"的通知》，教人厅函〔2006〕10号，2006-04-30。

进参训校长学习省内、外优秀学校的办学经验，切实提高中西部农村中小学校长的整体素质和管理实践能力，培养一批推进学校改革创新和实施素质教育的带头人，促进义务教育均衡发展和城乡教育协调发展。[①]

此外，教育部启动实施为农村学校培养教育硕士师资计划，相继颁布关于做好"农村学校教育硕士师资培养计划"实施工作的通知，不断发展和完善农村教育硕士的培养模式，将实施"硕师计划"与"特岗计划"紧密结合，大力推进师范生实习支教工作，将师范生实习支教与加强农村教师队伍建设紧密结合，组织实施中西部农村义务教育学校教师远程培训计划，中小学教师国家级培训计划，为广大教师特别是农村教师提供优质培训服务。

2. 加强农村高中阶段教育发展

新世纪我国高中阶段的教育发展受到高度重视，加强农村高中阶段的教育发展也成为教育政策的重要指向。这主要表现在以下几个方面。[②]

（1）确立发展农村高中教育的新目标

双基攻坚战略目标基本实现以后，国家在义务教育普及的基础上开始将重心转移到高中阶段教育的发展战略方面。新世纪初，教育部公布的《全国教育事业第十个五年计划》明确提出：支持已经普及九年义务教育的中西部农村地区发展高中阶段教育。[③]《教育部基础教育司 2003 年度工作要点》提出，"重点推动中西部地区农村高中建设"。2003 年 9 月 17 日，《国务院关于进一步加强农村教育工作的决定》（国发〔2003〕19 号）提出"今后五年，经济发达地区的农村要努力普及高中阶段教育，其他地区的农村要加快发展高中阶段教育。"2003 年 9 月 19 日，温家宝在全国农村教育工作会议上的讲话中指出，"农村高中阶段教育，以政府投入为主、多渠道筹措资金，努力形成公办学校和民办学校共同发展的多元办学格局。"教育部颁布的《2004—2010 年西部地区教育事业发展规划》提出"大中城市逐步普及高中阶段教育，已普及九年义务教育经济条件较好的农村地区加快

---

① 教育部：《关于启动实施"2009—2011 年中国移动中小学校长培训项目"有关工作的通知》，教人厅函〔2009〕13 号，2009-07-20。
② 张乐天：《新世纪我国加强农村教育发展的政策回顾与反思》，载《复旦教育论坛》，2010（3）。
③ 教育部：《全国教育事业第十个五年计划》，教发〔2001〕33 号，2001-07-01。

发展高中阶段教育，经济欠发达农村地区适度发展高中阶段教育。"

（2）加强对农村薄弱高中的改造

2001年4月8日，《教育部、国家计委、财政部关于印发〈全国中小学危房改造工程实施管理办法〉的通知》（教财〔2001〕7号）强调，"中央'工程'专款重点补助由教育部门举办的县级及县级以下农村义务教育阶段的小学、初中、完全中学（包括其中的高中部）。"《教育部2003—2007年教育振兴行动计划的通知》（国发〔2004〕5号）也明文规定"加大对农村高中发展的支持力度，引导示范性高中建设，加快基础薄弱校的建设，扩大高中优质教育资源供给能力"。教育部特别强调把新增教育经费主要用于农村教育，包括用于普通高中建设，着力建设好一批合格普通高中，避免将紧张的教育经费集中投向一两所学校。[①]

（3）推进县域普通高中与职业高中的协调发展

新世纪以来，国家就普通高中与职业高中之间的协调发展颁布实施了一系列教育政策文件，在大力发展适应农村经济和社会发展需要的中等职业教育的同时，要求普通高中教育与中等教育协调发展[②]，特别是在农村高中适当增加职业教育的内容，开展"绿色证书"教育，积极创造条件或利用职业学校的资源，开设以实用技术为主的课程，鼓励学生在获得毕业证书的同时获得职业资格证书；进一步扩大中等职业学校招生规模，做好东部对西部、城市对农村中等职业学校联合招生合作办学工作，使高中阶段两类教育规模大体相当，协调发展。[③]

3. 加强农村学前教育的发展

新世纪农村学前教育的发展受到新的重视，加强农村学前教育的发展同样成为国家教育发展的重要政策要求，主要表现为：一是确立了基本普

[①] 教育部：《关于进一步规范普通高中建设兴办节约型学校的通知》，教基〔2006〕7号，2006-05-17。

[②] 国务院办公厅：《国务院关于进一步加强农村教育工作的决定》，国发〔2003〕19号，2003-09-17。

[③] 教育部：《关于召开2004年中等职业学校招生工作会议的通知》，教职成司函〔2004〕3号，2004-02-20。

及学前教育的目标。到 2020 年，全国所有地区，包括农村地区全面普及学前一年教育，基本普及学前二年教育。二是明确政府职责，把发展农村学前教育纳入城镇化和新农村建设的整体规划，深化农村学前教育办园体制的改革。三是采取更有力的措施支持农村学前教育的发展。如加强农村学前教育师资队伍建设，多种形式扩大农村学前教育资源，着力保障农村留守儿童入园，支持贫困地区发展学前教育等。[①] 从《中国儿童发展纲要（2001—2010 年）》到《国家中长期教育改革和发展规划纲要（2010—2020 年）》的颁布实施，近 10 年来，国家对农村学前教育的发展重视程度日益提高，在推动农村幼儿教育发展过程中，一方面，国家加大了学前教育经费投入，兴办了一大批公立幼儿园，改善了幼儿教育相关教学设施，并充分利用农村中小学布局调整后富余的教育资源发展幼儿教育，引导各地加快乡镇中心幼儿园建设，推进农村学前教育事业发展；另一方面，加强农村幼儿教师队伍建设，提高农村幼儿教师素质，相继实施"幼儿教师国家级培训计划"，所需经费由中央财政安排专项资金予以支持，培训对象主要包括中西部地区农村公办幼儿园（含部门、集体办幼儿园）和普惠性民办幼儿园园长、骨干教师、转岗教师。培训项目分为 3 种类型：一是农村幼儿教师短期集中培训；二是农村幼儿园"转岗教师"培训；三是农村幼儿园骨干教师置换脱产研修。[②] 通过对农村幼儿园长及教师的专业培训，以此提高学前教育的质量。

（二）加强农村职业教育和成人教育的发展

加强农村职业教育和成人教育的发展是加强农村教育发展的题中之义，为此，新世纪以来，国家继续出台了一系列政策文件，如《关于大力推进职业教育改革与发展的决定》（国发〔2002〕16 号）、《关于进一步加强农

---

① 张乐天：《新世纪我国加强农村教育发展的政策回顾与反思》，载《复旦教育论坛》，2010（3）。
② 蒋平：《基于学前教育系列政策变革背景下的幼儿教师专业化发展》，载《教育导刊》，2012（9）。

村教育工作的决定》（国发〔2003〕19 号）、《关于大力发展职业教育的决定》（国发〔2005〕35 号）、《关于加强职业培训促进就业的意见》（国发〔2010〕36 号）、《关于加快发展面向农村的职业教育的意见》（教职成〔2011〕13 号）等，以从政策层面更好地规范和加强农村职业教育和成人教育的发展，更好地适应新农村建设和城镇化发展的需要，更好地适应全面提高农村劳动者职业技能素养及培养新型农民的需要。对新世纪以来的一系列农村职业教育政策文件内容进行梳理发现，我国加强农村职业教育和成人教育发展的主要政策内容体现在如下几个方面。

1. 深刻认识职业教育地位，进一步确立了农村职业教育和成人教育发展的政策目标

新世纪以来，国家颁布实施了《关于大力推进职业教育改革与发展的决定》（国发〔2002〕16 号），将职业教育定位为我国教育体系的重要组成部分，是国民经济和社会发展的重要基础，并强调推进职业教育的改革与发展是实施科教兴国战略、促进经济和社会可持续发展、提高国际竞争力的重要途径，是调整经济结构、提高劳动者素质、加快人力资源开发的必然要求，是拓宽就业渠道、促进劳动就业和再就业的重要举措。由此，职业教育得到更多的认可和更大的发展空间。特别是在农村职业教育和成人教育发展问题上，国务院下发的《关于进一步加强农村教育工作的决定》（国发〔2003〕19 号）中，进一步确立了农村职业教育和成人教育发展的政策目标，强调农村教育改革要"坚持为'三农'服务的方向，大力发展职业教育和成人教育"，要密切联系农村实际，努力为新农村建设服务，为促进农村劳动力转移服务。

2. 继续强化农村"三教"统筹，促进"农科教"结合

在政策层面上，国家继续要求农村基础教育、职业教育和成人教育需要进一步统筹规划，统筹发展，要分工协作，形成合力，共同培育"有文化、懂技术、会经营"的新型农民。在农村基础教育中需要更好地渗透职业教育，农村中小学在巩固提高九年义务教育水平的同时，要积极开展农民教育培训；农村职业教育要大力培养现代农业专业人才、创业人才，扩大实用人才规模；农村成人教育要积极开展农村实用技术培训，农村劳动

力转移培训和农民学历继续教育，以提升农村队伍的就业创业能力；在加强农村基础教育发展的同时，切实加强农村职业教育和成人教育的发展。另一方面，农业、科技、教育的结合也需要不断提高到一种新的层次与新的水平。为此，要建立强化"三教"统筹与促进"农科教"结合的有效工作机制。

3. 实施农村实用人才培训工程，大范围培养农村实用型人才和技能型人才

进入新世纪以来，国务院及其所属教育部、农业部、人事部、财政部等多部门先后下发了一系列有关实施农村实用技术培训的意见、方案或规划。继续组织实施"绿色证书培训工程"和"青年农民科技培训工程"，造就适应农业结构调整和农业产业化经营需要的新型农民和技术骨干，要求"每年开展各类农民和农民工培训 8000 万人次"，"农村劳动力年培训率达到 35％以上"，农村实用人才培训有政府部门专项资金的支持。2010 年 6 月 6 日发布的《国家中长期人才发展规划纲要（2010－2020 年）》将农村实用人才队伍建设作为人才队伍建设的主要任务之一，提出"到 2015 年，农村实用人才总量达到 1300 万人；到 2020 年，农村实用人才总量达到 1800 万人，平均受教育年限达到 10.2 年，每个行政村主要特色产业至少有 1～2 名示范带动能力强的带头人。"其相应的主要举措有：大规模开展农村实用人才培训，充分发挥农村现代远程教育网络、农民教育培训项目以及各类职业学校和培训机构的主渠道作用，推进农村实用人才带头人素质提升计划、新农村实用人才培训工程以及现代农业人才支撑计划，给予农村实用人才创业兴业以政策支持。

4. 实施农村劳动力转移培训工程，提升农村劳动力城镇就业能力

开展农村劳动力转移培训是加快农村劳动力转移、促进农民增收和解决"三农"问题的重要措施。农村劳动力转移培训被列为新世纪加强农村职业教育和成人教育的重要内容，有着新的政策要求与政策保障。国务院和相关部委为此发布了多项政策以推进培训工程的开展，如国务院办公厅批转的农业部等六部门的《2003—2010 年全国农民工培训规划》《农村劳动力转移培训阳光工程》和国务院批转教育部的《2003—2007 年教育振兴

行动计划》中提出的"农村劳动力转移培训计划"等政策文件。根据政策要求，自 2003 年起，每年农村劳动力转移培训人次 2000 万以上，使培训劳动者初步掌握在城镇或非农产业就业必需的技能，并获得相应的职业资格或培训证书，从而帮助他们在城镇稳定就业，并逐步实施农村新成长劳动力免费劳动预备制培训机制。

5. 改革职业教育办学模式，构建现代职业教育体系

（1）改革职业教育办学模式，构建现代职业教育体系

2005 年，国务院颁布的《关于大力发展职业教育的决定》（国发〔2005〕35 号）强调要推进职业教育管理体制改革，建立并完善在国务院领导下，分级管理、地方为主、政府统筹、社会参与的职业教育管理体制；进一步强化市（地）级人民政府在职业教育发展方面的主要责任和主导作用。2010 年，国务院办公厅下发了《关于开展国家教育体制改革试点的通知》（国办发〔2010〕48 号）则进一步明确提出要改革职业教育办学模式，构建现代职业教育体系，建立健全政府主导、行业指导、企业参与的办学体制机制，创新政府、行业及社会各方分担职业教育基础能力建设机制，推进校企合作制度化；开展中等职业学校专业规范化建设，探索职业集团化办学模式；建立中等职业教育工作的督导体系；加强中等职业教育与高等职业教育，职业教育与普通教育、成人教育的衔接与沟通，建立职业教育人才成长"立交桥"，从而构建现代职业教育体系。

（2）促进民办职业教育大力发展

政策强调民办职业教育是我国职业教育体系的重要组成部分，要认真实施《民办教育促进法》，鼓励和支持民办职业教育的发展，鼓励公办学校引入民办机制，积极鼓励社会力量和吸引外资举办职业教育，对民办职业学校按照公益事业用地及建设的有关规定给予优惠，要在学校评估、实训基地建设等方面与公办职业学校一视同仁，促进职业教育办学主体和投资多元化。为了大力推进民办中等职业教育的发展，2006 年教育部出台了《关于大力发展民办中等职业教育的意见》（教职成〔2006〕5 号），进一步明确了发展民办中等职业教育的重要性，同时也对如何更好地发展民办中等职业教育提出了具体要求和举措。

6. 积极开展城市对农村、东部对西部职业教育对口支援工作

农村和西部地区职业教育是新世纪以来一段时期内职业教育发展的重点。国家要采取措施，扶持农村地区、西部地区、少数民族地区和贫困地区职业教育的发展，加强东部地区和西部地区、大中城市和农村的学校对口支援工作。《关于大力推进职业教育改革与发展的决定》（国发〔2002〕16号）指出，"要把发展职业教育作为城市与农村、东部与西部对口支援的重要内容。各地区要加强统筹协调，把职业教育对口支援工作与农村劳动力转移、教育扶贫、促进就业紧密结合起来。"城市对农村、东部对西部的职业教育支援可用多种方式进行。"推进城乡、区域合作，增强服务'三农'能力。"①

7. 多渠道筹集资金，增加农村职业教育经费投入

（1）构建农村职业教育经费投入新机制

逐步建立政府、受教育者、用人单位和社会共同分担、多种所有制并存和多渠道增加职业教育经费投入的新机制。各级人民政府要加大对职业教育的经费投入；中央财政增加职业教育专项经费，重点用于补助农村和中西部地区加强职业教育师资培训、课程教材开发和多媒体教育资源建设以及骨干和示范职业学校建设；地方人民政府也要增加职业教育专项经费；各类企业要按《中华人民共和国职业教育法》的规定实施职业教育和职工培训，承担相应的费用。

（2）建立职业教育贫困家庭学生助学制度

《国务院关于大力发展职业教育的决定》（国发〔2005〕35号）明确提出要建立职业教育贫困家庭学生助学制度，中央和地方财政要安排经费，资助接受中等职业教育的农村贫困家庭和城镇低收入家庭子女。为此，国务院下发了《关于建立健全普通本科高校高等职业学校和中等职业学校家庭经济困难学生资助政策体系的意见》（国发〔2007〕13号），提出了建立健全家庭经济困难学生资助政策体系的主要目标、基本原则与主要内容。2011年3月，第十一届全国人民代表大会第四次会议审议通过的《中华人

---

① 教育部：《国家中长期教育改革和发展规划纲要（2010—2020年）》，2010-02-28。

民共和国国民经济和社会发展第十二个五年规划纲要》指出要"推进农村中等职业教育免费进程"，完善家庭经济困难学生资助政策；为进一步加快面向农村的职业教育的发展，2011年的《关于加快发展面向农村的职业教育的意见》（教职成〔2011〕13号）强调，要落实好国家中等职业学校学生助学金和涉农专业学生免学费政策，吸引更多学生接受农业职业教育，促进农村职业教育的大力发展。

二、新世纪加强农村教育发展的政策特征

新世纪以来，国家颁行的加强农村教育发展的政策是多种多样的。就政策文本而言，既有国家出台的指引全国教育事业发展的宏观政策中所具有的加强农村教育发展的政策，也有国务院、教育部和相关部委以及地方政府颁布的加强农村教育发展的专项政策，还有中共中央、国务院关于建设社会主义新农村和指向农业、农村发展的重大政策中所包含的加强农村教育发展的政策。与此同时，新世纪国家颁布的新修订的《中华人民共和国义务教育法》中更不乏加强农村义务教育发展的法律规定。迈入新世纪至今的十多年间，农村教育发展一直是教育发展关注的热点问题，也是中国社会发展关注的热点问题，由此也成为重要的教育政策问题。加强农村教育发展，成为新世纪国家教育发展重要的政策宣示，也成为新世纪国家教育发展重要的政策行动。综观新世纪以来我国加强农村教育发展的政策，我们可以认识其所显现出如下鲜明的政策特征[①]。

1. 政策价值取向的公平性

新世纪国家颁行的加强农村教育发展的政策，鲜明的体现出追求教育公平的价值取向。之所以如此强调农村教育发展，是因为农村教育尽管已经有了很大发展，但农村教育发展与城市教育发展之间的差距依然严重存在，它直接影响教育公平，也影响社会公平。当社会呈现出严重的不公平，

---

① 张乐天：《新世纪我国加强农村教育发展的政策回顾与反思》，载《复旦教育论坛》，2010（3）。

社会发展的价值就需要接受严峻的拷问。而当教育发展呈现严重的不公平，教育发展的价值同样需要接受严峻的拷问。破解"三农"问题，包含需要破解农村教育发展滞后的问题。贯彻落实科学发展观，建构社会主义和谐社会和全面建设小康社会，需要努力缩小城乡发展的差距，其中包含缩小城乡教育发展的差距。正是为了促进教育公平同时也为了促进社会公平，才需要百般加强农村教育的发展，才有了不断加强农村教育发展的政策决定和政策行动。因此，现阶段加强农村教育发展，是促进教育公平和社会公平的必然要求。透过种种加强农村教育发展的政策决定，我们能强烈感受到教育公平价值取向的彰显与弘扬。

2. 政策目标的新颖性与明确性

新世纪加强农村教育发展的政策目标具有新颖性与明确性的特征。政策目标的新颖性表现为：新确立的至 2020 年农村各级各类教育发展的目标均有着新的也是更高远的表达。例如，对农村义务教育的发展，除了全面实现九年制义务教育和巩固义务教育的成果外，更重要的是提出了全面提高农村义务教育质量的目标；对农村高中阶段教育和学前教育的发展，提出了基本普及的目标；对农村职业教育和成人教育的发展，提出了普遍实现农村实用技术培训和农村转移劳动力培训的新目标。政策目标新颖性的另一表现是，国家加强农村教育的发展，不只是为了促进新农村建设，促进农村的发展，同时也为了促进城镇化的发展，促进国家现代化的实现。正是在这种意义上，也显现了政策目标的高远性。政策目标的明确性则表现为，新确立的农村教育的发展目标有着明确的时间性和数量化的特点。如新世纪农村基础教育和职业教育的发展，都具有明确的时间限定和量化指标，同时也具有可操作性。

3. 政策执行资源的统筹性

加强农村教育的发展，需要有政策执行的资源保障。而新世纪种种加强农村教育发展的政策决定，则凸显了政策执行资源的统筹性，以此为政策执行提供有力的保障。政策执行资源统筹性的主要表现是：加强农村教育发展，是立足于城乡一体化和城乡统筹发展的背景，通过整合与统筹城乡资源以为促进农村教育的发展服务。这其中特别强调的是加强城市对农村的支持，加强东部地区对西部地区的支持。因此，加强农村教育的发展，决不只是来自农村的教育行动，同时也是来自城市的教育行动，是国家与全社会的共有行动。通观新世纪加强农村教育发展的政策，我们能充分认识政策行动的共有性和政策执行资源的统筹性。

4. 政策的稳定性与发展性

新世纪以来，我国颁布的一系列农村基础教育、职业教育和成人教育的文件具有政策稳定性和发展性的特征。政策的稳定性主要表现在：无论是农村义务教育政策，还是农村高中教育、学前教育政策，国家在宏观政策上所把握的方向具有持续性和一贯性，不因时代的发展变迁、文化机制体制的改革、政治经济的转型而在教育政策上发生太大的改变。譬如涉及农村义务教育的政策在教育部历年工作要点中都有明显提出和强调，在各项政策文件中都具有延续性，特别是在加大经费投入上具有可持续性。政策的发展性主要表现在：在农村基础教育、职业教育和成人教育政策文件制定上，任何一个领域的政策文件都在上一年度的基础上进行了拓展和加强，并在效果上加以巩固和提高。譬如，就义务教育均衡发展方面的政策而言，2005 年，教育部印发《关于进一步推进义务教育均衡发展的若干意见》，将有效遏制城乡之间、地区之间和校际之间教育差距，优先解决好县域内义务教育均衡发展问题做为工作重心；2006 年，新修订的《义务教育法》颁布，提出："国务院和县级以上地方人民政府应当合理配置教育资源，促进义务教育均衡发展，改善薄弱学校的办学条件，并采取措施，保障农村地区、民族地区实施义务教育，保障家庭经济困难的和残疾的适龄儿童、少年接受义务教育。""县级以上人民政府及其教育行政部门应当促进学校均衡发展，缩小学校之间办学条件的差距，不得将学校分为重点学校和非重点学校。学校不得分设重点班和非重点班。"① 又如，就减免学杂费的政策而言，从"一费制"到"两免一补"政策的推行，再到 2007 年春，农村全部免除义务教育阶段学杂费；2008 年秋，全部免除城市义务教

---

① 储召生：《聚焦新义务教育法：二十年的跨越新辉煌的起点》，载《中国教育报》，2006-08-30。

育学杂费，这一系列政策的颁布实施都体现出政策制定的发展性。[①]

5. 政策的重点性

以农村基础教育政策为例，新世纪初围绕"两基"攻坚战略，政策重点放在义务教育的全面普及和全面扫除青壮年文盲的任务上。"两基"攻坚战略任务完成后，以保证适龄儿童受教育的权利和义务为基准，相继修订义务教育法，开展促进义务教育均衡发展为主要目标的政策制定与推行，并推进中小学校的标准化建设、农村教师培养培训与人事聘用制度的创新，减免义务教育学杂费及教材费以及加大义务教育经费的投入等方面政策，充分地反映出义务教育改革与发展的重点地位。2008年以后，义务教育均衡发展问题再次被提上议事日程，教育部开始围绕这一问题组建专家组在全国展开实地调研、研讨，逐步将城乡义务教育统筹及一体化纳入政策制定议程。[②] 同时，针对于学前教育所面临的时代难题，2009年以来，我国政府又将学前教育政策的制定与执行放在重要位置，将学前教育正式纳入学制系统，并提出大力举办公办幼儿园，加大农村学前教育普及力度，从而开启了学前教育改革之门。由此可见，在农村教育政策制定过程中，我国政府根据国情和时代的发展变迁，对不同领域的教育政策各有偏重，但总体而言，农村义务教育政策仍是我国教育政策的重心。

三、对加强农村教育发展的政策反思

（一）加强农村教育发展的政策成效

新世纪加强农村教育发展的政策实施产生了积极的影响与成效，这主要反映在如下方面。

---

① 王正惠、蒋平：《义务教育均衡发展：免费后的考验》，载《教育发展研究》，2009（11）。
② 蒋平：《论公平视域下义务教育均衡发展的价值诉求》，载《教学与管理》，2011（6）。

1. 支持农村教育发展的政策环境正逐渐形成并不断优化

在全国范围内，支持农村教育发展已成为各级政府的重要议事日程，支持农村教育发展的政策环境正逐渐形成并不断优化。新世纪以来国务院做出的多项重大教育决策中，充分体现出对农村教育发展的支持，对地方政府支持农村教育发展起着强有力的导向作用。一方面，随着国务院支持农村教育发展的政策颁布，中央政府及时将政策理论变成政策行动，不断加大对农村教育的支持力度；另一方面，在国家政策的引领下，地方各级政府纷纷采取行动，落实中央政策精神并制定具体政策，切实支持农村教育的发展。正是中央政府和地方政府的共同作用，构建出支持农村教育发展的良好政策环境。支持农村教育发展已成为全社会的共识，成为全面落实科学发展观，推进社会主义新农村建设和构建社会主义和谐社会的必然要求与必要行动。

2. 教育保障新机制的建立促使农村义务教育发生了新的变化

实施农村义务教育保障新机制后，农村义务教育发生了新的变化。2006—2007年，全国财政投入支持农村义务教育发展资金达926亿元，用于免除农村义务教育阶段学生学杂费、补助公用经费、进行校舍维修改造、免费提供教科书、补助家庭经济困难学生生活费等。2006—2007年中央和地方政府对农村义务教育的财政支持已使全国近1.5亿农村中小学生免交了学杂费，3800万名家庭经济困难学生得到免费教科书，780万名家庭经济困难的寄宿生得到生活费补助。与此同时，新机制的实施也给农村义务教育的发展带来了可喜的变化。正如前国务委员陈至立所指出的，实施新机制后，一是农村义务教育全面纳入公共财政范围，经费来源有了制度性保障；二是大大减轻了农民的教育负担，从根本上消除了农村孩子因为交不起学杂费而辍学的现象；三是促进了农村中小学财务管理的规范化，提高了农村学校的管理水平；四是建立经费分担和管理机制，激发了各级政府增加义务教育投入的主动性、积极性。[①]

① 《陈至立出席完善新机制工作会议》，载《中国教育报》，2007-11-30。

3. 城市支持农村的方针在农村教育发展中得到了真切体现

近几年来，我国各地城市对农村教育发展的支持凸显在两个方面：一是"大中城市学校对口支援本地贫困地区学校工程"和"东部地区学校对口支援西部贫困学校工程"在持续实施中，愈来愈多的城市加大了工程实施的力度，甚至启动了新的支持农村教育的工程，纷纷对农村学校给予更多的人力和物力支持，为农村教育的发展注入了活力；二是众多城市积极贯彻落实有关"做好进城务工就业、农民工子女义务教育工作"的政策和法律精神，努力为农民工子女提供平等接受义务教育的机会与条件。时至今日，已有数以千万计的进城务工人员子女在城市接受义务教育，大部分农民工子女已享受到与城市儿童平等的入学机会和条件，这可视为城市对农村教育作出的另一种可贵的支持与贡献。

4. 对农村职业教育发展的支持政策取得明显成效

这主要反映在对农村转移劳动力的培训和农村劳动力的实用技术培训上。2004 年以来，主要由公共财政支持的"农村劳动力转移培训阳光工程"大力实施，截至 2007 年 9 月，"已累计培训农民 1125 万人，转移就业 968 万人，转移就业率达到 86% 以上。大批农民通过阳光工程培训后，掌握了专业技能，综合素质明显提高，就业稳定性明显增强，加快了全国农村劳动力转移就业的步伐，也为第二、三产业和城市发展提供了有力支撑。"[①] 另一方面，对农村劳动力的实用技术培训也在持续推进。2005 年以来，我国农村接受实用技术培训的人次年增长千万以上。这对提高农村劳动者素质、提高农业综合生产能力和促进农民的持续增收起到了积极作用。

（二）农村教育发展政策实施存在的问题

综观农村教育发展政策的实施，在看到它的积极影响和良好成效的同时，也须认识到政策实施存在的问题。

---

① 《杨雄年副司长在阳光工程实施座谈会上的讲话》，见中国农村劳动力转移培训网，2007-03-26。

1. 政策实施的不平衡问题

虽然支持农村教育发展已成为全社会的共识，但在全国范围内，支持农村教育发展的政策实施还存在不平衡的现象：一是国家层面支持的不平衡。主要表现在对农村义务教育经费保障上，中央财政"重点支持中西部地区，适当兼顾东部部分困难地区。"政策重心固然是基于国情需要，但我国中西部地区范围广大，农村发展状况也差别较大，中央财政对农村义务教育经费的支持是否真正做到了公平、公正，需要实践的检验。二是各省间支持的不平衡。尽管各省市都在采取措施支持农村教育的发展，但从政策实施的实际状况看，各省对农村教育支持的力度依然存有差异。这可以从时至今日各省市之间农村义务教育阶段生均教育经费和生均预算内公用经费的差异得到说明。三是省内支持的不平衡。省内不同地市对本地农村教育发展的支持也存在一定差异。例如，同一省内的不同地市，农村义务教育阶段教师工资的保障和教师经济待遇的差异依然存在。

2. 政策实施的资源问题

目前农村教育支持政策实施存在的突出问题仍然是资源问题。支持农村教育的发展需要有充足的甚至源源不断的资源作后盾。我国经济的持续发展固然为支持农村教育发展提供了物质基础，但由于农村地域辽阔，人口众多，使得支持农村教育发展具有复杂性、艰巨性与持久性。从现行的支持性政策实施状况看，贫困地区与经济欠发达农村地区获得的支持性资源依然有限，使得这类地区在短期内难以实现城乡教育的均衡发展。多年来，我国城市对口支援农村教育的工程产生了积极的影响与成效，但从总体上看，这种支持的力度依然有限，而要建立对口支持的长效机制也存在困难。如何使农村教育发展得到更充足的经费与师资等资源的保障，是实施支持政策需要不断思考的问题。

3. 政策实施的组织与管理问题

一些部门、企业和地方领导对开展农村劳动力的转移培训和农村劳动力的实用技能培训还认识不足，相当多的转移劳动力和农村劳动力还缺乏主动接受职业技能培训的热情与积极性。在组织管理方面，"尚未形成较为完善的管理体制和运行机制。在机构建设方面，农村基层单位和企业普遍缺乏相应管理机构的支撑；一些地方和部门职能不清、多头管理、协调不力的现象依然存在。在政策措施方面，缺乏相应立法和规划的实施细则，对培训工作缺乏相应的指导、协调和监督。在管理运行方面，尚未形成政府统筹、社会有关方面参与、分工协作、齐抓共管的领导管理体制和服务运行机制。"[1] 面对数以亿计的农村转移劳动力，如何有效地组织与管理进行职业技能培训，是一个极大的挑战。

4. 支持政策的缺失问题

从整体上看，对农村教育的政策支持还存在缺失之处，主要表现为对农村教育多方面需求还兼顾不够。社会主义新农村建设是以提高农村人口的整体素质为支撑的，同时又对农村教育的发展有着广泛且深刻的需求。正因为这样，农村教育固然要以义务教育为基础，但又不限于义务教育；农村教育固然要重视劳动力的职业技能培训，却也不限于这种培训。农村教育是提高所有农村人口综合素养的教育，它包括知识教育、职业技能教育、思想道德教育、身体健康教育、生态环境教育等多层面、多样化的教育，同时又是一种系统化整合式的教育。反观农村教育发展的支持政策，不难认识其所存在的缺失或偏颇。例如，在农村的现代转型和农村逐步城镇化的背景下，农村的生态环境教育应提上重要的议事日程，而现行的教育发展的支持政策对此显然是关注不够的。

（三）继续加强农村教育发展政策的思考

新世纪加强农村教育发展的政策成效与政策问题是同时存在的，增强政策成效与诊断、解决政策问题相互关联。为此，更科学地制定促进农村教育发展的教育政策，更扎实地致力于发展农村教育的政策执行，更有效地建立起对农村教育政策执行的监督机制，这将会为新世纪我国农村教育更好地发展提供更有力的保障。

---

[1] 张竺鹏：《农村劳动力转移培训：问题与对策》，载《教育研究》，2006（9）。

1. 继续增强与深化对支持农村教育发展的认识

支持农村教育发展虽已成为一种社会共识，但这种认识仍需要继续增强与深化。对此，需要从继续深入贯彻落实"以人为本"的科学发展观的高度增强对支持农村教育发展的认识。以人为本，是以最广大人民群众及他们的根本利益为本。当社会的发展定位于"以人为本"，这就对作用于人的教育的发展有着更深切的重视与关注。我国现阶段城乡发展的差异突出表现为城乡教育发展的差异，城乡教育发展的差异与城乡经济发展的差异互为因果。缩小城乡教育发展的差异对于促进社会公平、实现社会以人为本的科学发展观具有重要和深远的意义。正是在这种意义上，我们要大力支持农村教育的发展，同时要持续地支持农村教育的发展，以此不断改善农村人口尤其是贫困农村人口的受教育状况和生存状况，提高农村人口的受教育水平和自我发展水平。支持农村教育发展决不是一种阶段性的任务，不是一种阶段性的政策要求，只要城乡教育存在差别，只要"城市人"与"农村人"的受教育状况有所不同，对农村教育发展的政策支持就必须存在。这是各级政府和教育部门需要不断履行的义务与责任。

2. 继续扩展与增强城市对农村教育发展的支持

城市支持农村其中包括支持农村教育发展已成为新的政策导向，同时也成为政策行动，但这种支持需要继续扩展与增强。第一，要扩展与增强城市教育对农村教育的支持。目前我国城市对农村教育的支持主要通过"学校对口支援"的方式进行，这种支援固然起到了有效作用，但还是存在一定的局限性。城乡教育发展的重要差异是师资水平的差异，缩小这种差异的根本途径是继续为农村培养与培训合格的教师，同时要继续开拓高校毕业生尤其是高师院校毕业生通往农村尤其是通往贫困农村基础教育战线之路。因此对农村教育的支持，特别要求扩展与增强城市高等院校的支持。为此，要继续强化高等院校服务农村发展和农村教育发展的意识，要以更完善的政策导向鼓励和促进高等院校尤其是高师院校持续不断地为农村教育培养和培训合格教师。另一方面，国家也要通过实施更完善的政策，使农村教育战线能够更好地招募合格教师，留住合格教师。第二，要扩展与增强城市各部门和社会各界对农村教育的支持。在建设社会主义新农村的过程中，城市支持农村最重要的莫过于对农村人力资源开发的支持。为此，城市各政府部门、各企事业单位、各社会团体都需要以更深厚的"反哺农业，反哺农村人"的情怀为支持农村教育发展做出更多贡献。

3. 将农村教育发展的支持政策重心定位于提高农村教育质量

由于社会发展和农村教育发展形势的变化，当今支持农村教育发展应该转向于更多地关注提高农村教育质量。首先，应通过继续实施积极性的支持政策以切实提高农村义务教育的质量。现阶段我国义务教育发展的城乡差距主要不是入学机会的差距，而是教育过程与教育结果的差距，是教育质量的差距。因此，努力提高农村义务教育质量，追求"有质量的教育公平"，已成为当前农村教育发展的时代主题。而要实现义务教育的质量公平，需要实施完善的支持政策，以推进农村学校的教育教学改革和课程改革，使农村儿童在真正的素质教育中健康成长。其次，要通过继续实施支持政策提高农村职业教育的效益与质量。农村职业教育的发展虽然一直受到重视与关注，但也存在效益、质量问题。现阶段新农村建设的推进，农村劳动力的持续转移和农业现代化的发展，对提升农村职业教育的效益与质量提出了新的要求，这也需要从加强政策支持上做出新的探索与努力。

4. 努力支持农村社区教育的发展

新世纪我国提出了建设学习型社会的目标，其中包含建设学习型农村。农村的社区教育是一种与农村社会、与农民生活紧密相连的教育，是一种促进农村经济发展、文化繁荣、社会文明与进步的教育。社区教育将拓展农村教育的内涵，丰富农村教育的内容，增强农村教育的功能，使农村教育真正成为"为了农村发展、服务农民生活、增进农民幸福"的教育。推进农村社区教育是新时期发展农村教育的重要使命，对此，也需要获得更有力的政策扶助与支持。

专 题 篇

第五章 新中国成立以来农村义务教育的
　　　　　变革与发展

　　新中国农村义务教育的演变历程植根于中国的现代化发展进程，并深受城乡二元结构的影响和制约，先后经历了"农村教育集体办""地方办学、分级管理"和"以县为主" 3 个发展阶段。这种不同时期体现出的不同教育发展取向和发展方式，既受国家经济、社会发展阶段和发展水平的制约，也体现了国家在特定社会条件下对农村教育定位的理性选择。正是国家不同时期特殊的教育政策安排，使得农村义务教育在不同的发展时期，具有着不同的发展状态，表现出不同的典型特征。

一、农村教育集体办与教育的"两条腿走路"：改革前农村
　　基础教育的艰难前行

　　新中国成立之初，国家面临着普及与提高的艰难选择。面对广大民众热切的教育需求，以及新政权建立民族的、大众的教育目标，国家有着普及教育的强烈愿望。而当时的情况是，无论从教育的现有条件，还是从扩大办学规模的经济能力，新政权都显得力不从心。国家通过"两条腿走路"这一特殊方式，解决这一矛盾。

（一）农村教育集体办与农村民办小学的诞生

　　20 世纪 50 年代初期，在教育经费异常短缺的背景下，国家面临着城乡教育发展方式的艰难选择，而优先发展城市、优先发展工业的制度安排，为确立"农村教育集体办"的教育发展方式提供了"合理化"论证。1953年《人民日报》社论《切实整顿和改进小学教育》，将这一关系作了"合乎

逻辑"的论证：因为教育跟着经济走，国家优先发展工业，工业集中在城市，所以，城市教育要优先发展。"当前国家建设的首要任务是发展工业，努力使我国由落后的农业国变为先进的工业国，其他一切事业都应围绕着工业建设进行。工矿地区和大城市都是生产发展先进的地区，按一般规律，这些地方的教育往往跟着生产发展的需要，发展快一点。正因为这样，政务院的指示规定今后国家把小学教育的重点放在工矿区和城市。另一方面，我们又应当看到，人民群众的文化要求日益增长，而目前国家既要用主要精力从事工业建设，还不可能把教育事业全部包下来，在农村要提倡民办小学"。[①] 1953年《政务院关于整顿和改进小学教育的指示》指出："由于我国经济发展不平衡，小学教育的发展也不平衡。我们应根据不同的情况，采取多种形式，提出不同的要求来办小学；如果要求全国小学整齐划一，那是做不到的。今后应首先着重办好城市小学、工矿区小学、乡村完全小学和中心小学。在农村，则除办集中的正规小学外，还可以办分散的不正规的小学，如半日班、早学、夜校等。"[②]《1956—1967年全国农业发展纲要》指出，"农村办学应当采取多种形式，除了国家办学以外，必须大力提倡群众集体办学，允许私人办学，以便逐步普及小学教育。"[③] 与此同时，各地中小学生要求升学的愿望日益强烈，这造成政府办学的财政压力加大。于是，国家开始鼓励半工半读、勤工俭学、进而全面地提倡民办小学。

　　"农村教育集体办"的思想，还与当时国家领导人的认识直接相关。早在1951年初，邓小平在西南局第一次宣传工作会议上的讲话就表达了这种思想。"关于小学的经费问题，总数看起来很大，但由各县各乡分担就不大了，每人出一斤米至多一斤半米，农民办得起。"[④] 1957年3月20日，在中共湖南省委负责人汇报文教工作时，刘少奇说："（办学）经费要依靠群众自己解决。问题不是在穷得没钱，而是在群众没有发动起来。这是方法

---

① 中华人民共和国教育部办公厅编：《教育文献法令汇编1953年》，16页。
② 中共中央文献研究室编：《建国以来重要文献选编（第四册）》，585页，北京，中央文献出版社，1997。
③ 教育部基础教育司编：《义务教育法规文献汇编》，6页，北京，中国社会科学出版社，1998。
④ 何东昌主编：《中华人民共和国重要教育文献》，77页，海口，海南出版社，1998。

问题。这个问题现在就可以部署，国家不给钱，发动群众办学。如果钱还是不够的话，可以募点捐。……对办得好的，要鼓励，帮助，但不帮助钱。自己办学之后，财政部可能怕你'走私'，仍然给学校补贴，那制止就是了，并且规定不能贴补，违者处分并责令偿还。"①

在第一届全国人民代表大会第二次会议上，教育部部长张奚若在发言中，论述了农民办学的合理性，并将其上升到了政治的高度。"如果再增加教育经费，那就势必要削减工业建设的投资，那就要推迟社会主义工业化的进度。这和国家过渡时期的总任务是相违背的，当然是不能允许的。……有些人口头上拥护国家社会主义工业化，但一到自己的孩子不能升学，却埋怨政府不多办学校，这显然是不对的。随着农业合作社运动的迅速发展，农民群众对文化的要求日益迫切，他们自办小学的条件也日益具备，同时他们也有办学的传统。因此，对民办小学应根据需要和自愿相结合的原则，采取积极扶持，稳步发展的方针。有些人对民办小学存在着'怕麻烦''怕背包袱''怕不正规''怕办不好'的想法。这是脱离群众、脱离实际的想法，是不对的。"② 1958 年时任教育部副部长董纯才在第一届全国人民代表大会第五次会议的讲话——《加强思想教育、劳动教育，提倡群众办学、勤俭办学》，大力提倡和鼓励民办学校的发展，甚至还将国家包办中小学教育的思想看成是一种有害的思想。"在某些地方，存在着一种'有害的'包办思想，反对民办学校的方针，如果不打破包办的思想，只盯着国家办学这一条路，抛开另外两条路不走，那只能限制中小学的发展。"③

这样，依靠群众自己的力量发展民办小学就成为了"合理"的政策选择。大量的民办小学、简易小学、耕读小学、半日制小学等，成为这一时期农村中小学的重要组成部分。所谓民办小学，就是指那些区别于国家供给的公办小学、并由农村集体自办、条件特别简陋的简易小学和耕读小学。

---

① 《刘少奇教育工作文献选载》，载《党的文献》，1998（5）。
② 《在第一届全国人民代表大会第二次会议上教育部部长张奚若的发言》，载《人民教育》，1955（9）。
③ 中华人民共和国教育部办公厅编：《教育文献法令汇编（1958 年）》，175 页。

（二）教育的"两条腿走路"与农村办学条件的艰难

"城市教育国家办、农村教育集体办"的发展取向在当时被表述为"两条腿走路"的办学方针，并深受领导层肯定和推崇。即"中小学教育事业要认真贯彻执行两条腿走路的方针。中央早就指出，由于我国各个地区在经济和文化上发展不平衡，由于社会主义建设是一个长时期的历史任务，举办中小学教育应该采取多种多样的形式，主要是国家办学与集体或者个人办学并举。"[①]

"两条腿走路"的办学方针带来的直接后果是，"城市教育靠国家、农村教育靠集体"的教育资源配置方式。因为，"两条腿走路"的办学方针强调的是，"公办与民办并举、普及与提高结合、国家办学与集体办学相结合"。[②] 在当时城市优先发展和国家财力有限的情况下，自然将提高的任务留在了城市，而将普及的"使命"降临给了农村，即在城市发展公办学校，在农村发展民办小学。正如时任教育部领导概括的那样，"在工矿区、城市特别是大城市，公立小学应作适当发展，在农村，对乡和村立小学，除在学校较少的少数民族地区和老革命根据地应作适当发展外，其他地区均以整顿提高为主，一般不作发展。"[③] "随着农业合作社运动的迅速发展，农民群众对文化的要求日益迫切，他们自办小学的条件也日益具备，同时他们也有办学的传统。因此，对民办小学应根据需要和自愿相结合的原则，采取积极扶持，稳步发展的方针。"[④]

"两条腿走路"教育资源配置方式带来了农村教育与城市教育的"先天"性身份差别。这使得农村教育不但在投入渠道上区别于城市，而且在

---

① 何东昌主编：《中华人民共和国重要教育文献》，1150 页，海口，海南出版社，1998。
② 《1958 年 4 月 15 日，陆定一在全国教育工作会议上的讲话》，见何东昌主编：《中华人民共和国重要教育文献》，824 页，海口，海南出版社，1998。
③ 中华人民共和国教育部办公厅编：《教育文献法令汇编 1953 年》，19 页。
④ 《在第一届全国人民代表大会第二次会议上教育部部长张奚若的发言》，载《人民教育》，1955（9）。

办学条件和教师素质构成上与城市有着巨大的差异。就办学条件而言，这种差别在 20 世纪 50 年代表现为"两条腿走路"方针指导下农村出现的大量的"由队干部、教师和学生家长代表组成学校管理委员会，负责聘请教师、筹措经费、修建校舍、添置设备、解决教师生活待遇等问题"① 的简易小学和耕读小学，以及 20 世纪 60 年代以后在"两种教育制度"作用下农村集体"自力更生，奋发图强，艰苦奋斗，勤俭办学。坚决不当伸手派，师生自己动手能够解决"② 的农业中学。

这一时期，在农村的民办小学中，有一种办学条件特别艰苦，运转格外困难的学校——简易小学。如果认为民办全日制学校比公办全日制学校办学条件艰苦的话，那么简易小学就比民办全日制小学更加艰苦。用当时的观点是，简易小学是在贫下中农经济条件还不富裕，特别是有些家庭劳动力少，子女多，他们需要子女在家做辅助劳动，送子女上全日制小学有困难的情况下，由生产队主办的"适应他们的实际可能条件，灵活多样地办些半日制、早班、晚班、识字班、隔日班、巡回式等只教语文或语文算术"③ 的小学。其实，就是在农村集体无法发展全日制民办小学的情况下，开办的最简陋、最简单的办学形式。1960 年教育部、财政部下发《关于人民公社社办中、小学经费补助的规定》。《规定》指出，"人民公社举办的中小学应力求自力更生。经费筹措办法多种多样。公社可以从公益金中抽出一定的比例用来发展中、小学教育事业；也可以结合向学生收取杂费或分摊工分的办法来解决开支。"④ 农民自己办学的主要形式是民办小学，在当时，民办小学是区别于公办学校的简陋学校，其不但在办学资源的筹措、教师工资的发放上完全由农村集体负责，而且在办学的层次上，也以初小为主。从 1962 年湖北省教育厅对《湖北省民办小学的情况和措施》的介绍中可以看出当时民办学校的状况。"民办小学由生产大队直接领导。在大队

---

① 湖北省教育厅：《湖北省民办小学的情况和措施》，载《人民教育》1962（2）。
② 《教育部关于巩固提高耕读小学和农业中学的指示》，载《中华人民共和国国务院公报》，1966（2）。
③ 社论：《"办好简易小学"》，《人民教育》，1964（1）。
④ 中华人民共和国教育部办公厅编：《教育文献法令汇编（1960 年）》，71 页。

党支部的领导下，由队干部、教师和学生家长代表组成学校管理委员会，负责聘请教师、筹措经费、修建校舍、添置设备、解决教师生活待遇等问题。……公办着重办高小，民办着重办初小，但不能分得太死。公办学校从初小到高小要保住一条线，以便提高质量。"① 1964 年 1 月号《人民教育》介绍并肯定了山东日照和黎城地区开办简易小学的经验，并发了短论《办好简易小学》，这可以看出当时简易小学的"简易程度"。

教室主要采取了 3 种办法解决的。有些简易小学趁全日制小学早、午、晚不上学的时间借用小学教室；有些简易小学是与成年人业余学校合用一个教室，统一安排时间进行学习；也有些简易小学借用了民房、场屋、过道、小棚或在大树底下（夏季）学习。

教师待遇主要是生产队从义务工中以误工计工的办法解决。大体有 3 种做法：一是按教课次数，每次记 1～2 分；二是按季节或年终一次补给；三是按教学成绩、人数多少，与其他业余教师一起统一评定补助工日，这种办法较好，较为普遍。

教师办公费主要靠生产队公益金解决，县区给予少量补助。学生书本、石板等费用由家长自己解决，多数学生采用瓦片代替石板，只花几分钱买本小书和石笔，就能学习了。②

此后，各地相继效仿，大办简易小学。如在江苏省，据统计，"至 1965 年上半年，全省耕读小学已发展到 3 万余所，有些地方还办起了耕读高小。淮安县苏咀公社耕读小学发展后，贫下中农子女入学率由百分之二十七提高到百分之九十一。"③ 1962 年 5 月 2 日《江苏省教育厅转发宝应县教育局"关于简易小学的情况调查汇报"供各地参考》指出，宝应县自去年秋天以来，农村群众自办了一百五十余所简易小学，这些学校的特点是：小型分散，便于儿童就近入学；教学制度和教学内容适合当前农村生产和生活情

---

① 湖北省教育厅：《湖北省民办小学的情况和措施》，载《人民教育》，1962（2）。
② 山东省教育厅业余教育处：《贯彻阶级路线，发展简易小学》，载《人民教育》，1964（1）。
③ 《全省耕读小学已发展到三万所》，载《新华日报》，1965-05-21。

况，受到农民欢迎；教师由群众自聘，校舍、设备和经费，由群众自己解决。① 1964 年 9 月 10 日，《教育部批转河北省教育厅关于农村小学教育问题的报告》，《报告》肯定并推广了河北省开办简易小学的做法和经验。"实践证明，农村简易小学生命力很强，是很有发展前途的一种学校。它的最大特点：一是坚决为贫下中农服务，一是坚决为农业生产服务。"②

简易小学异常简陋的办学条件不但影响着学校的教育质量，在有些地区还带来了严重的安全问题。或许是这类简易小学过于简陋和简单的缘故，或许是"简易小学"这个名词含有更多字面上消极意义的缘故，1964 年 9 月 23 日，教育部发文《教育部关于取消"简易小学"名称的通知》，决定取消"简易小学"的名称，并规定今后这类学校称为工读小学、耕读小学。简易小学的名称虽然取消了，但简易小学越办越简单的事实却没有改变。

就教师队伍的构成而言，"两条腿走路"和"城乡有别"的教育资源配置方式带来了"城市以公办教师为主，农村以民办教师为主"的教师配置方式。在国家财力有限、集中力量发展重工业、优先发展城市的取向下，国家确立了在农村以发展民办小学为主的思路，这使得农村集体雇用了大量"能力低、待遇差"的民办教师。据统计，"到 1981 年，民办教师总数为 396.7 万，占中小学教师总数的 47.7%。"③ 民办教师群体的出现，不但使得广大的农村教师长期生活在与城市教师"同工不同酬"的异常艰苦的生活环境下，也使得农村教师的专业水平、教学能力长期得不到提高，并造成了农村教育质量的低下和落后。

---

① 江苏省教育厅档案：《江苏省教育厅普教处转发宝应县教育局〈关于简易小学的情况调查汇报〉》，全宗号 3094 案卷号 1812 短期。
② 《河北省教育厅关于农村小学教育问题的报告》，见何东昌主编：《中华人民共和国重要教育文献》，1309 页，海口，海南出版社，1998。
③ 魏峰：《弹性与韧性：乡土社会民办教师政策运行的民族志》，17 页，上海，上海三联书店，2009。

二、"地方办学、分级管理"与农村教育集资：新时期农村义 务教育的改革与发展

改革开放以来到新世纪之初这段时间，是我国农村基础教育发展承上启下的重要时期。与整个时代的特征相一致——发展，成为这一时期农村教育发展的基本追求和主要特征。在扩大规模和提高质量的双重要求下，义务教育走向了"人民教育人民办""地方办学、分级管理"的发展路径。以《中共中央关于教育体制改革的决定》和《中华人民共和国义务教育法》的颁布为政策分界，这一时期的农村教育发展可以分为"两条腿走路"方针指导下的农村集体办学和"分级办学"体制下的农民集资办学两个阶段。

（一）再提"两条腿走路"与农村集体办学的承继

改革初到 1985 年《中共中央关于教育体制改革的决定》颁布这段时间内，义务教育治理在总体上承继了改革开放前的基本方式，即"两条腿走路"方针指导下的农村集体办学。这体现了国家在新一轮"发展教育的愿望与能力"之冲突的情况下，做出的现实选择。

新时期国家大力发展基础教育的愿望与落后的中小学教育依然存在着深刻的矛盾。"文化大革命"期间，中小学教育虽然取得了低层次的大发展，但这种发展十分脆弱，尤其是农村教育经费投入的严重不足，使得大部分校舍异常简陋。"文化大革命"结束后，在国家"大力发展中小学教育"的指向下，中小学办学条件有所改观，但在经济发展缓慢、教育投资体制没有得到根本改变的情况下，中小学办学条件在总体上依然相当落后。而且，由于有些校舍年久失修，在局部地区出现了中小学办学条件更加艰苦、学生入学率日益减少的状况。这严重地影响着中小学正常教学活动的开展。"新中国成立以来我国小学教育有了很大的发展，取得了显著的成绩。……但是，流失率高，合格率低，而且，发展很不平衡。至今仅在全

国人口 25％ 的地区普及了小学教育，占人口近 60％ 的地区接近了普及。由于小学教育长期不能普及，新文盲大量产生，……这种状况如果再继续下去，将会贻误四化建设。"①

在 20 世纪 80 年代初期，在不少地方还发生了危房倒塌、砸死、砸伤学生的事件，这造成了极其恶劣的影响。有报道指出，"长期以来，中小学校舍维修、改造、更新所需资金、材料没有保证，加以日常维护、管理工作跟不上，现有校舍中失修的危险房屋数量很大，而且经常发生伤亡事故。据 1978 年不完全统计，农村危险房屋面积约 5000 余万平方米，占中小学校舍总面积的 17.2％。因危房倒塌，砸死师生 177 人，重伤 931 人。据 11 个省、自治区报告，1980 年因危房倒塌而伤亡的师生仍有 921 人，其中死亡 62 人、重伤 357 人。"②

据不完全统计，1978 年全国农村中小学危房超过 5000 万平方米，占校舍总面积的 17.2％。③ 山东省的有关资料显示，"据 1979 年统计，我省 3047 万平方米农村中小学校舍中，黑屋子、危房子就有 1578 万平方米，占 52％，用土台子、水泥板、砖头堆当课桌凳上课的学生达半数以上。"④

这种萧条、简陋的中小学教育，与国家大力发展教育的需求显得格外不相适应。而对于"财力柔弱"的教育事业而言，国家只能采取循序渐进的发展方式。即首先将普及小学教育列为重要的目标。1980 年 12 月，中共中央、国务院下发《关于普及小学教育若干问题的决定》。《决定》认为，"在 20 世纪 80 年代，全国应基本实现普及小学教育的历史任务，有条件的地区还可以进而普及初中教育。小学教育是整个教育的基础，要提高教育质量，提高全民族的科学文化水平，必须从小学抓起。"⑤ 1982 年国家"六五规划（1981—1985）"提出了"到 1985 年绝大部分县普及小学教育"的目标。1982 年《宪法》也将普及初等义务教育列为重要任务。《人民教育》

① 评论：《是认真解决小学教育问题的时候了》，载《人民教育》，1980（12）。
② 何东昌主编：《中华人民共和国重要教育文献》，1921 页，海口，海南出版社，1998。
③ 《中国农村教育改革的历时性突破》，载《人民教育》，1992（10）。
④ 吕可英：《集资办学是发展社会主义教育事业的重要途径》，载《红旗》，1988（5）。
⑤ 教育部基础教育司编：《义务教育法规文献汇编》，8 页，北京，中国社会科学出版社，1998。

编辑部 1980 年 7 月邀请了部分著名教育工作者，就当前教育工作的重要问题展开座谈，体现了当时社会上对支持普及小学教育的舆论导向。

与会同志一致认为，根据实现四个现代化的需要和经济发展不平衡的特点，除了狠抓重点地区和重点学校，发扬优势，快出人才以外，还要抓好普及小学教育。普及小学教育是提高整个中华民族文化水平的起点，是提高整个教育质量的基础。[①]

新时期的普及教育是在尊重知识、尊重人才的大背景下进行的，这与20 世纪五六十年代"革命教育"时期只重数量不顾质量的"低层次教育大普及"有着根本的不同。如果说改革开放前的中小学教育发展是"在普及的基础上提高"，而此时的中小学发展则是在保证教育的基本办学条件和基本培养质量前提下的普及，所谓的"数量与质量并重"。正如何东昌所概括的那样，"在农村普及九年义务教育是非常艰巨的任务，这个普及应是讲质量的普及，不是形式主义的普及。"[②] 时任国家教委副主任柳斌更是概括为，"适当发展数量，大力提高质量。"[③]

而此时的国家正处于各项事业百废待兴、恢复发展的关键时期。对于"元气大伤"的国家财政而言，根本无力支撑如此庞大的教育发展计划。这似乎又与新中国成立之初面临着同样的教育发展问题。在这样的背景下，领导层选择了与共和国成立之初相似的"问题解决之道"。即坚持"'两条腿走路'下的群众集体办学"。1979 年 11 月 16 日，中共中央批转了湖南省桃江县委《关于发展农村教育事业的情况报告》，《报告》对该县坚持教育的"两条腿走路"，充分发挥国家和集体两个积极性的做法给予了充分肯定。这成为改革开放以来，以中共中央的名义重提并倡导"群众办学"的较早的政策文件。《报告》认为，该县坚持"两条腿走路"的方针，发挥国家办学和群众集体办学的两个积极性，对办学的一些必备条件，包括师资、校舍和教学设备等做了适当解决，多快好省地发展了教育事业。[④] 1980 年

---

① 《本刊邀请部分教育工作者座谈纪要》，载《人民教育》，1980（1）。

② 何东昌：《当前农村教育的形势和任务》，载《人民教育》，1991（1）。

③ 柳斌：《适当发展数量，大力提高质量》，载《人民教育》，1991（1）。

④ 何东昌主编：《中华人民共和国重要教育文献》，1750 页，海口，海南出版社，1998。

5 月 27 日，《关于中央书记处对教育工作指示精神的传达要点》还较早阐述了"人民教育人民办"的观点：

　　小学一定要在 20 世纪 80 年代求得一个比较大的发展……小学经费如果由国家统筹统支就是个大问题，几十亿、百把亿，国家承担不起。……因此要办好小学教育主要依靠基层党委和人民群众，人民的事人民办。①

　　此后，教育"两条腿走路"的观点不断在各种政策中被提出、论证和支持。1980 年 10 月 23 日，《中共中央书记处纪要》指出，"在我国目前的情况下，小学教育还不可能完全由国家包下来，要采用几条腿走路的办法，在大力发展公办小学的同时，发展民办小学。"② 1980 年 12 月 3 日，《中共中央、国务院关于普及小学教育若干问题的决定》指出，"在我们这样一个人口众多、经济不发达的大国，不可能完全由国家包下来，必须坚持'两条腿走路'的方针，以国家办学为主体，充分调动社队集体、厂矿企业等各方面办学的积极性。还要鼓励群众自筹经费办学。"③ 1983 年 5 月 6 日，《中共中央、国务院关于加强和改革农村学校教育若干问题的通知》指出，办好农村学校教育，要坚持"两条腿走路"的方针，通过多种渠道切实解决经费问题。中央和地方要逐年增加教育经费，厂矿、企业单位、农村合作组织都要集资办学，还应鼓励农民在自愿基础上集资办学和私人办学。"④ 1984 年《国务院关于筹措农村学校办学经费的通知》指出，开辟多种渠道筹措农村学校办学经费。除国家拨给的教育事业费外，乡人民政府可以征收教育事业费附加，并鼓励社会各方面和个人自愿投资在农村办学。⑤

---

① 同上书，1815 页。
② 同上书，1868 页。
③ 教育部基础教育司编：《义务教育法规文献汇编》，9 页，北京，中国社会科学出版社，1998。
④ 同上书，15 页。
⑤ 同上书，26 页。

（二）"地方办学、分级管理"与农民教育集资

1985 年《中共中央关于教育体制改革的决定》和 1986 年《中华人民共和国义务教育法》的颁布，成为我国农村义务教育管理体制变革的重要标志。前者明确了农村基础教育"地方办学、分级管理"的管理体制，后者将地方发展义务教育的责任上升到了法律层面。

1986 年 4 月 12 日，《中华人民共和国义务教育法》经六届人大四次会议通过并颁布实施。《义务教育法》成为新中国成立以来国家颁布的第一部教育法律，体现了国家对义务教育事业的重视和关注，这对于推进新时期依法治教的进程、对于有质量地普及九年义务教育，都发挥了积极的作用。正是在《义务教育法》的规范下，在新世纪前，我国实现了在全国范围内"基本普及九年义务教育"的目标。在教育的经费筹措上，《义务教育法》不但继续了教育"两条腿走路"的办学方针、进一步明确了"地方办学"的义务教育经费筹措渠道，而且特别强调了，发展义务教育"国家不可能包下来"的观点，即我国普及初等教育的一条重要经验是坚持"两条腿走路"的办学方针。实行义务教育国家负有重要的责任，但不可能完全由国家包下来"。[①]

这样的政策规定，不但使得《决定》提出的"地方负责、分级管理"的义务教育办学体制获得合法性存在，也使得地方承担义务教育经费筹措的任务得到了刚性确认。实际运行的结果是，"县办高中、乡办初中、村办小学"的办学格局初步形成。

《义务教育法》的颁布，不但增强了地方政府发展义务教育的责任感，也增强了地方发展义务教育的压力感。各地从不同的角度对"地方办学、分级管理"进行认识和理解。如有些地方提出，"在学校干部和师资的考核、任用、培训上，许多地方认为'县乡共管，以县为主'、在经费上则

---

① 《关于〈中华人民共和国义务教育法（草案）〉的说明》，见欧少亭主编：《教育政策法规文件汇编》，20 页，延吉，延边人民出版社，2001。

'县乡共管，以乡为主'的体制较为有利。强调乡村要在改善教师物质生活待遇、办学条件及完成'四率'方面的责任。"① 山东省教育厅长吕可英更是形象地指出："1985 年，《中共中央关于教育体制改革的决定》下达后，我们又下达文件，对省、地（市）、县、乡四级的职责范围、管理权限作了具体规定，明确乡镇办初中，村办小学，一步走准，全盘皆活。"②

与改革前国家对农村集体办学质量的要求较低不同，20 世纪 80 年代开始的义务教育，国家在将举办中小学的责任交给地方的同时，对办学标准提出了严格的要求，所谓的"质量与数量并重"。为达到这些基本要求，地方政府、尤其是贫困地区，面临着巨大的经费压力。在这样的情况下，中央坚持"地方发展义务教育"的决心毫不动摇，要求"地方解决办学经费"的思路一以贯之。在 1988 年 9 月召开的"困难地区普及初等教育研讨会"上，国家提出了解决困难地区初等教育办学经费要"充分发挥地方主动性"的思路，即"解决困难地区教育经费问题的根本出路还在于依靠地方政府和广大人民群众，在发展经济的基础上，自力更生，艰苦奋斗，因地制宜地广开筹资渠道。为此必须坚决贯彻落实分级办学的管理体制，发挥县、乡、村各级政权机构的办学积极性"。③

这样，群众集资办学不但得到了合法性支持，同时也似乎得到了有效性论证，显示了强大的"生命力"。据统计，江苏省"从 1980—1990 年，全省用于中小学'一无两有'总经费达 30.5 亿元，其中群众集资 12.95 亿元，占 43%。"④ 1988 年《红旗》杂志专门刊登了山东省教育厅长吕可英的文章《集资办学是发展社会主义教育事业的重要途径》。在党的最高理论刊物上发表这样的文章，就不仅是一种经验介绍，也不仅是一种典型宣传，更应该体现了国家发展基础教育的思路与方式。文章详细论证了集资办学的合理性，介绍了集资办学给山东省教育面貌带来的的深刻变化，宣告了集资办学的"强大生命力"。"我省的集资办学工作，在广大农村取得了全

---

① 张光喜：《实施九年义务教育急需解决的问题》，载《人民教育》，1985（9）。
② 吕可英：《集资办学是发展社会主义教育事业的重要途径》，载《红旗》，1988（5）。
③ 何东昌主编：《中华人民共和国重要教育文献》，2799 页，海口，海南出版社，1998。
④ 陈乃林、周新国主编：《江苏教育史》，844 页，南京，江苏人民出版社，2007。

面的进展，8 年时间解决了单靠国家投资长期解决不了的难题，使农村中小学的校舍发生了根本的变化。……集资办学将显示出更加强大的生命力。"①

从 1979 年到 1987 年 10 月的 8 年间，共投资教育 25.5 亿元，其中群众集资 23.6 亿元，占总投资的 92.5%，国家补助 1.5 亿元，占 6.3%，其他 0.4 亿元，占 1.2%。90% 以上的农村中小学实现了校舍、院墙、校门、厕所、操场、课桌凳六配套。②

进入 20 世纪 90 年代以来，我国义务教育特别是农村义务教育进入了新的发展阶段，这就是"普九"工程的实施。1994 年 9 月 1 日，国家教委下发了《国家教委关于在 90 年代基本普及九年制义务和基本扫除青壮年文盲的实施意见》，《意见》详细规定了实施"两基"的目标、步骤和具体要求，并提出了分片实施的基本方式。《意见》进一步重申了"两条腿走路"的办学方针，即"建立中小学校舍建设投资体制。中小学校舍建设应采取"两条腿走路"的方针，实行国家、社会和个人的多渠道投资体制。③ 1994 年 9 月 24 日，国家教委又制定了《关于颁发"普及义务教育评估验收暂行办法"的通知》，《通知》不但对"普九"做了数量上的要求，而且详细规定了办学的基本要求和标准。此后，国家教委持续开展了对各地"普九"工作的检查、验收、督导和评估工作，并通过通报情况、公布合格名单、召开现场会等方式给各地"施加压力"。配合"普九"攻坚战的实施，自 1997 年 6 月起，《中国教育报》还在第一版推出"二片地区'普九'攻坚特别报道"专栏，分别对 12 个省"普九"进程进行了报道。④ 从此，全国范围内的"普九攻坚战"迅速拉开。这使得"普及九年制义务教育"成为 20

---

① 吕可英：《集资办学是发展社会主义教育事业的重要途径》，载《红旗》，1988（5）。
② 同上。
③ 《1994 年 9 月 1 日，国家教委关于在 90 年代基本普及九年制义务和基本扫除青壮年文盲的实施意见》，见何东昌主编：《中华人民共和国重要教育文献》，3693 页，海口，海南出版社，1998。
④ 《国家教委负责人发表谈话——贯彻十五大精神 推进义务教育》，载《中国教育报》，1997-12-19。

世纪 90 年代以来教育发展的"重中之重",① 也成为各地贯彻中央决定的一项"政治任务"。

正是在这样的背景下,"普九"的目标不断被提高,进程不断被加快。1997 年国家教委再次下发《国家教委关于做好 1997 年"两基"督导评估工作的意见》。尽管《意见》强调在验收中不得新提出不切实际的要求,但也反复重申,各地"不得自行降低标准"② 的规定。这种阶段性发展战略本身具有一定的合理性。因为,在解决普及小学教育和中小学基本办学条件达标的问题之后,适时实施"普九"攻坚战略,进一步提高办学条件,提高教育质量,应该是一种积极的政策选择。问题是,当这种"普九攻坚战"建立在完全依靠地方政府财力的基础上,尤其是建立在对农民集资能力的依赖上,就会产生严重的问题。

此后,在中央的带动和压力下,各地大都建立了"普九"("两基")工作目标管理责任制,层层签订"普九"("两基")目标责任书,把"普九"纳入到了政府的任期目标之中,并以此作为评价政府工作、考核衡量领导干部政绩的重要内容,有的地方甚至提出实行"普九一票否决"制度。由此,"普及义务教育"就具有了强烈的"政绩"特征。当地方财政无法支撑庞大的"普九工程"需求的时候,集资办学就继续成为了"不可避免"的政策选择。

在这一体制的驱动下,各地纷纷加大了对义务教育的筹资力度,相互之间还呈现出竞争和模仿的态势。虽然这样的教育资源筹措方式起到了迅速改变农村中小学办学条件简陋的功效,但这种超出农村经济承受能力的"普九运动",带来了一系列的问题。

首先是农民的负担加重。联产承包责任制下的集体供给与人民公社时期的集体供给有着根本的不同。在人民公社体制下,"工分制"的制度安排,使得农民个人以一种隐性成本的方式承担着教育供给。由于其发生在初次分配环节,所以,农民往往感受不到集资负担的沉重。而人民公社解

---

① 教育部基础教育司编:《义务教育法规文献汇编》,8 页,北京,中国社会科学出版社,1998。
② 何东昌主编:《中华人民共和国重要教育文献》,3381 页,海口,海南出版社,1998。

体后，在"大包干"的体制下，农村集体对义务教育的经费负担就实实在在地转嫁到了每一个农民的头上，这种转嫁往往是以"摊派"的形式出现的。也正是在这样的背景下，在地方政府兴办公共事业财政压力不断增加的情况下，初见"成效"的"人民教育人民办"的农民集资模式得到了其他行业的效仿，并提出了诸如"人民卫生人民办""人民公路人民办"等名目繁多的集资口号。这种违背农民意愿、超越农民承受能力的集资行为，给农民带来了严重的经济负担。

在农民负担不断加重的情况下，各地的集资活动依然有增无减，有的地方甚至出现了强行的摊派行为，甚至还发生了农民与基层干部的冲突事件。更为严重的是，个别地方出现了乱用、挪用集资款的现象，并造成了较坏的影响。为此，1996年12月30日中共中央、国务院发布《中共中央、国务院关于切实做好减轻农民负担工作的决定》，《决定》强调，教育集资坚持量力而行的原则，"不得超规定范围使用教育集资款，不得将教育集资变成经常性的集资活动，也不得以教育集资的名义乱集资。"[1] 1997年3月3日，国家教委、国家计委、农业部、财政部联合下发了《农村教育集资管理办法》。《办法》对当前农村教育集资中出现的问题作了概括，"少数地方存在着要求过急、过高，集资数额过大，乱集资、乱收费，甚至打着教育集资旗号将集资款挪作他用的现象，严重影响了教育集资的声誉。"[2]

其次是出现了地方政府借贷供给教育的现象。面对持续的"普九"督导压力，在农民集资不能满足农村教育发展需求的背景下，不少地方出现了政府"举债办教育"的现象。这种举债既有向上级政府借款、向银行举债，也有向私人借钱，还有拖欠工程队的工程款。从现实情况来看，这一时期不仅举债"普九"的现象相当普遍，而且欠债数额巨大。据全国人大常委会执法检查组"关于检查《义务教育法》实施情况的报告"显示，"全国农村'普九'欠债高达500多亿元"。[3] 这一"借债供给"现象造成的还

---

[1] 中央党校教务部编：《十一届三中全会以来党和国家重要文献选编》，393页，1997。

[2] 《中国教育年鉴1998年》，899页，北京，人民教育出版社，1998。

[3] 《全国人大常委会执法检查组关于检查"义务教育法"实施情况的报告》，载《中国教育报》，2007-07-06。

款压力，对中小学办学活动产生了严重的滞后影响，并一直延续到新世纪。

　　基于同样的资金供给压力，这一时期，在广大的农村地区还出现了日益严重的教师工资发放困难，这就是起始于 20 世纪 80 年代后期、贯穿于 90 年代的、旷日持久的农村教师工资拖欠现象。据"教育部的统计表明，至去年（2000 年）4 月，全国除北京、上海、天津、浙江、西藏 5 个地区外，其余 26 个省、自治区、直辖市都存在着拖欠教师工资现象，累计拖欠额 135.65 亿元。"① 农村教师与城市教师长期的"同工不同酬"现象，严重地影响着教师队伍的稳定，并出现了大范围的流失现象。这一时期"城乡有别、城市优先"的政策安排使得农村教育的办学困境不断加重，以及城乡办学条件和师资质量差距持续拉大，不断缩小城乡教育差距，支持和发展农村义务教育，成为了新世纪国家发展教育的重要指向。

三、支持农村义务教育的国家行动：新世纪农村义务教育的重大转轨

　　进入新世纪，中国的义务教育发展迎来了艳阳高照的春天。新一代中央领导集体确立了构建社会主义和谐社会的发展目标，科学发展观成为执政党的指导思想；平民教育成为新时期教育的重要理念②；教育均衡发展成为义务教育治理的价值追求；"以县为主"成为义务教育治理的主要方式。义务教育供给责任的上收、免费制的实施，使得共和国义务教育出现了前所未有的进步。这一时期，一系列支持农村教育的政策措施，在统筹城乡教育资源、缩小城乡教育差距等方面取得了积极成效。这主要表现在以下 3 个方面。

　　首先是国家确立了"城乡统筹"的教育发展理念。针对既往"城市优

---

① 周大平：《教师工资缘何拖欠到新世纪》，载《瞭望》，2001（9）。
② 《"平民教育"是新时期教育的一个重要理念——陈至立在全国义务教育均衡发展经验交流现场会上指出》，载《人民教育》，2003（13—14）。

先"的教育发展方式带来的日益严重的城乡教育发展差距，20 世纪 90 年代中期以来，尤其是新世纪以来，国家将推进教育公平、办好"人民满意的教育"列为教育工作的"重中之重"，积极推进城乡教育均衡发展。2001年《国务院关于基础教育改革与发展的决定》、2003 年《国务院关于进一步加强农村教育工作的决定》以及 2005 年《教育部关于进一步推进义务教育均衡发展的若干意见》将支持和发展农村教育、缩小教育城乡差距，促进城乡教育均衡发展列为义务教育发展的重要指向；2006 年颁布的新《义务教育法》为这种发展方式做了政策规范和法律授权。新《义务教育法》明确"国务院和县级以上地方人民政府应当合理配置教育资源，促进义务教育均衡发展，改善薄弱学校的办学条件，并采取措施，保障农村地区、民族地区实施义务教育，保障家庭经济困难的和残疾的适龄儿童、少年接受义务教育。"[1] 随着十七届三中全会关于"城乡一体化"目标的提出，我国义务教育的发展进入了城乡一体化发展的新阶段。2010 年教育部《关于贯彻落实科学发展观，进一步推进义务教育均衡发展的意见》将实现城乡教育均衡发展列为今后一个时期义务教育发展的"重点"，并明确提出了"2012 年实现义务教育区域内初步均衡，2020 年实现区域内基本均衡"[2]的城乡均衡发展"路线图"。2010 年 7 月 29 日，中共中央国务院发布的《国家中长期教育改革和发展规划纲要（2010－2020 年）》再次强调："加快缩小城乡差距。建立城乡一体化义务教育发展机制，在财政拨款、学校建设、教师配置等方面向农村倾斜。率先在县（区）域内实现城乡均衡发展，逐步在更大范围内推进。"[3] 这为进一步缩小城乡教育差距、支持农村教育发展提供了理念支撑和政策支持。

　　其次是调整和完善了农村义务教育的供给体制。针对 20 世纪 80 年代

---

① 《中华人民共和国义务教育法》，载《中华人民共和国国务院公报》，2006（23）。

② 《教育部关于贯彻落实科学发展观，进一步推进义务教育均衡发展的意见》，全国教育科学规划领导小组办公室网站，http：//onsgep. moe. edu. cn/edoas2/website7/level3. jsp？ id＝12634544-67015365，2010-01-30。

③ 《国家中长期教育改革和发展规划纲要（2010—2020 年）》，中国教育新闻网，http：//www. jyb. cn/china/gnxw/201007/t20100729 _ 378828 _ 5. html，2010-07-30。

以来"地方办学、分级管理"带来的"农村教育靠集资",以及乡镇政府供给能力不足、农民负担过重的状况,新一届中央政府做出了义务教育供给体制的重大调整。2001 年 5 月《国务院关于基础教育改革与发展的决定》,将农村义务教育管理体制调整为"在国务院领导下,由地方政府负责、分级管理、以县为主"的体制。① 2003 年 9 月《国务院关于进一步加强农村教育工作的决定》进一步明确了"县级政府要切实担负起对本地教育发展规划、经费安排使用、校长和教师人事等方面进行统筹管理的责任"②。2005 年 12 月《国务院关于深化农村义务教育经费保障机制改革的通知》,进一步重申:"逐步将农村义务教育全面纳入公共财政保障范围,建立中央和地方分项目、按比例分担的农村义务教育经费保障机制。"③ 一系列"新政"的实施,带来了义务教育治理方式的里程碑式变化,实现了义务教育的"两个转轨",即"把农村义务教育的责任由农民承担扭转到主要由政府承担;把政府对农村义务教育的责任从乡镇为主转到以县为主。"④ 由此,在共和国历史上长期存在的农民支撑义务教育的供给历史逐步走向了终结,这向促进农村义务教育优质均衡发展迈出了坚实的一步。

最后是实施了一系列促进农村教育发展的特别性支持政策。这些政策从两个方面支持农村教育的发展。第一个方面的政策在于保障农村学校基本的办学条件,并可以概括为"一项制度、六项工程"。一项制度,即首先从农村开始建立和健全"扶持农村家庭经济困难学生接受义务教育的助学制度"。自 2001 年开始,国家首先从农村地区推行困难家庭"两免一补"政策和农村中小学生免费提供教科书制度。2006 年开始,国家首先从农村地区开始实施义务教育免除学杂费制度,到 2008 年,这样免费制度惠及到了城乡所有中小学生。"六项工程"分别是:1995 年教育部、财政部开始实施的"国家贫困地区义务教育工程"、2001 年国务院实施的"农村中小

① 《国务院关于基础教育改革与发展的决定》,载《人民教育》,2001(7)。
② 《国务院关于进一步加强农村教育工作的决定》,载《人民教育》,2003(19)。
③ 《国务院关于深化农村义务教育经费保障机制改革的通知》,载《中华人民共和国教育部公报》,2006(Z1)。
④ 《李岚清近期关于基础教育的谈话》,载《人民教育》,2002(6)。

学危房改造工程"、2003年教育部实施的"东部地区学校对口支援西部贫困学校工程"和"大中城市学校对口支援本地贫困地区学校工程"、2004年教育部、财政部实施的"西部地区农村寄宿制学校建设工程"和2003年教育部、国家发改委实施的"农村中小学现代远程教育工程"等。这些政策的实施，有效促进了农村学校"保运转"目标的实现，满足了农村中小学生"有学上"的基本需求。第二个方面的政策在于支持农村中小学教师队伍建设，以不断提高农村教育的"软实力"、满足农村孩子"上好学"的需求。针对农村地区特别是西部地区师资力量薄弱、骨干教师流失严重、新教师补充困难等突出问题，中央政府连续实施了5个方面的特别性支持措施，帮助农村地区引进优质师资。分别是2006年国家多部门联合启动实施的"农村义务教育阶段学校教师特设岗位计划"、2004年教育部实施的"农村学校教育硕士师资培养计划"、2006年起教育部实施的"城镇教师支援农村教育工作"、2003年人力资源社会保障部组织的"高校毕业生到农村基层从事支教、支农、支医和扶贫工作（简称'三支一扶'计划)"和共青团中央组织的"大学生志愿服务西部计划"、2007年起国家实施的"引导毕业生到农村任教的师范生免费政策"等。一系列对农村教育的特别性支持政策，不断强化了支持农村教育的政策导向，有效改善了农村学校的办学条件、提高了农村教育的质量和水平。

由此，新世纪成为了我国农村义务教育发展的"转轨"时期，这就是国家将既往实施的"城市优先"的教育发展方式转移到了"城乡教育统筹，逐步走向均衡"的发展轨道上，并带来了农村教育供给方式的变革和农村教育面貌的改观。从总体上看，无论是相对于改革前的民办小学和民办教师支撑农村教育的历史，还是相对于20世纪80年代和90年代以农民支撑义务教育供给为主，以及旷日持久的农村教师工资拖欠现象，在新世纪国家支持农村教育政策"组合拳"的作用下，我国农村教育迎来了发展的"春天"。这种变化是划时代的。

与此同时，也应该看到，当前我国农村义务教育的发展形势依然十分严峻。这是因为，就宏观背景而言，当前我国实施的"以工促农、以城带乡"的社会发展政策，是在我国工业化水平不高、城市化水平偏低的背景下进行的，即"工业化和城市化的水平尚不具备大规模反哺农业的条件。"①
因此，我国的经济发展水平和发展阶段，决定了目前尚缺少大规模援助农
村教育的物质条件。并且，由长期的对农村教育的"歧视"性投入政策造
成的农村教育的困难和落后，使得农村义务教育的整体办学条件和教育质
量在短期内很难有根本性改观。但可以肯定的是，随着国家支持农村教育
政策的不断完善，新世纪的中国农村义务教育一定会向着优质均衡的目标
越走越近。

---

① 辛逸、高洁：《从"以农补工"到"以工补农"——新中国城乡二元体制述论》，《中共党史研
　　究》，2009（9）。

第六章　新中国农村学前教育政策的回顾与前瞻

学前教育在实践中通常也被泛称为"幼儿教育"。本报告除特别说明外，均在同等意义上使用这两个概念。农村学前教育政策是指由党和政府制定，并在农村地区施行的关于学前教育发展的行为准则和行动方案的总和。农村学前教育政策主要体现在如下几种类型的政策文本和政策行动之中：一是面向全国的学前教育政策。这类政策既为全国城市地区学前教育发展所遵循，也为全国农村地区学前教育发展所遵循。如《幼儿园暂行规程（草案）》（1952）、《教育部关于组织幼儿教育义务视导员进行视导工作的办法》（1956）、《全国托幼工作会议纪要》（1979）、《国家教委关于进一步办好幼儿学前班的意见》（1986）、《幼儿园管理条例》（1989）、《国家教委关于改进和加强学前班管理的意见》（1991）等。二是集中见之于专门性的以"农村"命名的学前教育政策。如《教育部转发江苏省关于办农村幼儿园四个文件的通知》（1958）、《关于发展农村幼儿教育的几点意见》（1983）等。这类政策就仅限于在农村地区施行。三是散见于以"农村""农村教育""社会发展""社会力量办学""教育改革""教育规划纲要"等为主题词的各种政策和法律法规之中。如《十二年国民教育事业规划纲要（草稿）》（1956）、《关于教育工作的指示》（1958）、《关于人民公社若干问题的决议》（1958）、《关于加强和改革农村学校教育若干问题的通知》（1983）、《国家教委关于社会力量办学几个问题的通知》（1988）、《中共中央国务院关于深化教育改革全面推进素质教育的决定》（1999）等。

通过对这些政策的系统梳理和分析，我们可以较好地把握新中国农村学前教育政策的发展轨迹。

一、新中国农村学前教育政策的历史演进

我们以农村学前教育重大政策的颁行为主要依据，以社会发展和农村学前教育发展的阶段性为参照标准，把新中国农村学前教育政策的历史演进，大体划分为如下 3 个基本阶段。

（一）1949—1976 年的"社队办园"政策

1949 年底，教育部召开了第一次全国教育工作会议，确立了全国教育工作的总方针："教育必须为国家建设服务，学校必须面向工农开门办学"，"教育工作的发展方针是普及与提高的正确结合，在今后相当长时期内以普及为主。"[1] 这意味着"教育普及"成为新中国成立初期教育发展的基本政策。

新中国成立之初，百废待兴，国家经济十分困难。为迅速恢复国民经济，建立自己的工业体系，国家确立了"城市优先、工业优先"的发展战略。在这种形势下，学前教育的发展重点首先是放在工矿区和企业部门，其次是机关、学校比较集中的城市地区，最后才是广大的农村地区。

1951 年 10 月，《政务院关于改革学制的决定》指出："实施幼儿教育的组织为幼儿园。幼儿园收三足岁至七足岁的幼儿，使他们的身心在入小学前获得健全的发育。幼儿园应在有条件的城市中首先设立，然后逐步推广。"[2]

1956 年 1 月，教育部印发了《十二年国民教育事业规划纲要（草稿）》，提出："7 年内要求厂矿、企业、机关、团体和国营农场的工作人员的幼儿大部分都受到幼儿园教育、在农村和城市中发展适合于群众生活水平和生

---

[1] 中国学前教育研究会：《中华人民共和国幼儿教育重要文献汇编》，49 页，北京，北京师范大学出版社，1999。

[2] 何东昌主编：《中华人民共和国重要文献》，105 页，海口，海南出版社，1998。

产工作需要的多种多样的幼儿教育组织，并做到每个县或市区能办三、五个正规的示范性的幼儿园。"①

1956年2月，教育部、卫生部、内务部发出了《关于托儿所、幼儿园几个问题的联合通知》，指出：随着国家经济建设和文化建设的日益发展，今后将有更多的妇女参加生产劳动和社会工作。为了帮助母亲们解决照顾和教育自己的孩子的问题，托儿所和幼儿园必须有相应的增加。托儿所、幼儿园的发展方针是：应当按照"合理规划，加强领导"和"又多、又快、又好、又省"的方针，同时根据需要与可能积极发展。在城市，提倡由工矿、企业、机关、团体、群众举办，在农村提倡由农业生产合作社举办，教育行政部门在可能条件下办一些幼儿园，起示范作用。②

1958年，随着社会主义改造的基本完成，中国进入了全面建设社会主义时期。在"大跃进"时期（1958—1960年），农村学前教育与其他行业一样，也在政策的推动下，呈现出"跃进式"的发展。

1958年7月，在《教育部转发江苏等省关于办农村幼儿园的三个文件的通知》中指出："依靠群众大量发展幼儿园，这在当前工农业生产跃进的高潮中更具有重大意义。这是解放广大妇女劳动力，便于把妇女劳动力组织起来，使之投入生产的主要措施之一③；同年9月，中共中央、国务院发布了《关于教育工作的指示》，要求：全国应在3年到5年时间内，基本完成扫除文盲、普及小学教育、农业合作社社社有中学和使学龄儿童大多数都能入托儿所和幼儿园④；同年12月，中共八届六中全会通过的《关于人民公社若干问题的决议》进一步提出：公社要办好托儿所和幼儿园，使每一个孩子比在家里生活得好，教育得好……父母可以决定孩子是否需要寄宿……公社必须大量培养托儿所和幼儿园的合格的保育员和教养员。

正是在"教育大跃进"政策的推动下，大多数农村社队不顾条件，纷纷办起了托儿所和幼儿园。甚至有些地方还提出了"三天托儿化""一夜托

---

① 何东昌主编：《中华人民共和国重要文献》，550页，海口，海南出版社，1998。
② 同上书，578页。
③ 同上书，846页。
④ 同上书，858页。

儿化""实行寄宿制，消灭三大差别"等不切实际的农村学前教育发展口号。1958—1960 年，幼儿园数和入园幼儿数几十倍地增长，其中尤以农村为最。据统计，1960 年幼儿园园数为 78.49 万所，比 1957 年增长 40.4 倍，入园幼儿数为 2933.1 万人，比 1957 年增长近 26 倍。其中民办为 49.2 万所，比 1957 年增长 56 倍，入园幼儿数为 1406.1 万人，比 1957 年增长 31 倍。[①]

从 1961 年元月开始，中国实行"调整、巩固、充实、提高"的方针，幼儿教育方面，有条件的就整顿保留，没条件的则撤销，多数农村幼儿园因此被撤销和停办。到 1965 年，全国幼儿园数和入园幼儿数已基本回复到 1956 年的规模。1963—1965 年，幼儿园稳步发展。据 1965 年统计，幼儿园数为 1.92 万所，入园幼儿数为 171.3 万人。[②]

"文化大革命"十年，中国农村学前教育受到巨大破坏，农村幼儿园在多数时间内处于停办状态。不过，在 20 世纪 70 年代初期，因在全国范围内掀起了"工业学大庆""农业学大寨"的政治热潮，绝大多数农村社员都投入了农田水利建设和农村生产。为适应运动需要，不少农村地区又开办了各种形式的"红孩班"和幼儿园。这导致了这一时期农村学前教育规模的短暂扩张，具体统计见表 6-1 和表 6-2。[③]

表 6-1　新中国各类幼儿园发展统计表

年份	幼儿园数（万所）				幼儿入园数（万人）			
	合计	教育部门办	其他部门办	民办	合计	教育部门办	其他部门办	民办
1949 年	0.13	0.08		0.05	13.0	9.3		3.7
1952 年	0.65	0.45	0.03	0.17	42.4	28.7	2.7	11.0
1956 年	1.85	0.45	0.25	1.15	108.1	39.2	18.5	50.4
1958 年	69.53	0.45	0.48	68.6	2950.1	44.9	36.9	2868.3
1960 年	78.5	1.1	28.2	49.2	2933.1	81.1	1445.9	1406.1
1965 年	1.92	0.44	0.63	0.85	171.3	51.6	63.4	56.3

---

① 刘英杰主编：《中国教育大事典（1949—1990）》，744 页，杭州：浙江教育出版社，1993。

② 同上书，744 页。

③ 唐淑：《中国农村幼儿教育的发展与变革》，载《学前教育研究》，2005（6）。

表 6-2 1973、1976 年中国各类幼儿园

年份	幼儿园数（万所）				入园幼儿数（万人）			
	合计	城市	县镇	农村	合计	城市	县镇	农村
1973	4.55	0.73	0.38	3.44	245.03	78.09	44.78	122.16
1976	44.26	1.51	0.80	41.95	1395.51	129.5	68.31	1197.70

从表 6-1 和表 6-2 中可以看出，1949—1978 年，中国农村学前教育政策有如下特点：（1）以普及农村学前教育为基本政策目标；（2）农村学前教育政策的执行，主要依靠政治性的群众运动、社会运动，由此，农村学前教育发展也表现出阶段性的"大起大落"特征；（3）农村学前教育政策缺乏公平理念。尽管政策文本一直宣称农村学前教育发展要"两条腿走路"，但实际上，政府很少在农村兴办公立托儿所和幼儿园。与城市相比，农村学前教育最主要的办园主体是社队集体，没有政府公共财力支持的农村学前教育，实际上是"一条腿走路"。

（二）1978—1995 年的农村学前班政策

十一届三中全会以后，中国进入了改革开放新时期。在教育改革的大潮中，农村学前教育也获得了一个新的发展。

1979 年 6 月，五届全国人大二次会议的《政府工作报告》提出：要十分重视发展托儿所、幼儿园，加强幼儿教育。同年 7 月，教育部、卫生部、劳动总局、全国总工会和全国妇联联合召开了会议，会议成立了全国托幼工作领导小组，并形成了《全国托幼工作会议纪要》。《纪要》指出在"文化大革命"中，中国的托幼事业遭受严重摧残。据 19 个省、市、自治区的统计，入所入园儿童 1900 万余人，城市入所入园率一般在 30%，农村入所入园率一般在 20%。为此《纪要》提出：要把做好婴幼儿的保健和教育工作，作为党和国家的一项战略任务；"农村要大力发展农忙托幼组织，有条件的社队要举办常年托儿所、幼儿园班，要普及婴幼儿卫生保健和教养知

识，提高所有园所的保教水平。"① 同年 11 月，中共中央批转了《中共湖南桃江县委关于发展农村教育事业的情况报告》，宣传了湖南桃江县坚持"两条腿走路"的办学方针，积极发展农村普通教育、业余教育和学前教育的先进经验。② 该《报告》的发布，对推进当时农村学前教育的发展产生了积极的社会影响。据统计，1982 年全国农村地区"县镇幼儿园（所）""乡村幼儿园（所）"分别为 11293 个、91809 个，入园幼儿数分别为 126.12 万人、755.54 万人，与 1979 年（1979 年，全国农村地区"县镇幼儿园（所）""乡村幼儿园（所）"分别为 7523 个、13915 个，入园幼儿数分别为 82.68 万人、627.88 万人）相比均有较大幅度增长。③

1982 年，《中华人民共和国宪法》规定，要"发展学前教育"；《第六个五年计划》中也提出了要"积极发展幼儿教育"。

1983 年 5 月，中共中央、国务院发布了《关于加强和改革农村教育若干问题的通知》，明确提出了"积极发展幼儿教育"的要求，并着重指出了农村学前教育中存在的种种问题。同年 9 月，教育部发布了《关于发展农村幼儿教育的几点意见》，提出：要积极创造条件，有计划地发展农村幼儿教育，首先发展学前一年教育，同时逐步创造条件招收三到五岁的幼儿入园（所）；"农村应以群众集体办园为主，充分调动社（乡）、队（村）的积极性，县镇则应大力提倡机关、厂矿企业、街道办园，并支持群众个人办园"；"发展幼儿教育，还必须从实际出发，采取多种形式、多种渠道办园。在县镇，可按单位办，也可以联合办或按系统办；在农村，可办独立建制的幼儿园，也可在有条件的小学附设幼儿班；可办常年性的，还可办季节性的。农村幼儿园（班）实行社（乡）办社（乡）管，队（村）办队（村）管；附设在小学的，也可实行队（村）办校管。"

1984 年 12 月，国务院发布了《关于筹措农村学校办学经费的通知》，指出："要大力举办农村学前教育，以适应经济发展的需要。"

---

① 何东昌主编：《中华人民共和国重要文献》，1740 页，海口，海南出版社，1998。
② 同上书，1750 页。
③ 何晓夏主编：《简明中国学前教育史》，366 页，北京，北京师范大学出版社，1990。

1986年6月，国家教委发布了《关于进一步办好学前班的意见》，大力推动农村学前班的发展，并使得学前班在此后的20多年中成为农村幼儿教育的主要办学模式。据统计，1989年全国学前班人数占在园（班）幼儿总数的47.3%，其中农村学前班幼儿数占农村在园（班）幼儿总人数的60%以上。①

1987年10月，国务院办公厅转发了国家教委等部门《关于明确幼儿教育事业领导管理职责分工请求的通知》，指出：幼儿教育事业必须在政府的统一领导下，除地方办幼儿园外，主要依靠部门、单位和集体、个人力量等发展幼儿教育事业，实行"地方负责、分级管理"和有关部门分工负责的原则。这种原则的确立，较好地应对了集体经济解体给农村学前教育事业发展造成的困境，使政府有义务、有责任通过举办幼儿园，特别是以在农村小学附设学前班的方式，为农村学前教育事业的发展提供实际的财力支持。大力举办农村学前班，使农村学前教育发展"两条腿走路"的方针不再只是一种空洞的政策口号，而是转变为一种切实的政策行动。学前班成为农村学前教育不可或缺的组织形式。

1987年7月，国家教委发布了《关于社会力量办学的若干暂行规定》，鼓励社会力量举办教育事业。该政策释放出了鼓励民办幼儿教育发展的积极信号。

1988年8月，国务院办公厅转发了国家教委等部门制定的《关于加强幼儿教育工作的意见》，指出："动员和依靠社会各方面力量，通过多种渠道、多种形式发展幼儿教育事业。幼儿教育事业具有地方性和群众性。发展这项事业不可能也不应该由国家包起来，要依靠国家、集体和公民个人一起来办。在地方人民政府举办幼儿园的同时，主要依靠各部门、各单位和社会各方面的力量来办。幼儿园不仅有全民性质的，大量应属集体性质的，以及由公民个人依照国家法律及有关规定举办的。"在办园形式上，要因地制宜，适应家长的需要，坚持灵活多样的原则。可以举办全日制幼儿园，也可以举办寄宿制、半日制和季节性幼儿园（班），或学前班等。

---

① 李红婷：《农村学前教育政策审视：期待更多关注》，载《中国教育学刊》，2009（5）。

1989 年 9 月，国家教委发布了《幼儿园管理条例》，规定：地方各级人民政府可以依据本条例举办幼儿园，并鼓励和支持企业事业单位、社会团体、居民委员会、村民委员会和公民举办幼儿园或捐资助园。

1991 年 6 月，国家教委的《关于改进和加强学前班管理的意见》指出：学前班已成为我国学前教育不可缺少的一种组织形式，对幼儿教育事业的发展起了积极促进作用；农村学前班可实行乡办乡管或村办村管；附设在小学的，可实行乡（村）办校管。在业务上归当地教育行政部门统一管理。教育行政部门应由主管幼儿教育的机构负责此项工作；学前班经费由各主办者负责筹措等。为引导和规范学前班的办园行为，国家教委于 1996 年还颁布了《学前班工作评估指导要点》。《指导要点》指出：附设在小学的学前班由一名小学校长负责分管；乡、村举办的独立的学前班由乡、村文教办设专人分管；接受上级教育行政部门的领导管理、监督检查和业务指导；根据各省、自治区、直辖市的有关规定履行登记注册手续。

1992 年 2 月，国务院公布了《九十年代中国儿童发展规划纲要》。《纲要》强调：坚持"动员社会力量，多渠道、多形式地发展幼儿教育"的方针，采取多种形式发展幼儿教育，并提出了"在经济发达的农村地区，三至六岁幼儿入园（班）率要达到 35％"的目标要求。

1993 年 2 月，国家颁行的《中国教育改革和发展纲要》，明确了"改变政府包揽办学的格局，逐步建立以政府为主体，社会各界共同办学的体制"的教育改革和发展策略，并提出了发展民办教育的"积极鼓励、大力支持、正确引导、加强管理"的十六字方针。这对进一步推动民办学前教育机构在农村地区的建立和发展，起到了积极的政策引导作用。到 1996 年年底，民办幼儿园已有 2.4466 万所，占全国幼儿园数（18.7324 万所）的 13.06％，民办园中的幼儿 130.39 万人，占全国在园幼儿数（2666.33 万人）的 4.89％。[①] 在这些民办园中，农村民办园在数量上已经占有一定比例。

总体上看，1978—1995 年，我国农村学前教育政策的主要特点是：切

---

① 蔡迎旗：《改革开放以来我国民办幼儿教育的回顾与思考》，载《学前教育研究》，2003（7—8）。

实贯彻"两条腿走路"的办学方针，积极探索社会主义市场经济体制初步确立时期的农村学前教育发展道路。举办学前班是政府承担农村学前教育责任的主要方式。同时，政府注重以政策引导、鼓励社会力量举办农村学前教育事业，希望借此化解因农村集体经济逐步解体，给农村学前教育带来的发展困境。1980—1995年中国各类幼儿园的数量统计情况如表6-3所示。①

表6-3　1980—1995年中国各类幼儿园

年份	幼儿园数（万所）				入园幼儿数（万人）			
	合计	城市	县镇	农村	合计	城市	县镇	农村
1980	17.04	1.83	0.87	14.34	1150.77	174.64	97.13	879.00
1985	17.23	2.63	2.40	12.19	1479.69	332.94	222.77	923.98
1990	17.23	3.00	2.29	11.94	1972.23	447.08	307.87	1217.28
1995	18.04	3.72	3.65	10.67	2711.23	536.44	549.88	1624.89

（三）1996年以来的农村学前教育办园社会化政策

进入20世纪90年代中后期，我国开始进入社会主义市场经济时代。在市场经济的冲击下，农村学前教育出现了社会化趋势。这种趋势在1996—2005年间尤为明显，究其原因，是与这一时期我国办学政策的变化有着内在关联。

1996年，国家正式颁行了《幼儿园工作规程》，明确规定："幼儿园的经费由举办者依法筹措。"

1997年，国务院发布了《社会力量办学条例》，把发展民办教育的"十六字方针"（"积极鼓励、大力支持、正确引导、加强管理"）作为国家法规确定下来。社会力量逐步成为办园的主体，并呈现出投资主体多样化、服务类型多样化的特征。据统计，1997年，全国有民办幼儿园24643所，

---

① 唐淑：《中国农村幼儿教育的发展与变革》，载《学前教育研究》，2005（6）。

在园幼儿数达 1348830 人，分别占全国幼儿园总数的 13.5% 和在园幼儿数的 5.4%①；1997 年至 2001 年，我国民办幼儿园数分别为 2.4643 万、3.824 万、3.702 万、4.4 万和 4.526 万所，分别占当年幼儿园总数的 13.5%、17.00%、20.44%、25.03% 和 39.84%，2001 年民办园中的幼儿约 342 万人，占全国在园幼儿（2021.84 万人）16.05%②，民办学前教育逐步成为我国学前教育，尤其是农村学前教育的重要主体。

1997 年 7 月，国家教委印发了《全国幼儿教育事业"九五"发展目标实施意见》。该《意见》对重构转型时期我国学前教育体制具有较大意义。《意见》提出"九五"期间总目标是：到 2000 年，全国学前三年幼儿毛入园（包括学前班）率达到 45% 以上，大中城市基本解决适龄幼儿入园问题，农村学前一年幼儿入园（班）率达到 60% 以上；"九五"期间幼儿教育事业发展具体目标的分区实施要求是：1996 年已经基本"普九"及沿海经济发达的省（市）学前三年幼儿入园（班）率达到 75% 以上；其中大中城市应基本普及学前三年教育，农村积极发展学前二年或三年教育。具备《教师法》规定的合格学历和教师资格考试合格的幼儿教师达到 90% 以上。1998 年基本"普九"和经济发展中等的省（市）学前三年幼儿入园率达到 55%；其中大中城市应基本满足适龄幼儿入园要求，农村普及学前一年教育。具备《教师法》规定的合格学历和教师资格考试合格的幼儿教师达到 75%。2000 年基本"普九"和经济欠发达的省（区）学前三年幼儿入园率达到 35% 左右；其中大中城市积极发展学前三年教育，农村巩固和发展学前一年教育。具备《教师法》规定的合格学历和教师资格考试合格的幼儿教师达到 60% 以上。同时，《意见》明确指出：幼儿教育属非义务教育，发展这项事业应坚持政府拨款、主办单位和个人投入、幼儿家长缴费、社会广泛捐助和幼儿园自筹等多种渠道解决等。

2003 年 3 月，国务院办公厅转发了由教育部、中央编办、国家计委、民政部、财政部、劳动保障部建设部、卫生部、国务院妇儿工委、全国妇

---

① 虞永平：《试论政府在幼儿教育发展中的作用》，载《学前教育研究》，2007（1）。
② 蔡迎旗：《改革开放以来我国民办幼儿教育的回顾与思考》，载《学前教育研究》，2003（7—8）。

联联合制定的《关于幼儿教育改革与发展的指导意见》。该《意见》在总结学前教育 20 多年来办园体制改革的经验基础上，提出了新的较为完善的学前教育体制框架。《意见》指出：今后 5 年（注：指 2003 — 2007 年）幼儿教育改革的总目标是：形成以公办幼儿园为骨干和示范，以社会力量兴办为主体，公办与民办、正规与非正规教育相结合的发展格局。根据城乡的不同特点，逐步建立以社区为基础，以示范性幼儿园为中心，灵活多样的幼儿教育形式相结合的幼儿教育服务网络，为 0～6 岁儿童和家长提供早期保育和教育服务。今后 5 年，全国幼儿教育事业发展的总目标是：学前三年儿童受教育率达到 55％，学前一年儿童受教育率达到 80％；大中城市普及学前三年教育；全面提高 0～6 岁儿童家长及看护人员的科学育儿能力；各省、自治区、直辖市要按照积极进取、实事求是、分区规划、分类指导的原则，结合本地区实际制定今后 5 年幼儿教育改革与发展的工作规划。城市和经济发达地区，学前三年儿童受教育率应达到 90％；0～6 岁儿童家长及看护人员普遍受到科学育儿的指导；已经普及九年义务教育的县（市、区），学前三年儿童受教育率达到 50％，学前一年儿童受教育率达到 80％，90％的 0～6 岁儿童家长及看护人员受到科学育儿的指导；尚未实现普及九年义务教育的县（市、区），学前三年儿童受教育率达到 35％，学前一年儿童受教育率达 60％，大多数 0～6 岁儿童的家长及看护人员受到科学育儿的指导。同时，《意见》还对学前教育的价值、政府责任、管理体制、发展格局等做出了明确规定。《意见》是在我国绝大多数地区已经实现九年义务教育的形势下，为促进学前教育发展而专门颁行的重要政策，对我国学前教育发展产生了重大政策影响。

2003 年 9 月，《国务院关于进一步加强农村教育工作的决定》颁行。《决定》指出："农村教育在构建具有中国特色的现代国民教育体系和建设学习型社会中具有十分重要的地位。农村教育面广量大，教育水平的高低关系到各级各类人才的培养和整个教育事业的发展，关系到全民族素质的提高"；"发展农村教育，使广大农民群众及其子女享有接受良好教育的机会，是实现教育公平和体现社会公正的一个重要方面，是社会主义教育的本质要求"；"地方各级政府要重视并扶持农村幼儿教育的发展，充分利用农村中小学布局调整后富余的教育资源发展幼儿教育。鼓励发展民办高中阶段教育和幼儿教育。"

2010 年 7 月，《国家中长期教育改革和发展规划纲要（2010—2020年）》发布。《纲要》列专章（第三章）论述了我国学前教育的中长期发展问题。提出了"积极发展学前教育，到 2020 年，普及学前一年教育，基本普及学前两年教育，有条件的地区普及学前三年教育。重视 0～3 岁婴幼儿教育"的发展目标和要求；明确要求"把发展学前教育纳入城镇、社会主义新农村建设规划。建立政府主导、社会参与、公办民办并举的办园体制。大力发展公办幼儿园，积极扶持民办幼儿园。加大政府投入，完善成本合理分担机制，对家庭经济困难幼儿入园给予补助。"《纲要》对农村学前教育发展给予了特别关注，强调要：重点发展农村学前教育，努力提高农村学前教育普及程度；着力保证留守儿童入园；采取多种形式扩大农村学前教育资源，改扩建、新建幼儿园，充分利用中小学布局调整富余的校舍和教师举办幼儿园（班）；发挥乡镇中心幼儿园对村幼儿园的示范指导作用，支持贫困地区发展学前教育。

2010 年 11 月，国务院发布了《关于当前发展学前教育的若干意见》，提出：（1）要"把发展学前教育放在更加重要的位置"。学前教育是终身学习的开端，是国民教育体系的重要组成部分，是重要的社会公益事业；办好学前教育，关系亿万儿童的健康成长，关系千家万户的切身利益，关系国家和民族的未来；发展学前教育，必须坚持公益性和普惠性，努力构建覆盖城乡、布局合理的学前教育公共服务体系，保障适龄儿童接受基本的、有质量的学前教育；必须坚持政府主导，社会参与，公办民办并举，落实各级政府责任，充分调动各方面积极性；必须坚持改革创新，着力破除制约学前教育科学发展的体制机制障碍；必须坚持因地制宜，从实际出发，为幼儿和家长提供方便就近、灵活多样、多种层次的学前教育服务；必须坚持科学育儿，遵循幼儿身心发展规律，促进幼儿健康快乐成长；各级政府要充分认识发展学前教育的重要性和紧迫性，将大力发展学前教育作为贯彻落实教育规划纲要的突破口，作为推动教育事业科学发展的重要任务，作为建设社会主义和谐社会的重大民生工程，纳入政府工作重要议事日程，切实抓紧抓好。（2）多种形式扩大学前教育资源。大力发展公办幼儿园，提供"广覆盖、保基本"的学前教育公共服务。加大政府投入，新建、改建、扩建一批安全、适用的幼儿园；中小学布局调整后的富余教育资源和其他富余公共资源，优先改建成幼儿园；鼓励优质公办幼儿园举办分园或合作办园；制定优惠政策，支持街道、农村集体举办幼儿园；鼓励社会力量以多种形式举办幼儿园，努力扩大农村学前教育资源。各地要把发展学前教育作为社会主义新农村建设的重要内容，将幼儿园作为新农村公共服务设施统一规划，优先建设，加快发展；各级政府要加大对农村学前教育的投入，从今年开始（注：指2010年），国家实施推进农村学前教育项目，重点支持中西部地区；地方各级政府要安排专门资金，重点建设农村幼儿园；乡镇和大村独立建园，小村设分园或联合办园，人口分散地区举办流动幼儿园、季节班等，配备专职巡回指导教师，逐步完善县、乡、村学前教育网络；改善农村幼儿园保教条件，配备基本的保教设施、玩教具、幼儿读物等；创造更多条件，着力保障留守儿童入园；发展农村学前教育要充分考虑农村人口分布和流动趋势，合理布局，有效使用资源。（3）多种途径加强幼儿教师队伍建设。对长期在农村基层和艰苦边远地区工作的公办幼儿教师，按国家规定实行工资倾斜政策。对优秀幼儿园园长、教师进行表彰。（4）多种渠道加大学前教育投入。各级政府要将学前教育经费列入财政预算。新增教育经费要向学前教育倾斜；建立学前教育资助制度，资助家庭经济困难儿童、孤儿和残疾儿童接受普惠性学前教育。发展残疾儿童学前康复教育。中央财政设立专项经费，支持中西部农村地区、少数民族地区和边疆地区发展学前教育和学前双语教育。地方政府要加大投入，重点支持边远贫困地区和少数民族地区发展学前教育。规范学前教育经费的使用和管理。（5）加强幼儿园准入管理。（6）强化幼儿园安全监管。（7）规范幼儿园收费管理。（8）坚持科学保教，促进幼儿身心健康发展。要根据幼儿身心发展规律开展教育，防止和纠正幼儿园教育"小学化"倾向。（9）完善工作机制，加强组织领导。各级政府要加强对学前教育的统筹协调，健全教育部门主管、有关部门分工负责的工作机制，形成推动学前教育发展的合力。（10）统筹规划，实施学前教育三年行动计划。各省

（区、市）政府要深入调查，准确掌握当地学前教育基本状况和存在的突出问题，结合本区域经济社会发展状况和适龄人口分布、变化趋势，科学测算入园需求和供需缺口，确定发展目标，分解年度任务，落实经费，以县为单位编制学前教育三年行动计划，有效缓解"入园难"；并规定"地方政府是发展学前教育、解决'入园难'问题的责任主体。"《若干意见》对农村学前教育的发展给予了特别关注，且具有很强的操作性，对当前我国农村学前教育发展具有重大的指导意义。

2011 年 9 月，财政部、教育部联合颁布了《关于加大财政投入支持学前教育发展的通知》，指出：要进一步扩大学前教育资源，着力解决当前我国普遍存在的"入园难"问题，满足适龄儿童的入园需求；支持学前教育发展是公共财政的重要职责。各级财政部门要切实加大学前教育财政投入，积极配合教育等部门，进一步完善体制机制，推进综合改革，坚持公益性和普惠性，构建覆盖城乡、布局合理的学前教育公共服务体系，为幼儿和家长提供方便就近、灵活多样、多种层次的学前教育服务，促进学前教育事业科学发展；各地要对城市和农村不同类型幼儿园提出分类支持政策，把加快发展农村学前教育作为工作重点；中央财政重点支持各地特别是中西部地区农村学前教育发展，以及家庭经济困难儿童、进城务工人员随迁子女和留守儿童接受学前教育。《通知》特别强调，当前中央财政重点支持以下 4 大类 7 个重点项目：（1）支持中西部农村扩大学前教育资源（简称"校舍改建类"项目）。包括：利用农村闲置校舍改建幼儿园；农村小学增设附属幼儿园；开展学前教育巡回支教试点。（2）鼓励社会参与、多渠道多形式举办幼儿园（简称"综合奖补类"项目）。包括：积极扶持民办幼儿园发展；鼓励城市多渠道多形式办园和妥善解决进城务工人员随迁子女入园。（3）实施幼儿教师国家级培训计划（简称"幼师培训类"项目）。（4）建立学前教育资助制度（简称"幼儿资助类"项目）。

2011 年 9 月，教育部、财政部又联合发布了《关于实施幼儿教师国家级培训计划的通知》，提出为"加强农村幼儿教师队伍建设，提高农村幼儿教师素质"，教育部、财政部安排专项经费，实施"幼儿教师国家级培训计划"。培训对象是：中西部地区农村公办幼儿园（含部门、集体办幼儿园）

和普惠性民办幼儿园园长、骨干教师、转岗教师；培训项目包括：农村幼儿教师短期集中培训；农村幼儿园"转岗教师"培训；农村幼儿园骨干教师置换脱产研修。同时，对培训工作进行了具体的组织部署。

2011年，国务院印发了《中国儿童发展纲要（2011—2020年）》，提出：要"基本普及学前教育。学前三年毛入园率达到70％，学前一年毛入园率达到95％；增加城市公办幼儿园数量，农村每个乡镇建立并办好公办中心幼儿园和村幼儿园"；加快发展3—6岁儿童学前教育。落实各级政府发展学前教育的责任，将学前教育发展纳入城镇建设规划和社会主义新农村建设规划；建立政府主导、社会参与、公办民办并举的办园体制，大力发展公办幼儿园，提供"广覆盖、保基本"的学前教育公共服务；鼓励社会力量以多种形式举办幼儿园，引导和支持民办幼儿园提供普惠性服务。重点发展农村学前教育。每个乡镇至少办好一所公办中心幼儿园，大村独立建园，小村设分园或联合办园，人口分散地区提供灵活多样的学前教育服务，配备专职巡回指导教师，逐步完善县、乡、村三级学前教育网络。采取有效措施，努力解决流动儿童入园问题。建立学前教育资助制度，资助家庭经济困难儿童、孤儿和残疾儿童接受普惠性学前教育。因地制宜发展残疾儿童学前教育，鼓励特殊教育学校、残疾人康复机构举办接收残疾儿童的幼儿园。加强学前教育监督和管理。

此外，在此期间，一些地方政府也颁行了相应政策，如《山东省实施〈幼儿园管理条例〉办法》（1991）、江苏省《关于实施"农村幼儿发展'扶持计划'的通知》（2005）、《湖南省人民政府办公厅转发省教育厅等单位关于加快幼儿教育改革与发展意见的通知》（2005）、陕西省《关于大力发展学前教育的意见》（2010）、江西省《关于加快发展学前教育的实施意见》（2011）等。这些政策共同推动了这一时期中国农村学前教育的发展。

2000—2005年中国幼儿园相关经济数据如表6-4所示。[1]

---

[1] 罗国立、储祖旺：《不同的"起跑线"——我国幼儿教育事业城乡发展不均衡探析》，载《上海教育科研》，2008（9）。

表6-4　2000—2005年中国城乡幼儿园数及入园幼儿数

年份	幼儿园数（万所）			入园幼儿数（万人）		
	合计	城镇	农村	合计	城镇	农村
2000	17.58	8.23	9.35	2244.18	1081.29	1162.87
2001	11.17	5.87	5.30	1398.22	561.02	837.20
2002	11.18	6.27	4.91	1373.62	574.93	798.69
2003	11.64	6.33	5.31	2003.91	1063.51	940.40
2004	11.79	6.37	5.42	2089.40	1092.70	996.70
2005	12.44	6.42	6.02	2179.03	1162.10	1016.93

二、新中国农村学前教育政策的建设成就与问题

（一）新中国农村学前教育政策的建设成就

1. 逐步建立了我国农村学前教育发展的政策法律体系

1949年以来，从中央到地方、从教育部门到其他部门都制定了系列政策法律和规章制度。目前，已初步形成了推动我国农村学前教育发展的政策法律体系。

从层次上看，这种政策法律体系包括如下几个层次：一是国家层面的法律和政策，如《中华人民共和国教育法》《教师法》《未成年人保护法》《民办教育促进法》《中国儿童发展纲要（2011—2020年)》《关于幼儿教育改革和发展的指导意见》等；二是教育部法规或条例，如《幼儿园管理条例》；三是教育部规章制度，如《幼儿园工作规程》《幼儿园教育指导纲要》《关于发展农村幼儿教育的几点意见》《关于改进和加强学前班管理的意见》《学前班工作评估指导意见》等；四是其他部门规章制度，如《托儿所、幼儿园卫生保健制度》《托儿所、幼儿园建筑设计规范》《全日制、寄宿制幼

儿园编制标准（试行）》等；五是地方政府制定的政策、法规和条例，如《山东省实施〈幼儿园管理条例〉办法》（1991）、《河南省学前教育三年行动计划》（2011），《黑龙江省学前教育三年行动计划（2011—2013）》（2011）、《湖北省学前教育机构审批管理办法（试行）》《2012》等。

从内容上看，这些政策法律和规章制度已经涵盖了农村学前教育的各个主要方面，如农村学前教育管理、经费投入、师资队伍建设、幼儿园课程、园舍建设标准、儿童权益保护等。这些政策法律和规章制度的颁行，在一定程度上为农村学前教育的健康发展创造了一个良好的政策环境，有助于推动我国农村学前教育逐步走上制度化、规范化和法制化的正确轨道。

2. 推动了农村学前教育规模的阶段性扩大

新中国成立以来，农村学前教育政策对农村学前教育规模的阶段性扩大产生了至关重要的作用。新中国成立之初，在农村地区推行的"幼儿教育普及化运动"极大地推动了农村学前教育规模的扩大，1949—1957 年成为新中国农村学前教育规模第一个快速扩大阶段。据统计，1950 年，我国农村地区有"农村幼儿园（所）"594 所，在园幼儿数 5.2 万人；1952 年，"县镇幼儿园（所）""农村幼儿园（所）"分别为 315 所、1676 所，在园幼儿数分别为 2.7 万人、12.7 万人；而到 1957 年，"县镇幼儿园（所）""农村幼儿园（所）"则分别达到 3433 所、8620 所，在园幼儿数分别达到 25.9 万人、43.9 万人，增幅明显。[①]

1958 年，在"教育大跃进"政策下，农村学前教育也进入了"大跃进"时代，短时间内，农村地区幼儿园急剧增加。这种不顾教育发展规律、不顾办园条件、不顾教育质量，一哄而起的盲目发展，导致了 1958—1960 年间农村学前教育规模的迅速膨胀。这也是新中国农村学前教育规模第二个快速扩大阶段。据统计，1958 年，仅幼儿园（含城市和农村地区的幼儿园）发展到 695297 所，比 1957 年增加了 42.3 倍，幼儿净增 28410000 人；到 1960 年再度发展，幼儿园数已达 784905 个，入园幼儿达到 29331000

---

① 何晓夏主编：《简明中国学前教育史》，344 页，北京，北京师范大学出版社，1990。

人。① 这种盲目发展，导致了农村学前教育质量的普遍下降。不少农村幼儿园（或幼儿班、幼儿队）处于"看堆放羊"状态，基本丧失了学前教育功能。

1961—1963 年，农村学前教育进入调整阶段，幼儿园（所）数量和在园幼儿数都有大幅度减少。"文化大革命"十年，除少数年份和个别地方外，农村学前教育整体上受到巨大破坏。

农村学前教育规模快速扩大的第三个阶段是 1978—1995 年。这一时期，农村学前教育之所以能够快速发展，主要得益于积极举办农村学前班的教育政策。正是大量举办学前班，使农村学前教育规模得以迅速扩大。据统计，1980 年，"县镇幼儿园（所）""农村幼儿园（所）"分别为 0.87 万所、14.34 万所，在园幼儿数分别为 97.13 万人、879.00 万人；而到 1995年，我国"县镇幼儿园（所）""农村幼儿园（所）"则分别达到 3.65 万所、10.67 万所（"农村"幼儿园由于合并，数量有所减少，但幼儿园的规模则有所扩大），在园幼儿数分别达到 549.88 万人、1624.89 万人。②

1996—1997 年，我国农村学前教育规模基本上保持"不增不减"的水平式发展。但从 1998 年开始，农村学前教育机构的数量就不断减少，农村学前教育发展整体滑坡，直到 2003 年以后开始出现缓慢的恢复性增长。

由此可见，1949 年以来，以"规模扩张"为特征的农村学前教育的每一次阶段性发展，都是在农村学前教育政策的直接推动下发生的。尽管在这一过程中存在这样或那些的政策失误，但农村学前教育政策建设的积极意义还是显而易见。

3. 形成了公、民办并存的农村学前教育发展格局

新中国建立初期的 20 世纪 50 年代，为普及城、乡学前教育，国家即确立了公办和民办并举的发展方针，动员政府、机关、企业、事业单位、群众团体和农村社队集体，采取多种形式兴办学前教育机构。直至改革开放前，"两条腿走路"一直是国家发展学前教育的基本政策。不过从学前教

---

① 何晓夏主编：《简明中国学前教育史》，347 页，北京，北京师范大学出版社，1990。
② 唐淑：《中国农村幼儿教育的发展与变革》，载《学前教育研究》，2005（6）。

育发展的实际情况和政策的实际可操作性看，1949—1978 年，农村地区的学前教育发展基本上是"一条腿走路"，主要是依靠农村社队集体力量办园（所），支撑农村学前教育的发展。

我们知道，从 20 世纪 50 年代开始建立并逐渐固化的城乡二元社会结构，实际上把城市和农村区隔为两个社会。尽管"人民教育人民办""两条腿走路"是城乡学前教育发展的共同政策，但是，这种看似公平的政策，在城市和农村却有着大不相同的含义和解读。对于城市，"人民教育人民办"中的"人民"通常指称作为政府代表的教育行政部门以及具有官方或半官方性质的机关、企业、事业单位、社会团体和城镇集体组织等；而对于农村，"人民教育人民办"中的"人民"则通常指称农村的劳动群众或被视为农村劳动群众代表的社队集体。因此，1949—1978 年学前教育"两条腿走路"的办园政策，在城市实际主要靠"国家办园"（包括政府办园和单位办园）这条腿走路，而在农村则主要靠"社队办园"这条腿走路。换言之，1949—1978 年，我国农村地区并没有形成公办和民办并举的农村学前教育发展格局。

改革开放后，中国城乡二元社会结构逐步松动。特别是随着以社队为单位的农村集体经济的逐步解体，使农村学前教育发展失去了传统的支撑力量。在农村社队逐步退出的情况下，作为应对之策，国家出台了"学前班"政策，通过地方教育行政部门举办学前班的方式，促进农村学前教育的发展。

农村学前班多是附设在农村小学，通常由地方政府举办。在政府举办农村学前班的同时，社会力量也逐步进入农村学前教育市场。尤其是 20 世纪 90 年代中期以后，一方面，在教育市场化、产业化的冲击下，一些政府部门和企事业单位纷纷把幼儿园（所）推向社会，农村公办幼儿园（所）（"农村公办幼儿园"主要集中在县镇）大幅减少；另一方面，国家出台了系列政策，鼓励社会力量积极举办学前教育机构，发展学前教育事业。据统计，1994—2006 年，民办幼儿园的数量与改革开放初期相比增长了 3 倍，在园幼儿数增长了 6.5 倍，民办幼儿园已经成为我国幼儿教育中的一支重要的组成力量。[1] 正是在社会政治经济发展变化和农村学前教育政策变化的双重推力下，农村学前教育逐步形成了适应农村社会发展转型的公办与民办相互竞争、共同发展的格局。这种格局尽管还不够合理和完善，但改变了长期以来农村学前教育发展依靠单一主体的弊端，有利于在更大范围内调动和整合资源，增强农村学前教育的发展活力。

4. 初步解决了农村学前教育的举办问题

1949—1952 年，中国社会的主要任务之一是恢复生产，重建国民经济体系。农村广大群众，满怀"劳动人民当家作主"的自豪感，以高度的政治热情，积极参与农村社会改革运动和农业生产。为适应农村土地改革和农村互助组发展的需要，国家允许私立幼儿园的存在，并鼓励农村群众因陋就简，建立各种形式的学前教育机构，以亲邻相帮、换工看娃、个别寄托等多种形式解决子女寄托问题。据陕西省 1952 年统计：全省由农业互助组办起的农忙托儿所 220 个，抱娃组 8827 个、入托幼儿 43971 名。[2]

在社会主义改革时期，党和政府实行"群众办学"政策，依靠农村群众组织，如初级合作社、高级合作社等，举办各种形式的农村学前教育机构。同时，继续鼓励农村群众个人举办托幼机构。据统计，1956 年比 1952 年幼儿园增加 3 倍，入园幼儿增加 2.5 倍，其中民办园（主要是农村社队举办的幼儿园）增加 7 倍，入园幼儿增加近 5 倍。[3]

1958 年，中国农村地区普遍建立了人民公社制度。自此到 20 世纪 80 年代中期，农村的社会集体依靠自己的力量，举办了各种形式的托幼机构。不少农村幼儿园（所）不但自己解决了师资问题（不过，绝大数师资不但没有受过专业训练，且缺乏学前教育的基本常识，素质普遍较差），还编制了一些具有乡土气息的幼儿园教材。

改革开放后，当集体经济逐步走向解体，国家又出台了相应政策，鼓励社会力量举办农村学前教育机构。正是由于民办幼儿园合法地位的确立，

---

[1]　张秀兰主编：《中国教育发展与政策 30 年》，49 页，北京，社会科学文献出版社，2008。

[2]　唐淑：《中国农村幼儿教育的发展与变革》，载《学前教育研究》，2005（6）。

[3]　同上。

极大地推动了农村学前教育事业的发展，保障了农村学前教育事业在农村集体力量退出后的恢复性发展。

此外，在农村学前教育发展过程中，国家还通过政策制定，成立了农村学前教育的管理机构，并在不同政府职能部门之间，如教育行政部门、卫生部门等，进行了相应的职能划分。

总之，新中国成立以来，尽管国家在农村地区施行的一些学前教育政策不够公平、不够合理、不够科学，但在特定的历史时期，正是这些政策的颁行，才使得农村学前教育发展中的一些实际问题，如办园主体、经费筹措、师资来源等，在一定程度上得到了解决。

（二）新中国农村学前教育政策建设中的问题

1. 政策价值有失公平

新中国成立伊始即已确立的城市中心政策，以牺牲农村发展为代价，来满足城市建设和发展的需要。长期存在的城乡二元社会制度结构，使农村发展远远落后于城市。农村的落后与贫穷，导致了农村教育资源的匮乏，对农村教育发展，产生了严重的消极影响。

新中国成立后至改革开放前，城市的学前教育机构主要有教育行政部门以及企事业单位举办，其办园经费由公共财政支出；而农村的学前教育机构主要由社队举办，其资金来源来自于社队集体积留，无论是中央还是地方的公共财政很少有资金投入农村。在县域内，政府除在县镇举办一些公办幼儿园（所）外，在人口众多、地域广阔的乡村，几乎从未举办过公办幼儿园（所）。改革开放后，农村集体经济的逐步解体，农村学前教育发展日益面临着严重的经费短缺问题。即便是在这种情况下，政府依然无意为农村学前教育发展提供经费保障，而是通过"社会办园"政策，把农村学前教育推向农村社会、推向并不成熟的农村市场。这种显失公平、城乡有别的学前教育政策，形成并不断拉大了城乡学前教育的发展差异。

此外，我们还应注意到，从幼儿园类别看，公共财政主要是投入公办幼儿园，而民办幼儿园却几乎没有任何公共财政资助。无论是改革开放前，还是改革开放后，农村幼儿园（所）都是"民办"性质的幼儿园（所）。虽然这两个时期的"民办"含义不同，但缺乏公共财政投入这一点却又相同。即使是在城乡统筹发展的今天，政府依然是习惯于把城市和县镇那些原本条件就比较好的公办幼儿园作为投入重点对象，而在农村中占绝对多数的乡村民办幼儿园却没有得到应有的公平对待。

2. 导致了学前教育事业城乡发展的不均衡

新中国成立伊始，国家就按照二元社会的制度结构，对城乡学前教育发展采用两种不同的政策。这可以从城乡学前教育的办园政策、经费投入政策、课程政策、管理政策、教师政策等方方面面得到体现。例如，新中国成立迄今，农村学前教育机构在改革开放前主要由社队集体举办，在改革开放后主要由社会力量举办；城市的学前教育机构，在改革开放前主要由教育部门、企业、机关、厂矿和街道举办，在改革开放后则主要由教育部门和社会力量共同举办；再如，新中国成立以来，学前教育发展一直采取的是"地方负责"原则，即：农村学前教育由农村负责，城市学前教育由城市负责。这种不同的学前教育办园政策，必然导致学前教育发展的城乡不均衡。

城乡学前教育发展的这种不均衡性，大体有如下几个方面的体现：（1）城乡幼儿入园率的差异。农村幼儿约占我国幼儿人口总数的 2/3，加之农村人口居住比较分散，办园规模较小，因而农村幼儿园数应在幼儿园总数中占有较大比例。事实上，2001—2005 年，全国农村幼儿园数一直不到全国幼儿园总数的一半，农村幼儿园数量明显不足。[①] 据 2008 年数据统计，全国学前三年儿童毛入园率为 47.3％，城市近 60％，农村仅为 37％，而其中一些大中城市的幼儿入园率已基本达到 85％，经济发达地区的幼儿基本全部入园。[②] （2）城乡学前教育师资配置的差异。从学历层次看，农村幼儿师资的学历层次明显低于城市。以 2008 年为例，城市专任幼儿教师

[①] 罗国立、储祖旺：《不同的"起跑线"——我国幼儿教育事业城乡发展不均衡探析》，载《上海教育科研》，2008（9）。

[②] 孟香云：《关于促进城乡幼儿教育均衡发展的思考》，载《教育导刊》，2010（11）。

为 428933 人，而农村仅为 253323 人，城市比农村多 69%。从学历情况看，城市专任幼儿教师的学历层次所占百分比依次为：研究生占 0.30%、本科生占 14.20%、专科生占 54.30%、高中占 29.73%、高中以下占 1.47%；而农村上述比例为：研究生占 0.03%、本科生占 4.17%、专科生占 34.48%、高中占 54.47%、高中以下占 6.85%[①]；从师生比看，农村幼儿园（班）专任教师少，生师比过高。2001—2004 年，全国农村幼儿园（班）专任教师严重不足，生师比居高不下，保持在 60/1 以上，其中 2003 年达到 73.6/1，而同期城镇的生师比最高是 21.9/1，最低为 12.8/1。四年内农村生师比一直是城镇的 3 倍多，差异显著。2005 年农村生师比虽有所下降，却依然高达 60：1，远远超出国家规定的全日制幼儿园的师生比。[②]（3）城乡学前教育财政经费投入的差异。我国教育经费本身就存在总量不足，而学前教育又没有国家财政预算中实行单项列支，因此，学前教育尤其是农村学前教育发展实际所能获得的财政投入极其有限。有资料显示，2005 年，政府对公办幼儿园的拨款仅占教育总投入的 1.2%，而有限的钱又有 70% 用于少数的示范幼儿园建设。据中央教科所 1999 年对全国六省、市、自治区的调查显示，政府对幼儿园的财政拨款主要集中在县级幼儿园，占总数投入的 60.3%，乡镇所在地幼儿园为 17.7%，村办幼儿园（班）为 15.7%。农村幼儿园几乎得不到来自国家的财政投入，只能寄希望于农村自身的经济发展。1994 年财政体制改革之后，我国大部分农村的财政都处于紧张状态，在这种情况下，农村幼儿教育发展举步维艰，农村幼儿园的生存与发展面临危机。[③]（4）城乡学前教育机构基础设施的差异。2006—2008 年，从城乡幼儿园基础设施建设看，城乡幼儿园都在逐年改善，但城乡差距明显。以 2008 年为例，城市校舍建设面积为 45530316 平方米，而农村仅为 26070553 平方米，城市比农村约多 75%；城市校舍中危房面积为 161850 平方米，而农村则为 251470 平方米，农村比城市约多 55%；城市

---

① 孟香云：《关于促进城乡幼儿教育均衡发展的思考》，载《教育导刊》，2010（11）。

② 罗国立、储祖旺：《不同的"起跑线"——我国幼儿教育事业城乡发展不均衡探析》，载《上海教育科研》，2008（9）。

③ 彭华安：《转型期我国农村幼儿教育发展困境及制度归因》，载《教育导刊》，2011（11）。

图书总量为 38910410 册，而农村仅为 25229191 册，城市比农村约多 54%；城市录音、录像带为 5943087 盒，而农村仅为 2803828 盒，城市比农村约多 112%。可见，幼儿园办园的基本条件农村远不同于城市。① （5）城乡学前教育结果的差异。城乡学前教育结果的差异，可以通过接受学前教育后，城乡学前儿童所产生的入学准备的差异性加以说明。入学准备是指儿童从正规教育中受益所需要具备的各种关键特征或基础条件。根据东北师范大学盖笑松等人关于城乡幼儿入学准备水平对比研究：城市儿童的入学准备水平优于农村儿童；从五大发展领域来看，农村儿童在学习方式、认知发展与一般知识基础、言语发展，以及情绪与社会性发展领域显著落后于城市儿童②。

3. 农村学前教育发展中的难点问题没有得到有效解决

新中国成立迄今，农村学前教育发展中的一些关键问题、难点问题，并没有通过农村学前教育的政策建设得到有效解决。这主要有：（1）政府对农村学前教育的责任问题。新中国成立迄今，国家政策都没有很好地回答各级政府到底在农村学前教育发展中承担怎样的责任。在县域内，地方政府仅在县镇举办幼儿园（所），在县镇以下的乡村几乎没有真正举办过公办幼儿园（所）。政府在农村学前教育发展中，一直存在角色不清、责任不明的问题。（2）农村学前教育的经费来源问题。新中国成立以来，学前教育经费从未纳入国家财政预算，这使农村学前教育经费从来都没有一个正常、稳定的来源。农村学前教育发展需要投入多少经费？按什么标准投入？谁是投入主体？分担多少比例？等等，在国家政策上一直没有一个清晰、确切的回答。（3）农村学前教育的师资配备问题。在改革开放前，社队办园的师资是由社队集体解决；在改革开放后，农村学前教育以私人办园为主，私人幼儿园（所）的师资也是由举办者自己解决。新中国成立以来，城镇幼儿园主要为公办幼儿园，师资素质相对较高，且由政府负责供给；

---

① 孟香云：《关于促进城乡幼儿教育均衡发展的思考》，载《教育导刊》，2010（11）。
② "城乡儿童入学准备状况比较研究"课题组：《起点上的差距：城乡幼儿入学准备水平的对比研究》，载《学前教育研究》，2008（7）。

而农村幼儿园（所）多是民办幼儿园，因工作条件差、报酬低，很难招聘到足够数量的合格师资。如何针对农村学前教育发展的实际情况，建设一支数量充足、质量合格的农村学前教育师资队伍，一直都是困扰农村学前教育发展的一大难题。（4）公办、民办幼儿园的公平竞争问题。改革开放前，在县域内，县镇幼儿园基本上是公办幼儿园，乡村幼儿园基本上社队集体办幼儿园。这两种性质的幼儿园，面向不同的社会群体，招收户籍身份不同的幼儿，并不存在一种竞争关系。改革开放后，由私人举办的民办幼儿园逐渐成为农村学前教育机构的主体。国家对公办教育和民办教育实际采取的是两种不同的政策。公办幼儿园通常由教育行政部门举办，主要通过政府的公共财政投入保障其发展；而民办幼儿园通常只能由举办者投入经费，很难也很少得到政府的财政资助。公办、民办幼儿园虽然具有同等的法律地位，需要履行同等的法律义务，但公办幼儿园明显比民办幼儿园享有更多的权利和占有更多的优质教育资源，自然在竞争中处于优势地位。如何形成农村学前教育公办、民办公平竞争的发展格局，这也是一个亟待政策回答的问题。

4. 政策执行能力有待进一步提高

从我国农村学前教育政策的发展历史看，政府对政策制定相对重视，但忽视了政策的有效执行。一项政策能否在实践中得到有效执行，一是取决于政策本身的合理性、科学性；二是受制于执行能力。在我国农村学前教育政策执行中，一直不同程度地存在如下几个方面的问题：（1）思想上普遍存在对农村学前教育的轻视，导致了农村学前教育政策的执行不力。由于历史原因，学前教育在农村地区本身就远不如学校教育受到农民重视。在不少农民眼中，学前教育就是看护孩子，让家长摆脱家庭事务的一项可有可无的工作，好坏并不重要；在一些政府官员眼中，学前教育算不上一种类型、一个层次的教育，发展学前教育并不是政府的责任。这些错误认识，导致了一些政策执行者对农村学前教育另眼相看，使农村学前教育发展遭遇不公平的政策待遇。（2）政策执行缺乏有效监督。例如国家相关政策规定"社会力量举办的幼儿园，在审批、分类定级、教师培训、职称评定、表彰奖励等方面与公办幼儿园具有同等地位"，但在实际中，这一点很难做到。农村幼儿园多是"民办幼儿园"（改革开放前多为社队集体办，改革开放后多为私人办）。很多地方没有为民办幼儿园教师提供培训、职称评定，在分类定级、表彰奖励上更是把民办幼儿园排除在外①。（3）缺乏有效的政策执行工具。改革开放前，农村学前教育的发展，主要靠政治动员，采取运动式的方式执行政府政策。例如"大跃进"时期，我国农村学前教育的"大跃进"就表现得非常典型。在强大的政治压力下，既不顾当时的农村社会经济发展水平，也不尊重学前教育自身的发展规律，盲目举办许多有名无实的农村托幼机构，导致了农村学前教育质量的普遍下降。教育发展固然需要借用行政手段，但单一的行政手段往往会导致了政策执行的漂移和虚化。农村学前教育政策的有效执行，应是行政的、经济的、法律的和文化的等多种手段的综合运用。（4）政策执行资源匮乏。新中国成立以来，国家断断续续也出台了一系列发展农村学前教育的政策，不过其中的多数政策只有抽象的政策规定，并没有配套的可用资源。例如：在20世纪50年代初，新中国即提出了"幼儿教育普及"的目标，但政府仅是把农村学前教育普及的任务交给农村群众，而没有给予相应的人力、物力、财力的支持；再如，改革开放后，国家仅仅出台了鼓励发展民办幼儿园的导向性政策，却没有给予民办幼儿园多少实际帮助。

三、我国农村学前教育政策发展前瞻

政策总是指向解决实践问题。要明确我国今后政策建设的重点，应认清当前我国农村学前教育发展的现实问题。

（一）当前我国农村学前教育发展的主要问题

从相关研究可以看出，当前我国农村学前教育发展主要面临如下几个

---

① 张秀兰主编：《中国教育发展与政策30年》，71页，北京，社会科学文献出版社，2008。

方面的问题。

1. 农村学前教育的市场化

改革开放前，农村学前教育被定位于"地方性、群众性福利事业"，社队集体成为农村办园主体。20 世纪 80 年代开始的农村经济体制改革，使集体经济逐步解体。1994 年分税制改革后，县、乡两级地方政府财力大大削弱，尤其是 2001 年农村税费改革推行后，乡镇统筹款与教育附加费被取消，这使得乡镇政府的财力更为薄弱。缺乏集体经济支撑的农村学前教育逐渐以"社会化"名义推向了市场。自 2003 年以来，民办园迅速增加，民办园已经成为我国农村幼儿园的主体。据辽宁省的一项调查统计，辽宁省全省农村乡镇政府办幼儿园 398 所，占总数的 6.9％；学校办幼儿园（班）1734 所，占总数的 30.2％；企事业单位办幼儿园 17 所，占总数的 0.3％；民办幼儿园（班）2774 所，占总数的 48.3％；其他类型的幼儿园（班）820 所，占总数的 14.3％[①]，农村幼儿园以民办园为主，政府办园的比例明显过低。学前教育发展有自身的规律性，不能盲目依靠市场力量的自发调节。当前，我国农村学前教育愈演愈烈的市场化倾向，严重影响了农村学前教育事业的稳定发展。

2. 农村学前教育机构数量不足，幼儿入园率低

"入园贵、入园难"成为当前我国学前教育中的突出问题，而这一问题在农村地区表现得尤为典型。入园率的高低是衡量幼教发展水平的重要标准之一。据统计，2007 年，我国学前三年毛入园率城镇为 55.6％，农村为 35.6％[②]，农村地区有数量众多的幼儿不能正常入园接受学前教育。

3. 农村学前教育办园经费匮乏

农村学前教育机构主要为民办园（所）。民办园（所）的办园经费主要依靠举办者自己解决。尽管国家在政策上一直在强调公办、民办法律地位平等，但这并不意味着国家公共财政对公办、民办园（所）同等投入。实

---

① 罗英智、李卓：《当前农村学前教育发展问题及其应对策略》，载《学前教育研究》，2010（10）。
② 张朝、于宗富：《农村学前教育的困境与出路》，载《教育发展研究》，2009（24）。

际上，当前占 70% 以上的民办园（所）基本上得不到公共财政的任何支持。[①] 多数农村学前机构是"家庭式幼儿园"，由于缺乏举办者之外的其他经费来源，只能靠低廉的收费因陋就简办园，多少农村幼儿园都缺乏合格幼儿园的基本办园条件。例如，2005 年各类幼儿教育发展情况如表 6-5 所示。[②]

表 6-5　2005 年城市、县镇、农村幼儿教育发展状况统计

	生师比	生均教育资源			
		生均占地 平方米/人	生均校舍 平方米/人	生均图书 册数/人	生均录音 录像盒数/人
城市	17.67	11.2	7.2	5.65	0.72
农村	25.78	8.23	4.45	3.38	0.37
县镇	60.00	6.43	2.27	3.25	3.25

4. 农村学前教育合格师资缺口大

要办好任何一种教育，都必需有一支数量充足、质量合格的教师队伍。当前，农村学前教育不但师资水平较低，且数量严重不足。2006 年，农村幼儿园中，"高中及以下"的幼儿教师占教师总数的 67.0%，县镇有 47.0% 的教师学历不合格。[③] 据教育部统计，2008 年全国农村地区共有幼儿园 6.43 万所，在园幼儿 1067.36 万人，教职工 31.53 万人，师生比为 1：33.85。也就是说，在我国农村，一所幼儿园平均只有 4.9 名专任教师，1 名教师要教 34 个孩子，而根据国家标准，教职工与幼儿的比例应为"全日制幼儿园 1：6 至 1：7，宿舍制幼儿园 1：4 至 1：5"。[④] 另有调研数据表明，2010 年，全国平均师幼比为 1：26，城市地区为 1：12，农村地区低至 1：44；城市每班能保证有 1.57 名专任教师，而农村班均教师仅为 0.6 名。如按照每班配置 1 名教师的底线要求，以 2010 年农村幼儿班数 41.98 万个

---

① 张朝、于宗富：《农村学前教育的困境与出路》，载《教育发展研究》，2009（24）。
② 廖浩然：《我国幼儿教育非均衡发展现状与对策分析》，载《学前教育研究》，2008（2）。
③ 张朝、于宗富：《农村学前教育的困境与出路》，载《教育发展研究》，2009（24）。
④ 张晨：《聚焦农村幼儿园系列报道·分析篇之二》，载《中国教育报》，2010-02-05。

计算，需要补充 14.4 万名教师，数量缺口比例高达 34.3%。一些调研也显示，各省幼儿园教师缺口重点几乎都在农村。据不完全统计，2010 年河北省农村地区幼儿园师资缺口高达 4 万人；若按目前培养和补充速度不变计算，湖北省到 2020 年农村地区幼儿教师缺口将超过 10 万人。

2008 年在全国 25.33 万名农村幼儿园园长和专任教师中，学历是高中阶段及以下毕业的有 15.53 万人，占总数的 61.31%；专科及以上毕业的只有 38.69%。农村幼儿专任教师的学历结构总体偏低，幼教专业的教师比例则更低。以福建省为例，全省农村幼儿教师中，幼儿教育专业的仅占 11.17%，另有 28.7% 没有获得教师资格证书。① 表 6-6 和表 6-7 分别为农村幼儿园师幼比及幼师职称情况。②

表 6-6　2001—2008 年农村幼儿园师幼比

年度	在园幼儿（人）	专任教师（人）	师幼比
2001	9187972	125476	1∶73
2002	10049046	120624	1∶83
2003	9403967	127667	1∶74
2004	9966206	148667	1∶67
2005	10169235	169477	1∶60
2006	10478419	189933	1∶55
2007	10331194	190049	1∶50
2008	10673559	208598	1∶50

表 6-7　2001—2006 年农村幼儿教师职称情况统计表　　（单位：人）

年度	专任教师	中学高级	小学高级	小学一级	小学二级	小学三级	未评职称
2001	125476	128	4011	16927	12707	1988	89715
2002	120624	194	5285	17922	11708	1927	83588

---

① 张晨：《聚焦农村幼儿园系列报道·分析篇之二》，载《中国教育报》，2010-02-05。
② 李颖、李敏：《农村幼儿教师队伍现状、问题及其发展对策》，载《安庆师范学院学报》（社会科学版），2010（9）。

续表

年度	专任教师	中学高级	小学高级	小学一级	小学二级	小学三级	未评职称
2003	127667	119	6586	19150	10486	1717	89609
2004	148667	188	8089	22446	11290	1467	105187
2005	169447	256	9009	23887	10626	1770	123929
2006	189933	288	12776	28480	10543	1674	136172
2007	190049	284	14683	28786	9649	1744	134903
2008	208598	415	17942	29842	9244	1652	149503

5. 农村学前教育的"小学化"倾向

农村学前教育的小学化倾向主要有如下 3 个表现。一是农村学前班的小学化。20 世纪 80 年代始，学前班逐步成为农村学前教育的主要实施机构。学前班通常附设在小学，由小学统一领导和管理。学前班的教师多是小学富余教师或代课教师，多半没有受过专门的学前教育专业训练。学前班模仿小学安排课程，一般"每周上课 12～16 节，每节课多为 30～40 分钟。"[1] 部分学前班照搬小学教学形式，甚至直接使用小学一年级教材，采用课堂授课制集中教学，完全忽视了学前儿童的身心发展规律和学习特点。二是遍地开花的"特长班"。不少农村民办园为吸引家长、扩大生源，同时，也是为了提高收费标准、多挣钱，开设了"五花八门"的"特长班"，如"双语班""绘画班""舞蹈班""钢琴班"等。这些特长班名义上是开发儿童潜能、培养儿童兴趣，而实质是提前学习小学相关的课程知识，为他们上小学，特别是上"重点小学"进行"升学准备"。三是大班额教学。大班额教学在农村幼儿园，尤其是民办园中比较常见。一个不大的教室，通常摆满了桌椅、挤满了幼儿，教师很难带领幼儿进行游戏和开展活动。在这样的环境里，幼儿坐得多、活动少，统一要求多，自由行动少，说的多、坐的少，不利于幼儿身心的健康发展。

---

[1]　李红婷：《农村学前教育政策审视：期待更多关注》，载《中国教育学刊》，2009 (5)。

（二）我国农村学前教育政策发展前瞻

1. 确立教育公平的政策理念，普及农村学前教育

落实科学发展观、实现城乡统筹发展以及和谐社会的建设，都需要以公平为理念。教育公平是社会公正在教育领域的体现。学前教育是人生起始阶段的教育。没有学前教育的公平，也就不可能实现义务教育及其他阶段教育的公平。

在公平理念下，普及农村学前教育应是今后一个较长时期我国学前教育发展的重点。《国家中长期教育改革和发展规划纲要（2010—2020年）》提出："到2020年，普及学前一年教育，基本普及学前两年教育，有条件的地区普及学前三年教育"。具体目标如表6-8所示。[①] 要实现《纲要》提出的奋斗目标，无疑，要把普及农村学前教育作为政策重点。

表6-8　学前教育事业发展主要目标　　　　　单位：万人；%

指标	2009 年	2015 年	2020 年
幼儿在园人数	2658	3400	4000
学前一年毛入园率	74.0	85.0	95.0
学前二年毛入园率	65.0	70.0	80.0
学前三年毛入园率	50.9	60.0	70.0

2. 强化政府责任，使政府成为农村学前教育的办园主体

在我国社会转型过程中，政府曾一度把发展农村学前教育的责任推向社会，导致了农村学前教育多年的持续下滑。学前教育是一项公益性事业，它需要政府承担起举办的责任。政府可以以多种方式举办农村学前教育机构，如由教育行政部门举办公办幼儿园（所）、公私合办、对私立幼儿园（所）给予财政资助等。在农村学前教育发展中，政府不能满足于只在县镇举办几所示范性幼儿园（所）。实践证明，这种做法，一方面，导致了公共教育资源向少数幼儿园（所）的过度集中；另一方面，也在客观上诱发了

---

① 黄娟娟：《"基本普及学前教育"战略目标分析及其实施》，载《教育发展研究》，2011（24）。

这些条件明显优越幼儿园（所）的高收费。这种高收费通常会把农民子女排除在外，造成了事实上的教育不公。

普及农村学前教育，政府责无旁贷。政府应在农村地区大力举办公办幼儿园，让公办幼儿园成为农村学前教育的重要主体。政府可以以新建、扩建公办幼儿园、增加农村学前班数量、设置乡村"早教点"等方式，以方便幼儿就近入学为原则，在农村地区进行合理的学前教育机构网点布局。如果政府仅仅是出台政策，而不采取实际措施积极办园，而是坐等社会力量的自发介入，那么，农村学前教育既不可能形成公办、民办共同发展的格局，也不可能实现任何一种水平、任何一种年限的农村学前教育的普及。

3. 加大对农村学前教育的公共财政投入

国家介入学前教育是当今世界学前教育发展的普遍趋势。国家介入的主要方式之一，就是提供公共财政支持。美国、英国及 OECD 国家都是市场经济发展十分成熟的国家，但都选择了国家财政支持幼儿教育的政策，以保障学前教育的公益性。

目前，我国农村学前教育机构主要为民办性质，经费来源渠道单一，除举办者的基本投入外，主要依靠家长缴纳的保育费来维持其日常运转。公共财政投入过低已经成为我国农村学前教育发展的瓶颈。

要大力发展农村学前教育，国家就必须加大公共财政投入。没有必要的财政投入，既不可能增加相应数量的农村学前教育机构，切实提高农村学前儿童入托入园率，也难以改善现有农村学前教育机构的基本条件。针对农村学前教育遭遇的经费短缺难题，中央和地方政府应建立公共财政投入制度，保障农村学前教育办园经费的稳定投入。我们建议：中央和地方各级政府应从教育公平和支持农村学前教育出发，改变学前教育经费在各级教育经费中占比过低的局面，改变公共教育资源集中投入城镇的传统做法，确保公共教育经费优先投向学前教育发展落后的农村地区；对偏远、贫困的农村地区，中央和省级政府应建立专项的财政转移支付制度，大幅度提升这些地区的学前教育财政投入力度；建立农村贫困儿童学前教育救济制度，让家境贫寒的农村儿童同样有接受学前教育的机会；建立特殊儿童学前教育制度，让那些生而不幸、有生理缺陷或心理障碍的儿童，能够接受特殊的学前教育；建立对农村留守儿童接受学前教育的特别财政补助制度，让他们不因父母远离、无人接送入园而丧失接受学前教育的权利。

4. 形成民办园、公办园公平竞争的政策环境

农村学前教育发展固然政府要起主导作用，但"主导作用"并不等于"唯一作用"。公办、民办并举，既切合农村学前教育发展实际，也符合农村学前教育长远发展的需要。要形成公办、民办并举的发展格局，就必须形成公办园、民办园公平竞争的政策环境。一是公办园和民办园都要坚持教育的公益性，不以营利为目的；二是以政府投入为主的公办园，必须坚持普惠性原则，为每一个农村儿童都能接受学前教育提供基本保证；三是鼓励民办园多种形式发展，对不同类型的民办园分类管理，对完全公益性的民办园，实现与公办园同等的财政资助政策；对在合理范围内取得"合理回报"的民办园，应加强规范化管理；四是信息服务、业务指导、评级评估、教师职称评审等方面，公办园和民办园应一视同仁，不可区别对待。

5. 建设一支稳定的、数量充足、质量合格的农村学前教育师资队伍

建设一支稳定的、数量充足、质量合格的农村学前教育师资队伍，是保障农村学前教育事业健康发展的关键。当前农村学前教育存在的师生比过高、教师缺口大、人员流失严重、教师队伍不稳定等问题，严重阻碍了我国农村学前教育的发展。为此，我们应制定有针对性的政策，解决这些现实问题。一是建立学前教育机构教师入职制度。无论是公办园还是民办园，都必须按照国家规定的教师资格标准聘用教师，把好学前教师"入口关"。二是依法为农村学前教师落实编制问题。应明确农村学前教师的身份，确保其享受教师应有的权利。三是建立公办、民办学前教育机构师资流动制度，对农村学前教育机构教师实行动态管理。对为扶持民办学前教育和支持农村学前教育发展而进行政策性流动的教师，如由城市幼儿园流入农村幼儿园、由公办幼儿园流入民办幼儿园，国家应出台相应的鼓励政策，鼓励学前教师首先实现在区域内幼儿园和城乡幼儿园之间的合理流动。四是建立农村学前教师师资培养培训体系，国家应在政策上把民办学前教育机构师资的培养培训纳入学前教育师资队伍建设的整体规划之中，尤其要对农村民办学前师资的业务培训提供支持。五是提高农村学前教师的工

资待遇，改善工作环境，为广大农村学前教师提供稳定的社会保障，使农村学前教育教师成为一个受人尊敬的、让人羡慕的职业。

6.重视课程与教学改革，不断提高农村学前教育质量

研究表明，学前教育质量的高低，会导致儿童不同的发展结果。高质量的学前教育十分有助于儿童的入学准备和学业成就，可促进儿童在小学学习中的领先和进步，儿童社会性、情感能力以及口语与认知水平均较高；还可提高儿童日后学习的动力。[①]

由于受历史和现实多方面原因影响，当前，我国农村学前教育的质量还比较差，亟待提高。农村学前教育质量的提高是一项系统工程。除加强管理、加大投入、重视合格师资队伍建设外，我们还应注意大力推进幼儿园课程和教学改革。一是加强幼儿园课程的生活化改革。幼儿园课程的生活化是幼儿园课程向幼儿生活的回归。《幼儿园工作规程》提出："创设与教育相适应的良好环境，为幼儿提供活动和表现能力的机会与条件。""幼儿园日常生活组织，要从实际出发，建立必要的合理的常规，坚持一贯性、一致性和灵活性的原则，培养幼儿的良好习惯和初步的生活自理能力。"幼儿园教育指导纲要（试行）》也指出："幼儿园教育应尊重幼儿身心发展的规律和学习特点，充分关注幼儿的经验，引导幼儿在生活和活动中生动、活泼、主动地学习。""教育活动内容的组织应充分考虑幼儿的学习方式和特点，注重综合性、趣味性，寓教育于生活、游戏之中。"这即是对幼儿园课程回归幼儿生活的政策要求。幼儿园课程回归幼儿生活，就要求从幼儿的日常生活中寻找课程资源，幼儿园课程内容来源于幼儿生活，并在幼儿的生活过程中实施课程。二是幼儿园教学游戏化。游戏既是幼儿园的主要活动，也是幼儿园一切活动的基本组织形式。农村幼儿园要提高质量，必须树立正确的儿童观，尊重儿童的身心特点，摒弃"小学化"的教学倾向，以游戏的方式开展幼儿园教学。游戏化教学能够使幼儿自由地在"玩中学""做中学"，有效地保护了幼儿的好奇心以及活动的积极性，有利于儿童在幸福、快乐的学习和生活环境中健康地成长。

---

① 高敬：《早期教育机构质量的重要性、内涵与评价》，载《学前教育研究》，2011（7）。

第七章　新中国成立以来农村职业教育政策分析

本章对新中国成立以来农村职业教育政策的演进与变迁进行历史考察，追寻和提炼农村职业教育政策演进的特征，发现农村职业教育政策演进的成效与存在的问题，旨在为完善农村职业教育政策提供有益参考。

一、新中国成立以来农村职业教育政策的历史演进

1949 年新中国成立以来，中国社会主义建设和发展经历了不同的历史阶段，与之相适应，受政治经济改革影响的农村职业教育政策也经历了不同的发展历程。为此，本文将以政策内容与目标演进为线索，对新中国成立以来农村职业教育政策演进历程进行系统回顾。

（一）新中国"前十七年"的农村职业教育政策（1949—1965 年）

随着新中国的成立以及诸如土地改革等运动的开展，农村生产力被大大解放，农业技术人才的需求也与日俱增。在这种新形势下，党中央十分关心和重视农村职业教育，提出一系列整顿、改造和发展农村职业教育的政策措施。

1. 确立农村职业教育地位

新中国成立后，为尽快恢复和发展农村经济和文化，党和政府在致力于发展农村基础教育的同时，也在致力于农村职业教育的发展。1949 年 12 月新中国第一次全国教育工作会议就提出要改变职业技术学校过少的情况，此后中等技术学校开始发展。1950 年，教育部和全国总工会在北京召开第一次全国工农教育会议，会议修正通过《关于举办工农速成中学和工农干

部文化补习学校的指示》《工农速成中学暂行实施办法》《工农干部文化补习学校暂行实施办法》《职工业余教育暂行实施办法》《关于开展农民业余教育的指示》和《各级职工业余教育委员会组织条例》等 6 项草案，为农村职业教育的发展指明了方向。

1956 年，中共中央颁发《1956 年到 1967 年全国农业发展纲要（草案）》（以下简称《农业四十条》），提出"加强农业科学研究工作和技术指导工作，有计划地训练大批的农业技术干部，系统地建立、充实和加强农业科学研究工作和技术指导工作的机构"。《农业四十条》指出，"从 1956 年开始，在 12 年内，由各级农业部门分别负责，为农业生产合作社训练初级的和中级的技术干部（包括农、林、水利、畜牧、兽医、生产管理和会计等）500 万到 1000 万人，以适应合作经济发展的需要"。1963 年颁发《第二次城市工作会议纪要》，文件要求"职业教育应当主要面向农村，积极培养为农业服务的农艺、林业、畜牧、渔业、农机、医药卫生、会计、统计、供销等方面的人才。为城市青年学生下乡上山创造条件。"[①] 此文件的颁布标志着农村职业教育的地位开始逐步得到确立。

2. 农业中学的创立与发展

新中国成立之初，因中等专业学校和技工学校主要面向城市，只有农业中专和部分中师面向农村，农村职业教育可以说近乎空白。为了满足农村大量高小毕业生的升学要求和适应农业生产发展的需要，20 世纪 50 年代中期，在一些农村地区，一种由农民群众集体举办的农业中学开始出现。很快，这种办学形式得到从地方到中央的肯定。1958 年 4 月 21 日，《人民日报》发表社论，指出："大量发展民办农业中学，对于满足广大农民学习科学文化的强烈要求和小学毕业生升学的要求，有重大的作用"，并指出农业中学是职业中学的一种主要形式，号召大量发展民办农业中学。1959 年 11 月，中共中央批转了江苏省教育厅、共青团江苏省委关于赣榆县夹山农业中学的调研报告，批示指出：农业中学是一种重要的中等学校，多办一

---

① 中共中央文献研究室：《建国以来重要文献选编（17）》，303 页，北京，中央文献出版社，1997。

些农业中学，并把它们办好，是农村工作中也是教育工作的当务之急。①
至此，发展农业中学成为党和政府发展农村职业教育的政策选择。该时期
农业中学的办学形式主要有 3 种：②（1）大队单办或几个大队联办的小型
分散的农业中学。（2）由公社兴办的住宿与走读相结合的农业中学。这种
学校一般数量较少、办学规模较大、部分还有少量的农业高中班。（3）学
生学习、劳动、生活都在学校，实行"三集中"的农业中学。

　　1960 年，全国农业中学发展到 22597 所，在校学生 230.2 万人。1961
年随着国民经济的调整，农业中学有较大压缩，1963 年以后，农业中学又
大量发展。到 1965 年，全国农业中学数达 54332 所，农业中学及其他职业
中学的在校生人数达 316.69 万人，已占各类中等学校在校生总数的 31%。
1958—1965 年农业中学发展具体情况见表 7-1③。

表 7-1　1958—1965 年农业中学发展情况表　　　　单位：万人

年份	学校数（所）	招生数	毕业生数	在校生数	专任老师数	职工数
1958	20023	200.00	—	199.99	6.01	1.42
1959	22302	105.22	2.07	218.99	6.49	2.51
1960	22597	95.30	14.89	230.20	8.52	3.92
1961	7260	29.72	16.12	61.17	2.68	1.40
1962	3715	14.97	4.50	26.66	1.34	0.64
1963	3757	13.37	2.04	24.57	1.31	0.43
1964	12996	65.79	2.92	84.97	3.39	0.98
1965	54332	225.10	8.17	316.69	12.55	2.87

　　注：1958—1962 年是农业中学及其他职业中学的数字，其中主要是农业中学的
数字。

　　3."两种教育制度，两种劳动制度"的提出

　　"两种教育制度，两种劳动制度"是当时国家领导人面对国家经济、文

---

① 《中国教育年鉴（1949—1981）》，180 页，北京，中国大百科全书出版社，1984。
② 方展画等编著：《知识与技能——中国职业教育 60 年》，58 页，杭州，浙江大学出版社，2009。
③ 刘英杰：《中国教育大事典 1949—1990（下）》，1744 页，杭州，浙江教育出版社，1993。

化教育事业不发达的现实而提出的一种新型教育制度的战略构想。1958 年 5 月 30 日，刘少奇在中共中央政治局扩大会议上发表讲话时指出，"我们国家应该有两种主要的学校教育制度和工厂农村的劳动制度，一种是现在的全日制的学校教育制度和现在工厂里面、机关里面八小时工作的劳动制度，这是主要的。此外，是不是还可以采用一种制度，跟这种制度相并行，也成为主要制度之一，就是半工半读的学校教育制度和半工半读劳动制度。就是说，不论在学校中、工厂中、机关中、农村中，都比较广泛地采用半工半读的办法"[1]。1964 年 8 月 22 日，刘少奇在做"关于两种劳动制度和两种教育制度"的讲话时再一次指出，"与学校制度结合的这种劳动制度，简单讲来，就是在农村里面办'半农半读'的学校，农忙的时候耕田，农闲的时候读书。在工厂里面办半工半读的学校，一半时间做工，一半时间读书。这种半农半读、半工半读的学校，既是一种劳动制度，又是一种教育制度，同时又是一种学校制度，都是正规的"[2]。

1965 年 3 月 26 日，教育部在北京召开第一次全国农村半农半读教育会议，会议总结交流了各地试办半农半读学校的经验，强调在办好全日制学校的同时，试行半工（农）半读教育制度，是中国教育事业中一次深刻的革命。会议提出今后农村教育革命的任务是，试行全日制和耕读小学两条腿走路，普及小学教育，积极试办半农半读中等技术学校。同年 7 月，中共中央批转教育部关于这次会议的报告，中共中央在批示中指出：抓好半农半读教育工作，对改变中国教育面貌，具有决定性的作用，必须在党委的统一领导和部署下，各部门各群众团体通力合作，积极主动的做好这项工作。据教育部 1965 年下半年不完全统计，全国办有半工（农）半读学校 4000 多所，学生 80 万人。

---

[1]　中央教育科学研究所编：《刘少奇论教育》，215 页，北京，教育科学出版社，1998。
[2]　同上书，220 页。

（二）"文化大革命"时期的农村职业教育政策（1966—1976 年）

1966—1976 年是"文化大革命"的十年，也是新中国成立以来党、国家和人民遭受最严重的挫折和损失的十年。"文化大革命"期间，对"前十七年"的教育进行了全面否定与批判，同时也发展了"文化大革命"时代特有的"教育"。这一时期，农村职业教育政策一方面全面否定了以往的政策措施，另一方面又建立起了自己特有的"新式政策"。

1. 批判"两种教育制度"。1967 年 7 月 18 日，《人民日报》发表了题为《打倒修正主义教育路线的总后台》，文章对新中国成立 17 年来的教育进行了全面否定，职业教育政策也遭到了严厉批判，文章指出"半工半读"就是"资产阶级的职业学校"，"两种教育制度"就是资本主义国家的"人才教育""劳动者教育""双轨制"的翻版，全面否定了以前的职业教育制度。1967 年 12 月《人民日报》又发表了《旧学制的五大罪状》把那些具有半工半读性质的各类职业学校都说成是"资本主义训练奴仆的歧视劳动人民的学校"①，教育大批判的推进，导致大批中等专业学校被裁并，有些部门和地区的中等专业学校几乎全部停办。中等教育结构遭到严重破坏。1965 年全国普通中学 18102 所，各种职业技术学校和农业中学 61626 所，在"文化大革命"中，都完全变成普通的单一中学，1976 年普通中学发展到 19215 所。② 据统计，到 1976 年，普通中学在校学生发展到 5836.6 万人，其中普通高中在校生学生达到 1483.6 万人。而与此同时，中等专业学校、技工学校、农业中学、职业中学等各类职业学校在校学生数占高级中等教育阶段各类学校在校学生总数仅为 1.16%。③ 新中国成立 17 年来形成中等教育多样化形式的战略构想毁于一旦，造成中等教育畸形发展和结构单一化。

---

① 程晋宽：《"教育革命"的历史考察》，311 页，福州，福建教育出版社，2001。
② 《中国教育年鉴》编辑部：《中国教育年鉴（1949—1981）》，17 页，北京，中国大百科全书出版社，1984。
③ 同上书，172 页。

2. 主张"职业教育与生产劳动相结合"。在农村中等职业教育、农业中学遭到严重破坏的同时，另一种形式的"职业教育与生产劳动相结合"的办学模式也随之兴起，其中以推广朝阳农学院的教学方式的职业教育最具代表性。1973 年 11 月 28 日，《光明日报》以"一所深受贫下中农欢迎的大学"为题，发表了辽宁农学院朝阳分院的调查报告，宣扬"朝农经验"。朝阳农学院是由原沈阳农学院 1969 年通过上山下乡，由朝阳和当地农科所等几个单位合并组建起来的。所谓的"朝农经验"是：第一，学生"社来社去"毕业当农民，挣工分。第二，以科研促教学，根据当地农业生产需要解决问题，建立若干课题组，围绕课题组织教学。第三，学习方式"几上几下"，每年分段组织学生回生产队参加生产和农业学大寨运动。后来，朝阳农学院又提出：新农大要越办越向下，越办越大，"大学就是大家来学"等"经验"。1974 年 12 月 21—28 日，国务院教科组、农林部和中共辽宁省联合召开学习朝阳农学院教育革命经验的现场会，宣扬其办学经验，并且号召"不仅农林学院，而且各级各类学校，各级教育部门的领导机关都应当学习，研究朝阳农学院的经验。"会议过后，全国掀起了学习朝阳农学院的高潮。1975 年，国务院批转了教育部《关于推广辽宁朝阳农学院经验和有关政策问题的请示报告》，提出：今年高校学生招生，农业院校学生一般实行"社来社去"，其他各类院校可根据不同情况进行"社来社去"的试点；……毕业生分配，凡是自愿当农民的要给予积极支持，进一步改造原有农林院校，对农业院校分散办学要热情支持，自此以后，各地推广朝阳农学院经验，改变了高等学校的招生办法。

（三）改革开放时期的农村职业教育政策（1977—2002 年）

进入改革开放时期，农村职业教育政策也进入了新的发展阶段。同时，随着市场经济体制的逐步确立，我国农村职业教育政策目标开始转向服务农村经济的全面发展。在此期间，国家在农村实施了一系列旨在推动农村经济全面发展的职教政策。

1. 调整中等教育结构，发展农村职业教育

为尽快纠正农村教育结构单一的状况，以适应农村经济社会发展的新要求，国家及时出台了改革中等教育结构的政策。1980年10月，国务院批转教育部、国家劳动总局《关于中等教育结构改革的报告》。这是改革开放以来第一份对调整中等教育结构和发展职业教育全面、系统地做出规定的国家政策性文件。《报告》指出：要使高中阶段教育适应社会主义现代化建设的需要，应当实行普通教育与职业、技术教育并举，全日制学校与半工半读学校、农业学校并举，国家办学与业务部门，厂矿企业、人民公社办学并举的方针。县以下教育事业应当主要面向农村，为农村的各项建设事业服务。经过调整改革，要使各类职业技术学校的在校学生数在整个高级中等教育中的比重大大增加①。1982年8月28日，教育部关于转发中共山东省委批转省中等教育结构改革领导小组《关于加速农村中等教育结构改革问题的报告》提出："力争在近期内使全省农村技术教育在数量上有一个较大的发展，质量上有一个较大的提高，逐步建立起以县办农业技术中学为主要基地的农业技术教育网"②。之后，全国省、市、地、县开始建立职业教育网络。

1983年5月6日，中共中央、国务院发布《关于加强和改革农村学校教育若干问题的通知》。这是改革开放后我国第一次以农村教育为主题的文件，引领着全国农村职业教育的发展。《通知》指出，"改革农村中等教育结构，发展职业技术教育，是振兴农村经济，加速农村经济现代化建设的一项战略措施。各地要根据本地区的实际需要与可能，统筹规划，有步骤地增加一批农业高中和其他职业学校。除在普通高中增设职业技术课，开办职业技术班，把一部分普通高中改办为农业中学或其他职业学校外，还要根据可能，新办一些各类职业学校。力争1990年，农村各类职业技术学校在校学生数达到或略超过普通高中"。③

---

① 《中国教育年鉴》编辑部：《中国教育年鉴（1949—1981）》，174页，北京，中国大百科全书出版社，1984。
② 刘英杰：《中国教育大事典1949—1990（上）》，1748页，杭州，浙江教育出版社，1993。
③ 同上书，下册，1748页。

1985 年《中共中央关于教育体制改革的决定》确立了"调整中等教育结构，大力发展职业技术教育"和"发展职业技术教育要以中等职业技术教育为重点"的重大决定，为农村职业教育的发展提供了契机。为贯彻《决定》精神，1987 年，国家教委提出农村教育综合改革的设想，并开始试点。1988 年，又在总结经验的基础上，经国务院批准在全国实施了旨在推广普及农村实用技术的"燎原计划"。1989 年，农业部、国家教委等单位联合下发《关于农科教结合，共同促进农村、林区人才开发与技术进步的意见（试行）的通知》，实行农业、科技与教育相结合的"农科教结合"。这些政策性行动促进了农村职业教育的深入发展。

1993 年党中央、国务院颁布《中国教育改革和发展纲要》提出，"每个县，都应当办好一、两所示范性骨干学校或培训中心，同大量形式多样的短期培训相结合，形成职业技术教育的网络"。之后，1996 年的《中华人民共和国职业教育法》与 1999 年《面向 21 世纪教育振兴行动计划》都提出了统筹规划基础教育、职业教育和成人教育，采取多种形式发展职业技术教育的要求。

2. 设置农业类专业，加强农村职业教育与农村经济社会的联系

农村职业教育具有不同农村普通教育与农村成人教育的特殊性，必须紧密联系农村社会经济发展的实际，设置与农业类相关专业。1985 年 5 月《中共中央关于教育体制改革的决定》中强调"中等职业技术教育要同经济和社会发展的需要密切结合起来，为城市和农村社会、经济发展服务，要重视职业技术的训练，同时还要重视职业道德与职业纪律的教育。"1990年 7 月，国家教委印发《1990—2000 年全国农村教育综合改革试验区工作指导纲要（试行）》，对农村职业教育改革的方针和方向作了明确的论述。《纲要》指出："要根据当地经济和社会发展的需要，积极发展农村职业技术教育。发展农村职业技术教育，要重视办好直接为农、林、牧、副、渔业服务的专业，特别是与发展粮、棉、油生产有关的专业，同时也要办好为发展乡镇、县企业及为第三产业服务的各类专业。各类专业的规模要根据当地经济结构和实际需要决定，不能一刀切，中等职业技术教育的专业

设置，应在地（市）范围内统筹规划①。"

1991年10月，国务院发布《关于大力发展职业技术教育的决定》，进一步明确了今后农村职业教育发展的方针、政策、目标和任务。《决定》指出："在农村，要重视办好直接为农林牧业服务，特别是与发展粮棉油生产有关的专业，同时也要注意培养其他各种专业技术人才，专业设置要适应农村经济需要和农民生产经营体制。"在这些针对性政策指引下，大量的职校毕业生已成为科技致富的带头人和农村各行各业的技术骨干，农村职业学校对于提高农村劳动力素质和发展农村经济的意义日益凸显。

自1995年开始，中国农村职业教育出现了严重滑坡现象，农业类专业招生数由1992年的25万人下降到1995年的16万人，下降36％②。在此种情况下，1996年4月29日，国家教委与农业部联合发出《关于进一步办好农村中等职业学校农业类专业的意见》，《意见》对农村职业教育如何深化改革、加快发展提出要求：要强化兴农意识，不断深化教育内部改革，加强学校基本建设，改善办学条件。加大政府统筹力度，制定配套政策，支持农业职业教育的发展。

2002年颁发《国务院关于大力推进职业教育改革与发展的决定》，对于农村职业教育发展做了新的全面的规定："要根据现代农村发展和经济结构调整的需要，急需推进农科教结合。农村职业教育要加强与企业、农村科研和科技推广单位的合作，发挥专业优势，实行学校、公司、农户相结合，推动农业产业化发展。推行'绿色证书'教育，培养一大批科技示范户和致富带头人。"这些政策的颁发与实施，促进了农村职业教育与农村社会经济之间的联系，培养了一大批农业科技人才。

3. 完善经费投入体系，保障农村职业教育发展

改革开放以来，农村办学经费不足深刻影响了农村教育的发展。为了解决农村教育办学经费不足问题，1983年5月6日，中共中央、国务院《关于加强和改革农村学校教育若干问题的通知》提出："办好农村教育，

---

① 刘英杰：《中国教育大事典1949—1990（下）》，53页，杭州，浙江教育出版社，1993。
② 《中国教育年鉴》编辑部：《中国教育年鉴1996》，115页，杭州，人民教育出版社，1997。

要坚持'两条腿走路'的方针，通过多渠道切实解决经费问题。中央和地方要逐年增加教育经费，厂矿、企业单位、农村合作组织都要集资办学，还应鼓励农民在自愿基础上集资办学和私人办学。为推动农村职业技术教育的发展，改办和新办农业、职业中学，开办费由中央和地方财政或有关业务部门给予补助。"同年5月9日，教育部、劳动人事部、财政部、国家计委《关于改革城市中等教育结构、发展职业技术教育的意见》提出："为支持城乡职业技术教育的发展，1983年中央财政对教育部门办的职业技术教育追加一次性补助费五千元。各级人民政府在安排地方财政支出时，也应积极支持发展此项教育事业。"①

1984年12月《国务院关于筹措农村学校办学经费的通知》指出，"除国家拨给的教育事业费外，乡人民政府可以征收教育事业费附加，并鼓励社会各方面和个人自愿投资在农村办学"。该政策表明，以政府为主导、社会积极参与的农村职业教育经费来源开始形成。1985年《中共中央关于教育体制改革的决定》明确提出教育投入的"两个增长"。即"中央和地方政府的教育拨款的增长要高于财政经常性收入的增长，并使在校学生人数平均的教育费用逐步增长"。农村教育附加费和"两个增长"原则的提出，为农村职业教育发展提供了稳定的经费来源，保障了农村职业教育的发展。

为妥善解决职业技术教育所需经费，不少地方政府也进行探索。如1987年9月山东省颁布《山东省中等职业技术教育条例》规定："农村职业高中的办学经费，除按规定从国家拨款教育事业费列支外，县（市、区）人民政府可从地方机动财力和农村教育费附加中提取一定数额予以补充，具体办法由省人民政府规定。"

1996年颁布的《中华人民共和国职业教育法》规定，"国家采取措施，发展农村职业教育，扶持少数民族地区、边远贫困地区职业教育的发展"，并以法律形式确立了国家投入、民间投入、社会捐资以及收取学费等多渠道的筹措体制，为拓宽农村职业教育经费来源予以法律保障。2002年颁发的《国务院关于大力推进职业教育改革与发展的决定》对于农村职业教育

---

① 刘英杰：《中国教育大事典 1949—1990（下）》，1766页，杭州，浙江教育出版社，1993。

的经费来源进一步明确："中央财政增加职业教育的专项经费，重点用于补助农村和中西部地区加强职业教育师资培训、课程教材开发和多媒体教育资源建设以及骨干示范职业学校建设。"至此，农村职业教育办学主体多元化、经费筹措多样化体制开始正式形成。

（四）新世纪以来的农村职业教育政策（2003 年至今）

新世纪以来，工业与农业、城市与农村之间发展不平衡问题更加日益凸显，对我国经济社会的可持续健康发展带来较大的负面影响，"城乡差距"问题重新成为国家政策关注的焦点。于是，在"科学发展观"与"和谐社会"理念的指导下，农村职业教育开始转型与调整，农村职业教育政策得到一定程度的加强与调整。

1. 启动农村剩余劳动力转移培训

随着我国城乡管理体制的不断改进，进城务工农民对城市经济社会发展的贡献逐渐得到社会的承认，社会各方开始关心进城务工农民的生存境遇。2003 年到 2010 年的中央一号文件也都聚焦"三农"问题。由此可见，"三农"问题已引起了国家越来越多的关注，出台了一系列倾斜政策。从2003 年开始，农村剩余劳动力转移培训开始成为农村职业教育政策的主要内容之一。

为了提高进城务工人员的素质，2003 年，劳动保障部、农业部、教育部等部门提出了《2003－2010 年全国农民工培训规划》。同年 12 月，国务院下发了《2003—2007 年教育振兴行动计划》，要求切实加强农村劳动力转移培训工作。

2004 年 2 月，教育部在成都市召开全国农村劳动力转移培训经验交流会，会后教育部成立了农村劳动力转移培训领导小组，随后教育部印发《农村劳动力转移培训计划》。2004 年 3 月，教育部与农业部等六部门联合启动了农村劳动力转移培训阳光工程，印发《关于组织农村劳动力转移培训"阳光工程"的通知》，对农村劳动力转移培训的经费、师资、措施等做了具体的规定。此后，国家在关于职业教育与农村教育的相关规定中不断强调农村劳动力转移培训工程的实施。2004 年国务院七部委联合召开了全国职业教育工作会议，并印发了《关于进一步加强职业教育工作的若干意见》，要求推进实施"农村劳动力转移培训计划"。此后，2005 年、2006 年、2007 年教育部工作要点及许多领导讲话中，对农村劳动力转移培训都给予了高度的重视。

按照国务院办公厅转发农业部、劳动保障部、教育部等部门《2003—2010 年全国农民工培训规划》的要求："2003—2005 年，对拟向非农产业和城镇转移的 1000 万农村劳动力开展转移就业前的引导性培训，对其中的 500 万人开展职业技能培训；对已进入非农产业就业的 5000 万农民工进行岗位培训。2006—2010 年，对拟向非农产业和城镇转移的 5000 万农村劳动力开展转移就业前的引导性培训，对其中的 3000 万人开展职业技能培训。同时，对已进入非农产业就业的 2 亿多农民工开展岗位培训。在各级地方政府的努力下，这些政策的实施取得了较好的效果。据统计，2004 年全国教育系统实施的农村劳动力转移培训规模达 3146 万人，比 2003 年增加了 2000 多万人。农民实用技术培训达到 5127 万人次[①]，向广大农村劳动力传授了大量农业生产经营的新知识、新技术，有力地促进了农业增产、农民增收和农村发展。2011 年 11 月，教育部、国家发改委、科技部、财政部、人力资源和社会保障部、水利部、农业部、国家林业局、国家粮食局等九部门联合出台了《关于加快发展面向农村的职业教育的意见》，提出要进一步明确农村职业教育改革发展的目标任务，支持各级各类学校积极开展农村实用技术培训和农村劳动力转移培训，每年计划开展各类农民和农民工培训 8000 万人次。

2. 实施农村实用人才培训工程

十六届五中全会提出了建设社会主义新农村的巨大历史任务，提出了要培养"有文化、懂技术、会经营的新型农民，提高农民的整体素质"的目标任务。为此，多层次、多渠道、多形式地开展农民科技培训和技术推广成为这一时期农村职业教育政策的主要目标。

---

① 《中国教育年鉴》编辑部编：《中国教育年鉴 2005》，153 页，北京，人民教育出版社，2005。

2005 年 10 月《国务院关于大力发展职业教育的决定》指出，要实施农村实用人才培训工程，充分发挥农村各类职业学校、成人文化技术学校以及各种农业技术推广培训机构的作用，大范围培养农村实用型人才和技能型人才，大面积普及农业先进实用技术，大力提高农民思想道德和科学文化素质。随后，教育部下发了《关于实施农村实用技术培训计划的意见》，提出：2005—2007 年，要在现有培训规模的基础上，努力扩大培训规模。全国农村实用技术培训人数逐年增长 1500 万人以上，农民培训率逐年增长 5 个百分点以上，争取到 2007 年农村劳动力实用技术培训人数达到 1 亿人次，农村劳动力年培训率达到 35％以上，每个农户有一个劳动力通过培训掌握 1～2 项实用技术，农民家庭人均收入有明显提高，促进贫困农户摆脱贫困。此后，农村实用人才培训工程受到众多人的关注，每年都会在教育部工作要点及领导讲话中被提到。

2007 年，中共中央办公厅、国务院办公厅又下发了《关于加强农村实用人才队伍建设和农村人力资源开发的意见》，《意见》指出："农村实用人才是指具有一定的知识或技能，为农村经济和科技、教育、卫生、文化等各项社会事业发展提供服务、做出贡献，起到示范或带动作用的农村劳动者，是广大农民的优秀代表，是新农村建设的生力军，是我国人才队伍的重要组成部分。"为促进农村实用人才培训工程的顺利实施，国家采取了以下措施。

（1）继续开展绿色证书培训。按照农业生产岗位技能要求，加大绿色证书培训力度，培养更多的农民技术骨干。

（2）大力实施"新型农民科技培训素质工程"。以村为单位，围绕当地主导产业，开展以科技为主的综合性培训，整体推进，为农业结构调整和区域经济发展提供人才支撑。

（3）建设农民科技书屋。为农民免费提供农村急需的科技书刊和声像资料，常年开展科技培训，引导农民在家门口学习科技文化知识，探索科技下乡和农民培训的长效机制。

（4）启动实施"百万中专生计划"。依托分布全国的农业广播电视学校系统和农业职业学校，以具有初中以上文化程度的农民为主要对象，在未来 10 年内培养 100 万名具有中专学历的农村实用型人才，增强他们带领农民群众共同致富的能力，使他们成为建设社会主义新农村的带头人。

（5）启动"高校农业科技教育网络联盟计划"。利用广播电视大学系统远程教育资源，努力形成以农业院校为科技源头，覆盖县、乡、村的实用型和开放型的农民实用技术教育培训网络，使广大农民能就近学习先进的实用技术和科学文化知识，为在农村地区逐步实现全民学习、终身学习创造条件。

（6）重点建设 1000 所县级职教中心，形成一批职业教育骨干基地和实训基地。大力推进"一网两工程"的实施，构建以县级职教中心为龙头、乡镇成人教育学校和普通中小学为依托的农村职业教育培训网络，广泛开展农村劳动力转移培训和农村实用技术培训。

2011 年 11 月国家九部门联合出台了《关于加强发展面向农村的职业教育的意见》，明确提出将重点办好一批农业职业学校和涉农专业。在 13 个粮食主产省、21 个重点市、800 个产粮大县、600 个大城市郊区和蔬菜优势产区重点办好一批农业职业学校和涉农专业，特别要加大对水利、林业和粮食等行业职业教育的支持力度，进一步培养与农业相关的农村实用人才。

3. 倡导城市职业学校扩大面向农村的招生规模

在坚持发展农村地区职业教育的同时，国家开始积极鼓励城市中等职业学校积极扩大面向农村地区招生规模，提倡城乡职业学校合作办学，联合招生。国家提出"十五"期间，中等职业学校面向农村地区的招生规模要从 2002 年的每年 254 万人提高到 350 万～400 万人。[①] 2004 年，《教育部关于贯彻落实全国职业教育工作会议精神，进一步扩大中等职业学校招生规模的意见》指出：要充分发挥东部地区和城市中等职业教育资源和就业的优势，加强城乡统筹、东西合作，千方百计扩大中等职业学校面向农村和西部地区招生规模。允许大中城市各类中等职业学校打破区域界限，试行跨地区和跨省（自治区、直辖市）招生，或采取多种形式与农村和西部

---

① 《中国教育报》，2002-07-30。

地区中等职业学校进行联合招生合作办学。

2005 年，教育部《关于加快发展中等职业教育意见》指出：努力把每年未能接受高中阶段教育的 500 万～600 万农村初中毕业生中的相当一部分，吸收到中等职业学校接受职业教育和培训。充分利用东部地区和城市优质职业教育资源，面向西部地区和农村跨地区联合招生合作办学。东部地区和城市的教育行政部门要积极鼓励支持省级以上重点中等职业学校与西部和农村的中等职业学校合作办学。

4. 深化职业学校的改革

（1）推行职业学校学分制。2004 年教育部下发了《关于在职业学校中逐步推行学分制的若干意见》，指出，为促进职业教育面向社会、面向市场办学，坚持以服务为宗旨，以就业为导向，积极推动体制创新、制度创新和不断深化职业教育教学改革，增强职业教育的灵活性、针对性和开放性，决定在职业学校中推行学分制。要求职业学校要建立与学分制相配套的课程体系、教学质量、管理体制等。学分制的建立，使职业学校学生学习更加灵活、开放。从客观上促进了学生工学结合，在增加学生能力的同时，为学生入学提供了方便，并减轻了负担。

（2）推行职业学校奖助学金制度。2005 年《教育部关于加快发展中等职业教育的意见》中指出：要多渠道增加中等职业教育的经费投入，各地要建立健全中等职业学校学生助学制度，可采用教育券、贷学金、助学金、奖学金等办法，对家庭贫困学生提供助学帮助。国家和地方扶贫资金要安排一部分用于资助农村贫困学生接受中等职业教育。中等职业学校要采取半工半读、勤工俭学等多种形式为家庭贫困学生学习提供方便。2006 年国家出台了《关于对中等职业教育家庭贫困学生开展资助工作的意见》和《中等职业教育国家助学金管理办法》，决定在"十一五"期间安排专项经费 40 亿元，建立中等职业教育国家助学金，用于资助农村贫困家庭和城镇低收入家庭子女接受中等职业教育，补助标准是每生每学年 1000 元。

2007 年秋季学期起，中央和地方财政共同设立国家助学金，资助对象扩大到中职学校全日制所有农村学生和城市家庭经济困难学生，资助标准为每人每年 1500 元，主要用于生活费开支。国家资助两年，学生第三年进行工学结合、顶岗实习。2009 年 12 月 2 日，国务院党务会决定，从 2009 年秋季学期起，对公办中等职业学校全日制在校学生中农村家庭经济困难学生和涉农专业学生逐步免除学费。对在政府职业教育行政管理部门依法批准的民办中等职业学校就读的一、二年级符合免费政策条件的学生，按照当地同类型同专业公办中等职业学校免除学费标准，由财政给予补助。免学费补助资金，由中央和地方财政按比例分担。2010 年颁布的《国家中长期教育改革和发展规划纲要（2010—2020 年）》明确提出："逐步实行中等职业教育免费制度，完善家庭经济困难学生资助政策。"由此可见，国家通过一系列助学金政策进一步完善了中等职业教育家庭经济困难学生助学制度，扩大了资助覆盖面，提高了资助强度，逐步建立起了以国家助学金为主，以工学结合、顶岗实习、学校减免学费等措施为辅的中等职业教育资助政策体系。

二、新中国成立以来农村职业教育政策演进的基本特征

任何一种教育政策的发展都离不开特定的时空背景和人文环境，要受到经济、政治、人口、文化与意识形态等多种因素的影响和制约。纵观 1949 年新中国成立以来的农村职业教育政策演进的历程，可以认识其所具有的鲜明特征。

（一）政治经济体制与农村职业教育政策的"耦合性"

政策变迁的结构和进程已深深根植于广泛的特定社会形态的结构和进程中。谁制定政策？以什么方式制定政策？政策变迁出于什么目的？产生什么影响？这些问题在一定程度上将决定并且被决定于一个国家的政治结构、经济体制和文化力量。在新中国成立 60 多年间，农村职业教育政策与政治经济体制同步"耦合"呈现得尤其明显，农村职业教育政策经历的 4 个阶段变迁无一不是与政治运动或政策变化相关。

1949 年新中国刚成立时，在经济方面，由于经过多年战乱，积弱积贫，人民生活困苦。在这种情况下，为稳定政权、巩固民心，尽快恢复和发展经济成为当时中央政府的重要工作。为此，在"一五"计划中，在社会主义意识形态的指导下，政府领导层在确立重工业优先发展的"赶超"战略和计划经济体制的同时，在户籍制度的基础上，按照城乡分割的原则，在城乡建立并实施了两套截然不同的教育政策。即"城市优先于农村，高等教育优先于基础教育。这种不平衡的教育政策导致城市教育实行国家资资助的教育、农村教育实行农村集体资助的教育，导致农村职业教育不管是在办学经费、办学条件，还是师资力量、生源质量，都远远落后于城市教育，对当时中国农村经济与农村（职业）教育的发展都产生了深远的负面影响。

"文化大革命"时期，政治氛围浓厚，国家社会生活开始以"阶级话语"代替"革命话语"，农村职业教育政策成为国家领导人进行阶级斗争的工具。通过对"两种教育制度"的批判，开始全面否定"前十七年"的经验，导致农村职业教育发展遭遇严重挫折。"文化大革命"后，随着政策上拨乱反正的展开，为改变落后的国民经济状况，国家开始实行以经济发展为导向的大规模的社会转型。在这一转型中，国家的中心任务转向经济发展，政府经济政策职能日益凸现。在此背景下，农村政策则开始转向服务于经济政策，从而推动农村经济效率的提升与增长。面对这种情形，国家对教育政策进行了重新调整与定位，农村职业教育政策的目标转向为农村现代化和农村经济全面发展服务。为实现这一目标，通过调整农村教育结构、设置与农业相关专业与加强支持体系等措施，满足了当时国家政治统治的需要，培养一大批农业技术工人，服务于农村社会经济的全面发展。

进入 21 世纪，"三农"问题成为全党工作的重中之重。由于城乡二元经济结构，城乡差距日益拉大，越来越多的农民开始离开农村进城务工，形成了有中国特色的"民工潮"，对国家的户籍政策、治安管理与教育政策提出了严峻的挑战。在这种状态下，国家提出了"建设社会主义新农村"，统筹城乡发展，强调"以工促农""以城带乡""工业反哺农业"与"城市支持农村"的发展战略，并实行免除农业税。为支持社会主义新农村建设，国家实行了一系列对农村职业教育的支持性政策。如加大经费投入力度，并在中等职业教育对贫困人口实行免费政策；加强城市对农村职业学校对口支援力度，通过培训、挂职以及合作办学方式改善农村职业学校师资，优先为符合贷款条件的农村职业学校毕业生开展生产经营提供小额贷款等。

（二）间断—平衡的渐进性演进

按照詹姆斯·L. 特鲁、布赖恩·D. 琼斯和弗兰克·R. 鲍姆加特纳的间断—平衡理论观点，"政治过程通常由一种稳定和渐进主义逻辑所驱动，但是偶尔也会出现不同于过去的重大变迁。观察表明，稳定性和变迁都是政策过程中的重要因素"。[①] 同样，新中国成立以来农村职业教育政策演变过程中，既有稳中求进的稳定性和渐进性，也有异常的激变性和间断性。

1. 农村职业教育政策的渐进性演进

渐进性演进几乎是每一项教育政策的宿命。由于教育政策涉及教育资源与利益的分配，而保持原有的分配格局远比重新划分分配格局容易，再加上政府机构的操作程序往往主张继续推行现行的分配方法，所以，教育决策者往往采用以现实情况为基础，一步步地不断向外扩张的渐进决策方式。

从 1949 年新中国成立开始，农村职业教育政策不断创新，政策数量、参与主体、目标、工具等都有了新扩展。农村职业教育从服务农业发展到服务国家政治运动到服务农村经济全面发展再到服务新型农民培养。再如农村职业教育经费经历了从"人民教育人民办"到"人民教育国家办"的转变。这都是一种政策的演进。但是这种政策演进不是突变而是渐进的，明显体现了渐进式增量调整政策变迁，都是在坚持以服务"三农"为政策核心和基本制度的前提下，根据不断变化的现实问题进行有针对性的渐进式政策创新或制度调整。

---

① 保罗·A. 萨巴蒂尔：《政策过程理论》，彭宗超、钟开斌等译，125 页，北京，生活·读书·新知三联书店，2006。

农村职业教育政策渐进演进的特征，使新中国成立以来农村职业教育政策更多呈现的是对以往政策做出局部的调整和修改，政策的演进不是用一种新的政策体系或范式去推翻或替代前一种政策。前后农村职业教育政策在政策内容与政策目标之间存在明显的相关性与递进性。

2. 农村职业教育政策演进的间断性

农村职业教育政策渐进演变并非是一帆风顺，而是曲折相随、起伏跌宕，在某一阶段内存在演进的间断性和变异性。纵观新中国成立以来的农村教育政策史，可以发现我国农村职业教育政策演进存在两个间断期。第一个间断期为 1966 年到 1976 年，由于"文化大革命"十年各种中等专业学校和技工学校大部分被砍掉，各类职业学校或停办或被改为普通中学，中等教育发展成为只有普通中学类型的单一结构，"前十七年"发展农村职业教育的政策经验完全被否定。第二个间断期为 20 世纪 90 年代中期到 90 年代末期。统计数据表明，这一阶段农村职业教育的发展规模和速度一直处于徘徊状态。1998 年，农村职业高中数为 4775 所，在校生数达到 227.27 万人，招生数 85.19 万人。2000 年农村职业高中学校数 4165 所，在校生人数 209.06 万人，招生人数仅为 82.27 万人。[1]

政策变迁的间断—平衡理论认为，"政策中大规模间断，不是来源于偏好的改变，就是来源于注意力的改变，或者外部环境发生重大变化"[2]。新中国成立以来农村职业教育政策演进的间断性，既有政府偏好的改变和领导者注意力的改变，也受到当时外部环境改变的影响。

农村职业教育政策演进的第一个间断性主要是受到政府偏好和领导者注意力改变的影响。"中国的治理系统是一个从上到下、等级严格的系统，中央的决策能够迅速在各个管理层级得到贯彻和执行，保证了政令的畅通和行政的高效率。但是，由于决策往往来自权力体系顶端的政治领袖，整个治理系统的政策执行都受到政治领袖的注意力、偏好等个人因素的影响，

---

① 汤生玲、曹晔：《农村职业教育论》，46 页，北京，高等教育出版社，2006。

② 保罗·A. 萨巴蒂尔：《政策过程理论》，彭宗超，钟开斌等译，134 页，北京，生活·读书·新知三联书店，2006。

而任何个人都是具有有限理性，因此并不能保证他的决策总是正确和合理的。"① 新中国成立之时，政府的主要精力放在发展农村经济和文化教育事业，并取得较大的成绩。但是，1966 年左右，政治领袖的注意力逐渐从发展经济转化为阶级斗争，造成农村职业教育政策的间断。农村职业教育政策演进的第二个间断，更多是由于当时社会环境所导致的。1997 年开始，由于亚洲金融危机的影响，劳动力市场供求矛盾加剧，再加上 1999 年高等教育大扩招，使得农村职业教育处于无人问津的处境，再加上当时国家把关注的重心放在高等教育与农村的普通教育方面，使得农村职业教育招生人数锐减。

（三）政府主流理念主导的强制性政策变迁

在制度变迁类型上，林毅夫把制度变迁分为强制性制度变迁与诱致性制度变迁。"诱致性制度变迁指的是现行制度安排的变更或替代，或者是新制度安排的创造，它是由个人或一群（个）人，在响应获利机会时自发倡导、组织和实行。与此相反，强制性制度变迁由政府命令、法律引入和实行。"② 从 1949 年新中国成立以来，农村职业教育政策变迁是政府在主流理念指导下通过命令和法律等规则自上而下推行的政策安排，是强制性政策变迁。

从理念来看，中央政府如何处理改革、发展与稳定三者之间的关系，一直伴随着农村职业教育政策的演进。新中国成立时，发展社会经济是第一要务，确立了"教育为工农服务，为生产建设服务"的理念。因此，国家在此阶段一直以"革命式"与"运动式"方式兴办农村教育（包括农村职业教育在内），促进了农村教育与农村经济的发展。"文化大革命"期间，

---

① 陈超：《中国重点大学制度建设中的政府干预研究》，39 页，广州，广东高等教育出版社，2009。
② 林毅夫：《关于制度变迁的经济学理论：诱致性变迁与强制性变迁》，见《财产权利与制度变迁》，384 页，上海，上海三联书店、上海人民出版社，1994。

农村教育成为当时阶级斗争的主战场，农村职业教育遭受严重挫折。改革开放以后，从十一届三中全会以来，经济建设成为党的中心任务，所以经济建设也就成为当时最大的政治话题。在这种情况下，为实现现代化，"改革"与"赶超"成为当时社会政治、经济领域最具合法性的主流意识。面对这样的形势，教育领域关于"不断改革与创新"的呼声也日益高涨，成为指导当时农业职业教育政策发展的理念原因。为此，国家开始有意识地出台政策试办一些新型的农村职业教育办学模式。例如建立"农村教育综合改革实验区"、实施"燎原计划"与推进"农科教结合"等。

新世纪以来，由市场导向经济改革中累积起了一系列社会问题，如城乡、区域、经济社会发展不平衡以及教育、医疗、住房等问题日益突出。因此，为遏制日益严重的社会贫富差距、社会不公平等现象，从维持社会稳定的政治立场出发，国家提出了"科学发展观"与建构"社会主义和谐社会"的新理念，成为统领着教育发展的总体方向和基调。为此，2003年之后，中央政府开始关注教育差距问题，制定了新的政策和措施促进农村教育的发展，更多的教育资源被投入到农村教育，有关农村职业教育法律与政策不断得到修正或重构，一批支持性政策不断出台。如对贫困家庭学生实行免费、加强农民工实用技术培训、实行支援西部贫困地区的农村职业教育等。

三、新中国成立以来农村职业教育政策成效与政策问题

（一）新中国成立以来农村职业教育政策成效

1. 构建了较完善的农村职业教育体系

1949年以来，党中央、国务院高度重视"三农"工作，一直把农村教育放在农村工作重中之重的地位。1951年8月，周恩来总理指出："为了适

应需要，可以创办中等技术学校。"1952 年颁发《关于整顿和发展中等技术教育的指示》，对中等技术学校的办学方针、培养目标和组织领导等问题都作了原则性规定。1958 年，在"鼓足干劲，力争上游，多快好省地建设社会主义"总路线指导下，农村职业教育开展了"以勤工俭学、教育与生产劳动相结合"为中心的教育大革命，全国兴办了大量的农村职业中学。"文化大革命"时期，农业中专和农业职业中学遭到全面破环，全国只有极少数农业中专学校坚持自己招生（培训、短训、办学习班等），但其实质也非农业技术学校。在一些同情、关心和支持农业教育的干部群众、广大教师和教育工作者的抵制和斗争下，农业中等教育在逆境中得到逐步恢复。

改革开放以来，国家进入以经济建设为中心的新时期。因此，进一步发展职业教育被提上议事日程。1985 年《中共中央关于教育体制改革的决定》明确当前应"以中等职业教育为重点"，发挥中专学校的骨干作用，并"逐步建立起一个从初级到高级、行业配套、结构合理又能与普通教育相互沟通的职业技术教育体系"。为此，全国各地主动创新，通过"上靠下挂""内引外联"，在办学层次上，既办中专，又办大专、高职和初职；既办学历教育，又办非学历教育。在办学形式上，既有统招生、公助生，又有委培生、自考生、自费生。在办学渠道上，有校政（政府）联办、校企联办以及校校联办等形式，逐步发展起农村职业中学、农业中专、农民中专、农民技术培训学校、农业广播电视学校和农村函授技术大学等各种办学形式，形成了能满足不同教育对象需要的多元化办学格局。如 2001 年成人中专 4113 所，在校生 189.16 万人，农民中专 342 所，在校生人数达 12.66 万人，农民技术培训学校 496384 所，在校生 6417.11 万人，广播电视学校 138 所，在校生 37.05 万人。① 目前，在全国多数地方基本上形成了以县职教中心（或骨干职业中学）为龙头、以乡镇成人学校为骨干的县、乡、村三级教育培训网络，初、中、高三个层次协调发展，学历教育与技术培训相结合，结构层次合理、专业设置齐全、办学方式灵活的服务于"三农"的职业教育办学体系。

---

① 汤生玲、曹晔：《农村职业教育论》，52 页，北京，高等教育出版社，2005。

2. 改革农村中等教育结构，农村职业教育办学规模提升较快

改革开放以来，针对农村中等教育单一的状况，国家提出普通教育与职业、技术教育并举，适当将一部分普通高中改办为职业技术学校、职业中学、农业中学的决定，确立了农村职业教育在农村中等教育结构的地位与作用，使农村职业教育办学规模增加。1980 年农村职业中学 2924 所，在校生 32 万人。此后，以县级职教中心办学模式的建立，使农村职业教育办学规模大幅度增加。农村职业高中学校数从 1987 年的 5142 所，调整为 2002 年的 3618 所，但在校生人数却从 141.72 万人增至 2002 年 229.01 万人，校均规模由 0.028 万人提高到 0.063 万人（如表 7-2 所示[1]）。

表 7-2　农村职业高中发展情况（1987—2002）

	1987	1988	1989	1990	1998	1999	2000	2001	2002
学校数/所	5142	5256	5208	5271	4775	4584	4165	3802	3618
招生人数/万人	64.92	65.75	62.2	66.55	85.19	85.46	82.27	85.06	104.41
在校生/万人	141.72	143.9	140.9	148.9	227.3	220.00	209.06	201.16	229.01
校均规模/万人	0.028	0.027	0.027	0.028	0.048	0.048	0.05	0.053	0.063

同时，农村培训也获得较大发展。2000 年，全国共有 1628 个县开展了绿色证书培训工作，覆盖率达到 75.8%，培训农民 700 多万名，350 多万人获得绿色证书。乡（镇）村成人技术培训学校从 1986 年的每 2.5 个乡镇拥有 1 所，发展到 1990 年 1.5 个乡镇拥有 1 所，1995 年 1.2 年乡镇拥有 1 所，到 2000 年几乎每个乡镇拥有 1 所。村办农民成人技术培训学校 1986 年为 8.73 个行政村拥有 1 所，发展到 1990 年为 5.87 个村拥有 1 所，1995 年 2.16 个村拥有 1 所，2000 年 1.7 个村拥有 1 所。[2] 截至 2006 年，农民技术培训学校 15.1 万所，培训结业人数 4520.58 万人。

3. 农村职业学校办学条件得到一定的改善

新中国成立以来，由于国家的高度重视、相关配套政策的出台与财政

---

[1] 汤生玲、曹晔：《农村职业教育论》，52 页，北京，高等教育出版社，2005。

[2] 刘文菁、王明舜：《中国农村教育与经济协高发展问题研究》，82 页，青岛，中国海洋大学出版社，2009。

投入力度的加大，农村职业学校的办学条件不断改善，学校校舍、师资和实习场地取得了长足的发展。根据《中国教育事业统计年鉴》统计，1987年全国农村农业、职业中学教职工有179030人，2000年已发展到253836人，13年间增加了74806人。农民技术学校教职工从1987年的98570人增加到2000年的494048人。到2001年农村职业高中占地面积1.84亿平方米，校舍建筑面积3257.3万平方米，图书馆的面积达77.32万平方米，体育场地2348.1平方米，图书馆藏书4620.3万册，实习场地面积78.3万平方米，专任教师14.7万人。2000年与1993年相比，教师学历达标率增加了18.33%，实验室达标率提高了近1倍，其他反映办学条件的指标也有了明显的提高。①

从1983年起，中央政府和地方政府财政按照"两个增长"原则不断加强对农村职业教育的投入，逐步形成了政府投入为主，企业、行业与社会力量投入为辅的多元办学格局。2003—2007年，中央财政累计投入58亿元，重点支持职业教育实训基地、县级职教中心和示范性中等职业学校的建设，项目共2311个，其中有1000多个安排在农村。为提高农村职业教育质量，国家出台一系列相关政策，努力打造一支专兼结合、结构合理、有职教特色的"双师型"教师队伍。到1999年，全国有10所独立设置的职业技术师范学院，8所教育部确定的面向大区域的师资培训中心，180多所各类高等学校设立的职业教育师范或师范班，为农村职业教育新教师的培养和在职教师的培训提高创造了良好条件。② 以黑龙江为例，"九五"期间，黑龙江省财政每年投入3000万元，地方财政按1∶1配套。到2000年，全省累计投入3亿元，全部用于县（市）骨干示范性中等职业学校建设。近两年，每年省财政还筹措200万元实施职教扶贫工程，资助近万名农村贫困学生就读职业学校。到目前为止，省和地方财政累计投入农村职业学校建设的经费已达5亿元。③

---

① 汤生玲、曹晔：《农村职业教育论》，53~54页，北京，高等教育出版社，2005。
② 杨进：《建国五十周年职业教育的成就与经验》，载《中国职业技术教育》，1992（12）。
③ 李水山：《农村教育史》，270页，南宁，广西教育出版社，2007。

（二）新中国成立以来农村职业教育政策演进中存在的问题

1. 政策主体的缺乏

实施政策指导，提供基本公共教育服务是现代农村职业教育的基本职能。在当代社会中，农村职业教育政策行动一般是由政府组织的公共性的社会行动，政府应该是农村职业教育政策行动主体中最主要的行动者。但是，在现实政策实践过程中，政府还需要广泛动员社会中各类组织和个人参与农村职业教育政策行动。改革开放之前的计划经济时代，我国农村职业教育主要靠公社、大队与农民等集体经济组织作为农村职业教育政策的供给主体，并且依靠这种"人民教育人民办、人民教育集体办"的模式在农村建立多形式、多层次、多渠道办学的格局。但随着家庭联产承包责任制的推行，农村集体经济被大大地削弱以致瓦解，计划经济时代农村职业教育政策赖以存在的经济基础逐渐消失。1984年国务院发布《关于筹措农村学校办学经费的通知》，提出在农村（职业）教育经费筹措上，"鼓励农民在自愿基础上集资办学和私人办学"，仍然实行"人民教育人民办"的政策。1996年的《中华人民共和国职业教育法》指出"县级人民政府应当适应农村经济、科学技术、教育统筹发展的需要，举办多种形式的职业教育，开展实用技术培训，促进农村职业教育的发展"。2002年国务院《关于大力推进职业教育改革与发展的决定》也明确指出，"发展职业教育的主要责任在地方。县级以上地方各级人民政府要加强对本行政区域内职业教育工作的领导和统筹协调，结合当地经济建设和社会发展实际，制定促进职业教育发展的政策和措施，研究解决工作中的实际问题"。由此可见，县级政府开始成为农村（职业）教育发展的最大责任主体，承担了农村（职业）教育的大部分支出。

1999年开始的农村税费改革虽然减轻了农民负担，推进农村经济的发展，但也给长期以来以农业税为主要来源的部分地方政府财政带来沉重压力，使农村（职业）教育供养的责任主体以及资金来源带来错位、缺位的现象。例如，现阶段农村职业教育经费实行的是"以学生缴费为主、财政补贴为辅"的多元投入政策，中央政府在其中更多是以财政转移支付、减免中等职业教育贫困家庭学生的学费等措施来承担供给主体责任。正是由于中央政府所承担的政策供给主体的缺位，导致农村职业教育政策法规的繁荣与其发展落后的巨大反差。

2. 相关政策法规的不完善影响了农村职业教育发展的统一性与协调性

首先，由于历史的原因及各种条件的限制，现有的农村职业教育政策非常分散、零星，在组织、制定、实施与模式选择等方面缺乏统一性，各省、各市、各县及各部门之间往往是各干各的、各搞各的试点，随机性较强，缺乏协调性。

其次，有关农村职业教育政策法规级别不高，缺乏必要的权威性与强制性。随着国家对农村职业教育发展越来越重视，颁发的政策越来越多、强度越来越大。如《关于中等教育结构改革的报告》《关于大力发展职业技术教育的决定》《国务院关于大力推进职业教育改革与发展的决定》《国务院关于大力发展职业教育的决定》《关于进一步加强职业教育工作的若干意见》《关于加强农村实用人才队伍建设和农村人力资源开发的意见》等。但是，"意见""决定""通知"与"报告"等用词级别不高，缺乏权威性与强制性，导致刚性不够，使政府对农村职业教育投入的随意性比较明显。

最后，相关政策执行的困境。在农村职业教育政策的执行过程中，由于相关原因，出现了一些政策目标与政策手段不一致的做法。如20世纪80年代创办职业高中的政策，目标是发展中等职业教育，但实施过程中只是治表，如对薄弱高中改造，只是简单地将之更名为职业高中，造成职教社会地位低于普教的事实。[①] 中国是一个多行政多层级的国家，农村职业教育政策输出涉及多层次政府、多个职能部门。在政策输出过程中，由于地方性利益诉求的增大，政府执行者会有选择地贯彻上面的"政策精神"，形成一些地方性的"小政策"或"土政策"，形成所谓的"中间梗阻"现象，导致政策执行的"碎片化"。

---

① 和震：《我国职业教育政策的三十年回顾》，载《教育发展研究》，2009（3）。

3. 农村职业教育政策"国家化"与"政治化"的倾向

从一定程度上讲，农村职业教育政策的"国家化"和"政治化"，有助于农村职业教育承担相应的社会责任，自觉地为农村经济发展服务。强调教育与生产劳动相结合、建立农业中学、调整农村教育结构等，增强了教育的实用性与工具性，使它能够在短时间内培训大量的农村技术工人，满足生产和斗争的需要。同时，坚持"国家化"与"政治化"有利于保持国家意识形态的统一，坚持社会主义的办学方向，维护国家和社会的稳定。但是，不可否认的是，"国家化"与"政治化"的农村职业教育政策也有一定的弊端。

首先，把农村职业教育政策"国家化"和"政治化"，否定了教育的独立性。这种以国家意志代替教育意志、把教育问题当作政治问题的做法，混淆了教育与政治之间的区别，容易把农村职业学校作为政治活动与阶级斗争的场所，使农村职业教育卷入政治旋涡，造成不可估量的严重后果。如"前十七年"采用"革命式"与"运动式"方法虽然在一定程度上促进了农村职业教育的发展，但是"'革命式''运动式'所蕴含的政治性特征导致了农村（职业）教育发展的政治化、形式化倾向，它使农村（职业）教育发展不能很好地按照教育自身的规律进行，因而也在一定程度上使农村（职业）教育的发展偏离了科学化的发展轨道。"[1]

其次，扭曲了农村职业教育的本质，影响了农村职业教育的成效。过强的"国家化"与"政治化"使农村职业教育的进程、发展目标与措施总是被政治上的冒进和经济上的急功近利所扭曲，制约了教育者、教育机构和地方政府发展教育的积极性，因而窒息了农村职业教育的发展。

四、农村职业教育政策未来发展的建议

面对新中国成立以来农村职业教育政策演进的特征、成就与问题，新

---

[1] 张乐天：《对新中国"前十七年"农村教育发展的政策考察》，载《社会科学战线》，2010（3）。

时期的农村职业教育政策必须在以下几个方面进行改进，以促进农村职业教育的和谐、健康发展。

（一）坚持公正、共享的农村职业教育政策理念

任何社会政策的制定都是以一定的社会公正理念作为价值支撑。社会公正与共享发展成果是社会发展的基本理念，更是农村职业教育制定的直接依据。一项"善"的农村职业教育政策应是价值理性（教育公平）与工具理性（教育效率）的统一体。因为二者不是对立关系，而是互为基础的。公平本身就具有内在价值，含有丰富的民主、平等、人道等伦理追求。没有公平的效率（质量）是不道德的，没有效率的公平是低水平的。新世纪以来，中央政府开始提出全面建设小康社会、以人为本、执政为民、构建和谐社会、科学发展观等目标和理念，深刻反映出国家决策层对公正、共享理念的认同与坚守。

对于农村职业教育政策而言，坚持公正与共享理念、坚持价值理性与工具理性的统一，可以破解城乡二元教育结构，实现城乡教育一体化，确保教育对象对农村职业教育的平等、自由与公平地参与。现代农村职业教育只有通过正当的农村职业教育政策才能构筑人人拥有自由、平等和全面发展的和谐教育秩序，保障每个人的教育利益，培养每个人正义的品格，提升社会公众的人格质量。从这个意义上讲，农村职业教育政策公正与共享价值理念是对农村职业教育政策本身进行"合法性"与"合理性"评判的根本原则，是教育改革中"公益性"不被"私域化"的一种内在规避。

（二）加强农村职业教育政策的体系化与制度化建设

要加强农村职业教育政策的体系化和制度化建设，必须打破长期以来我国农村职业教育政策零打碎敲的决策方式，由零星、随机性的农村职业教育政策逐步转换为体制化、制度化的农村职业教育政策，使各项相关政策之间协调配套形成一个完整的体系。例如，《职业教育法》将对职业教育

进行宏观管理的责任交给了教育部门，但教育部门能力有限。职校的整体规划、专业设置、招生数量、师资培训等都和当地经济的发展状况、社会对人才的需求信息等紧密相关；我国关于职业需求的市场信息、中介服务、研究机构都十分欠缺；行业企业参与职业教育人才培养的程度不足。[①] 因此，只有建立体系化与制度化的农村职业教育政策，农村职业教育发展才能迎来真正的春天，使农村职业教育得到健康、可持续发展。

（三）明确农村职业教育政策的供给主体及其职能

首先，政府是农村职业教育政策的主体。农村职业教育政策是政府通过立法并由政府机构组织实施与保护农村居民的基本教育权益、服务"三农"、维护农村社会稳定的政策规定及其行为。农村职业教育作为公共产品，不可能完全由市场提供，也不可能完全由民间资金主导，只能由拥有大量资金的政府主导。并且农村职业教育政策也是政府履行管理农村、保护民众受教育权利的一种责任与义务。因此，政府应该在以下 3 个方面承担主要责任。

一是增加农村职业教育财政性投入。在国家财政性教育经费投入占GDP 达到 4％基础上，政府应进一步加大对农村（职业）教育的投入，投入农村职业教育的数额与比例应有一个较明确的目标。在有条件的地方，应对接受农村中等职业教育的学生实行完全免费及享受政府的福利补贴。例如，在欧盟的 25 个成员国中，有 22 个国家实行免费中等职业教育，不收取学杂费。瑞典的相关法律还规定，如果学校与家庭的距离超过 6 公里，政府则负责承担学生的交通费用，发给学生公共交通月票或报销指定线路的交通费用。[②]

二是提高农村职业教育的办学质量。政府应该建立一支业务精湛、结

---

① 张秀兰：《中国教育发展与政策 30 年（1978—2008）》，231 页，北京，社会科学文献出版社，2008。
② 同上书，242 页。

构合理、创新能力强的双师型队伍，保障民众享有接受高质量农村职业教育的机会，促进有质量的农村职业教育公平。

三是加强与劳动相关部门的合作。建立农村职业教育与劳动就业的互动机制，加强农村职业教育与培训就业的相关性，完善农村中等职业毕业生相关的就业制度与相关劳动力市场建设。

其次，农村社区（村级组织）是落实农村职业教育政策的重要力量。改革开放以来，虽然随着家庭联产承包责任制的推行，农村职业教育政策所赖以存在的经济基础被瓦解，但农村社区（村级组织）仍要配合政府在本地区开展农村职业教育政策实施工作，包括统筹规划、资金筹措与项目管理等。

最后，第三部门（非营利性组织）是农村职业教育政策供给主体的重要组成部分。第三部门（非营利性组织）指具有为公众服务的宗旨，不以营利为目的、致力于公共事业的、非政府、非企业的社会中介组织，其主要职责是弥补政府与市场的不足。对于农村职业教育而言，第三部门（非营利性组织）可以提供多元化的农村职业教育服务，满足农村不同受教育人群的需求，既可以筹措资金，又可以加强对农村职业教育师资的培训，还可以充当农村职业教育与人才市场的中介，对于完善中国农村职业教育发展模式不仅是重要的而且也是迫切的。

第八章　新中国成立以来农村扫盲教育政策分析

文盲是阻碍社会发展的一大障碍。大力开展扫盲教育，提高民族素质，促进社会发展，一直是各国关注的重要教育课题之一。新中国成立60多年来，中国政府重视扫盲教育，制定了一系列推动扫盲教育发展的政策，中国的扫盲教育事业取得了举世公认的突出成就。同时，扫盲教育的发展过程并非一帆风顺，经历了许多艰难曲折。为了更好地促进扫盲教育的发展，我们有必要回顾新中国成立以来扫盲教育政策的发展历程，分析各个历史时期扫盲教育政策的特点、成效和问题，总结历史的经验和教训。我们把回顾和分析的重点放在两个历史时期，一是新中国成立之后的"前十七年"（即从1949年至1966年"文化大革命"之前）；二是改革开放以来的30多年（即从1978年至今）。

一、"前十七年"的扫盲教育政策

新中国成立之初，由于长期战乱的影响，国民经济衰退，文化、教育和科学水平也都处于非常落后的状态。当时我国文盲充斥，文盲占总人口的80％以上，农村的文盲率高达95％以上。扫盲是新生的人民共和国面临的一项紧迫的重大任务，党和国家颁行了一系列推动扫盲教育开展的政策。

第一，扫盲教育在新中国成立之初成为教育工作的中心任务之一。1949年9月，中国人民政治协商会议制定的具有临时宪法性质的《中国人民政治协商会议共同纲领》明确指出"要加强劳动者的业余教育和在职干部教育"。中国政府把发展工农教育，培养工农出身的新型知识分子作为重大任务，同时确定工农教育首先从扫盲教育做起。1949年12月教育部召开了第一次全国教育工作会议，在这次会议上首次提出了从1951年开始进行全国规模的扫盲运动。1950 年 6 月 1 日，政务院下发《关于开展职工业余教育的指示》，要求以工厂企业的工人为对象，进行扫盲教育。教育部在 1950 年 12 月公布《关于开展农民业余教育的指示》，将千字左右的识字量定为农民教育的目标，使他们能够阅读初级水平的书籍报刊，具备初级的计算能力。1951 年 10 月 1 日，政务院发布《关于改革学制的决定》。根据这个决定，在扫盲学校对失学青年和成年人进行扫盲教育。扫盲教育被纳入到正规的学制之中，这不仅意味着工农教育已经在正规教育中占有一席之地，同时表明扫盲教育已成为这一时期教育工作的重心。

第二，在扫盲教育政策的强力驱动下掀起了扫盲运动的三次高潮。在扫盲过程中大力推广"速成识字法"掀起了扫盲运动的第一次高潮。"速成识字法"的教学过程大致分为三步：第一步是学会注音符号和拼音，掌握识字的辅助工具；第二步是突击认字，先求会读，初步会讲；第三步是学习语文课本，展开阅读、写字、写话活动，巩固已认的汉字并进一步提高。"速成识字法"对于加快扫盲教育的进度效果显著。1955 年 6 月，国务院发布《关于加强农民业余文化教育的指示》要求"积极有计划地扫除农村中的文盲，并逐步提高农民的文化水平"，提出"在过渡时期内，基本扫除农村中的青壮年文盲"。1956 年 3 月，国务院公布了《关于扫除文盲的决定》。《决定》要求"配合社会主义工业化和农业合作化的发展，在全国范围内展开扫除文盲运动，以求在五年或七年内基本扫除全国文盲。"《决定》对扫盲教育中有关的教师、教材、指导内容和指导方法等做出了更为具体的明文规定。国务院在 1955 年和 1956 年发布的《指示》和《决定》在全国范围内引起强烈反响，进而掀起了第二次扫盲运动的高潮。20 世纪 50 年代末，随着工农业生产"大跃进"运动的发动，文化教育战线的"大跃进"也紧随其后。为了迎接文教战线"大跃进"的到来，中国政府积极准备在全国掀起第三次扫盲运动高潮。1958 年 9 月，中共中央、国务院发布《关于教育工作的指示》，《指示》提出了"在 3～5 年内扫除文盲，4～5 年内普及小学教育"的目标。为了推进农村扫盲工作，1959 年 5 月中共中央、国务院专门发出了《关于在农村中继续扫除文盲和巩固发展业余教育的通知》。《通知》规定："必须继续鼓足干劲，在农村中开展扫盲运动，采取各种切实有效的办法，利用一切有利时机，组织尚未摆脱文盲状态的农民参加识字学习，形成群众的学习高潮。其中应特别抓紧青年壮年和基层干部的扫盲工作。"

第三，关于扫盲标准的政策规定经历了不断调整的过程。国家对扫除文盲标准的政策规定，是扫盲政策的重要组成部分，是在扫盲工作实践中逐步形成和完善的。扫盲标准主要包括个人扫盲标准和基本扫除文盲单位标准。首先明确的是个人扫除文盲的标准。1953 年 11 月，中央扫除文盲工作委员会在《扫盲通讯》上发布了《关于扫盲标准、扫盲班毕业考试等暂行办法的通知》。《通知》第一次将扫盲对象进行分类，对象不同，识字量的要求也加以区别。对干部、工人、市民、农民的脱盲标准提出了不同的要求。《通知》规定："干部和工人一般可定为认识二千常用字，能阅读通俗书报，能写二、三百字的应用短文；农民一般可定为认识一千常用字，大体上能阅读最通俗的书报，能写农村中常用的便条、收据等。城市劳动人民一般可定为认识一千五百常用字，阅读写作方面，可分别参照工人农民标准。"《通知》把"识字量在 500 字以上，但还没有达到脱盲标准"的人定义为半文盲。同时还具体规定考试分为"识字""阅读"和"写作"3项内容。这可以说是国家专门机构对个人扫盲标准做出的第一个明确的权威性规定。1955 年 6 月，国务院发布的《关于加快农民业余文化教育的指示》重申了个人扫除文盲标准，规定"原来的文盲在读完全部识字课本，学会阅读通俗书报，学会写简单的农村应用文的时候，就应当看作达到扫盲标准。如果有条件，还应当学会珠算。"与 1953 年 11 月确定的标准略有不同的是，《指示》初步提出了"算"的要求，使得扫盲标准向"读、写、算"的要求又进了一步，对扫盲工作的指导更为具体化。1956 年 3 月中共中央、国务院发布的《关于扫除文盲的决定》区分不同对象对扫盲标准做出规定：农民大约识字 1500 个、工人识 2000 个常用字，能大体上看懂浅显易懂的报刊，能够记简单账目，写简单的便条，并会做简单的珠算。

国家对基本扫除文盲单位标准的规定，是在扫盲工作实践中逐步提出和明确的。1956 年 3 月中共中央、国务院发布的《关于扫除文盲的决定》根据当时扫盲蓬勃发展的形势，提出用 5 年或者 7 年的时间基本上扫除农村和城市居民中的文盲，要求扫除文盲达到 70％以上。对基本扫除文盲的内涵首次提出了明确的数量要求。1957 年 3 月，教育部根据扫盲工作出现的新情况，提出把扫盲教育的重点放在扫除 40 岁以下工农群众中的青壮年文盲，指出一般要求扫除工人文盲的 85％左右，扫除农民、市民、手工业合作社社员文盲的 80％左右；干部中的文盲，除少数有特殊情况的人以外，都应该扫除。1958 年 1 月，教育部再次发出通知，就"基本上完成扫盲任务"和"扫盲年龄计算年限"问题做出解释和规定。其中对基本上扫除青壮年文盲的标准规定为：凡厂矿职工年龄在 14 至 40 岁的青壮年中，经过扫盲工作非文盲达到其总人数的 85％；在农民、城市居民和手工业合作社社员青壮年中非文盲达到其总数的 80％时，就是基本上扫除文盲。应当说，这是国家教育行政部门第一次明确地对基本扫除青壮年文盲单位标准做出的政策规定。1964 年 4 月，教育部以文件形式函复福建省教育厅，对扫除青壮年文盲单位的标准做出了新的规定和说明，其中对基本扫除职工中文盲的标准，仍要求青壮年职工中的非文盲率达到 85％。对基本扫除农村中的文盲，则要求农村青年中的非文盲率达到 85％就算基本扫除。这一规定，将城市职工和农村青壮年中非文盲率都确定为 85％，较 1958 年 1 月规定的标准有所提高。

第四，设置专门领导机构推动扫盲教育的发展。1952 年 11 月，随着政府机构的改革，设置了中央扫除文盲工作委员会，下设办公厅、城市扫盲工作司、农村扫盲工作司、编审司等部门。1953 年，扫盲工作委员会开始编辑出版《扫盲通讯》杂志。《扫盲通讯》的发行是对各级扫盲教育进行更详尽、更具体指导的一个尝试。中央扫除文盲工作委员会的设置就是这种反省的结果。中央政府把扫盲工作当作农业合作化运动的组成部分，给予了相当的重视，并有组织地加强了领导工作。到 1956 年 3 月，中国农村已经基本完成了农业集体化。集体化的组织结构对群众扫盲工作起到了非常大的作用。然而，一旦集体化下的群众教育体制和群众积极性之间产生矛盾，教育的效果就会被削弱，也就产生了干部搞强迫命令和形式主义的危险性。几乎与此同时，扫盲工作的领导机构也发生了变化。1956 年 3 月 15 日，全国扫除文盲协会正式成立，根据该协会的规则，会长、副会长由各个部门的领导担任，国务院副总理陈毅亲任会长，中宣部部长陆定一等任副会长，这充分体现了政府对扫盲工作的高度重视。

第五，根据农村实际情况推行多种学习形式的扫盲教育。教育部于1950年12月14日下发的《关于开展农民业余教育的指示》中指出，农民业余教育"学习形式必须多种多样，不应强求一律。不论集中与分散的形式，常年学习与季节性学习，均须灵活运用，并应尽量与农民的生产互助组织和文娱组织互相结合"。提倡根据农村的不同特点和生产实行多样的学习形式，集中学习和分散学习相结合。在新中国成立之初的3年多时间里，由于党和政府的正确引导，扫盲教育取得显著成就，1949年冬季土改地区已有1000余万农民参加冬学，1950年冬季参加冬学的农民已达2500万人，1951年秋季转入农民业余初等学校的达到1100余万人[1]，三年分别扫除文盲65.7万人，137.2万人，137.5万人，其中绝大多数是农民[2]。

二、"前十七年"扫盲教育政策的综合分析

第一，运动式扫盲。主要表现在以下4个方面。其一，"前十七年"扫盲教育的发展是与在农村所推进的一系列的"革命运动"相联系的，即与农村土地改革运动、农业合作化运动、"大跃进"运动、人民公社运动及其后来的农村经济政策的调整相联系。这些运动构成农村教育发展的时代背景，同时也深刻地影响着农村教育的发展。其二，党和政府高度重视扫盲工作，号召、动员一切社会力量和群众团体积极参与，充分发动群众，掀起了轰轰烈烈的扫盲教育高潮。在各种政策文本中扫盲工作常常被称为"扫盲运动"，这种指称符合当时扫盲教育的实际状况。其三，"大跃进"时期的教育制度从原来的苏联式的正规化转向群众路线。随着农村人民公社

---

[1] 《国家教育委员会成人教育司.扫除文盲文献汇编（1949—1996）》，302页，重庆，西南师范大学出版社，1997。

[2] 中国教育年鉴编辑部：《中国教育年鉴（1949—1981）》，578页，北京，中国大百科全书出版社，1984。

化的进程，农民参加群众运动的"动员机制"已经逐渐建立。因此，可以说开展扫盲教育这样的群众运动的"基础设施"已经具备，由此掀起了"前十七年"中规模最大的扫盲教育高潮。其四，扫盲教育的泛政治化倾向。这一时期我国农村的扫盲教育凸现为一种政治性行为，扫盲教育往往被作为实现政治目标的手段加以利用。从农业社会主义改造、社会主义教育运动，从扫盲教育的学习内容便可窥探到这一点。

第二，推行弹性学习制度。在职、业余、成人学员为主是扫盲教育的重要特征。为了适应这些重要特征，克服不利因素，扫盲教育需要采用灵活、多样的组织模式和教学方法。政府大力推行弹性学习制度。其一，在课程设置上，倡导有统一，也要有区别，强调既要适应不同的生产单位，也要适应于不同的生产者，既要面向当前实际，也要照顾长远利益。所设课程门类不宜过多、教材分量不宜过重，教学计划应当有一个大体的规定，同时也应保持适当的伸缩性。其二，在教学内容上，贯彻"联系实际，学以致用"的原则。根据实际工作需要，结合各地群众实际编写教材，注意和群众实际生活的联系。其三，在组织形式上，采取班级教学中的小组互助、小组教学中的监督制度及以"不忙多学，小忙少学，大忙放学"为指导的学习模式。其四，在教学方法上，不盲目模仿普通教育，从实际问题出发，联系各自实际开展教学。同时密切和社会各方面的协调配合。扫盲教育的学习内容、形式和方法所表现出来的灵活性、多样性、通俗性、适应性恰恰反映了弹性学习制度与中国农村实际的契合。

第三，扫盲教育的非均衡发展。中国幅员辽阔，情况复杂，各地区经济、政治、文化发展不平衡。各地农村扫盲教育存在种种差异，呈现非均衡发展。其一，新老区的差异。解放后，由于新老解放区不同的情况，政府要求实行不同的教育内容。规定凡经过土地改革、农民生活已初步改善的老区，首先推行识字运动。在未完成土地改革的老区和新区，应以政治教育为主。在少数民族地区，除按照新老区各自采取不同方针外，特别注意民族政策的教育。其二，经济生产的差异引起学习形式的差异。因为农村发展情况极不平衡，各个地区的生产情况不同，群众的组织程度不同，扫盲教育不能强求一致、千篇一律，对不同的农村提出了不同的政策要求：

条件好的农村，可以依照普通教育的部分模式，组织常年学习；一般的农村只要求采取季节性学习；条件较差的农村不强求马上进行识字学习，根据经济条件量力而行。其三，不同年龄、性别文盲的差异。由于性别、年龄、职业和身体健康状况等方面的差异，青年、壮年、妇女在学习上各有特点，一般而言青年学习比较快，壮年比较慢，妇女困难较多。因而，在组织扫盲教育的时候，政府强调应当注意这些差异，在有条件的地方，分别开设青年班、壮年班、妇女班，先扫除青年文盲，然后可以加快扫除壮年文盲、妇女文盲。这一时期，全国扫除的文盲男性多于女性、青年多于壮年，这构成了扫盲教育非均衡发展的显著特征之一。其四，各地执行政策力度的不同产生的差异。新中国成立之初，所建立的扫盲教育体制具有较强的弹性，所规定的一系列制度要求结合各地的实际情况。因此，地方具有很大的自主性，这就不可避免地会导致各地对扫盲工作重视程度和实施力度的不同，进而造成实际效果的差距，而这些差距恰恰反映了农村扫盲教育非均衡发展的特性。

第四，这一时期的扫盲教育取得了明显成效。在一系列扫盲教育政策的推动下，中国的扫盲教育在 17 年间获得了长足的发展。从 1949 年新中国成立到 1956 年社会主义改造的基本完成，我国的扫盲教育得到了蓬勃的发展。当时每年参加扫盲学习的人数少则一千多万，多则近八千万。按每年参加扫盲学习的人数累计计算，这几年之间全国共有 29400.2 万人次参加扫盲学习。当时脱盲的人数有 2076.3 万人，其中职工脱盲的人数为 134.67 万人，农民和其他人士脱盲的人数为 1941.63 万人；从 1952 年到 1956 年还累计有 1371.9 万人参加业余小学的学习，毕业生有 130.4 万人；累计有 481.6 万人参加业余中学学习，毕业生有 18.6 万人。[①] 1957 年参加扫盲学习的人有 5235.2 万，扫除文盲 720.4 万，其中扫除职工文盲 78.4 万，扫除农民和居民文盲 600 多万。从 1958 年开始，扫盲教育也掀起了"大跃进"的热潮。1958 年全国参加扫盲和业余学习的人有 5000 多万，全国扫除文盲 2600 多万；1960 年上半年全国农村参加扫盲和业余学习的人

---

① 廖其发等：《当代中国重大教育改革事件专题研究》，133 页，重庆，重庆出版社，2007。

有 1.32 亿人，其中参加扫盲学习的人有 6050 多万；参加业余初等学校学习的人有 6380 多万；参加业余中等学校学习的人有 770 多万，当年共扫除文盲 573.3 万[①]。

　　第五，这一时期的扫盲教育政策存在一些问题。其一，运动式扫盲的负作用。基层扫盲教育中存在的短视行为、短期教育，使得扫盲成绩大打折扣，在显著的成绩下面，隐藏着短期性和运动式扫盲教育带来的不良后果。群众基础不扎实，缺乏实际应用，致使扫盲后"回生"和"复盲"现象时有发生，识字水平和社会适应能力又趋下降。其二，"速成识字法"的缺陷。尽管这种识字法有一定的成效，但由于各地只追求学习的进度而使学过的知识得不到巩固，到 1952 年秋便出现了"夹生"和"回生"现象。由于"速成识字法"教授的具体步骤存在缺陷，人们对扫盲教育的要求过急过高，从而产生了盲目冒进、强迫命令和形式主义等现象。其根本原因在于中央政府自身就期望尽早地完成扫盲教育工作，为国家建设奠定基本的文化条件。同时，把扫盲教育工作考虑得过于简单化，而对基层的教育行政工作缺乏具体的指导。其三，对扫除文盲的长期性估计不足，过高的政策目标脱离了实际状况。这个问题在"大跃进"时期更为明显和严重。1958 年 9 月，中共中央、国务院发出《关于教育工作的指示》，提出"全国应在三年到五年的时间内，基本上完成扫除文盲"的任务。严格地讲，这是一个主观的意向目标，而非科学论证的有步骤、有重点、轻重缓急区别对待的可供操作的切乎实际的目标，没有考虑扫盲的自身规律。1958 年 5 月 20 日，《人民日报》发表了《用革命精神扫除文盲》的社论，成为全国扫盲"大跃进"的纲领性文章。文章分析了全国的扫盲形势，认为已经具备了发动扫盲运动高潮的条件，提出了促进扫盲工作"大跃进"的办法。文章指出"如果要在第二个五年计划期间扫除文盲，那就必须实行'三年突击，两年扫尾'的办法，也就是要从今年起每年要扫掉三千万到四千万，比往年的速度加快十倍以上才行"。考虑到新中国当时的经济和教育状况，光凭政治号召的热情是难以达到这个要求的。因此造成了扫除文盲数字的

[①]　廖其发等：《当代中国重大教育改革事件专题研究》，139 页，重庆，重庆出版社，2007。

浮夸和不真实。其四，对初等或中等教育的普及重视不够，没有把扫盲与普及初等或中等教育有效地结合起来。在 20 世纪五六十年代，中国政府非常重视扫除文盲工作，但在普及初等或中等教育方面，力度和决心要弱一些。尽管新中国成立后也曾多次提及，但是普及工作并不得力，"大跃进"时期更是出现了许多省市普及小学教育的浮夸现象，实际上普及率并不高。结果新产生的大量新文盲一定程度上抵消了成人扫盲的成果，使得扫盲教育事倍功半。总之，"运动型"的治理方式难以获得持久高质量的政策效果，呈现出大起大落的不稳定状态。在这一时期的扫盲工作历程中，各级政府都有不切实际的想法和要求，尽管其间有过几次纠正，但还是升级为1958 年的扫盲工作"大跃进"。一些地方在开展扫盲教育的过程中出现了强拉硬拽、报喜不报忧，甚至造假和浮夸，只重表面化的指标，轻视扫盲教育的内容和过程，无视客观规律，使扫盲陷入一种形式主义的怪圈之中。

三、改革开放以来的扫盲教育政策

第一，明确提出将"一堵、二扫、三提高"作为扫盲教育的基本方针。1978 年 11 月，国务院颁布《关于扫除文盲的指示》，要求"各地应根据本地区的情况，制定具体的扫盲规划，采取有效措施，分别于 1980 年、1982年或者稍长一点时间内，基本扫除少年、青年、壮年文盲"。《指示》明确提出把"一堵、二扫、三提高"作为扫盲教育的基本方针。所谓"一堵"是指普及小学五年教育，对于边远地区、山区、牧区和经济条件较差的地区，要采取多种形式，组织学龄儿童入学，坚持学满五年，真正达到小学毕业程度。农村小学要吸收 15 岁以下的超龄儿童入学，使其达到小学毕业程度。"二扫"是指基本扫除 12 周岁到 45 周岁的少年、青年、壮年文盲。单位脱盲标准为少年、青年、壮年中非文盲人数达到 85% 以上；个人脱盲标准为能识 1500 个字，能够看懂浅易通俗的报刊，能记简单的账，能书写简单的便条。"三提高"就是采取各种形式组织已经脱盲的少年、青年和有条件的壮年继续学习，巩固提高，逐步达到初中毕业程度。在政策设计上，把扫盲教育和小学教育普及、扫盲后继续教育结合在一起。这是对新中国成立以来扫盲实践经验和教训的深刻反思和总结。这一方针正确地揭示了普通教育、扫盲、扫盲后继续教育三者之间的联系，为20世纪80年代以后开展扫盲教育提供了方法论指导。

第二，恢复分类脱盲标准和统一单位脱盲标准，讲求扫盲教育的实效性。1978年11月国务院《关于扫除文盲的指示》基本维持了20世纪50年代的个人脱盲标准，农民应识1500字，城市、工矿区职工应识2000字；单位脱盲标准得到统一，城市、农村的非文盲率都是85%。经过多年努力，城市、工矿区文盲已基本扫除，大量文盲集中在农村，扫盲工作基本在农村开展，而且经过新中国教育事业的多年发展，农村单位脱盲标准应当有所提高。1988年2月，国务院颁布《扫除文盲工作条例》，再次明确扫盲目标、任务和政策措施，号召开展扫盲教育。《扫除文盲工作条例》继承了1978年《指示》的精神，强调扫除文盲与普及初等义务教育统筹规划，同步实施。在脱盲标准上，《条例》既恢复了20世纪50年代的分类脱盲标准，又根据时代发展的要求适当有所提高。《条例》规定"凡15～40周岁的文盲、半文盲公民，不分性别、民族、种族都是扫盲的对象"。关于脱盲标准，《条例》恢复了20世纪50年代的分类规定，并且确定了个人脱盲标准和单位或地区脱盲标准。关于个人脱盲标准，《条例》规定"农民识1500个汉字，企业和事业单位职工、城镇居民识2000个汉字；能够看懂浅显通俗的报刊、文章，能够记简单的账目，能够书写简单的应用文"。单位或地区的脱盲标准是：15～40周岁人口中的非文盲率，在农村达到85%以上，在企业、事业单位和城镇达到90%以上。《条例》恢复分类脱盲标准和统一单位脱盲标准并不是简单的历史重复，而是对新中国成立以来扫盲工作有益经验的重新认可。1988年的《扫除文盲工作条例》体现了"统一要求、分类指导、逐步实施"的原则，依据地区发展的不平衡和职业差别制定了相应的政策规定。《条例》强调扫盲教育应当讲求实效，把学习文化和学习技术知识结合起来，这些要求表明国家对于功能性文盲以及功能性扫盲有了一定的认识。虽然《条例》没有明确提出功能性文盲、功能性扫盲等概念，但将文化知识与技术知识相提并论，表明功能性文盲和功能性扫盲等观念已经萌芽，标志着我国扫盲教育以识字教育为主要任务的时代即将结束，以社会职业要求为基础的功能性扫盲得到重视。

第三，扫盲标准和进度在 20 世纪 90 年代进一步提升，确定扫盲教育的新重点和分步实施方略。1993 年 2 月，中共中央、国务院颁布《中国教育改革和发展纲要》，对扫盲教育提出了更高的要求。要求到 20 世纪末，基本扫除青壮年文盲，使青壮年中的文盲率降到 5％以下。为了实现这一目标，1993 年 8 月国务院对 1988 年颁行的《扫除文盲工作条例》重新修订。修订后的《扫除文盲工作条例》不仅提高了扫盲标准，而且加快了扫盲的步伐。其一，修订后的《扫除文盲工作条例》取消了扫盲对象的上限，凡 15 周岁以上的文盲、半文盲公民均属扫盲对象。其二，功能性扫盲观念更加突出。要求扫盲教育"要把学习文化同学习科学技术知识结合起来，在农村把学习文化同学习农业科学技术知识结合起来"。其三，单位或地区脱盲标准提高，"基本扫除文盲单位的标准是：其下属的每个单位 1949 年 10 月 1 日以后出生的年满 15 周岁以上人口中的非文盲人数，除丧失学习能力的以外，在农村达到 95％以上，在城镇达到 98％以上；复盲率低于 5％，基本扫除文盲的单位应当普及初等教育"。其四，加强了扫盲的强制性和权威性。修订后的《扫除文盲工作条例》第十四条规定："对在规定期限内，具备学习条件而不参加扫除文盲学习的适龄文盲、半文盲公民，当地人民政府应当进行批评教育，并采取切实有效的措施组织入学，使其达到脱盲标准。"第二条专门增加了对丧失学习能力者的鉴定要"由县级人民政府教育行政部门组织进行"。1994 年 9 月，国家教委发布《关于在 90 年代基本普及九年义务教育和基本扫除青壮年文盲的实施意见》。《意见》提出了扫盲教育新的工作重点和工作思路。《意见》提出了 20 世纪末基本普及九年义务教育和基本扫除青壮年文盲的"两基"目标。关于实施基本扫除青壮年文盲的目标，《意见》强调"坚持普及初等教育、扫盲教育、扫盲后继续教育统筹规划"，"把扫除妇女文盲、少数民族地区文盲以及贫困、边远地区文盲工作作为重点"。《意见》按照"分类指导、分期达标"的原则，确定了分步实施的方略。"第一步，经济、教育条件好，占全国人口 33％的十个省（市），到 1996 年前使青壮年文盲率降到 5％以下。第二步，经济、教育条件比较好，占全国人口 52% 的十三个省（区），到 1998 年使青壮年文盲率降到 5% 以下。第三步，经济、教育基础较差，占全国人口 15% 的六个省（区），到 2000 年使青壮年文盲率降到 15% 以下；其中占该地区 1/3 人口以上的城镇，条件比较好的农村使青壮年文盲率降到 5% 以下。"

第四，"十五"期间确立了 21 世纪初扫盲教育的新方针，提升扫盲教育水平。2002 年，教育部、中宣部、国家民委、财政部、农业部、文化部等 12 个部委联合发布《关于"十五"期间扫除文盲工作的意见》。《意见》是在总结 20 世纪 90 年代我国扫盲教育经验教训基础上制定的，同时也是 21 世纪第一个五年我国扫盲工作的具体安排和部署。其一，《意见》提出了新的扫盲方针，提出"把普及九年义务教育和扫除青壮年文盲作为工作的'重中之重'，坚决杜绝新生文盲、扫除现有文盲与使扫盲人员接受继续教育相结合的方针"。这个方针把落实扫盲、扫盲后继续教育与基础教育之间的连续性，真正提上了工作日程。其二，提出了新的工作重点，《意见》将"推进贫困地区、少数民族地区和妇女的扫盲教育，大力开展扫盲课程和教学改革，建立以满足扫盲对象基本学习需求为导向的扫盲教育机制，提高扫盲工作的质量和效益"作为工作的重点。其三，提出扫盲教育有条件地向功能性扫盲转移，标志着我国扫盲教育水平不断提高。《意见》提出城市和经济发达地区要"积极探索功能性扫盲教育和多种形式的继续教育的途径和方法，使青壮年脱盲人员普遍接受继续教育，把扫盲教育与建立学习型社区工作结合起来"。其四，更加重视扫盲教育的科学性。《意见》在指导思想上提出"建立以满足扫盲对象基本学习需求为导向的扫盲教育机制"，强调"以科学的理论指导扫盲教育，以科学的方法提高扫盲工作中的针对性和实用性"。

第五，更新扫盲教育理念，提供不断促进扫盲教育发展的理论支撑。2002 年，教育部公布了《扫盲教育课程与教学改革的指导意见（试行）》。《意见》不仅体现了我国扫盲教育的科学化进程，同时也体现了扫盲教育观念的更新与进步。《意见》所体现的新的扫盲理念主要有以下几个方面。其一，吸收了国际扫盲教育的新概念，将扫盲教育纳入全民教育的新范畴。在扫盲教育指导思想中，《意见》指出"扫盲教育是为学习者提供的综合性基础教育，是任何一个社会成员在当地生存、生活及发展所必需的最低受教育要求"。在我国扫盲教育史上，第一次从公民个人的基本生存权和发展权界定了新时期扫盲教育的性质。这种性质的界定从方法论上，将过去文盲和文盲现象的消极"扫除"或"排除"法，改变为积极的"纳入"与"更新"，使扫盲教育作为国民教育体系不可缺少的基础地位得到进一步确认。其二，终身学习理念是该《意见》的重要基础。该《意见》多处强调：扫盲教育的目的是增强学习者可持续发展能力，为不断提高其生活质量奠定基础，为终身学习奠定基础。在构建新的扫盲教育课程体系时，应贯穿素质教育和终身学习的理念。其三，学习者主体、学习者需求成为扫盲课程与教学新的价值取向。《意见》在指导思想中明确提出："树立新的扫盲教育观念，全面理解扫盲教育过程，建立面向 21 世纪的扫盲课程体系，形成以学习者需求为导向的扫盲教育机制。"树立学习者是学习主体的观念，唤起他们的主体意识，激发他们学习的内在动机。在构建新的扫盲教育课程结构方面，《意见》所提出的"基础性""实用性""综合性""多样性""发展性"基本原则，都明确要求"面向学习者""以学习者为中心""体现学习者实际需求的多样性及学习对象的特殊性"。这些价值取向所要实现的具体目标，就是要"建立以学习者实际需求为导向的扫盲教育课程实施的激励机制，改变扫盲教育工作主要由外部力量推动的状况"。

改革开放以来，我国扫盲教育政策的连续性、科学性、发展性，反映了扫盲教育政策与实践的发展脉络，在决策和政策水平上为扫盲教育的健康、快速发展和显著成就的取得提供了重要保障。

四、改革开放以来扫盲教育政策的综合分析

第一，明确扫盲教育"重中之重"的地位。1988 年 2 月，国务院颁布了《扫除文盲工作条例》，这是新中国成立以后第一部专门规范扫盲工作的国家级行政法规。1992 年 4 月通过的《中华人民共和国妇女权益保障法》第十八条明确规定："各级人民政府应当依照规定把扫除妇女中的文盲、半

文盲工作，纳入扫盲和扫盲后继续教育规划，采取符合妇女特点的组织形式和工作方法，组织、监督有关部门具体实施。"这就从法律上为妇女文盲接受最基本的教育权利、为各级政府依法扫除女性文盲提供了保障。1993年2月，中共中央、国务院颁布《中国教育改革和发展纲要》，对我国进一步深入开展扫盲教育，抓紧扫除青壮年文盲，全面提高农村从业人员素质，起到了极其重要的作用。《纲要》制订了"到本世纪末全国基本扫除青壮年文盲，使青壮年人口中的文盲率降到5％以下"的目标。1993年8月1日，经过修改的新《扫除文盲工作条例》颁布。新修订的《条例》一是提高了扫盲对象的年龄上限，扩大了扫盲对象的范围，为更多的文盲参加学习提供了法规依据。二是提高了基本扫除文盲单位的标准。使各地扫盲工作有了新的奋斗目标，适应了扫盲工作新形势的需要，对推动20世纪90年代扫盲工作的广泛深入发展产生了重要作用。1994年8月，《中华人民共和国残疾人保障法》和《残疾人教育条例》为了保障残疾人受教育权利，规定"扫除文盲教育应当包括对年满15周岁以上未丧失学习能力的文盲、半文盲残疾人实施的扫盲教育"。1995年3月，《中华人民共和国教育法》第二章第二十三条明确规定："各级人民政府、基层群众性自治组织和企业事业组织应当采取各种措施，开展扫除文盲的教育工作。按照国家规定具有接受扫除文盲教育能力的公民，应当接受扫除文盲教育。"由此确定了扫除文盲教育在整个教育事业中应有的法律地位。新《扫除文盲工作条例》和《教育法》的颁布实施，标志着我国扫盲教育工作开始进入全面依法治教、依法开展扫盲工作的新阶段。1998年，教育部制订了《面向21世纪教育振兴行动计划》，把2000年实现"基本普及九年制义务教育，基本扫除青壮年文盲"作为全国教育工作的"重中之重"。

第二，认识到扫盲教育的长期性和复杂性。历史地看，文盲是个动态的概念，扫盲教育具有长期性。扫盲是一项长期性的战略任务。改革开放以来的扫盲教育政策在一定程度上克服了"前十七年"急躁冒进脱离实际的弊端。其一，秉持"分区规划、分类指导、因地制宜"的原则。1994年9月《国家教育委员会关于在90年代基本普及九年义务教育和基本扫除青壮年文盲的实施意见》，按照积极进取、实事求是、分区规划、分类指导的原则，根据各地经济、教育发展水平不同的实际，对全国的扫盲工作进行了新的规划，把全国划分为三类地区，分三步实施这一规划。其二，扫盲教育与普及初等教育、扫盲后继续教育统筹规划、同步实施。其三，坚持不懈地加强扫盲教育的力度，巩固扫盲成果，提高扫盲实效。2001年元旦，中国政府郑重向世界宣布：中国已经如期实现了基本普及九年制义务教育和基本扫除青壮年文盲的战略目标。在此之后，中国政府仍然重视扫盲教育。2004年国家启动了西部地区"两基"攻坚计划，加快了西部地区扫盲的步伐。到2007年"两基"攻坚计划结束时，西部地区15～50周岁青壮年文盲率下降到5％以下，顺利完成"两基"攻坚任务。从2007年开始，中央财政将扫盲教育补助资金由每年800万元提高到5000万元。地方各级人民政府也相应增加了扫盲教育的经费投入，特别是对文盲人口较多的中西部贫困地区的投入。2007年，教育部联合国家发改委、财政部等十二部门颁发了《关于进一步加强扫盲工作的指导意见》，对新时期中国的扫盲工作提出了新的要求，督促各级政府认真履行扫盲职责，加强扫盲工作的力度。同时明确了各有关部门的扫盲任务，确保扫盲教育目标的实现。为了进一步巩固义务教育普及成果，最大限度防止新文盲的产生，中国从2005年开始实施了义务教育经费保障机制改革，到2008年，在全国范围内实现了免费义务教育目标，义务教育阶段适龄儿童入学率得到进一步巩固。中国政府继续大力扫除现有文盲，巩固脱盲成果。

第三，明确扫盲教育的重点地区和重点人群。首先，贫困、边远、一部分少数民族地区和山区，主要为农村地区是扫盲教育的重点地区。把农村作为扫盲教育的重点，是基于中国的历史发展逻辑和现状做出的必然选择。一方面，这是由农村在我国经济社会发展中的战略地位所决定的。中国是以农为本的农业大国，农村占有全国最广大的地区和人口，在国家经济社会发展中具有举足轻重的重要影响。另一方面，这是由农村教育的现状所决定的。历史赋予了农村教育重要使命，农村教育的基础却比较薄弱，发展比较落后。从文盲的分布来看，盲区主要集中在农村。扫盲教育基本上是个农村教育问题。知识贫乏是一切贫困之源。大量文盲充斥农村，已成为长期制约农村发展的主要症结。教育的落后已使农村成为文盲的主要滋生地。只有把扫盲教育的重点放在农村，扫盲教育才找准了着力点。其次，人口较少民族、农村的家庭妇女、流动人口中的文盲是扫盲教育政策关注的重点人群。我国剩余的文盲主要分布在边远贫困农村和少数民族聚居地，如青藏高原、云贵高原和黄土高原等。这些地区经济、社会发展仍然比较落后，居住分散，扫盲的组织动员工作困难，集中开展教学也十分困难，加大了扫盲教育的成本。少数民族地区剩余文盲中年龄偏大的多、女性文盲多，缺乏报刊读物，学后不易巩固等因素也增加了扫盲的难度。改革开放之后人口流动增加，部分地区尚未普及义务教育，辍学率高，新生文盲不断产生，更增加了扫盲难度。在少数民族地区实行民族语言和汉语双语教育的成本远远高于普通的扫盲教育，经费成为制约少数民族扫盲教育的一个关键问题。少数民族地区多处于经济欠发达地区，经济基础薄弱，部分地方财政不能自给，难以保障扫盲经费的投入，教育资源匮乏。因此，中国政府一再强调要重点推进贫困地区、少数民族地区和妇女的扫盲教育，对重点地区和重点人群实行政策倾斜。例如，2007 年 12 月财政部、教育部发布了《扫盲教育中央专项资金管理暂行办法》。中央专项资金主要支持地方扫除人口较少民族和妇女等青壮年文盲工作，重点向中西部地区倾斜，同时兼顾扫盲任务较重和工作成绩突出的东部部分地区。专项资金的分配，主要考虑基本情况、工作实绩、机制建设等因素。

第四，通过加强国际交流与合作，使中国的扫盲教育政策顺应了国际扫盲教育的发展。中国的扫除文盲工作是联合国教科文组织实施"世界全民教育"行动计划的重要组成部分，中国政府提出的在 20 世纪末"全国基本扫除青壮年文盲"的目标和联合国教科文组织 1990 年提出"到 2000 年全世界扫除文盲"的努力目标是一致的。1996 年，联合国教科文组织提出了"现代文盲"的概念。在这个概念中，把"不识字的人即传统意义上的文盲、不能识别现代信息符号、图表的人、不能应用计算机进行信息交流与管理的人"定义为"现代文盲"。"现代文盲"的概念突出了功能性，功能性扫盲强调除了要掌握传统的基本知识、基本技能及两者结合的实用性技术外，更强调要掌握现代化的技能、技术和工具的使用。在我国，从 20 世纪 90 年代初至今一直处在功能性扫盲的阶段。1988 年《扫除文盲工作条例》的颁布，标志着我国扫盲教育以识字教育为主要任务的时代即将结束，以社会职业要求为基础的功能性扫盲开始萌芽。1993 年 2 月，中共中央、国务院颁布《中国教育改革和发展纲要》，对扫盲教育提出了更高的要求，扫盲对象扩展为凡 15 周岁以上的文盲、半文盲公民，扫盲教育要求"要把学习文化同学习科学技术知识结合起来，在农村把学习文化同学习农业科学技术知识结合起来"，这标志我国功能性扫盲的全面展开。扫盲是终身学习的基础。在成人教育领域的国际和国家政策仍然集中在扫盲，扫盲是联合国和联合国教科文组织的重点工作之一， "联合国扫盲十年"（2003—2012）和"扫盲增能倡议"（LIFE）都是扫盲工作的全球性框架，用以支持扫盲需求最大的国家。"在教育促进可持续发展十年"（2005—2014）中，成人学习和教育可以发挥相当重要的作用。在联合国教科文组织全球战略扫盲项目"扫盲增能倡议"（Literacy Initiative for Empowerment，LIFE）的框架下，中国对 2000 年以后扫盲教育的状况进行了认真的评估。2000 年第五次全国人口普查的结果显示，中国的文盲人口总数还有 8000 多万，主要为 50 岁以上人口，且地区分布差异较大，其中妇女和少数民族成人中的文盲较多。扫盲是缓解贫困、促进发展、提高国民素质的有效手段。对扫盲的重要意义，国际社会已经形成了广泛共识。改革开放 30 多年来，支撑中国快速发展的关键因素之一，就是大力发展教育，不断提高国民素质。为响应《达喀尔行动框架》，中国政府坚持把扫除青壮年文盲同普及九年制义务教育一起作为教育发展的重中之重，并把扫盲工作目标列入国家经济社会和教育发展的五年计划中。新世纪初，中国已成功地将成年文盲率从 1949 年新中国成立之初的约 80％降低到 5％以下。在《国家中长期教育改革和发展规划纲要（2010—2020 年)》中，中国政府确立的战略目标是：基本实现教育现代化，基本形成学习型社会，进入人力资源强国行列。提供更高层次的普及教育，形成惠及全民的公平教育，提供更加丰富的优质教育，构建动态的终身教育体系对于实现这一战略目标尤为重要。扫除文盲被列入这些教育发展目标之中。

　　第五，扫盲和消除贫困相结合。文盲和贫穷有着密切的联系。一般而言，文盲与贫穷相互影响，文盲导致贫穷，贫穷产生新的文盲。扫盲和扶贫相结合，可以帮助贫困者在掌握阅读、写作、计算等基本技能的基础上，学习科学文化知识，提高生产技能，学会合理安排收入，保持健康的生活方式，形成积极向上的生活态度，让贫困者走向致富之路，脱盲的同时实现脱贫。中国近年来开展的扶贫工作的经验也充分表明转变观念、充实心灵是帮助人们脱贫的第一要务。扫盲教育与促进经济发展、改善人民生活水平相结合，在开展扫盲教育的过程中根据贫困人群的分布情况和特点，寻找特定的教育普及途径，改变过去那种纯粹的文化补习模式，把扫盲教育与农业、卫生、健康、技术等知识的传递结合在一起，帮助贫困人群在脱盲之后能够进一步实现"脱贫致富"。中国扫盲教育的这种方式符合国际扫盲教育的发展趋势。联合国教科文组织提出的旨在"发展"的扫盲教育就是把焦点置于扫盲的实用性和经济性，扫盲目的的社会评价和扫盲的个人重要性上。为使扫盲教育有助于开发，还需要把它同国家、社区发展计划统合起来，扫盲教育还需要同生活结合起来，成为生活的一部分。这样的扫盲教育就能够促进社会的变革。

第六，我国农村扫盲教育仍然存在一些亟待解决的问题。第一，我国的西部地区、边远贫困地区、少数民族地区文盲率偏高的局面尚未得到根本改变。这些地区的人们由于受地域的限制，观念较保守、思想欠活跃，整个地区的经济发展水平较低，直接制约了教育的发展。到目前为止，还有相当一部分地区只能达到普四或普六的水平。在这种情况下，旧的文盲还未扫除，新的文盲又产生，这无疑给扫盲工作增加了难度。第二，已达到国家现阶段规定的基本扫除青壮年文盲目标的省份，由于人口基数大，剩余文盲总量仍不少。第六次全国人口普查显示，2010年我国文盲率为4.08％，比2000年第五次人口普查时的6.72％下降了2.64个百分点。虽然近十年文盲人口大幅减少，但仍存在5000多万的文盲人口，其中妇女文盲占文盲总数的比重仍然很大，扫盲教育任务仍然繁重。第三，不少地区，脱盲人员的复盲率出现增大的趋势。"两基"目标达到之后，有一些地方出现了满足扫盲工作现状，停步不前，忽视或放松扫盲的巩固提高工作，使复盲率上升，超过了《扫除文盲工作条例》规定的复盲率低于5％的要求。面对当前扫盲教育的形势，我国虽然基本实现了"两基"目标，但扫盲教育并未结束。"十二五"期间，扫盲教育的重心将转移到西部贫困边远地区、少数民族地区，扫除全国各地的剩余文盲、农村妇女文盲，加强扫盲后的继续教育，巩固扫盲成果。我国计划用五年的时间减少 1000 万文盲，到 2015 年将成人文盲控制在 4300 万左右。

反 思 篇

第九章　新中国成立以来农村教育政策的价值变迁

　　农村教育政策既是农村教育发展的引导性力量，它为农村教育的发展提供目标、路线和策略指引；农村教育政策又是农村教育发展的保障，它为农村教育的发展提供经费、人员和组织的支持。新中国六十余年的农村教育发展历史是在国家教育政策引领和保障下前行的。教育政策作为教育领域乃至公共事务中"价值的权威分配"，其背后有鲜明的价值取向予以支撑。这些取向或隐或显，都强有力地影响着农村教育政策。在不同的历史时期，农村教育政策的价值取向有转移；在教育政策的不同侧面，也有不同的价值取向。但是，不管怎样，价值取向都是我们分析农村教育政策时必须关注的一个重要因素。透过农村教育政策背后的价值取向，可以看到农村教育政策的不同面相。本章试图通过回顾与反思六十年来农村教育政策的发展与变迁，透视农村教育政策背后的几种主要的价值取向，可以帮助我们在更深刻的意义上理解农村教育走过的道路。

　　教育政策的价值取向深刻地体现在其政策目标中，某项政策的制定初衷是为了满足哪一类主体的需要，在实然层面上哪一类主体从教育政策中受益，这就是政策价值追求问题。教育政策追求何种目标决定了教育的内容和方式及其组织形式。综观新中国六十余年农村教育政策发展的历史，我们可以看出，新中国成立后农村教育政策的目标大致历经以下 5 个阶段：第一阶段是为农村的政权建设服务；第二阶段是为农村"无产阶级政治"服务；第三阶段是为"文化大革命"服务；第四阶段是为农村社会主义经济建设发展服务；第五阶段是为新型农民的培养服务。

一、农村教育政策为农村政权建设服务

　　中国共产党是以工人阶级为领导，以工人和农民联盟为阶级基础的。

农村和农民也是中国共产党取得国家政权的重要力量来源。在革命战争时期，农村教育就被视作革命斗争和根据地政权建设的重要基石之一，无论是在江西苏区还是陕北根据地，中国共产党都十分重视对农民的教育，包括农村干部教育、妇女教育等。早在 1934 年，在江西苏区召开的第二次全国工农兵苏维埃代表大会上，毛泽东就正式提出了苏维埃文化教育的总方针："在于其共产主义的精神来教育广大的劳动民众，在于使文化教育为革命战争与阶级斗争服务，在于使教育与劳动联系起来，在于使广大中国民众都成为享受文明幸福的人。"①虽然那时已经可贵地认识到教育的最终目的是"使广大民众都成为享受文明幸福的人"，但是在当时的战争和政治背景下，教育在更多的意义上只能是作为斗争和战争动员的工具而存在。

中华人民共和国成立后，党和政府确立了为工农大众服务的基本理念，农民改变了在旧中国社会结构中的边缘地位，成为了国家的主人，在人数上也因为其比例高而受到重视。新中国成立后，农村教育得到前所未有的大发展。发展农村教育，促进农民文化教育水平的提高既是党和政府服务农民的重要举措，同时也是对农村社会进行新民主主义和社会主义改造的手段，同时也是对农民进行社会动员与控制的重要机制。新中国的施政纲领《中国人民政治协商会议共同纲领》第五章"文化教育政策"规定：中华人民共和国的文化教育为新民主主义的，即民族的、科学的、大众的文化教育，人民政府的文化教育工作，应以提高人民文化水平，培养国家建设人才，肃清封建的、买办的、法西斯主义的思想，发展为人民服务的思想为主要任务。"如同那个时代的所有公共事务一样，这一教育政策的确立使得新中国成立之初的文化教育事业具有浓郁的政治色彩和斗争气息。在农村，由于教育基础发展较差，农民中文盲比例极高，因此，对农民的教育更多的是通过基本的文化知识教育来开展思想政治教育。通过对农民的教育——这种教育是广义的，包括扩大学校教育，更重要的是各种社会教育活动，如土地改革中通过对地主和富农的批判、诉苦会等政治活动中进行的思想"启蒙"和改造、塑造，通过连接到每一个生产队的广播和乡村

---

① 李桂林主编：《中国现代教育史教学参考资料》，48 页，北京，人民教育出版社，1987。

电影队等技术手段向农民传播国家意志。使得农民从没有文化的人成为国家所希望那样能够具有坚定的政治立场、会使用一定政治话语——如共产党、政府、干部、土地改革、阶级、成分、斗争、集体化、合作社、新婚姻法等词汇——的思想主体。通过学校教育和社会教育，国家的力量渗透进了传统社会中政府用力甚少的乡村社会，农民的政治身份被塑造出来并且深入人心，农民也形成了对新的国家政权的认同。这些都构成国家政权在农村社会和农民个体心目中获得合法化的重要基础。

对于新中国而言，获得政权合法化的另一个方面是通过迅速的、有显著成效的发展来证明自身比旧中国具有优越性，因此，国家政权建设需要一定数量的有文化的管理人员和劳动者。"社会主义是不能建立在大量文盲的基础之上的。提高农民的文化水平，是提高劳动生产率的一个重要条件；"[1]"开展工农教育，提高工人和农民的文化水平、政治觉悟和生产技术，就是加强和提高工农，巩固与发展人民民主专政的重要步骤。"[2]因此，新中国成立后农村教育改革的主要举措就是扩大教育对象的范围，使得更多的人能够有受教育的机会，扩大中小学的规模，提高工农群众的文化水平。在农村，以国家的薄弱力量将过去由宗族和家族自主管理的农民整合起来，尤其需要大批有政治素养和管理能力的干部，因此，新中国成立初期就举办了各种速成工农干部学校；对于大多数人而言，提高文化水平的手段就是入学接受教育，所以新中国成立初期大量举办各种农村中小学，大幅度增加农民入学接受教育的比例；大规模发展农村教育，也需要大量的教师，因此举办了各种速成师范学校，选拔其中有小学以上文化程度的毕业生入读师范学校；在农村，还通过冬学、识字运动等各种形式开展扫盲教育，提高农民的识字水平和计算能力，使他们能够理解上级政府的各种政治要求，能够参与农业合作化的组织和管理，帮助农民掌握农业生产技术。

国家政权建设既需要扩大教育对象的范围，使更多的工农群众能够接

---

① 董纯才：《第一次全国农民业余教育会议的总结报告》，载《人民教育》，1955。
② 钱俊瑞：《为提高工农的文化水平，满足工农干部的文化要求而奋斗》，载《新华月报》，1951。

受教育，形成政治认同，还需要有一定质量的教育，保证为经济社会的发展培养必需的人才。这构成了新中国成立初期农村教育发展面临的两个矛盾：公平与效率的矛盾、数量与质量的矛盾。其实，这两个问题是合二为一的，倾向于教育公平，就必须扩大教育规模，提高普及率。限于当时的条件，要注重提升教育质量和效率，就必须控制规模，这又反过来损害公平。从总体上看，新中国成立初期的农村教育，是一种低质量的公平，追求大面积地普及基础教育，以各种速成教育的业余教育，没有合格的师资队伍，没有系统的教材体系，短时间内大规模地扩大受教育者的范围，可想而知，其教育质量必然是极其低下的，但是就当时的客观条件来看，已经是很大的成就了。1951年颁布的《关于学制改革的决定》就十分鲜明地体现了公平的价值。它认为原有学制最重要的缺点，是工人、农民和干部学习和各种补习学习、训练班在学校系统中没有相应地位；小学学制六年并分初高两级的办法，使广大劳动人民子弟难于接受完全的初等教育。新学制将工农速成学校、业余学校、识字学校、各类政治学校和政治训练班等正式纳入学校系统，从而形成工农速成教育、成人业余教育和正规教育并存的格局，并将小学从六年减为五年，使更多的农民子弟能够接受完整的小学教育。

就国家教育整体发展格局而言，为了适应国家经济发展和工业化建设的需要，要集中优势力量培养一批高端人才，为此举办了一批重点中学。1953年毛泽东主持中共中央政治局会议，决定"要办重点中学"。这些重点中学都办在大中城市，看上去与本研究的主题——农村教育没有直接关系。但是这样的"重点论"思维其实深刻地影响到了农村教育的健康发展。国家在经济困难的条件下，教育经费投入的总量是极其有限的，城市教育用的多了，农村教育用的必然就少了；重点学校用的多了，普通学校用的必然少了。因此，城市的重点中学、小学的举办占用了较多的教育资源，导致了农村办学条件受到忽视。农村可以因陋就简办简易学校以及"农民教育农民办"等话语，甚至由于长期积淀形成了农村教育低质量的办学条件是可以接受的这种惯性思维。

在农村教育内部，教育不公平的问题在不同人群身上也明显地存在着。

虽然《共同纲领》中规定"发展为人民服务的思想",而其紧接着又提出并强调"为工农服务",把人民的范围缩小到"工农"。这符合当时政治形势的需要,也符合当时政治运转的逻辑。但在当时土地改革和政治斗争的背景下,使得教育实践中非工农出身的一部分农民如地主、富农子弟及家庭与旧的政治势力有关系的人无法与其他农民一样平等地享受教育的权利。这造成了在农村教育内部的不平等。而这样赋予一部分人教育的权利,使其感受到优越性,从而更加积极地认同社会制度;同时剥夺一小部分人的受教育权利,使其在社区中感受到歧视和压力,使其从心理上顺从国家的秩序,这也是符合国家政权建设需要的。

二、农村教育政策为农村"无产阶级政治"服务

从新中国成立到 1956 年社会主义改造完成,国家的各项建设逐渐步入正轨,但还存在各种问题,对这些问题性质及其严重程度的判断导致中央领导集体对矛盾斗争的形势估计偏于严峻。

1957 年是个极其重要的转折。1957 年 3 月 12 日,毛泽东在全国宣传工作会议上分析了知识分子的状况:我国"五百万左右的知识分子中,……有少数知识分子对社会主义制度是不那么欢迎、不那么高兴的"。他还论述了知识分子改造的路径:"要向生产者学习,向工人学习,向贫下中农学习,在学校则要向学生学习,向自己的教育对象学习。"[①] 这为此后若干年里对待知识分子的态度和方法定下了基调。同年 5 月 15 日,毛泽东发表《事情正在起变化》,以犀利和充满战斗性的语言"反击""右派"的猖狂进攻,使整个社会斗争的形势和气氛日益严峻起来。[②] 在全社会开展整风运动和"反右"斗争,其中,教育是"反右"斗争的重灾区。"一九五七年夏至一九五八年春,在全国各级各类学校中,一批干部、教师、职员和大学

---

① 中央文献研究室:《建国以来重要文献选编·第十册》,110 页,北京,中央文献出版社,1994。
② 同上书,264 页。

生被划为右派分子。"① 为了从根本上改造知识分子，通过教育与生产劳动结合，让知识分子参加体力劳动，改造他们的思想，培养他们对劳动人民的感情。这解决了长期以来在毛泽东头脑中的劳动人民地位和知识分子的关系问题，消除了体脑差别，体现了社会主义所追求的朴素平等。同时，知识青年下乡参加劳动，很多人到农村学校做教师，改善了农村学校的师资条件，带来了许多外部世界的新鲜知识，知识青年在改造自己的同时也提升了农村人口的总体文化水平，为农民群众在文化教育领域增加了新鲜血液。

前述对形势的判断也显著地影响到农村教育发展。在此背景下，教育作为阶级斗争工具的角色仍需长期维持。周恩来在一届人大四次会议的《政府工作报告》中指出：新中国的教育与旧中国的教育根本不同，必须反映社会主义的新政治、新经济，必须为广大劳动人民服务，必须适应我们国家社会主义改造和社会主义建设的需要。② 教育部部长杨秀峰说："1958年教育大革命的目的，就在于使我国的教育事业能够更好地为社会主义革命和社会主义建设服务，为消灭一切剥削阶级和一切剥削制度的残余服务，为将来向共产主义过渡、逐步消灭脑力劳动与体力劳动的差别服务。"③ 如果说新中国成立之初的教育发展只是伴随着收回"私塾"、开展工农速成教育等带有政治色彩和功利性目的的教育发展手段的话，那么随着"整风""反右""大跃进"等一系列政治事件的发生，教育与政治的密切关系在文化教育领域日益凸显，教育成为阶级斗争工具的角色日益突出。

在这种斗争思维的指导下，教育为无产阶级政治服务的发展思路逐渐明确。首先是新的教育方针的确立。1957 年，毛泽东明确提出了"教育必须为无产阶级政治服务，必须用生产劳动结相合。劳动人民要知识化，知识分子要劳动化"的教育方针。④ 中央文教小组组长陆定一著文详细论述

---

① 中央教育科学研究所编：《中华人民共和国教育大事记：1949—1982》，200 页，北京，教育科学出版社，1984。
② 同上书，200 页。
③ 杨秀峰：《我国教育事业的大革命和大发展》，载《人民教育》，1959（11）。
④ 《毛主席论教育革命》，11 页，北京，人民出版社，1967。

了《教育与生产劳动相结合》："教育与生产劳动相结合，是社会主义革命所需要的，是社会主义所需要的，是建设共产主义远大目标所需要的，是多快好省地发展教育事业所需要的。"结合前述中央领导层对社会发展问题和革命形势的判断以及对知识分子的态度，在当时的革命形势下，我们可以这样理解新的教育方针：无产阶级政治是教育发展的目的，教育与生产劳动相结合是手段。刘佛年曾对此进行过鞭辟入里的分析："'教劳结合'在'革命需要'的层面上实质上变为教育与阶级斗争相结合。所谓'建设的需要'，即是整风运动和反对资产阶级右派的斗争的胜利，掀起了我国工农业生产的'大跃进'形势的需要；为多快好省地培养大批又红又专的技术人才的需要。因此，'教劳结合'在建设需要的层面上转变为教育与'大跃进'相结合。"[①] 但是，这一方针的确立还不仅仅如此简单，对于新中国教育的发展而言，其背后还有深层次的含义和更为深远的影响。在农村学校教育中，教育与生产劳动相结合的重要表现就是强化与农业生产有关的知识，并且学生参与劳动。1957年的教学计划调整初、高中三年增设"农业基础知识"。同时，农村学校开门办学，学校办农场，教师和学生走出学校，走到农民中间，开展教育，参加各项劳动和运动。这带来了教育秩序的混乱，在一定程度上损害了教育质量。

在农村教育实践中，"教育为无产阶级政治服务，教育与生产劳动相结合"通过教育政策反映在教育的内容和形式上。1957年后，中央连续发布多个文件，强调思想政治教育在学校教育中的重要性。为了治理农村中存在的各种不良情绪，中共中央决定以大规模运动的社会教育形式对农民进行思想教育，改造农民的不合时宜的落后思想，这是比日常的业余文化教育更为重要的教育。土地改革是以在肉体上的批判对少数地主等敌对阶级进行强制改造，那么社会主义教育运动就是通过各种形式的辩论或者斗争，使农民在思想深处发生观念的深刻变化，使之自觉地拥护各项社会主义制度。

农业中学和半耕半读教育制度的确立使得农村教育与生产劳动相结合达到了高峰。1958年4月21日，《人民日报》发表社论号召大量发展民办

---

① 刘佛年主编：《中国教育的未来》，55页，合肥，安徽教育出版社，1995。

农业中学。刘少奇倡导在农村发展半耕半读学校，并把它上升为社会主义、共产主义教育长远发展的基本方向；逐步消灭体脑差别的根本措施；不但是教育问题，而且也是"两种思想，两条道路"斗争的问题。① 在"大跃进"的背景下，农业中学和半耕半读的教育制度在农村人民公社得到大幅度发展。据1965年的不完全统计，"全国办有半工（农）半读学校4000多所"，"农业中学和其他职业中学发展到616000所，在校学生443万人"。"有8个省份先后办起半工（农）半读的高等学校。全国66所高等农业院校中，已试办半农半读的37所，学生占在校生的15％。""全国耕读小学40万所，占全国小学总数的31.4％。"②

由于全社会的浪漫主义和对社会主义建设的激情，更重要的是因为主观主义的影响，1958年兴起了"大跃进"运动。在当时，"大跃进"就是最大的无产阶级政治。"大跃进"的激进主义行为方式对教育事业造成了严重的冲击，在"大跃进"的影响下，制定了许多不切实际的教育发展目标，如1958年，中共中央、国务院《关于教育工作的指示》将这一目标大大提前，提出"全国应在三年到五年时间内，基本上扫除文盲、普及小学教育、农业合作社社社有中学和使学龄前儿童大多数都能入托儿所和幼儿园的任务"③。基层教育管理者则积极响应，以革命的精神发展农村教育的规模，而不顾基础教育的质量。"人民公社大办教育的高潮，短短几个月的时间里，办起几万所农业中学和几十万所各种形式各种类别的工农业余学校……工人农民为迅速提高自己的政治觉悟和文化科学知识水平，就在各地党委领导下，运用劳动建校、献工献料的办法来解决校舍设备和经费问题，用'能者为师、就地取材'的办法来解决师资问题，这样在短短的几个月时间里，全国办起了几十万所各级和各种形式的工农业余学校，几万所农业中学和普通中小学幼儿园。全国绝大多数地区，基本上做到了人民公社队队有幼儿园和小学，社社有初中，县县有高中。形成了'处处有学校，

---

① 刘佛年主编：《中国教育的未来》，62页，合肥，安徽教育出版社，1995。
② 《中国教育年鉴》编辑部编：《中国教育年鉴（1949—1981）》，469页，长沙，湖南教育出版社，1986。
③ 杨东平主撰：《艰难的日出——中国现代教育的20世纪》，163页，上海，文汇出版社，2003。

户户读书声'的局面。工人、农民学政治、学哲学、学文化、学技术。"①

更重要的影响是，在激情燃烧的"大跃进"中形成了革命式的思维："要实现这个方针，不经过轰轰烈烈的群众运动，冲破习惯势力的束缚，破旧立新，是不可能的。有些人却在群众的革命运动面前进行非难，说什么'学校搞得乱哄哄，太没有秩序了。'这不过是资产阶级对于革命的群众运动惯常的歪曲。"② 这种打烂秩序，为了革命而不尊重教育发展规律的行为为今后的"文化大革命"中的教育大革命的混乱状况埋下了伏笔。"纵观中外政治的发展，应该说，一个健全的政治文化通常会在创新与保守中保持平衡。"③ 然而，"大跃进"中的激进打破了社会常态发展的平衡，造成了不可估量的损失，农村教育事业也深受其害。

三、农村教育为"文化大革命"服务

1966 年 8 月 1 日至 12 日，中共八届十一中全会在北京举行。全会通过《中共中央关于无产阶级文化大革命的决定》（简称《十六条》），其中规定："在当前，我们的目的是斗垮走资本主义的当权派，批判资产阶级的反动学术'权威'，批判资产阶级和一切剥削阶级的意识形态，改革教育，改革文艺，改革一切不适应社会主义经济基础的上层建筑，以利于巩固和发展社会主义制度。"④ "改革旧的教育制度，改革旧的教学方针和方法，是这种无产阶级文化大革命的一个极其重要的任务。在这场文化大革命中，必须彻底改变资产阶级知识分子统治我们学校的现象……学制要缩短。课程设置要精简。教材要彻底改革，有的首先删繁就简。学生以学为主，兼学别样。也就是不但要学文，也要学工，学农，学军，也要随时参加批判资产

---

① 杨秀峰：《我国教育事业的大革命和大发展》，载《人民教育》，1959（11）。
② 同上。
③ 李强：《保守主义的内涵与价值》，载《读书》，2012（5）。
④ 中央教育科学研究所编：《中华人民共和国教育大事记：1949—1982》，395 页，北京，教育科学出版社，1984。

阶级的文化革命的斗争。"① 教育作为"文化大革命"的重要组成部分，是推动"文化大革命"深入的重要力量，也是"文化大革命"的重灾区。1966 年 12 月 15 日，中共中央发布《关于农村无产阶级文化大革命的指示（草案）》："中等学校放假闹革命，直到明年暑假。半农半读大中学校的文化革命，应当按照抓革命、促生产的方针，根据具体情况，妥善安排。农村小学的文化革命，和所在社、队一起搞，由所在社、队的文化革命委员会统一领导。"在文化和教育大革命的背景下，农村教育惨遭破坏，从管理体制、教育内容到教学方法都要发生"革命"，教育秩序混乱，教育质量空前下降。

"文化大革命"中，以大破大立的方式打烂一切的革命精神渗透在社会生活的各个领域。以"革命"的思维办教育，在农村教育中的重要体现就是盲目性和随意性。为配合"文化大革命"，农村学校"停课闹革命"，农村中小学生成立红卫兵和红小兵组织，在全国进行大串联，有些地方兴起武斗。至 1967 年年初，教育界基本处于瘫痪状态。1967 年 3 月 7 日《人民日报》发表社论《中小学复课闹革命》，号召中小学革命师生响应党中央的号召复课闹革命。社论提出"复课闹革命，复的是毛泽东思想的课，上的是无产阶级'文化大革命'的课。上课，主要是结合无产阶级'文化大革命'，认真学习毛主席著作和语录，学习有关无产阶级'文化大革命'的文件，批判资产阶级的教材和教学制度。"② 此时，无论是"停课"还是"复课"，其核心主题都是"革命"，教育教学活动被弃置一边。毛泽东倡导"学制要缩短"，但是这样的倡导未经科学研究，各地随意更改学制，以致全国各地的学制混乱。有些地方将小学改成 5 年制、中学改为 4 年制，或者将中小学合并改为"九年一贯制"③。"'文化大革命'以来，全国各地进行了中小学学制改革，其中 14 个省、自治区实行九年制（小学五年，初中二年，高中二年）；7 个省、市、自治区实行十年制（小学五年，初中三

---

① 中央教育科学研究所编：《中华人民共和国教育大事记：1949—1982》，395 页，北京，教育科学出版社，1984。
② 金铁宽主编：《中华人民共和国大事记》，850 页，济南，山东教育出版社，1995。
③ 同上书，870 页。

年，高中二年或小学六年，中学四年）；9 个省、自治区农村学校实行九年制，城市学校实行十年制；西藏自治区实行小学五年制和六年制并存，初中实行三年制。"① 其混乱程度可见一斑。

"文化大革命"中的农村教育没有稳固的发展方向和路径，而是迎合社会革命的各种需要。1969 年中苏珍宝岛战争爆发，各地农村中小学都组织拉练，进行全民大练兵。② 中央提出农业学大寨，农村教育就要为普及大寨县服务，"各级学校要树立'以农业为基础，以工业为主导'的思想，积极参加和支援农业学大寨，普及大寨县的工作。要积极组织学生参加农田基本建设活动……教学内容要考虑农业学大寨的需要。普通中学要开设农机课或农机班……校办工厂、农场也要为学大寨服务。"一个"农业学大寨"，就彻底改变了农村教育的形式、内容等，从中也可见办教育的随意和教育对政治的附属地位。

"文化大革命"中的教育有严重的反智主义倾向。1975 年 1 月 10 日《教育革命通讯》发表两篇短评，集中批判"学校是读书的地方"，"是传播知识的场所"等论点，并说在无产阶级专政条件下，资产阶级往往"打出'智育第一'等骗人的幌子"，以十倍的努力，百倍的疯狂来培养资产阶级接班人。③ 在实际的教学中，弱化文化知识教育在农村学校教育中的地位。在招生考试阶段，则强化身份和政治思想表现，不考核文化知识水平。这种招考制度对学生的学习难以起到激励效果，也导致了农村中小学正常的教育教学工作难以开展，教学评价难以进行，河南的马振扶公社事件就是"四人帮"反智主义教育思想的集中体现。

"文化大革命"时期，贫下中农因为其政治成分而成为一个农村教育革命的重要力量。贫下中农因为其占有的生产资料少、受剥削最严重而成为新民主主义革命时期共产党在根据地进行政治动员和后来的土地改革中最坚决、最有力的支持力量。"文化大革命"时期，贫下中农成为农村文化革

---

① 中央教育科学研究所编：《中华人民共和国教育大事记：1949—1982》，454 页，北京，教育科学出版社，1984。
② 同上书，479 页。
③ 同上书，471 页。

命和教育革命的重要依赖力量。在农村教育管理体制改革中，自1968年11月底起，农村中小学在社、队革命委员会领导下，成立以贫下中农为主、有师生代表参加的贫下中农管理学校委员会或教育革命委员会，管理本社队范围内的中小学。贫下中农管理学校后，宣布废除校长负责制，学校的一切重大工作，均由"贫管会"决定。有些地方组织贫下中农讲师团，或聘任贫下中农为专职、兼职教师，按照社队需要安排教学活动，贫下中农在田间、地头给学生讲活的农业基础知识。①。

　　"文化大革命"期间，农村学校教育的内容除了一些必须的农业生产常识外，主要的篇幅是关于"文化大革命"的政策文件和领袖语录。如1967年发布的《关于小学无产阶级文化大革命的通知（草案）》所规定的教育内容为："五六年级和1966年毕业的学生，结合文化大革命，学习毛主席语录、'老三篇'和'三大纪律八项注意'，学习'十六条'，学唱革命歌曲。一二三四年级学生学习毛主席语录，兼学识字，学唱革命歌曲，学习一些算术和科学常识。"这些体现革命性的教材，不能跟上社会和科技的进步，无法培养青年一代的基础知识、技能和思维能力，对当时的农村教育质量造成不良影响。

　　从与城市教育相比的宏观维度上看，农村社会中的总体教育资源增加了，城乡之间教育分配的比例中农村的份额也增加了。如1971年"四人帮"炮制的《纪要》就指出"农业大学要统统搬到农村去，医药院校应坚定地把重点面向农村……要推广农村的五七大学。"《纪要》还提出"争取在第四个五年计划期间，在农村普及小学五年教育，有条件的地方普及七年教育。"② 确实，在客观上，"文化大革命"时期，由于追求农村教育普及的良好愿望和农村集体办教育的革命积极性被调动，加之"大跃进"时期学校规模盲目扩大所遗留的教育资源，把学校办到家门口，方便农民子女就近上学，为普及农村中小学教育奠定了基础。同时由于贫下中农参与

---

① 　金铁宽主编：《中华人民共和国大事记》，870页，济南，山东教育出版社，1995。
② 　中央教育科学研究所编：《中华人民共和国教育大事记：1949—1982》，440页，北京，教育科学出版社，1984。

学校管理和教学、教材水平粗浅易懂、教育与农业生产相结合、开门办学等教育形式，也都有利于农村学校教育的普及。但是，从总体上看，由于规模的盲目扩大和教育的无序发展，导致"文化大革命"时期教育质量的急剧下降，这样的农村教育普及无疑是低质量的教育公平。

四、农村教育为社会主义经济建设服务

"文化大革命"期间，整个国家和社会以革命和斗争为主题，正常的经济、社会和教育发展受到严重影响。直到党的十一届三中全会胜利召开，确定了以经济建设为中心、实行改革开放的基本路线，才将党和政府工作的重点真正转移到社会主义现代化建设上来。此后，各项改革如火如荼，各行各业蓬勃发展。1992 年邓小平南方讲话和党的十四大召开，进一步明确了社会主义市场经济体制建设的总体目标、任务和路径，加快了改革开放的步伐。20 世纪 90 年代，社会经济总量迅速发展，城市化进程加快，在国有企业、人事制度、医疗、住房、社会保障等方面的改革不断深化。但是随着改革深入，社会矛盾也日趋激化，社会进步的过程中暗藏着各种深层次的问题，这些问题需要进一步的改革才能有效解决。

中国是个以农立国的国家，农业是国民经济的基础。1979 年中共中央《关于加快农业发展若干问题的决定》明确了农业现代化的任务和路径。1983 年，在农村废除人民公社制度，农村联产承包责任制在全国广泛推行，农村呈现一片欣欣向荣的景象。但是，农业生产率不高，农业中的科技水平含量低，农民的文化教育水平较低，这些都制约着农村社会的进步和农业的发展。20 世纪 90 年代，随着国家和社会改革的进程，农村的发展也发生了深刻的变革。城市化进程加快，农村人口通过城镇化建设和进城务工等形式向城市转移。这种变革给流入地政府带来压力，同时，也造成了农村社会的空心化。与此同时，农村的社会发展水平和农业生产率没有得到显著增长，各种社会问题凸显，农村和农业的地位日益薄弱，形成了各界共同关注的"三农问题"。在农村，教育投入水平一直未有显著提

高，由此导致的教师工资拖欠、办公经费不足、办学条件恶劣等矛盾突出，农村教育质量受到严重影响。

在农业经济和农村社会建设的过程中，教育和科技发展无疑扮演着重要角色。农村教育能够为农民提供基本知识和基本技能，为农村培养科技人才，研究、传播农业科学技术，促进农业科技的发展，农业科技则直接提升农村的生产率。但是，在中国农业和农村发展的过程中，农民的文化技术素质不高，吸收和运用农业技术的水平较低，农业科技人员的比例较低，农业科技对农村生产的贡献率较低，农民的经营管理水平较低，农民的公民素养和法律意识较为淡薄，这些都是制约农村社会进步的重要因素，同时也是农村教育应该着力打造之处。遗憾的是，农村教育虽然为农村科技进步和人才培养做出了贡献，但其与农村社会发展的需要还相差甚远，主要体现在：农村教育结构不合理，不能适应农村教育发展的要求，农村教育偏重于普通教育，职业教育和成人教育发展薄弱，不能为农业科技、管理人才的成长和进城务工人员提供有效的培训服务；农村学校偏重于升学教育，片面追求升学率，不能为农村经济社会建设培养所需要的人才；农村教育的特色不明显，与城市教育趋同，课程设置、教育模式不能适应农村社会的需要；农村教育内容偏向于知识教育，不能为农民在科技知识、经营能力、公民素养等方面的全面发展服务；教育政策的调整不能适应城市化进程的需要，不能为进城务工人员子女就学、留守儿童的学习提供必要的保障。

为此，农村教育政策一直在以社会主义现代化建设为导向不断改革，调整教育发展的目标、内容和方式。首先，农村教育发展目标的调整，逐步明确了农村教育发展应该为本地社会主义建设服务的目标。1983年中共中央在《关于加强和改革农村教育若干问题的通知》中指出："提高劳动者政治、文化素质，造就农村需要的各种人才，是农村社会主义建设的一个重要方面。""农村学校的任务，主要是提高新一代和广大农村劳动者的文化科学水平，促进农村社会主义建设。农村学校一定要适应农民发展生产、劳动致富、渴望人才的要求，一定要引导广大学生热爱农村、热爱劳动、学好知识和本领"。1987年召开了农村教育为当地经济建设服务经验交流会，何东昌在会上指出："县和县以下的教育重点是为本地区的各项建设事业服务，中心是经济建设。……所以一定要解决农村教育的面向问题，把头调过来，重点为本地服务。"具体而言，农村教育的发展目标是，"我们要为农村培养出大批有理想、有道德、有文化科学技术、遵纪守法、有一定经营本领的发展农村社会主义商品经济的能手和带头人"。[1] 农村教育改革的最终方向是使农村教育能适应当地经济建设、社会发展和人民改善生活的实际需要。

其次，调整了农村教育结构，推行"三教统筹"，即实现农村基础教育、职业技术教育和成人教育的统筹发展，"基础教育必须实行文化教育与劳动技术教育相结合的模式"，"把普及义务教育和发展职业技术教育结合起来。即在积极实施九年制义务教育的同时，把发展以初级为主体、中级为骨干的多种形式的职业技术教育和成人教育，作为解决经济建设和社会发展的突破口。每个县首先办好一、二所骨干中等职业技术学校和成人学校，把人才培养和科技示范、技术推广、生产开发、经营服务密切结合起来。"[2] 同时，"农村成人教育要从发展农村经济、促进农民致富的实际需要出发，仅仅围绕推广当地继续的使用技术，积极发展县、乡、村三级成人文化技术学校，广泛开展各种实用技术培训"。"基础教育、职业技术教育、成人教育'三教统筹'；教育同科技、农业的结合，即农科教结合。"[3] 以开展教育培训、提高农民文化技术素质为手段，把经济发展、科技推广、人才培训紧密结合起来；通过政府统筹安排，形成科教兴农的强大合力，取得最佳的整体效益。

再次，国家教委于 1988 年 5 月推出"一个深入进行农村教育改革实验，推动农村教育为当地农业生产和农村经济发展服务"的"燎原计划"。燎原计划是一个教育与经济相结合，治愚与治穷相结合的计划。"燎原计划"要求，"从我国的实际出发，农村教育应当在良好的根基上，面向当地

---

① 何东昌主编：《中华人民共和国重要教育文献》，2656 页，海口，海南出版社，1998。
② 同上书，2852 页。
③ 李铁映：《发展和改革农村教育，为农村社会主义建设服务——在全国燎原计划与农村教育改革实验县工作会议上的讲话》，载《中国教育报》，1990-01-13。

农村经济建设的实际需要，大力发展活泼多样的职业技术教育。使学生不仅学好文化科学基础，而且能掌握一定的实用技术和经营本领，成为发展农村商品经济的骨干"①。"燎原计划"的实质，就是要通过改革和发展农村教育，大面积提高农村劳动者的素质，增强农村吸收和运用科学技术的能力，提高农村经营管理水平，促进农业生产、农村经济的发展和社会主义精神文明建设。国家教委关于在全国建立"百县农村教育综合改革实验区"，实施农村教育综合改革。农村教育综合改革实验"要围绕为当地培养合格劳动者这一主要任务，改革教育思想、结构、内容、方法和管理体制，使教育与当地建设和人民幸福更密切地联系，以提高地方办教育和群众送子女上学的积极性。改革的总体目标是建立教育与经济和社会发展互相促进的机制，使教育与经济、社会协调发展，不断提高办学效益和教育质量，使受教育者获得全面发展。通过改革和发展教育，促进农村的物质文明和精神文明建设"②。

为了改变农村中学毕业生在离开学校之后"种田不如老子，养猪不如嫂子"的局面，1980年代的农村基础教育要增加生产技能的知识，教育行政部门提议对农村学校基础教育内容进行改革："语文、历史、地理这些课程应有一些联系本地实际的内容，这样学生学起来感到亲切，既有兴趣也有用处。例如讲讲本地的资源、优势是什么，怎么能富起来。这样不仅使孩子们热爱家乡，也使他们从小开始逐步懂得怎样建设家乡。数学、物理、化学、生物更可以联系当地实际，把爱科学的思想与改变当地面貌结合起来。例如化学课，对土壤、肥料的成分可以做测试。还可以讲一点实用知识，如讲氧化要充分的道理，推广省柴灶。"③ 这些具体细致的改革在一定程度上推动了学校教育与农村的联系更加密切。在学校中，国家教委和中国科协在农村中小学开展课外科技"小星火计划"活动，促使学生在活动中学会一项当地农业生产、经济发展所需要的种植、养殖、加工、农机等

---

① 何东昌主编：《中华人民共和国重要教育文献》，2854页，海口，海南出版社，1998。
② 同上书，2857页。
③ 同上书，2656页。

方面的实用技术，进而培养学生热爱农业科技，从小立志为家乡农业生产服务的思想，使学生毕业回乡后，可较快地参加当地农业生产建设。① 从这里也可以看出，对农民子弟进行"为农"的教育在 20 世纪 80 年代是农村教育的主流观念和主要做法。

进入 20 世纪 90 年代以后，国务院还出台了《关于积极实行农科教结合，推动农村经济发展的通知》，重申"农科教结合"的策略，提出以促进农业和农村经济发展为目标，以推广先进农业科学技术为动力，以加强农村教育特别是职业技术教育和适用技术培训为基础，实现农业和农村经济的全面振兴。"但是，由于整体的社会环境，农村教育的主流思想一直在政策文本上的"为本地的社会经济建设服务"和现实中的"为城市和高等教育输送人才"之间摇摆。也许，每一个农村的中小学毕业生在毕业典礼的时候最常用的词语就是"一颗红心，两种准备"，"两种准备"即升入高一级学校或回乡务农。因此，直到"燎原计划"开展 6 年后，1995 年国家教委在其《关于深入推进农村教育综合改革的意见》中，还在要求"农村教育转到主要为当地经济建设和社会发展服务的轨道上来"。从另一个侧面也说明了转轨之艰难。

20 世纪 90 年代中期以后，随着市场经济体制改革和对外开放的深入进行，城市化进程在加快。农村经济在国民经济中所占比重越来越低，农村经济社会发展水平滞后于社会总体进步水平，城乡差距不断拉大。农村教育发展也受到了严峻挑战。农村义务教育虽然得到普及，在经济较为落后的地区普及九年义务教育还造成地方政府的沉重负担，同时导致了义务教育在低质量中发展规模，更重要的是在发展义务教育占据了地方政府大量精力和经费，而与农村发展更加密切相关的职业教育和成人教育则受到影响。伴随着高等教育的大规模扩招，农村学生升入高校的比例显著增加，回乡参加建设的青年越来越少，农村社会的发展越来越缺乏活力。精英取向的、面向城市的高考选拔制度和重点校制度，城市偏向的教育资源分配体制，使得农村学校教育越来越向城市教育看齐，农村青少年和城市青少

---

① 何东昌主编：《中华人民共和国重要教育文献》，3237 页，海口，海南出版社，1998。

年一样去参加考试来竞争升学的机会。农村学校教育的内容也放弃了 20 世纪 80 年代所追求的乡土特色而渐趋与城市保持一致，农村学校教育越来越远离农村发展的需要。

五、农村教育通过培养新型农民促进新农村建设

新世纪以来，党的中央领导集体先后提出了"三个代表"的重要思想、"科学发展观"和构建社会主义和谐社会的思想，为新时期的社会发展指明了方向。"三个代表"重要思想将最广大人民的根本利益置于重要位置；科学发展观指出新时代的发展应该坚持以人为本，全面、协调、可持续的发展，促进经济社会和人的全面发展"，统筹城乡发展、统筹区域发展、统筹经济社会发展、统筹人与自然和谐发展、统筹国内发展和对外开放，推进各项事业的改革和发展。其中尤其强调城乡统筹发展，城乡发展中经济和社会也要协调发展。社会主义和谐社会则是 2004 年 9 月 19 日，中共十六届四中全会提出，"构建社会主义和谐社会"，要建设的是"民主法治、公平正义、诚信友爱、充满活力、安定有序、人与自然和谐相处"特质的理想社会。

新世纪以来，农村的发展受到前所未有的重视，从 2004 年到 2008 年，中共中央连续五年颁布"一号文件"，加强对农村发展的政策支持力度。2006 年中共中央"一号文件"提出了关于建设社会主义新农村的构想，要建设"生产发展、生活宽裕、乡风文明、村容整洁、管理民主"的新农村。2010 年的中共中央"一号文件"提出要努力形成城乡经济社会发展一体化新格局，实现城乡之间相互依托、互利互惠、相互促进、协调发展、共同繁荣的新型城乡关系。新世纪 5 个中央一号文件的共性是统筹城乡发展，建立以工补农、以城带乡的长效机制，缩小城乡差距，提升农村公共服务水平，促进城乡经济社会一体化发展。

社会主义新农村建设要实现生态文明、政治文明、物质文明和精神文明的协同发展。新农村建设需要提高农民的综合素质，一方面需要农村的成人教育通过创新教育形式、丰富教育内容，拓展教育范围，提升农民的

综合文化素质；另一方面需要农村学校教育实现教育方式的改革，培养对农村文化的理解和认同，同时培养新一代青年对现代社会的适应能力，能够在城乡两种文化之间游刃有余地迁移。城乡经济社会一体化发展则需要教育公平，在城乡教育的资源配置、体制机制改革、教育内容选择、人才选拔方式等方面做出全面的、深刻的改革，实现城乡教育一体化。

在新的背景下，农村教育发展的价值导向与 20 世纪末为本地经济建设服务有了明显的不同。农村教育注重"以人为本"。这里的"以人为本"有三重含义。第一，农村教育发展的目标指向"人"而不是指向经济发展，教育的目的回到了人自身，人不再是经济发展的手段，这就回到了教育的本义。第二，人是生活的主体，职业生活和经济生活不是人生的全部，现代人要提升生活的品质，关怀生命的质量，还要学会融入公共生活，这些都需要现代教育赋予人改善生活的能力和素养，如健康知识、科学知识、民主和法治的知识。在此意义上，农村教育应该超越技术培训的功能，赋予农民在现代社会中游刃有余地生活的文化知识和能力。第三，人的一项基本要义是人人平等，在此意义上农村教育应该追求公平的价值。因此，城乡教育应该实现一体化发展，不因人们居住的地区和所从事的职业而区隔人们所受教育的质量。

建设社会主义新农村的过程中，农村教育的核心是培养新型农民。新型农民的素质就决定了新农村建设的最终成效。新型农民是"有文化、懂技术、会经营"的具有良好科学文化素质的农民。新型农民的培养需要加强农村的职业教育和成人教育、培训。2011 年教育部等九部委在《关于加快发展面向农村的职业教育的意见》提出"要加强三教统筹，推进农科教结合。农村基础教育、职业教育、成人教育要分工协作，形成合力，共同培育"有文化、懂技术、会经营"的新型农民；开展农村实用技术培训，提高农民从事现代农业生产和经营服务能力；开展农村转移劳动力就业技能培训，提高农村富余劳动力转移就业能力，改善农村民生；开展思想道德、时事政策、文化、卫生、科普常识和社会生活等方面的教育培训，提高全体农民综合素质，使他们初步掌握在城镇和非农产业就业必需的技能。新型农民的培养与传统的农村人才培训不同，他们不仅要具备关于生产、生活的基本技能，还需要有文化，包括在现代社会参与公共事务所需要的民主和法治意识，提升生活质量所需要的文化素养等。

在城市化的背景下，流动性是新型农民的重要特性。新型农民流动在城市和乡村之间，一方面，他们要利用自己所学习的文化在城市或农村谋生；另一方面，他们的子女也成为随迁人员或留守儿童，需要教育政策的特别支持。解决无论是在城市还是在乡村留守的新型农民子女的就学问题，新型农民的发展是包括其子女在内的高质量的发展。

农村教育是城乡经济社会一体化格局的重要组成部分，也是城乡一体化的重要动力。这就要求农村教育发展和新型农民发展内在地具有公平性。众所周知，现在农村教育发展的整体水平与城市教育还有很大差距，在城乡一体化的背景下，国家给予农村教育一定的优惠政策。在宏观上，国家首先从农村开始免除义务教育阶段学杂费；实施了一系列项目和工程，如农村寄宿制学校建设工程和农村中小学现代远程教育工程；改善西部农村地区教育发展条件；2007年国家又启动实施了中西部农村初中校舍改造工程、新农村卫生新校园建设工程、农村义务教育阶段学校教师特设岗位计划、直属师范大学实施师范生免费教育、各类国家级和省级农村教师培训等项目，从硬件和软件等方面改善农村学校教育的办学条件。

但是，从目前的情况来看，城乡教育之间的差距仍较大。城乡教育一体化在体制机制和文化融合方面还有很大的进步空间。在体制机制方面，农村义务教育经费"以县为主"的保障制度导致了区域之间的严重不均衡，农村学生的实际生均投入还偏低，中央和省级财政应该加大支持力度；农村学前教育应该得到更好的支持，保障农村孩子的入园率和保教质量；进城务工人员子女在学校应该得到平等的受教育权和考试权。在文化融合方面，传统的农村课程体系因其特定内容的城市偏向而成为复制城乡文化差异甚至扩大文化鸿沟的助推器，城乡一体化背景下的农村学校课程体系要求为来自不同文化背景中的受教育者提供具有同样价值的教育内容；同时，教育的内容又能够与受教育者各自所处文化体系相结合，从而做到地方特色和普世价值的和谐统一。唯有如此，才能为受教育者提供有助于其在本文化中幸福生活同时又能在不同文化中游刃有余的生活智慧。城乡一体化背景下的农村学校教育需要通过民主、宽容的、开放的对话式教育来培养学生的公共理性，使受教育者能够关注本文化乃至异文化中的各种社会公共事务并愿意为其质量的改善做出自己的贡献。城乡一体化背景下的教育将成为消除文化鸿沟、促进文化融合的动力。

从总体上看，新世纪以来的农村教育在以人为本和公平方面取得了显著的进展，但是，距离理想的状态还有很长的路要走。我们在长期的农村教育调查中发现，在新型农民的培养方面，有些地区还流于形式，没有起到实质性作用，事实上进城务工人员的总体文化水平和技能水平还比较低；面向农村的职业学校专业设置还存在严重的缺陷，导致了其对农民子弟的吸引力较差；在新型农民的培养中，还是偏重于技术方面的培训，关于公民知识、法治知识、社会生活等方面的文化素养的培训还显得薄弱。农村学校的应试教育的倾向还非常严重，不能从根本上促进农村学生的全面发展。在社会主义新农村建设和城乡经济社会、教育的一体化发展的过程中，农村教育的发展还任重而道远。

纵观新中国成立以来六十余年的农村教育政策价值变迁的历程，我们看到在广阔的时代背景下，农村教育受到政治、经济和社会发展的影响，发生着深刻的变革。这种变革显著地体现在农村教育的目标中，从新中国成立之初的为国家政权建设服务，到"文化大革命"中的为"无产阶级文化大革命"做助推器，直到新世纪以来作为促进社会主义新农村建设的主要动力。农村教育政策一直在受政治、经济的制约，但在另一方面，农村教育政策也在不断地引领和推进着农村教育的发展，同时也引领和推进着农村经济、社会的发展。

第十章 对农村教育政策的反思与前瞻

在对新中国成立以来农村教育政策进行分时段和分专题的梳理、考察并对农村教育政策价值的变迁进行分析之后，我们有必要对 60 余年农村教育政策进行总体性反思，同时也面向农村教育的未来发展就深化农村教育政策变革提出一些建议。

一、中国农村教育政策的基本经验

60 余年中国农村教育有了长足的发展，取得的成就令世界瞩目。60 余年农村教育的发展积累了丰富的政策经验，留下了可贵的政策遗产。反思60 余年农村教育发展，首先要深入总结促进农村教育发展的政策经验。

经验之一：确立农村教育发展的国家政策目标，始终将农村教育发展列为国家教育发展的政策重心。

新中国成立以来，农村教育的发展一直是国家教育发展的重要目标，农村教育发展在国家教育发展中始终处于重要地位，这一点首先在国家教育政策中得以确立。无论是新中国成立后的"前十七年"，还是改革开放以来到现在，农村教育的发展都在成为教育发展的重要政策指向，成为教育发展的重要政策内容与政策任务。这可以从不同时期国家发布的有关发展农村教育的政策文献中得以理解与认识。

对此，我们可以再做如下简要回溯。

新中国成立伊始，国家制定的《中国人民政治协商会议共同纲领》中规定了"中华人民共和国的教育为新民主主义的，即民族的、科学的、大众的文化教育"①，随后，国家进行了学制改革，确立了"教育为工农服务的方针"。当时的中国，正是一个农村中国，是农村人口如汪洋大海的国家，又是文盲人口充斥的国家。新中国成立之后，百废待兴，教育的发展位列其中。发展民族的、科学的、大众的文化教育，实施为工农服务的教育方针，毫无疑义不能不关注农村人口的教育，不能不把改善农村人口的受教育状况、赋予农村人口尤其是农民子女的受教育机会作为教育发展的政策要求与任务。"前十七年"的农村教育发展是建设人民民主主义国家的需要，是社会主义制度优越性的应有体现。

1966 年至 1976 年的"文化大革命"时期，是中国社会发生严重动乱的时期。十年间，中国教育的发展深受其害，其中农村教育的发展也深受其害。教育深受其害的根本原因是在教育战线上实施"左"的错误路线和"左"的方针政策。"文化大革命"中的农村教育，一方面受到"左"的错误路线和政策的严重干扰与破坏；另一方面也呈现出形式上即数量与规模上的低水平的发展。

1977 年之后，随着改革开放政策方针的确立，中国的教育事业经历了拨乱反正，并迅速进入新的发展轨道。中国教育事业的新发展，必然包含农村教育的新发展，而农村教育的新发展，又是与农村教育政策的调整与变革相联系的。1985 年《中共中央关于教育体制改革的决定》颁布。这成为引领中国教育改革和发展的最为重要的教育政策文献。《决定》确立了"把发展基础教育的责任交给地方，有步骤地实施九年制义务教育"的体制改革要求和教育发展任务。基础教育体制改革的重心是农村，九年制义务教育发展的重心也是农村。由此，农村基础教育的发展有了新的政策目标和政策要求，有了新的政策指引。20 世纪 80 年代中期后，中国农村在大力发展基础教育的同时，农村职业教育和成人教育的发展也在成为重要的政策要求与任务。在农村经济体制发生深刻变革和农村经济结构发生重大变化的背景下，农村教育的发展，在政策层面上，也要求结构的调整与变革。

---

① 何东昌主编：《中华人民共和国重要教育文献》，1 页，海口，海南出版社，1998。

  进入 21 世纪以来，中国经济社会发展又进入新的时期。新时期教育事业的发展被进一步置于优先发展的战略地位，而农村教育的发展在 21 世纪国家教育的发展中也受到新的重视，受到更大的关注。21 世纪以来，中国颁行的重大教育政策中，更加鲜明地体现出发展农村教育的政策导向。例如，21 世纪伊始的 2001 年 5 月，国家颁布了《国务院关于基础教育改革与发展的决定》，其中凸显出推进农村教育发展的政策要求。2003 年 9 月，《国务院关于进一步加强农村教育工作的决定》颁布。这一《决定》，清晰地阐释了新时期加强农村教育工作的重要性和现实意义，进一步明确了农村教育在整个教育事业中的"重中之重"的地位，对如何加强农村教育工作做出了系统的全面的政策部署。之后，国务院又出台了多种旨在保障和推进农村教育发展的重要政策。非但如此，2006 年 6 月，国家重新颁布了《义务教育法》，这为农村义务教育持续健康地发展提供了法律支持与保障。到 21 世纪第一个十年即将结束和另一个十年正在开启之时，国家颁布了《国家中长期教育改革和发展规划纲要（2010—2020 年）》。"《教育规划纲要》的颁布，是我国教育改革发展史上的一个新的里程碑。它不仅对推动未来十年教育事业科学发展具有重要意义，而且对全面建设小康社会、加快推进社会主义现代化、实现中华民族伟大复兴将产生重大而深远的影响。"① 正是在这部具有里程碑意义的《教育规划纲要》中，进一步推进和支持农村教育发展成为十分突出的政策内容与政策要求，也进一步彰显了进一步发展农村教育的时代要求与重要意义。《教育规划纲要》的颁布为现阶段农村教育的新发展提供了更有力的政策支持与保障。

  从上述简要回溯中，我们可以清晰认识新中国成立以来中国是如何将农村教育发展列为国家教育发展的重要政策目标及其重要的政策地位。正是这样的政策目标与政策地位的确立，使农村教育发展一直受到政府的重视，成为国家发展民族振兴的重要使命。由此也使农村教育发展有了一以贯之的政策保障与政策支持。这构成了 60 多年农村教育发展的首要政策经验。

---

① 《人民日报》，2010-07-30。

经验之二：在政策层面上，自始至终把普及教育，尤其是普及九年制义务教育作为农村教育发展的重中之重，也作为国家教育发展的重中之重。60多年来中国农村普及教育的发展积累了一系列独具特色的政策经验。

其一，通过确立并适时调整国家普及教育的目标以及制定普及教育的专项政策法规以保障农村普及教育的大力实施。20世纪50年代初期，国家就确立了普及小学教育的目标，这在很大程度上是为了使农村人口尤其是农民子女能够享有基本的受教育的权利，并能受到基本的教育。20世纪50年代至60年代，普及小学教育的工作一直在努力推进中，并以普及农村小学教育为重心。历经"文化大革命"，到了20世纪70年代末，国家再度强调切实普及小学教育，重心依然是普及农村小学教育。到了20世纪80年代中期，从"面向现代化、面向世界、面向未来"的需要出发，国家适时提出有步骤地实施九年制义务教育的目标。随后，国家制定了新中国成立以来的第一步专项教育法——《中华人民共和国义务教育法》，这使全国所有地区，包括广大农村地区义务教育的实施有了法律要求与保障。

其二，在强调加强各级政府责任的同时，重视调动农村自身的社会力量或民间力量共同致力于农村普及教育的发展。60多年来，农村普及教育的发展，在资源供给上，一方面，依赖于各级政府尤其是地方政府的财政投入；另一方面，则通过特有的政策设计，大力调动民间资源，以为农村普及教育提供物质基础。从20世纪五六十年代的"两条腿走路"，到20世纪80年代之后的征收农业教育费附加和集资办学，都展现出"农村教育集体办""农村教育农村办"或"人民教育人民办"的特有模式。尽管这一模式中也潜存着农村普及教育资源供给的某种困惑与艰难，但从总体上看，正是这样的模式有力地支撑了农村普及教育的发展。这也构成了中国农村普及教育的典型政策经验。

其三，从分步推进到统一实施，以切合实际的政策方略推进农村义务教育的发展。由于中国农村地域辽阔，经济发展很不平衡，这导致农村普及教育的发展在一定的时期内需要从实际出发。正是基于如此认识，我国在普及义务教育的过程中，采取了分步推进的政策方略，让经济发达的农村地区先行一步，同时以积极的措施推进中等发达的农村地区和欠发达农村地区普及教育的开展。而在整个国家经济发展水平不断提升，同时不同农村地区普及义务教育均取得重大进展的背景下，国家终结了义务教育的分步推进，有效地建立起农村义务教育经费保障机制，采取统一免费实施的方略推进全国不分区域的农村地区义务教育的共同发展，以保障义务教育的公益性。这以 2006 年经过修订和重新颁布的《中华人民共和国义务教育法》为标志。数十年来中国农村义务教育从分步推进到统一实施，体现出政策方略的合理性与科学性，由此也同样构成农村普及教育发展的另一种政策经验。

其四，实施特别支持政策，促进贫困农村地区和欠发达农村地区义务教育的发展。60 多年来，国家的扶贫战略包含着教育扶贫。消除教育贫困与消除经济贫困一样成为消除贫困的重要内容与任务。消除教育贫困甚至是更为优先的政策要求与政策行动。为此，国家通过增加中央政府转移支付的方式促进贫困地区教育的发展，尤其是促进义务教育的发展。此外，还通过动员社会力量，募集社会资源支持贫困农村地区义务教育的发展。如推进"希望工程""春蕾计划"和实施"国家贫困地区义务教育工程"等，正是这些特有的支持性政策的实施促进了贫困农村地区义务教育的发展，也促进了义务教育的均衡发展。因此，特别支持贫困地区义务教育的发展也成为一种可贵的普及农村教育的政策经验。

经验之三：在国家持续实施的扫除文盲的战略中，始终将扫除农村文盲作为国家扫盲的重大政策任务，并以灵活多样的方式推进农村扫盲。

数十年来我国农村的扫盲工作一直在努力向前推进，扫除农村文盲既被视为一种庄严的政治任务，又被视为全面提升农村人口文化素质的奠基工程，成为农村基础教育的"重中之重"，成为国家推进全民教育的基础工程。推进农村扫盲工作的重要政策经验是：遵循国家扫盲的要求与标准，采取"运动式"与持久战相结合的方式推进农村扫盲；采取多种形式，并充分利用农村中一切可利用的教育资源进行扫盲；把扫盲教育同普及农村初等义务教育有机结合起来，既通过普及初等义务教育杜绝新文盲的产生，又通过有效的扫盲教育促进义务教育的开展；把扫盲教育同开展农村职业技术教育结合起来，即把学习文化同学习农村应用科学技术结合起来；把扫盲教育同加强农村精神文明建设结合起来，把扫盲教育与培养新型农民结合起来。此外，坚持以国家确立的扫盲标准（包括个人脱盲标准和单位扫盲标准）对农村扫盲的结果状况进行"达标"评估与验收也是一项重要的扫盲政策经验。

经验之四：确立农村教育为农村经济建设和社会发展服务的政策导向，通过政策调整与变革，在大力促进农村基础教育发展的同时，也大力促进农村职业教育和成人教育的发展。

新中国成立以来，尤其是改革开放以来，我国农村教育政策的重大调整与变革也突出地反映在通过新的政策颁行引领农村职业教育和成人教育的新发展。1985年《中共中央关于教育体制改革的决定》提出了"调整中等教育结构，大力发展职业技术教育"的任务，这其中包含大力发展农村职业技术教育的任务。此后，我国农村教育结构的调整与变革成为重要的政策指向，也开始成为切实的政策行动。20世纪80年代中期始，在有步骤地推进九年制义务教育的同时，农村职业教育和成人教育经过"文化大革命"的沉寂重新焕发了生机，呈现出欣欣然的发展态势。改革开放至今，中国农村职业教育和成人教育的发展也形成了可贵的政策经验，表现在以下方面。第一，在全国各地农村，纷纷设立起县乡职业教育和成人教育中心，农村职业教育和成人教育的发展有了组织和制度保障；第二，通过改革中等教育结构，发展县域职业中学，吸纳农村初中毕业生，以为农村经济的发展培养劳动后备军；第三，实施支持性政策推进农村职业教育的发展。如中央政府、相关部门和地方政府、部门拨付专项资金用于农村职业教育的发展，同时对职业中学的学生予以经费资助；第四，努力推进农科教的有机结合，形成农村经济发展、科学技术的应用和职业教育发展的密切联系，增强农村职业教育和成人教育的针对性、实用性和有效性；第五，适应农村经济结构与农村社会的转型，变革农村职业教育的服务目标，拓宽农村职业教育的服务功能，即农村职业教育不仅为培养现代农业劳动者和新农村建设者服务，同时为培训转移劳动力服务，为推进中国的城镇化服务。

经验之五：以独具特色的师范教育制度设计和大力发展师范教育以为

农村中小学培养与培训合格师资。

对于农村教育的发展而言，其关键也在教师，加强农村教师队伍建设的重要性不言而喻。新中国成立以来，我国通过独具特色的师范教育制度设计和大力发展师范教育以为农村中小学培养与培训合格师资。具体政策经验如下。第一，建立具有中国特色的三级师范教育体系，尤其通过发展中等师范教育和高等师范专科教育为农村中小学培养合格师资。新中国成立以来，较长期且广泛设立的中等师范学校承担了为全国小学教育其中主要为农村小学教育培养合格师资的任务。中等师范学校形成了鲜明的办学特色，为农村初等教育的师资培养做出了卓越的贡献。另外，改革开放以来，我国大力发展的高等师范专科学校，也努力为培养合格初中教师其中主要为农村培养合格初中教师服务。第二，通过建立多级教师培训体系，为农村中小学培训师资。改革开放后我国恢复发展的省级教育学院和兴办的地市级教育学院或教师进修学院，以及县级教师进修学校，主要承担着为农村中小学培训师资的任务。数十年来，我国农村中小学教师合格率的不断提升，也与教师培训机构的设立及其所做出的贡献密不可分。第三，随着师范教育向教师教育的转型，我国新型的教师教育机构在继续加强对农村教师的培养与培训，不断提高农村中小学教师的合格标准与水平。我国师范教育的制度设计与制度变革，在很大程度上，是为了更好地服务于农村基础教育发展的需要，由此也可以视之为发展农村教育的一种重要的政策经验。

经验之六：结合农村实际，以开放性的政策安排保障农村教师的供给，并以理性的且支持性的政策实施巩固和加强农村中小学教师队伍建设。

新中国成立之后，尽管国家在大力进行中小学的公有化改造，但在农村，依然允许民办学校的存在，允许民办教师的存在。在"文化大革命"十年间，我国师范教育受到严重破坏，教师的培养工作多年陷于停顿状态，农村基础教育的维系面临师资缺乏的严重困扰。此时，一种默许地方增加民办教师的政策得以推行。大量增加民办教师的政策推行，化解了农村基础教育发展过程中公办教师供给不足的矛盾。"文化大革命"结束之后，在对待农村教师队伍建设上，我国本着尊重历史，尊重事实的精神，实施了积极稳妥的解决民办教师问题的政策，妥善地将绝大多数农村民办教师通过多样化的途径转为公办教师。这一解决民办教师问题的政策实施，对巩固和加强农村教师队伍建设起到了积极的作用，也成为一种可贵的政策经验。

在加强农村教师队伍建设上，我国还特别实施了种种支持性政策。如制定支持性政策与措施提高农村中小学教师的待遇，改善农村中小学教师的生存条件，鼓励大学毕业生到农村学校任教，鼓励城镇中小学教师定期到农村学校任教等，种种支持性政策的实施对加强农村教师队伍建设起到了良好的作用。

经验之七：针对不同时期农村教育发展中的突出问题与矛盾，制定专项政策，启动专项工程，采取专项行动，以适时地破解难题，促进农村教育健康顺利地发展。

新中国成立以来，农村教育的发展是在不断地解决问题与矛盾中前行。在社会发展的不同时期和不同阶段，农村教育的发展都会遇到较为突出的问题与矛盾，能否及时关注这些突出问题与矛盾？如何化解问题与矛盾？这是对教育决策的重要考量。数十年来，尤其是改革开放以来，我国政府在面对农村教育发展的突出问题与矛盾时，正是通过适时地将突出问题作为政策议题，制定政策解决方案，并调动政策资源，采取破解难题的政策行动。其中一个典型的政策解决方式是：制定专项政策，启动专项工程，采取专项行动，以有针对性地解决农村教育发展中面临的突出问题。如20世纪80年代以来我国针对农村教育发展的突出问题先后启动了"农村中小学危房改造工程""农村中小学现代远程教育工程""农村教师素质提高工程""东部地区学校对口支援西部贫困地区学校工程""农村劳动力转移培训工程""农民实用技术培训工程"等。在启动专项工程的同时，还针对农村教育发展的新问题新特点，适时制定和实施新的旨在化解问题的政策。如通过新的政策制定与实施，解决农村进城务工人员子女在城市平等接受义务教育问题、农村留守儿童的教育问题等。制定专项政策、启动专项工程、采取专项政策行动对不断化解农村教育发展中的突出矛盾与问题起到了有效的作用，由此亦成为一种政策经验。

经验之八：通过政策试验引领和推进农村教育的改革和发展。

数十年来，为了推进农村教育的发展，我国十分重视政策试验的先行。所谓政策试验，主要是指农村教育的改革，通过新的政策设计，设立改革项目和改革试验区，从而以项目运作和在试验区进行试验的方式进行农村教育改革，以此探索改革经验，进一步推向全面。农村教育政策试验多种多样，有单项教育改革试验，也有综合性的教育改革试验。有农村教育管理体制改革的试验，有农村学校教育教学改革的试验。有农村小学教育改革的试验、有农村初中教育改革的试验，也有农村职业教育或成人教育改革的试验等。典型的试验如 1987 年国家教委和河北省人民政府共同决定在河北阳原、完县、青龙三县建立"河北省农村教育改革试验区"，试验区的改革试验，确定以为农村培养合格劳动者为主要目标，通过改革，逐步形成教育与经济和社会发展互相促进的机制。随后，农村教育改革的试验区逐步扩大。1989 年，国家又建立百县综合改革试验，以为实施"燎原计划"和推进农科教结合提供示范。农村教育综合改革试验在 20 世纪 90 年代一直在深入地推进。进入新世纪以来，农村教育的发展，进一步突出了试验先行。如建立城乡义务教育均衡发展试验区，进行农村中小学现代远程教育工程试点等。2010 年颁布的《国家中长期教育改革和发展规划纲要（2010—2020 年）》中，把实施重大项目和改革试点作为保障教育改革和发展的重大措施。其中不乏关于农村教育改革发展的重大项目和改革试点的实施。政策试验贯穿于我国农村教育改革和发展的过程中，引领着农村教育的改革和发展，因此也成为一种重要的政策经验。

经验之九：建立有效的激励机制，不断推进农村教育的发展。

建立和运用激励机制，以促进农村教育的改革和发展，这也是长期以来农村教育政策运行的一种特色与经验。重视建立和运用激励机制，主要表现在重视培养典型、发现典型、表彰先进、推广先进经验，并以此作为一种政策要求促进农村教育发展。数十年来，农村教育的先进典型不胜枚举。既有集体层面的先进典型，也有个体层面的先进典型。如新中国成立后的"前十七年"，有发展农村小学教育的先进典型和发展农业中学的先进典型；结束"文化大革命"后的 1979 年，国家推介河北省阳原县和湖南省桃江县普及小学教育的典型经验；1980 年后，通过评选"全国扫盲教育先进县""基本普及九年制义务教育先进县""巩固提高义务教育先进县"等方式，及时总结与推广先进经验，以全面推进农村扫盲教育和义务教育的发展。数十年来，我国还通过大力表彰为农村教育发展做出突出贡献的先进教师与先进个人，以激励农村教育工作者。激励先进成为促进农村教育发展的一种重要政策导向。

经验之十：与时俱进地变革与创新农村教育政策，以科学发展观引领与推进农村教育的新发展。

这突出地表现在进入新世纪以来，确立了科学发展观，这使得我国教育的发展，包括农村教育的发展有了新的宏观政策的引领。正是在科学发展观的引领下，我国从以人为本的社会发展理念出发，更加重视农村教育的发展，将促进教育公平作为国家基本教育政策，以统筹城乡教育发展和推进城乡教育一体化作为新的政策目标，在此基础上，制定与实施着一系列旨在加强农村教育发展的具体政策，以推进农村教育的新发展。新世纪农村教育的发展，从实践的层面看，已在努力遵循统筹城乡教育发展和推进城乡教育一体化的政策要求，加大发展力度，创新发展模式，进一步建构系统化和综合化的发展体系。现阶段我国农村的义务教育、学前教育、职业教育、成人教育、社区教育等不同类别的教育发展都在受到政策的重视，有了新的促进发展的政策措施，农村教育也因此呈现新的发展局面。正是从新世纪农村教育发展的新局面中，我们可以认识与时俱进地对农村教育政策进行变革与创新的价值与意义，也可由此总结出新的政策经验。

二、我国农村教育政策问题反思

新中国成立以来农村教育的发展，在充分显现教育政策的积极成效和丰富的政策经验的同时，也显现出存在的政策问题。在上述有关章节中，我们已经对农村教育政策问题进行了具体分析，这里，再结合上述分析，对 60 余年农村教育政策问题做一整体认识与反思。

（一）农村教育政策问题的综合性审视

1. 农村教育政策问题的分时段性

60 余年来，中国社会发展的分期是与国家实施的不同政策相联系的。不同的政策建构并铸就了不同的时代。农村教育发展的分期与发展状态同样是与国家政策也与教育政策相联系。就问题分析而言，农村教育政策问题如同政策经验一样，具有鲜明的分时段性。比如，"前十七年"农村教育政策存在着非稳定性和摇摆性，农村教育发展目标存在较严重的主观性，尤其是 20 世纪 50 年代中期后兴起的"教育大跃进"对农村教育的发展形成干扰，造成"欲速则不达"的后果。"前十七年"农村教育政策运行的"革命式""运动式"方式也对农村教育发展产生了一定的负面影响。这种发展方式虽然在一定时期内带来了农村教育"热热闹闹"的发展，但潜存的问题是农村教育办学条件简陋和办学质量不高。这样的发展方式，也使得农村教育的发展突出政治化目标，呈现形式化取向。"文化大革命"中的整个教育政策是一种"左"的政策，是一种存在严重问题的政策。"文化大革命"中的农村教育政策因而也带有明显的"左"的特征。这一时期农村教育政策存在的突出问题是农村教育发展在整体上处于无政策可依的状态。最大的政策问题是用极左的政策扼制了科学政策的建构。从对政策文献的梳理看，"文化大革命"十年专门针对农村教育发展颁发的政策为数甚少。当时在全国范围内盛行的"斗、批、改"的政策对农村教育的发展也带来严重的破坏。"文化大革命"中多年终止师范教育发展和严重弱化师资培养对农村教育发展形成严重的政策障碍。"文化大革命"中基础教育学制的缩短，农村中小学实行的"教学革命"都对农村教育的发展带来了伤害。20世纪八九十年代我国农村教育经历拨乱反正之后，呈现大力发展的新景象。农村教育的大力发展，如九年制义务教育的实施、农村职业教育和成人教育的发展均缘于政策的驱动，彰显着政策的积极影响与作用。另一方面，在这 20 年间农村教育的发展中，也不断显现出其所存在的政策问题。首先，农村义务教育分级管理体制的确立与实施，虽然强化了地方政府的教育责任，调动了地方办学的积极性，但也使欠发达农村地区，尤其是贫困农村地区呈现出对义务教育经费供给的困难。一种本应是出于农民自愿的"集资办学"，却演绎成刚性的政策规定，这也加重了农民的教育负担。而随着农村税费改革的推进，20 世纪 80 年代曾兴起的"集资办学"的热潮也难以为继。在农村广泛推进的"普九"达标验收中，出现了地方政府被迫举债投资义务教育的现象。与此相关联的是，由于分级办学，"低重心"管理的运行，在不少农村地区，中小学教师工资不能按时发放，严重拖欠教师工资的现象曾成为农村教育一时之痛。其次，在 20 世纪 80 年代中期后，我国农村职业教育和成人教育的发展有了新的政策要求与规定，也呈现出新的发展景象，但与农村义务教育的发展相比，农村职业教育与成人教育的发展则处于相对弱势或被轻视的地位。突出的问题是，尽管"调整中等教育结构，大力发展职业技术教育"成为重要的政策规定，尽管按照这种规定在县域内普遍实行了普通中学和职业中学的分设，但县域职业中学也普遍呈现出办学的艰难。另一方面，农民职业教育的发展也同样呈现艰难之状。进入新世纪以来，我国农村教育发展被置于新的时代背景中，受到新的重视，有了新的政策要求。农村教育处在新的发展中。然而，在欣喜地看到新世纪农村教育发展的政策成效时，也可以继续认识政策运行与实施中的问题。一些地区在对农村中小学布局结构调整的过程中，撤并农村学校过多，导致农村义务教育阶段的学生无法就近入学，衍生出"巨型学校"、寄宿制学校和校车等问题，由此也显现出城乡义务教育的均衡发展实际上存在着城市化的趋向。农村学前教育发展面临着如何切实履行政府责任的问题。农村职业教育发展面临着如何适应新农村建设和城镇化发展的双重要求以及农村职业教育持续发展的政策保障问题。此外，对农村教育支持性政策的实施，还存在着一定的问题与障碍。

从以上简要的回溯中，我们可以清晰地认识农村教育政策问题的分时段性。即不同时期农村教育发展显现出的政策问题具有时代的特性。这恰恰是政策问题本身必然具有的一种特征。因为政策问题总是与政策背景息息相关。

2. 农村教育政策制定的问题

从历史的视角看，60 余年农村教育发展所显现的政策问题，较突出地反映在政策制定与政策决策层面。在一定的时期或一定的历史阶段，农村教育政策制定与决策的非理性与非科学化问题较突出地存在，这使得一些农村教育政策本身成为一种问题政策或不良的政策。对这样的政策执行，必然会使问题丛生。农村教育政策制定或决策的问题主要表现在如下几个方面：其一，政策目标定位的非理性。例如，对"前十七年"农村普及小学教育的目标定位就显现出主观性有余而理性不足。20世纪50年代初期我国就确立了争取在10年内基本普及小学教育的目标，到20世纪50年代中期又提出在3～5年内全国普及小学教育，时隔30年后，到20世纪80年代初期普及小学教育的目标再度提出。从普及小学教育的目标定位上看，20世纪50年代的目标定位尤其是"大跃进"时期的目标定位显然与当时农村实现普及教育的可能性之间有一定的差距，显现出一种较强的主观性色彩。其二，政策决定中对政策推行方式的决定显现非理性。例如，在较长时期内，我国决定用"革命的方式办农村教育"，用运动的方式推进农村教育。这种政策推进方式的提出，一方面，反映出政策决策者和执行者对发展农村教育的一种片面的政治化的理解；另一方面，这种推进方式也有违农村教育发展的客观规律，它导致农村教育发展的形式化。其三，农村教育政策制定的系统性不足。所谓系统性不足，是指对农村教育政策制定缺乏系统的考量，在关注到某一政策的制定之时，却缺失另一种应有的政策制定。反观新中国成立以来的农村教育政策的文献，这一问题的确存在。例如，在数十年农村教育发展中，我们对如何发展农村学前教育的专门政策制定还是较为缺乏，对农村职业教育和成人教育政策的制定在整体上也弱于对农村基础教育发展的政策制定。农村教育政策制定的系统性缺乏还表现在发展农村教育的政策和发展城市教育的政策未能相互协调有机结合，在较长时期内，在教育政策的制定中，存有一种重城市教育发展或城市教育优先发展的倾向。数十年我国教育发展过程中实际上存在的城市教育优先发展的状况是与政策制定中政策重心的偏移有关。其四，农村教育政策制定方式过于"自上而下"。我国农村教育政策基本上是一种统一化或划一化的政策，这与政策制定本身的统一性有关。60年中国农村教育政策，基本上是一种国家制定的政策，地方政策基本上是国家政策的细化和具体化。

地方政府和农村民众只是遵循国家政策，而少有对国家政策的变革与创新。数十年我国农村教育政策制定中，"自下而上"的政策制定是严重缺失的。

3. 农村教育政策执行的问题

对农村教育政策问题进行深入反思，不能不关注到政策执行层面。事实上，60余年农村教育的发展，如果从问题的角度看，教育政策执行问题更为突出地存在，尽管在不同时期其存在的程度与状态有所不同。农村教育政策执行的问题主要表现在以下5个方面。其一，对政策执行的认识不足。长期以来，轻视教育，尤其是轻视农村教育的思想与观念在一些政策执行者头脑中较严重地存在。虽然一直在强调发展农村教育的重要性，但在一些政策执行者尤其是一些领导者看来，农村教育与农村经济的发展相比，依然是软任务。在较长时期内，一些地方政府并没有把发展农村教育的问题列为当地政府最为重要的议事日程。教育的优先发展，尤其是农村教育的优先发展的地位在一些农村地区并未得到真正的落实。其二，农村教育政策执行的资源供给不力。这是长期困扰农村教育发展的突出问题。"前十七年"农村教育发展实行"两条腿走路"，实际上也缘于国家对农村教育经费供给的不足。而在实行"两条腿走路"的过程中，农村教育资源供给不足的问题依然存在。用艰苦奋斗的精神办教育其实也折射着一种资源供给的困境。"文化大革命"时期，整个国家经济状况的恶化自然使农村教育发展遭遇经费供给的困难。改革开放以来，农村教育政策执行资源的供给状况在不断改善，但存在的问题也突出存在。即使进入新世纪以后，我国建立了农村义务教育经费保障机制，但农村学前教育发展、职业教育发展也还严重存在经费供给的困难。农村教育政策执行资源的供给不力，还表现在教师资源的供给方面。尽管国家一直在大力发展师范教育以解决中小学教师包括农村教师的供给问题，也尽管农村教师的供给状况在不断改善，但由于种种原因，农村教师的供给问题主要是优质教师的供给问题始终存在。城乡基础教育教师队伍建设的差距迄今依然明显。其三，农村教育政策执行的组织不力。在农村教育政策执行上，也存在执行组织不力的状况。主要表现是，一些政策执行机构本身的人员和制度保障不力，未能努力地开展政策宣传和很好地组织和利用各种有效的政策资源用以发展农村教育。例如，在农村职业教育和成人教育发展过程中，虽然已建立起县级和乡镇职教或成教中心，也配备了相应的工作人员，但在农村职业教育和成人教育发展的实际过程中，这些机构发挥的作用很有限。这导致在农村职业教育和成人教育发展中呈现出一定的形式化倾向。其四，农村教育政策执行的监督不力。在较长时期内，对农村教育政策执行的有效监督是较为缺乏的。尽管各级政府也设立了教育督导机构，尽管也在不停地开展对各类教育发展包括对农村教育发展的督导，但在督导过程中，对农村教育政策执行的有力监督和有效指导还显得不够。对农村教育的政策督导也存在一些形式化的倾向。其五，农村教育政策目标群体对政策执行的主动参与不够。农村教育政策的目标人群是农村的适龄儿童、少年与成人，发展农村教育的关键是让农村中的人能够更多更好地接受教育，从而提升他们的文化科技和思想道德素质，实现农村人的现代化。农村教育政策有效执行的关键也在于农村人对教育政策的积极回应，对教育政策执行的主动参与和主动配合。在很大程度上，农村教育政策执行的主体是农村民众。然而，在现实的政策执行过程中，在一些地方或一些时候，农村民众对农村教育政策执行存有积极性不高和主动性不强的状况。甚至存在一种被动执行的状况。比如，在发展农村职业教育的过程中，国家和地方政府实施了"农村实用技术培训工程"和"转移劳动力培训工程"，并拨付专项资金支持这些工程的实施，但在具体实施的过程中，一些地方的农业劳动者或农村转移劳动力并没有表现出参与培训的热情，相反呈现出被动接受培训的状况。由此，也难以取得培训的良好成效。

4. 农村教育政策评估问题

对农村教育政策运行状况尤其是政策执行结果进行评估已成为政策过程的重要内容与重要环节。改革开放以来，我国在逐步加强教育政策的评估，重视对教育政策执行效果的评价。这也包含对农村教育政策执行的评价。比如，国家对普及九年制义务教育的评估验收和扫盲工作的评估验收就是实例。而普九与扫盲的评估验收重点在农村。教育评估对增进教育政策执行的积极意义无疑值得肯定。但从问题的角度看，农村教育政策评估存在的问题也较为明显。首先，系统化的评估制度并没有良好地建立。对农村教育政策执行的评估还存在一定的制度缺失。比如，长期以来，我国对农村学前教育、职业教育和成人教育的政策执行的评估是存在制度缺失的。其次，对农村教育政策执行的评估也存在"表面化""走过场"的状况。比如，对农村普九和扫盲的评估验收，虽然指标多多，看似科学化系统化，但在实际评估的过程中，也存在"报喜不报忧"的状况，问题得不到充分的反映，因而也缺乏对问题的真实诊断，使得问题被遮蔽。农村教育的政策评估处于一种应对性。"上有政策、下有对策"，上有评估标准，下有应对方法，这在农村普九评估验收和扫盲评估验收中都是一种可能存在的状态。

5. 农村教育政策研究的不足

对农村教育政策研究的不足也可视为数十年来我国农村教育的政策问题之一。它反映在政策制定、政策执行、政策评估等方面。在农村教育政策制定方面，研究的不足表现在，有关农村教育政策方案的形成与提出，可能缺失充分的调查研究和充分的论证，有时甚至是一种主观决策的产物。在国家制定宏观教育政策时，固然考虑到农村教育的发展，或着眼于加强农村教育发展，但在制定教育政策的过程中，或在形成的政策决定中，依然缺少对农村教育政策的可行性论证。长期以来，我国在处理农村教育发展与城市教育发展的关系时，往往有失偏颇。在农村教育政策执行中，对政策执行的研究也比较欠缺或不充分。中国农村地域辽阔，区域发展差异明显，如何从实际出发，合理且有效地推进政策执行？这一问题，无论是政策执行者或政策研究者都存在研究的缺失。农村教育政策执行中的"一刀切"现象比较严重，不同时期有不同的表现。比如，在20世纪90年代末到新世纪初我国进行的农村中小学布局结构的调整，便一定程度地存在"集中化""城镇化"的倾向。在不同农村地区，如何结合当地的实际，合理推进学校布局结构的调整，对这一问题的深入研究做得不够，其结果，留下了一些"后遗症"。在农村教育政策评估方面，对评估方案本身的科学性合理性论证也不够充分。如何通过评估，真正有效地促进农村教育的发展？这一问题同样缺乏深入的研究。

（二）农村教育政策问题的制度归因

农村教育政策问题也许是一种难以避免的存在，农村教育政策的变革与创新本身说明了政策问题的客观性、现实性，同时又需要不断正视与克服。农村教育发展中的种种政策问题的存在，原因是复杂多样的，而其主要原因，则是与决定农村教育政策的制度因素相关。即是说，农村教育的政策问题，在很大程度上，是由可能导致这些政策问题产生的更为深层的制度规约或制度影响相关。这里，我们从社会政治制度、社会经济制度和教育制度本身等3个维度对农村教育政策问题的主要成因做一简要分析。

1. 社会政治制度对农村教育政策的影响。社会政治制度对教育政策的制约与影响，其中包括对农村教育政策的制约和影响已成学界共识。在教育学教科书中，有种种关于社会政治制约教育发展的表达。在教育发展的实践中，这种制约也显而易见，十分强烈和深刻。社会政治对教育的制约主要是通过确立国家教育制度和教育政策进行。舍此，难以想象。我国农村教育政策是国家教育政策的重要内容与组成部分，国家政治制度在决定和影响教育政策制定时必然包含着影响农村教育政策的制定。新中国成立以来，不同时期农村教育政策显现的问题都是与政治因素相关。在农村教育发展过程中存在的发展目标、价值取向等方面的偏颇实质上折射着政治制度存在的问题与弊端。农村教育政策的制定方式，农村教育政策的执行与评估问题本质上都与政治制度问题相关。我国的政治制度固然有自身的优越性，但问题也客观存在。推进政治民主化是国家政治体制改革的重要诉求，也是政治体制改革的趋向。从如此认识出发，反思农村教育政策问题是可以从社会政治制度建设存在的问题上进行归因。

2. 社会经济制度对农村教育政策的影响。长期以来，我国农村教育政策问题的存在，与社会经济制度问题密切相关。20世纪50年代我国形成的城乡分割对立的二元经济结构和制度以及在此基础上形成的二元社会体制是导致农村教育政策问题形成的另一种重要的制度原因。城乡二元经济结构是在计划经济体制下形成的。它的形成虽然有着特殊的历史缘由，甚至也有着特定的历史价值与意义，但由此带来的消极影响与作用不可低估。城乡二元经济结构最突出的制度弊端在于它以规制的方式确定了一种泾渭分明的关于城市与农村的边界，同时也确定了"城市人"与"农村人"的边界。在长达50余年的社会发展历程中，国家奉行的实际上是一种"农业哺育工业和农村支援城市"的发展方略，国家的种种制度安排因而也存有明显的"偏袒城市"和"偏袒城市人"的倾向。在计划经济体制下产生的"户籍制度"严格地限制着农村人口向城市的流动，这种"户籍制度"不仅阻碍着中国的城市化进程，而且也进一步强化着城乡的差别和分处在城乡中的"人"的差别。城乡二元经济结构和社会体制是导致农村教育政策问题形成的重要制度原因。首先，城乡二元经济结构是一种不平衡的结构，是一种有差别的结构，是城市经济明显优越于农村经济的结构。从整体上看，城乡经济发展水平的不同、城乡人口经济状况的不同（这种不同并不是一种自然的结果，在一定程度上是社会制度安排的结果）直接导致城乡人口受教育机会的不同，这种不同在城乡有别的教育政策中有明显的体现。其次，城乡二元经济结构导致教育制度的种种设置与安排存有突出的"城市取向"，这恰恰是农村教育政策问题的另一种体现。长期以来，我国城乡二元经济结构已衍生出二元教育结构。农村教育是与城市教育相对应的概念。尽管我们很重视农村教育，也一直在努力发展农村教育，但较之城市教育的发展而言，农村教育的发展在政策安排上依然是处于"次级"发展状态。我们在重视农村教育的同时实际上又潜存一种轻视农村教育的倾向。国家教育资源的配置，尤其是优质教育资源的配置明显地向城市倾斜而非向农村倾斜，甚至农村中的优质教育资源还在不断地向城市流动，其结果使城乡间本已存在的教育差别继续扩大。数十年来，我国农村教育的问题莫过于城乡教育差别问题。而这一问题是需要从城乡二元经济结构和经济制度上归纳原因。

3. 教育制度对农村教育政策的影响。从教育制度的层面看，我国现行的教育制度实际上仍存在着较严重的城乡分野，存在着教育机会的认可与教育资源配置上的某种不平等的倾向。这是导致农村教育政策存在问题的另一重制度原因。其一，关于义务教育的制度设置。我国自20世纪80年代中期实行九年制义务教育制度，这是中国教育制度的一次重大改革。然而细察义务教育的制度设置，我们还是可以看出其存在某种"城市优先"的倾向。在义务教育的资源配置上，实际上存在城市教育国家办，农村教育农民办的政策安排，这一政策安排必然导致农村教育资源配置政策的问题性。在义务教育阶段城市享有的优势资源是农村难以比拟的。即使从教师这一最重要的资源来看，我们也在相关政策上肯定，城市小学、初中教师的学历要求可以也应该高于农村小学、初中教师的学历要求。这种政策要求也同样反映出农村教育师资政策的问题性。其二，关于学前教育发展和职业教育、成人教育发展的制度安排。我国在全面推进学前教育发展和职业教育、成人教育发展时，在较长时期内，也实行了一种城乡有别的政策。即是把学前教育发展和职业教育、成人教育发展的重心放在城市，实行城市优先的政策。这样的政策安排，本身就是一种政策问题，同时也由此产生农村教育政策问题。现实中农村学前教育遭遇的困境，以及农村职业教育和成人教育发展面临的问题，均与政策相关，并且需要通过政策变革予以解决。其三，关于重点学校制度设置。重点学校制度是中国教育制度的重要特色之一。多年来，围绕这一制度有着热烈的争鸣与讨论。无论如何，从重点学校制度运行的实践效果看，它实际上是一种以城市为重点的学校制度。如果统计重点学校的地域分布，可以肯定百分之九十以上的重点学校设在城市，这与中国基础教育的实际重心在农村形成了鲜明的对照。"层层设置的重点学校制度，加剧了基础教育领域内部资源配置的失衡，导致在地区内、区域内学校之间差距的拉大，甚至是人为地制造差距，造成了一大批基础薄弱的'差校'。"而基础薄弱的"差校"，又以农村为多。时至今日，在一些农村地区，尤其是相对落后的农村地区的中小学布局结构调整，也带来了农村教育发展的新问题。究其原因，依然是政策所致。

三、进一步加强农村教育政策建设与政策执行的建议

1. 促进农村教育政策建设的科学化

回顾 60 余年农村教育的发展，一方面可以认识良好的教育政策所起到的良好的作用；另一方面也可以认识到不良的教育政策所起到的不良作用。面对 21 世纪我国农村教育的新发展，进一步加强农村教育政策的建设是题中之义。为此，需要以史为鉴，加强农村教育政策建设的科学性。而要加强农村教育政策建设的科学性，既需要加强自上而下的教育政策制定，也需要加强自下而上的教育政策制定。既需要加强国家对引领农村教育发展的政策制定，也需要加强地方政府切合地方实际的对于保障和促进农村教育发展的具体政策的制定。农村教育政策制定的主体不应该只是各级政府或教育主管部门，同时也应该有农村教育的工作者和参与者或当事人。教育政策建设的科学化，需要基于政策决策的民主化。倾听农村教育工作者和农村民众对于农村教育发展的政策建议对保障农村教育决策的科学化具有重要意义。以现阶段我国农村中小学布局结构调整为例。尽管这一调整具有必要性与合理性，但在一些地方依然出现了调整的不合理状况。如农村义务教育阶段的学生未能实现就近入学、"巨型学校"的产生、寄宿制学校问题、校车问题等成为布局结构调整后衍生出的新问题。导致这些问题的出现，与农村中小学布局结构调整决策的民主化缺失有关。对于现阶段我国农村教育的大力发展而言，进一步加强农村教育政策决策的科学化、民主化至为重要。

2. 促进农村教育政策建设的系统化

现阶段我国农村教育政策建设，需要进行系统性建构。这是农村教育政策建设科学化的体现。所谓农村教育政策建设的系统化，可以从三重维度予以认识：一是农村教育政策层次的系统化，既需要有宏观的农村教育政策，也需要有中观与微观的农村教育政策；二是农村教育政策类别的系统化，既需要加强农村义务教育发展的政策建设，也需要加强农村学前教

育、高中阶段教育和农村职业教育的政策建设；三是加强农村教育政策与城市教育政策的统筹性与整合性。

就农村教育政策层次的系统化而言，目前我国已制定了良好的宏观教育政策。适时颁布了《国家中长期教育改革和发展规划纲要（2010—2020年）》（以下简称《教育规划纲要》）。《教育规划纲要》是新世纪我国第一个中长期教育改革和发展规划，是今后一个时期指导全国教育改革和发展的纲领性文件。在这部纲领性文件中，凸显出教育改革和发展的新思想新理念，同时也凸显继续大力发展农村教育的政策精神与要求。《教育规划纲要》颁布之后，全国各级地方政府和教育主管部门都在结合地方实际制定教育发展的具体规划和政策措施，这其中包含促进地方农村教育发展的政策规划与措施。这可视之为中观层面的政策建设。除此之外，现阶段我国还需要进一步加强微观层面的农村教育政策建设，即加强农村学校政策建设。农村教育发展最终是落实在农村学校发展的层面上。如何促进农村学校发展和切实提高农村学校教育教学质量是大力发展农村教育的关键所在，对此需要有更良好的政策指引与政策保障。

就农村教育政策类别的系统性而言，现阶段需要根据不同类别的农村教育发展制定具体可行的教育政策。如对"重点发展农村学前教育"的具体政策的制定，对"推进义务教育均衡发展"的具体政策的制定和对"加快发展面向农村的职业教育"的具体政策的制定等。农村不同类别的教育发展，需要有切合实际的发展目标、发展要求和发展方略，因而要有明确的可操作性的政策指引。

就农村教育政策和城市教育政策的统筹或整合而言，现阶段需要立足于城乡教育一体化以加强农村教育政策建设。"城乡教育一体化是指统筹城乡教育发展，整合城乡教育资源，打破城乡二元经济结构和社会结构的束缚，构建动态均衡、双向沟通、良性互通的教育体系和机制，促进城乡教育资源共享、优势互补，推动城乡教育相互支持、相互促进，缩小城乡之间的教育差距，有效消除地域、经济等原因导致的教育不公平，改变农村地区教育的落后状况，使均衡化的公共教育服务覆盖城乡全体居民，实现城乡教育均衡发展、协调发展、共同发展。"① 城乡教育一体化是新时期加强农村教育政策建设的新的政策思维和政策理念，它使农村教育政策建设有了更高的政策要求和政策指向。为了使城乡教育双强共荣，共同发展，需要深入推进教育制度的变革和教育机制的创新，统筹城乡教育资源，扩大和增强优质教育资源，并促进优质教育资源向农村的流动，以提高农村教育发展的水平与质量。

3. 促进农村教育政策的有效执行

60 余年来，我国针对农村教育的发展，已经颁发了难以计数的教育政策。在通常情况下，农村教育发展所呈现的政策问题，并非是无政策可依，而是缺乏有效的政策执行。在现实生活中，一种轻慢教育政策尤其是轻慢农村教育政策的观念与心态较为突出地存在，这成为影响农村教育政策执行的观念障碍。而在贯彻落实农村教育政策的实践过程中，政策执行资源的不足、政策执行措施的不力以及政策目标群体的回应度不强等严重影响着政策执行的有效性。长期以来，农村教育政策的执行，较突出地存在着政策执行活动及结果偏离政策目标的现象，即出现严重的"政策失真"，由此严重损害政策执行的效果。

面对新世纪农村教育的发展，促进农村教育政策的有效执行已显得十分迫切与必要。首先，需要良好地建立政策执行目标责任制，健全政策执行的组织机构和制度，强化政策执行者的责任感；其次，需要加大对农村教育政策执行的资源投入，尤其要加大对相对贫困农村地区教育政策执行的资源投入，以使农村教育发展有可靠的资源保障。在政策执行过程中，要以良好的政策宣传，动员和吸引种种可能的社会资源，以参与和支持农村教育的发展；再次，在农村教育政策执行过程中，要以有效的方式，调动政策目标群体和利益相关者对教育政策执行的主动配合和积极参与，增强目标群体对政策的认同，使教育政策执行成为"合力"作用的过程；最后，要加强对农村教育政策执行的过程评估与检查，及时发现与诊断政策执行过程中出现的问题，以使政策执行能顺利推进。

---

① 褚宏启：《城乡教育一体化：体系重构与制度创新》，载《教育研究》，2009 (11)。

4. 与时俱进地推进农村教育政策的变革与创新

我国农村教育的发展是与农村社会的变革与转型相联系。今日农村社会的发展已被赋予双重任务：一是建设好社会主义新农村；二是持续推进农村城镇化和稳步促进农村人口向城市的转移。这双重任务既相互联系、和谐共生、相辅相成，又相互区别。由此展示着中国农村现代化也是中国现代化的特色与路向。这一切，不仅成为今日农村教育发展的新背景，同时也赋予农村教育发展新的目标与要求，且使农村教育发展面临新的机遇与挑战。农村教育的发展是农村社会发展的重要内容，也是推进农村经济社会发展的重要力量。当前中国农村的发展是以人为本的发展，这更凸显出农村教育发展的价值与意义。农村社会的变革要求农村教育的变革，也要求农村教育政策的变革。而农村教育政策的变革也意味着需要政策的不断创新。不断提高农村人口的素质，形成学习型农村社会，建构现代国民教育体系和终身教育体系，这都蕴含着对农村教育持续变革与发展的要求，也蕴含着对农村教育政策适时变革与创新的要求。农村教育政策如何适时变革与创新？这是需要不断深化研究的课题。

案 例 篇

案例 1 H 县农村中小学教师队伍建设：1949—1965 年

H 县隶属湖北省，毗邻皖、赣。史经郡、国、州多次建制变更，公元 598 年，始称"H 县"。2009 年，H 县年末总人口 964985 人，第一、第二、第三产业占 GDP 比重为 37.4：33.9：28.7，是典型的农业县。

H 县历史上一直有兴学重教的传统。新中国成立后，H 县积极恢复和发展教育。1949—1965 年，H 县普通中小学教育获得了很大发展。

H 县文化历史源远流长，素有"戏曲之乡""楹联之乡""诗词之乡""民间艺术之乡"之美誉，乡土文化资源极其丰富。

本文综合利用文献法①、访谈法，以"新历史主义"视角，对 1949—1965 年 H 县的农村教师队伍建设历史，做出具体分析。

一、师资来源

1949—1965 年，H 县逐步建立了一支初具规模的中小学教师队伍。本部分重点从"旧教师甄别吸收"和"新教师培养补充"两个方面分析其师资来源。

（一）旧教师的甄别与吸收

1. 旧教师的基本情况

我们把解放前的中小学教师笼统地称之为"旧教师"。解放之初，H 县旧教师主要由下列人员构成：一是旧公、私立中小学校教师，共 99 人；

---

① 本文引用的 H 县档案馆材料，以"全宗号—目录号—案卷号"方式表示，如"75-1-25"。

二是教会学校教师，共 11 人；三是乡村塾师。乡村私塾分"蒙馆"和"经馆"两种基本类型，共 619 所，塾师 621 人。①

旧教师的情况十分复杂。从入职时间上看，有一直以执教为业的老教师，也有解放前新近入职的教师；从入职方式上看，既有旧政府聘任的教师，如原有公立中小学教师，也有教会组织聘任的教师和民众自聘的塾师；从职业背景上看，有毕业于中等和高等学校、文化程度较高的教师（他们大多就教于公立中学或中心国民学校），也有文化程度较低的乡村塾师；从教师的思想与政治立场上看，一些教师拥护新政权，拥护中国共产党领导，也有一些教师对新社会抱着怀疑、观望、恐惧的心态，甚至思想反动，散布谣言，煽动不满情绪。如：原五区中心国民学校校长 Lmx，新中国成立前曾兼任国民党县党部委员，五区国民党分部书记，新中国成立初在教师中散布"共产党是共产共妻""在国民党学校当过教师的都要坐牢"等谣言，并煽动教师罢课（Ljh 老师 2008 年 3 月 20 日访谈记录）。

正因为旧教师队伍情况如此复杂，因此，有必要对旧教员进行甄别，有选择地吸收。

2. "基本留用"的吸收原则

1949 年，HG 专署教育科在《关于教育工作的意见》② 中，提出了对旧教师甄别吸收的基本原则。该《意见》指出："对原有教员采取团结、争取教育和改造的政策，使之为人民服务，一般不随便变动。""应积极恢复一部分中小学校，学校的人事要尽快进行调整，原有中小学教员基本应予以保留。对个别反动有据、劣迹昭彰、腐败无能分子，应清除出教师队伍，把初步工作中发现的积极分子担任政治教员，参加学校领导工作。"

根据专署教育科指示，H 县人民政府决定："所有解放前在中小学任课的教师，基本留下来继续供职。所有教师，都由县人民政府统一管理，统一调配，统一供给。校长无权聘任和解聘教师。"③

---

① H 县档案馆：75-1-25；《解放前后学校情况调查统计表》，1950。
② H 县档案馆：75-1-16；1949。
③ 《H 县教育志》（1840—1985）（未正式出版），264 页。

这种对旧教师的吸收原则，符合当时教育发展的实际情况，其基本精神是正确的。解放后，同全国其他农村地区一样，H县的教育基础十分薄弱，中小学教师奇缺。旧教师是新政权建立后基础教育得以恢复和发展的主要力量，因此，完全有必要坚持对旧教师的"基本留用"原则。

3. 旧教师吸收的"两步走"

旧教师的吸收，大体分两步走：第一阶段是在1949年下半年，主要是对原县中学（初中）教员、原中心国民学校和保国民学校教员以及自愿申请政府接管的教会学校教员，进行甄别和吸收；第二阶段是在1950年春至1951年春，主要是对乡村塾师进行甄别和吸收。

在这两个不同阶段，由于甄别和吸收的对象有所不同，因此，采用的具体方法和步骤也有所区别。

（1）第一阶段的步骤与方法

本阶段对旧教师的甄别与吸收，据H县老文教科科长Lhb回忆（2008年3月27～28日访谈），一般采取如下步骤和方法：

首先，对旧教员先行摸底排查。

当时的教师很缺，原来中小学教师能留下来的就要尽量留下来。把他们都赶走，学校就办不成，也不符合党的政策。先通过乡干部对本乡教师大致摸底，在摸底的基础上把他们分为两类人。如果是反革命分子，手上有人民血债的，不但不能留用，还要逮捕。如果没有大的问题，这样的教师基本都留下来。少数教师对新政权不了解，不敢留下来为新社会服务，我们也不勉强。除极少数教师外，其他人能留则留。

其次，旧教员自查。

最初，对旧教员的留用都是暂时性的，以维持教师队伍的稳定。留用旧教员，采取的是"边吸收，边审查"的方法。在未宣布清除那位教师前，对暂时留用的教师，要求每人自查。自查的基本方式是每人写一份个人简历，真实反映自己的基本情况。

简历一般包含这几项内容：姓名、性别、年龄、籍贯、家庭情况、家庭社会关系、个人受教育经历、文化程度、从事过的所有职业、曾加入过何种组织等。特别是解放前三年的个人活动经历，要写得具体。写简历千万不能说假话，大家在一起共事，彼此都知根知底，说了假话被揭发出来那可是立场和态度问题，麻烦就大了。就是有什么坏事，还是要写出来，反正是瞒不住的。不是杀人放火，影响太恶劣的，认真检查都能过关。再说，大多数教师都在学校一心教书，也没多大问题怕写的。

再次，自我批评和相互检举揭发。

对初步过关的教员，学校召开各种全校教师会议，在会议上教师个人要先做自我检查，然后是教员之间相互检举揭发。如果学校教师比较多，就先分组开会，再集中召开全体教师大会。如县中学当时接收下来的教员较多，就是采用这种方式。在教师人数较少的小学，就不必分组，直接召开全校教师会议。在会议上由教师个人自我检查，其他人提问和检举揭发。

最后，留用甄别过关的教员。

根据对旧教员的"基本留用"原则，对甄别过关的教员予以留用。当然，留用之后，还要对他们进行一系列的思想改造和教育。对此，在下文的相关部分还有更具体的交代。

（2）第二阶段的步骤与方法

第一阶段对旧教员的甄别和吸收并没有包括乡村塾师。对乡村塾师的甄别与吸收工作，主要是在1950年春至1951年春完成的。主要步骤与方法如下。

首先，召开塾师代表会议与开展前期教育工作。

解放之初，H县政府对私塾的态度比较模糊。一方面，允许私塾存在，甚至鼓励继续办好私塾；另一方面，又采取措施限制私塾发展。如：在《H县一九五零年上半年的文教工作》①中，分析"农村小学得到了迅速恢复和发展"的原因时，重要的一条是"在村小三里路范围内，不允许办私塾。"正是由于对乡村私塾的政策不明朗，所以，对塾师的甄别与接收工作也相对较晚，放在旧教师甄别和接收工作的第二阶段。

对乡村塾师甄别与接收，始于1950年3月。据《H县教育志》（1840—1985）记载："1950年春季，县人民政府召开全县塾师代表大会，

---

① H县档案馆：75-1-28；1950。

教育塾师服从共产党的领导，遵从政府法令，清除封建的反动的教学内容。"①

及时加强对私塾的整顿和管理是必要的。当时的私塾教育除师资参差不齐、教学条件普遍较差等问题外，还有一个更严重的问题，就是普遍存在"偷教旧书"现象。其主要原因有三：一是乡村私塾还没有政府统一编订和供应的课本，塾师只好继续使用原来的"教材"，如《三字经》《百家姓》《幼学琼林》《四书》《五经》等；二是塾师比较重视乡村儿童的"礼仪之教"及实用生活知识的学习，如写对联、毛笔字、便条、借条等，村民对私塾教育并不反感，甚至在解放初期私塾教育比新式小学教育更受村民欢迎；三是塾师本身的原因。一些塾师对新教育在思想上还难以接受。乡村塾师多是旧式教育出身，在知识结构和能力水平上，一时难以适应和胜任新教育。因此，对塾师前期的教育工作，是结合私塾教育教学改革进行的。

其次，摸底与自查。

这一步与旧教师甄别与改造第一阶段的方法基本相同，故此不复赘述。

最后，举办塾师暑期训练班，进行业务学习和思想教育。

根据 1950 年的工作安排，1950 年暑期，H 县举办了专门的塾师训练班。"主要是组织政治学习，先学习社会发展简史、政协文献中的'革命基本问题'等，建立起基本观点。再开展业务（原文为"叶务"）学习，组织各科研究会，以交流经验，改进教学方法。""建立学习制度，拟出讨论提纲，集中分组学习为主，讨论为辅，每星期讨论一次，每学习一段时间后举行测验，必要时抽查笔记。""多学习报纸上的文章，必要时举行时事测验。"②

通过举办塾师暑期训练班，一方面，开拓了塾师视野，让他们更多地接触和了解外部世界；另一方面，也使他们受到了教育，思想觉悟、政治水平、业务素质都得到了一定的提高。

---

① 《H 县教育志》（1840—1985），41 页。
② H 县档案馆：75-1-35；《1950 年文教工作总结》，1951。

"1951年春，县文教科将全县650所私塾改造成为新型民办小学，所有私塾学生均转入新型民办小学读书。"① 由此，被留用的塾师（也有少数塾师不愿留用，宁愿另谋职业），也就顺理成章地变身为"民办小学教师"。②

1951年暑期，全县结合"三大中心运动"，以"诚实运动"为主题，又举办了暑期教师讲习会，规定所有教师都要参加相应的学习，当然，也包括变身为"民办小学教师"的原有塾师。

1952年，"八月，全县民办小学全部转为国办，民小教师全部转为公立教师，并开始评发工资，月工资人平20元。"③ 至此，专门针对旧教师的甄别和吸收工作亦告结束。

需要特别注意的是：专门针对旧教师的甄别和吸收工作结束后，并不是说自此H县就再没有塾师了。实际上，1952年8月，在把全部民办小学转为公办、全部民办小学教师转为公立教师的同时，H县人民政府还做出了"允许群众办学，经费自筹"的决定。④ 据Lhb科长讲，在稍后的3～5年，私塾并没有完全取缔，还有少量塾师存在。

通过访谈和历史文献分析，我们至少可以得出如下结论：在H县，一是旧教师在甄别后基本上被留用；二是对旧教师采取了"边甄别、边吸收、边教育"的治理策略，重点是对旧教师进行政治教育和思想改造；三是对旧教师的甄别和吸收工作开展得比较扎实平稳，总体上，没有引起留用教师的过分紧张与不安，基本上保持了教师队伍的稳定性。

在某种意义上，这些"旧教师"构成H县现代教师队伍的"原型"。

（二）新师资的培养与补充

毫无疑问，仅靠吸收旧教师，远不能解决H县基础教育发展所面临的

---

① 《H县教育志》（1840—1985），11页。
② 注："民办小学教师"不等于"民办教师"，也不是1958年以后集体办学意义上的"民办教师"。当然，更不是改革开放后社会力量办学中的"民办学校教师"。
③ 《H县教育志》（1840—1985），352页。
④ 同上。

师资短缺问题。要大力恢复和发展基础教育，还必须不断培养、补充新师资。

1949—1965 年，H 县新师资培养主要有如下几种途径。

1. 举办暑期讲习会和"短师班"培养师资：1950—1959 年

1960 年前，H 县没有师范学校，并不等于 H 县没有自己培养的师资。H 县小学教师的培养，除 1960—1965 年通过县办中等师范学校培养外，另有两种重要途径，即："暑期讲习会"和"短期师资培训班"（亦简称"短师班"）。

(1) 暑期讲习会：1950—1951 年

据《H 县教育志·教师》记载："1950 年和 1951 年暑期，县文教科连续举办暑期讲习会，吸收有志于人民教育事业的塾师和失业知识分子参加学习。学习结束后，统一分配到中心小学任教。"[1] 第一期暑期讲习会约培养教师 80 名，第二期约培养教师 110 名。[2] 暑期讲习会培养的教师，当时称为"堂师"。H 县教育志编撰办公室人员 Zxc（原 H 县教育局办公室主任，2008 年 6 月 12 日访谈）老师解释说："暑期讲习会是在大堂屋里办的，就叫了这个名字。"

(2) 短期师资培训班：1952—1959 年

除"暑期讲习会"外，20 世纪 50 年代 H 县"自培"小学教师的另一种重要方式，就是举办"短期师资培训班"。

据《H 县教育志》(1840—1985) 记载："1952 年 2 月 5 日，县人民政府发文通知各区镇，动员失学失业知识青年投考县立中学附设的短期师资训练班。通知说：'我县初等教育随着土地改革运动正在蓬勃发展，为适应目前的工作需要，解决一部分师资问题，决定在县中学附设短期师训班两班，招考 18 至 30 岁有相当初二程度失学、失业知识分子一百人，希各区镇大力动员合格人员报考。'政治审查条件可以放宽些……"[3]

---

[1] 《H 县教育志》(1840—1985)，264 页。
[2] 注：Yfe 老师和 Lhb 科长的回忆数据。
[3] 《H 县教育志》(1840—1985)，264 页。

另据《H一中九十年》记载："附设在学校（注：即今天的H县一中）的短期师资培训班，学制半年，共办两期，第一期招收18～30岁相当初二程度的失学、失业知识分子100人参加学习，第二期招收58人，先后为本县培养了158名小学教师。"① 短期师资培训班的课程设置很简单，学习要求也不高，但学员们学习却比较认真。

1958年学校大发展，教师奇缺。H县文教局于本年暑期和1959年暑期，先后两次举办"短师班"，吸收一批高小毕业生经过两个月的短期训练，补充小学教师队伍，原小学教师水平较高的则被选拔到中学任教。②

此后，多年内H县再也没有开办师资培养性质的"短师班"，直到1975年的H县师范学校附设的两个"简师班"开班。

在此，我们可以做一个简单小结：20世纪50年代的"暑期讲习会"和"短期师资培训班"，是H县在基础教育发展面临师资极度短缺情况下所采取的一种救急措施。从表面看，类似于今天的教师"岗前培训"，但实际上两者之间存在本质区别。今天的中小学教师"岗前培训"是新教师入职前的一种适应性训练；而暑期讲习会和"短师班"，则是为了补充"合格师资"而开展的培养活动，是"培养"而不是"培训"。毫无疑问，这两种师资培养方法，虽然在一定程度上缓解了当时农村基础教育发展师资匮乏的"燃眉之急"，但由于师资培养规格偏低，也影响了农村教师队伍的整体水平。

2. 各级师范学校毕业生的补充：1952—1965年

1960年前，H县并没有自己举办的专门性质的中等或初等师范学校。直到1960年，才创办了"H县师范学校"（中等师范学校），专门为本县中小学培养师资，1966年停办。③ 据《H县教育志》（1840—1985）记载：1952年前，基本上没有中等师范及以上学校毕业生分配至该县。从1952年开始，每年有"一批高等和中等师范学校毕业生分配到全县各级学校任

---

① 《H一中九十年（1912—2002）》（校庆材料，内部发行），10页。
② 《H县教育志》（1840—1985），267页。
③ 同上书，265页。

教。"① 1960 年前，这些高等和中等师范毕业生，主要来自湖北省高等师范学校和 HG 专区师范学校，如当时的华中师范学院、湖北 GJ 中等师范学校等。② 其中，在 20 世纪 50 年代还有少量中师毕业生来自邻省的 JJ 中等师范学校。③ 1960 年后，除原有师范院校继续为 H 县培养中小学师资外，还有专署直属 HG 中等师范学校和本县办中等师范学校，为 H 县中小学校培养师资。1952—1965 年，从总体上看，H 县的中小学师资供给呈逐年递增趋势。可惜，这种良好的发展势头因一场灾难性的"文化大革命"嘎然终止。

1949—1965 年，到底每年有多少大、中专毕业生分配至 H 县，多无据可查。仅 1954 年、1965 年两年有相关记录。据统计，1954 年有 20 名师范毕业生分配到该县（其中有简师班毕业生 6 名），这批毕业生先由县教育科分配至各区，再由区分配至本区各校；④ 1965 年 H 县有 64 名中师及以上毕业生加入中小学教师队伍，其中：中师毕业生 48 名，高师专科毕业生 9 名，高师本科毕业生 6 名，非师范类高等专科学校毕业生 1 名。6 名高师本科毕业生和 3 名高师毕业生分别被分配至 3 所高中，另 6 名高等师范专科学校毕业生、1 名非师范高等专科学校毕业生和 18 名中师毕业生被分配至初中，其余 30 名中师毕业生被分配至小学。⑤

访谈中，多数教师认为：1954—1965 年，师范毕业生的培养质量比较好，而 1955 年前简师⑥毕业生的培养质量比较差，这与简师生源质量差（高小毕业即可）、培养规格低有着内在联系。但客观地讲，"简师"作为师范教育发展的权宜之计，为 20 世纪 50 年代初的农村中小学校培养了大量师资，为普及农村初等教育发挥过重要作用。

3. 民办教师的吸收：1956—1965 年

---

① 《H 县教育志》(1840—1985)，265 页。
② 湖北省地方志编撰委员会：《湖北省志·教育》，440~456 页，武汉，湖北人民出版社，1993。
③ 何仁稀：《百年回首》，51 页，上海，世界文化出版有限公司，2008。
④ H 县档案馆：75-1-69；《1954 年各区镇中小学教师新分配教师名单附录》，1954。
⑤ H 县档案馆：75-1-282；《中小学新分配教师名单》，1965。
⑥ 注：在此"简师"指"初级师范学校"或中学、中等师范学校附设的简师班。

H 县一定规模的民办教师的出现，应从 1956 年算起。在此之前存在的"民办小学"，尽管多由群众出钱出工创办，但都是以区、乡政府名义创办的。形象地说，是地方政府以"借鸡生蛋"的方式办学。从这种意义上说，1956 年以前的"民办小学"也可以说是"政府办的小学"，或者说是"半公办半民办小学"。政府对这种"民办小学"，一般派任教师，并在其办学困难时给予一定帮助。由此可以认为：1956 年前，这种"民办小学"里的教师实际上多是在此供职的"公办教师"。当然，这并不绝对排除可能存在少量的真正农民身份的民办教师。笔者认为，这既是 1956 年前 H 县"民办教师"没有数据统计的一个主要原因，也是被访谈教师，"众口一词"地认为，1956 年前"不存在民办教师"的历史原因。

根据 H 县中小学教师队伍建设的实际，我们可以把 1956—1965 年 H 县民办教师的吸收，分为以下两个相互联系又相互区别的阶段。

第一阶段："群众办学教师"的吸收：1956—1957 年

从 H 县中小学教师队伍建设的历史看，"群众办学教师"是"民办教师"的"原型"。

1952 年 7 月，H 县的土地改革完成。① 为贯彻党的过渡时期总路线，从 1952 年春开始，H 县人民政府及时在全县组织了农业生产合作化运动。到 1956 年 12 月，农业生产合作化运动经过互助组、初级农业生产合作社、高级农业生产合作社 3 个阶段，完成了其对农村经济结构改造的历史使命。②

1956—1957 年，H 县乡村的经济基础，并不是生产资料所有制高度集中的农村集体经济，而是集中程度有限的农村合作社经济。这就是这一时期农村基础教育得以发展的重要的经济基础，它决定了初级社和高级社所办学校的性质、教师来源和身份。

结合文献和访谈，我们可以看出：（1）1956—1957 年，开始存在一定

---

① H 县地方志编撰委员会：《H 县志》（下卷），464 页，北京，中华书局出版，1999。
② 同上书，135～136 页。

数量的"群众办学教师"①，他们是 H 县以农民身份存在的、群众"自愿聘请"的民办教师的最初形态；（2）从 1956 年开始，国家和地方政府更多地把发展农村基础教育的责任交给农村群众，不但包括办学投入，而且包括教师来源问题的解决；（3）作为民办教师"原型"的"群众办学教师"，自出现之时起，入职起点就非常低。

第二阶段："民办教师"的吸收：1958—1965 年

1958 年 9 月，H 县将所有的高级农业生产合作社以区为单位，合并成了 11 个人民公社，完成了"人民公社化"。"大跃进"和"人民公社化"，直接导致了 1958 年 H 县基础教育盲目发展及民办教师的大量任用。②

同其他行业一样，1958 年，H 县教育发展也进入了"大跃进"时期。教育事业的"跃进式"发展，造成了基础教育师资需求的急剧增加。无疑，不可能指望通过正规的师范教育在短期内培养大量的师资，在全面"放卫星"的大形势下，也不可能通过其他方式，如早期的暑期讲习会、"短师班"等来培养培训师资，只能是采用大量急聘民办教师的办法。

其实，从 1956 年开始，大量任用民办教师就是发展基础教育的一项基本政策。1956 年 6 月，教育部长张奚若在《目前国民教育方面的情况和问题》的报告中就指出："在 1956 年和 1957 年两年内，估计初中教师缺 9 万人，小学教师缺 20 万人；除师范毕业生、短期师资培训外，还要注意发掘社会和学校方面的潜在人力。"③ 1958 年 4 月，邓小平在中共中央书记处会议讨论教育工作的讲话中指出：教育发展"一要普及，二要提高"，为处理好普及和提高的关系，"师资问题要注意"，"至于近几年大量发展起来的学校，现在不要强调其师资是否合格，办起来就是好事，以后慢慢调整和提高。"④ 1958 年 6 月，刘少奇在全国教育工作会议上《关于教育工作的几个

---

① 注："群众办学教师"的身份是"合作社成员"，报酬获得的方式是"换工"；而典型意义上的"民办教师"的身份是"公社社员"，报酬支付方式是"工分＋补助"。笔者认为两者存在本质区别。

② H 县地方志编撰委员会：《H 县志》（下卷），468～470 页，北京，中华书局出版，1999。

③ 何东昌主编：《中华人民共和国重要教育文献》，639 页，海口，海南出版社，1998。

④ 同上书，820 页。

问题》的讲话中也指出：目前，有两类学校都是正规学校，一类是国家办的，要求质量好，阶级成分好，文化质量也要较高，这只能吸收一部分人；另一类是半工半读的学校，是有经济目的的，国家有，个人也有。对第二类学校的教师培养多少，要看国家的力量。教员的工资，国家可以出，也可以不出，由学生出。① 从这些党和国家领导人的讲话中可以看出，当时，国家对基础教育发展关注的重心是解决教师数量不足，而不是特别关注大量补充的师资是否合格。这种教师补充和任用政策，一方面，比较现实地解决了"基础教育大跃进"形势下师资短缺问题；另一方面，也为各地开始大量使用低素质的民办教师开了"政策绿灯"。

1958 年，H 县人民政府在《H 县 1958 年教育工作意见》中提出：民办中小学教师"可以聘请农村中有一定文化水平的知识分子和已从事生产的中、小学毕业生担任，必要时教育行政部门也可以协助解决。但教师最好不脱产，提倡半耕半教。教师工资由群众与教师面议，只要符合自愿原则和当地习惯，解决办法是多样的………""社队中学可以从小学选拔一些文化水平较好、思想觉悟较高的小学优秀教师担任，还可以想办法请公社技术员担任兼职教师。"民办教师的录用手续是"群众聘请报公社批准报县备案。"②

从 1958 年开始，由生产大队所办中小学校③，是建立在社队集体经济基础之上的，是中国农村基础教育发展史上比较典型的"民办学校"，在这些民办学校任职的教师，其主体就是以社员身份计工分报酬的"民办教师"。

1958—1965 年，民办教师的主要身份是社员，是从事教师职业的社员，因此，民办教师的任免主要取决于社队意志。在社队，享有民办教师任免权力的自然是社队干部。虽然名义上民办教师由"群众自愿聘请"，但"群众"是一个宽泛、模糊概念，不具备操作功能。农村社会是一个"熟人

---

① 何东昌主编：《中华人民共和国重要教育文献》，838 页，海口，海南出版社，1998。
② H 县档案馆：75-1-145；《H 县 1958 年教育工作意见》，1958。
③ 注：中学多由公社办；小学主要由生产大队办，生产小队办学比较少见。

社会"，在这个由政策和人情共同编制的社会网络中，决定民办教师入职与退出的因素主要是：民办教师的个人条件以及个人和家庭拥有的各种"社会资源"，包括个人的文化水平、家庭成分、身体状况、年龄大小、个人及其家庭与生产小队、生产大队干部的亲疏关系、个人及其家庭在当地群众中的总体印象等。大队所办学校民办教师的吸收和退出具有随意性，并不需要报上级政府机关或教育行政部门批准。

1958 年，是我国农村基础教育发展的一个非常特殊的年份，也是农村民办教师任用的一个转折点。无论在总人数还是在增长百分比上，与以前各年份相比，1958 年都是民办教师大量使用的一年。与 1956 年、1957 年相比，1958 年 H 县小学民办教师总数分别增加了 561 人和 510 人，分别增长了 347.1% 和 283.5%；1956 年、1957 年，H 县没有中学民办教师，但 1958 年中学民办教师达 94 人，占中学教师总数的 40.9%。①

以 1958 年为开端，1958—1965 年，民办教师的任用有如下几个新特点：一是用层层拔高办法选用中学民办教师；二是民办教师在教师队伍中所占比例显著增大，极大地改变了公办、民办教师在教师队伍结构中的比例；三是事实上确立了社队对民办教师的任用权力，地方化的民办教师任用制度基本形成。

1958 年"大跃进"后，进入了 1959—1961 年的"三年困难期"，H 县的民办教师吸收速度明显放慢，直到 1964 年才开始回升。1965 年，H 县小学民办教师 843 人，占小学教师总数的 43.4%，中学民办教师 88 人，占中学教师总数的 23.7%，合计中小学民办教师 931 人，占中小学教师总数的 40.2%；1965 年民办教师占中小学教师总数的比例比 1956 年（18.0%）高出了 22.2%。

到"文化大革命"时期，民办中小学教师几乎占据了 H 县中小学教育的"一统江山"，成为基础教育的绝对主力。

4. 师资的其他来源

除上述几个主要的师资来源外，农村教师还有其他补充途径，简要列

---

① 本文 H 县数据除特别注明外，均来源于 H 县历年相关统计资料。

举如下。

一是挑选有文化的机关干部做教师。如《H县一九五三年整顿中小学教师队伍意见》指出:"可以在精简的行政干部中吸收能胜任教师工作的人员担任中小学教师。"①

二是招聘"代课教师"。在改革开放前,代课教师与民办教师不同,其地位低于正式公办教师但高于民办教师。代课教师一般具有城镇户口,由县、乡(或公社)公共财政支付报酬,虽然报酬明显少于正式公办教师,但享有更多的转为正式公办教师的机会。H县在1956年前后,就存在一定数量的代课教师。在《一九五六年H县文教工作总结》中提出的解决师资短缺的办法之一,就是将"代课教师转为正式教师。"② 在1961年的《H县中学、师范教职员工情况调查表(二)》中就有代课教师的记载。③ 1965年H县文教局在《关于吸收少数社会知识青年为公办小学正式教员的通知》中,对录用代课教师为正式公办小学教师做出了详尽、具体的规定。④

综上所述,1949—1965年,H县采取了多渠道的新教师补充办法,一定程度上保证了基础教育发展的教师数量需求。当然,在这一过程中,也存在不少问题,特别是一些年份基础教育发展较快,为解决师资供给的数量问题,往往采取降低教师入职标准的办法,使教师队伍不可避免地存在质量问题。

二、师资培训与提高

接收旧教师和多途径补充新教师,只是解决了基础教育发展面临的师资数量不足问题,如何提高教师队伍素质,必然是一个伴随数量问题的质量问题。

---

① H县档案馆:75-1-58;《H县一九五三年整顿中小学教师队伍意见》,1953。
② H县档案馆:75-1-96;《一九五六年H县文教工作总结》,1956。
③ H县档案馆:75-1-211;《H县中学、师范教职员工情况调查表(二)》,1961;在该表的统计数据中,H县1958年后参加工作的103名中学和师范教师中有"代职代课人员2名"。
④ H县档案馆:75-1-284;《关于吸收少数社会知识青年为公办小学正式教员的通知》,1965。

"前十七年"，H 县提高教师队伍的文化水平和业务素质的主要方法，就是开展多种形式的培训。1949 年，县境解放不久，县人民政府即利用暑期组织教师集中学习。此后，基本上每年的寒暑假，县人民政府或教育行政部门都安排一定时间，通过各种形式集训教师。平时则重点抓中小学教师的业余学习和进修。其培训师资的途径主要有如下几种。

1. 创办星期学校

1952 年 9 月，全县创办星期学校 25 所，定星期日为学习日，故名"星期学校"（又名"星期日学校"）。各区成立"星期学校委员会"，区公所文教干事任主任委员，中心小学校长为副主任委员，具体负责所属辅导区的小学教师集中学习。1952 年秋，每个行政区内划分两个学校辅导区（KZ区只划分 1 个）。此时，全县 12 个行政区，共划分为 23 个学校辅导区，每个辅导区都建有 1 所中心小学。各学校辅导区所有小学，由本辅导区中心小学校长负责管理和辅导（注：类似于今天的"中心学校"制度）。星期学校主要办在中心小学。参加星期学校学习的教师，按文化程度分为"进修班"和"研究班"，中心小学教师和一般乡村小学教师中水平较高的参加研究班，研讨教材教法，水平较低的教师则在进修班听讲。[1]

据 H 县教育局 1956 年 6 月统计表记载，当时全县有 965 名小学在职教师，其中有 645 名小学教师参加了星期学校学习（其他小学教师或参加脱产学习，或参加生产救灾未回校），其中 300 人学习语文，345 人学习算术，289 人参加研究班研讨。[2]

对 H 县星期学校开展的教师培训内容、时间安排、实际效果等，在1955 年的《H 县星期学校工作总结》[3] 中有比较完整的记载。

可以说，1956 年前，星期学校是 H 县中小学教师培训的一种最主要的形式，对教师队伍整体素质的提高具有重大意义。

2. 开展函授教育

1956 年 6 月，H 县创办函授师范学校，星期学校随即被函授学校代

---

① 《H 县教育志》(1840—1985)，271、45 页。
② 同上书，272 页。
③ H 县档案馆：75-1-86；《H 县星期学校工作总结》，1955。

替。共设 5 个函授分站，函授分站设在中心小学，由中心小学校长兼任函授分站主任。从 H 县函授学校创办到 1962 年被 H 县教师进修学校替代，全县共有 425 名不及初师毕业的小学教师参加了函授学习。[1]

1956 年 9 月，湖北省 DY 师范学校，在 H 县招收初中毕业程度的小学教师参加该校举办的中师函授，在 CG 区和 KL 区设有两个函授班。同年，华中师范学院在 H 县招收高师函授生，文教局部分干部和县直干部学校部分教师率先参加了高师函授学习。1959 年，文教局推荐了 29 名初中各学科教师，参加了华中师范学院的函授招生考试，均被录取。[2]

从已有文教档案和相关访谈中，我们可以看出：虽然中师和高师函授教育是 1956—1962 年 H 县中小学教师业务培训的主要形式，但是，由于师资、校舍、组织等多方面原因，其效果并不很理想。或许这也是 1962 年后，创办比较正规的教师进修学校的一个比较合理的解释。

3. 脱产轮训和进修

1955 年春季，H 县文教科在县镇 CG 小学举办首期教师轮训班，共抽调 92 名小学教师脱产学习。据 H 县第一小学（原县镇 CG 镇小学）报送给 H 县教育志编撰办公室的《H 县第一小学校志》记载，首期教师轮训班学员脱产学习时间为半年。[3]

从 1955 年始，H 县还分批选送部分小学教师到湖北省鄂城市三江口师范学校进修。据 Lhb 科长回忆，被选送出去脱产学习的中小学教师，都是优秀教师。用 Lhb 科长的话说，是"作为一种奖励""很光荣的事情"。

1962 年 12 月，H 县中师函授学校和县干校合并，成立 H 县教师进修学校，开始分期分批轮训小学教师，直到 1966 年停办。

4. 组织自学小组

1952 年开班的星期学校和 1956 年始设的函授学校都是以自学为主，集中听课为辅。中小学教师自学是教师队伍素质提高的关键环节。1951 年

---

[1] 《H 县教育志》(1840—1985)，156、272 页。
[2] 同上书，272 页。
[3] 《H 县第一小学校志》(内部材料)，8 页。

前，H 县文教科设一名督学，专门负责督导中小学教育和教学工作，其中包括检查教师自学情况；[①] 1951 年，取消"督学"编制后，教育教学督导工作并未因此停止，文教科（文教局）依然把督教、督学作为一项经常性的工作开展。"县文教局每年的工作要点都要强调对教师自学的领导，督促学员完成学习任务。并规定，凡是有两名以上星期学校或函授学校学员的学校，都要建立学习小组，订立学习制度，保证每星期学习政治、业务 2 小时，学习文化 4 小时。"[②]

　　总之，1949—1965 年，星期学校、函授教育、自学小组、脱产轮训和进修，是 H 县中小学（特别是小学教师，20 世纪 50 年代中学教师主要由 HG 专署组织培训）在职教师培训的主要形式。H 县中小学教师以积极态度参与培训，既提高了教师个人素质和教师队伍的整体水平，也促进了基础教育质量的提高。

三、教师队伍的整顿与思想改造

　　解放后，H 县中小学教师队伍建设，从一开始就伴随着对教师队伍的提高、整顿与思想改造工作。"前十七年"，H 县中小学教师队伍整顿主要有两次：即 1953 年的"精简"和 1961—1962 年的"下放"。1953 年的整顿，重点针对小学教师队伍；而 1961—1962 年的整顿则涉及整个中小学教师队伍，且以"为国家分忧"为名义。这两次整顿都是与重点整顿小学、压缩基础教育规模同步进行，直接目的都是"精简教师队伍"，即把业务"不合格"的教师精简出教师队伍，以提高教师队伍的业务素质。1961—1962 年的"下放"，其实也是一种对教师队伍的"精简"，不过是与 1953 年起因对象不尽相同的一次"精简"。除以提高教师队伍业务水平为目的的"整顿"工作外，"前十七年"，在 H 县教师队伍建设过程中，还结合各种

---

① H 县档案馆：75-1-28；《1950 年上半年文教工作总结》，1950。
② 《H 县教育志》（1840—1985），272 页。

社会运动、政治运动，进行了以提高教师队伍政治思想素质为目的的"思想改造"工作。希望借"思想改造"，帮助教师排斥其头脑中的"不正确"的政治意识和思想观念，并把所谓"思想不纯"的教师清除出教师队伍，以期打造一支政治思想高度纯洁的中小学教师队伍。简言之，"整顿"着眼于教师队伍业务素质的提高，"思想改造"着眼于教师队伍政治思想素质的提高。

（一）教师队伍的整顿

1.1953 年的"精简"

为了解 H 县 1953 年的教师队伍"精简"，有必要先简单了解"精简"发生的时代背景。

新中国成立后，小学教育经过 4 年的恢复，已有了较大发展。但是，学校发展过快，师资、校舍等条件跟不上发展需要，致使一些学校出现某种混乱现象。[①]

1953 年，我国进入国民经济发展的第一个"五年计划"时期，在处理教育发展与经济建设的关系上，执行的是"先经济后教育"的原则。为集中资源进行经济建设，需要对发展过快的基础教育进行相应的控制和压缩。

根据党和国家过渡时期总路线精神，1953 年 1 月，政务院中央文教委员会确定了"整顿巩固，重点发展，提高质量，稳步前进"的文教工作方针。这意味着基础教育从注重数量的快速增长，进入注重质量稳步提高的发展时期。同年 9 月，在中共中央批发教育部党组的 3 个报告及给各级党委的指示中，就明确批评了普通教育发展贪多冒进、盲目推行小学五年一贯制的做法，提出了普通基础教育发展重点的战略转移。即今后小学发展的重点在城市，农村则以公办完小和中心小学为发展重点。[②] 这种普通初等教育发展重心的战略转移，势必要求对农村小学和农村教师队伍进行整

---

① 卓晴君、李仲汉主编：《中小学教育史》，67 页，海口，海南出版社，2000。
② 何东昌主编：《中华人民共和国重要教育文献》，239 页，海口，海南出版社，1998。

顿。同年 11 月，政务院发出了《关于整顿和改进小学教育的指示》（以下简称《指示》），对整顿和改进小学教育做出了全面部署。《指示》明确提出：对于文化水平过低，确实无力任教者，应积极帮助他们升学或转业，其中适于回家生产者，应动员回家生产。对于某些年老体衰、不能继续任教或有严重传染病影响儿童健康者，应根据具体情况，分别予以妥善处理。对升学或转业、回家生产的教师，除酌发路费外，一律发给一个月或两个月工资作为生活补助费等。并对教师中的违法分子、处理后未及时安置的教师、编余教师、在职教师进修等问题，都提出了具体的处理意见和办法。[①]

以上陈述可以看作 1953 年 H 县小学教师队伍"精简"的大背景。

就 H 县小学教师队伍建设的具体情况而言，1952 年秋，H 县把所有塾师和民办学校教师均转为公办教师，这本身就带来了教师队伍质量问题。加之，1952 年下半年至 1953 年上半年，农村小学的急剧增加，短期内吸收小学教师过急过多，导致农村小学教师队伍增幅过大，教师队伍质量进一步下滑。

根据文教工作的"八字方针"，1953 年，H 县开始整顿小学，"精简"小学教师。其精简小学教师的主要方法和步骤如下。

（1）摸底调查

要精简教师，首先必须了解教师队伍的基本情况。1953 年初，H 县组织力量，对小学教师的人数、教龄等基本情况进行了摸底调查。具体情况见表 I-1）：

表 I-1　1953 年初 H 县小学教师基本情况调查统计表　　（单位：人）

教学年限	不足一年	一年至不足三年	三年至不足五年	五年至不足十年	十年至不足 20 年	20 年及以上	合计
教师人数	244	903	334	111	59	24	1675

（资料来源：H 县档案馆：75-1-60；《H 县小学教师基本情况调查统计表》，1953。）

[①]　何东昌主编：《中华人民共和国重要教育文献》，263 页，海口，海南出版社，1998。

（2）视导评估

在摸清了小学教师队伍基本情况后，文教科于1953年6月2日成立了"小学教学工作视导组"，从DH区开始，陆续对全县小学情况进行了全面的检查和评估。在评估的基础上，对整顿小学教育工作和"精简"教师队伍提出意见和建议。在此，仅例举DH区（注：即当时的"第十二区"，也称"DH区"）小学视导情况，及《H县DH区小学视导工作总结》加以说明。

DH区小学视导情况例举[1]

（1）基本情况：12区HL乡小学，教员Xyh，女，20岁，工商业，小学五年级（学历），2年教龄；（2）业务水平：做不到教学笔记，现在全部照抄不能应用，如做"开学"一课，全文如下：一、组织教学：点名检查学生缺到人数；二、讲解生字：开字、开学、开山、开河；三、巩固新知识："提词"，学、开、了；四、布置作业：写生字，了、开、学。用不来等号，如：$10 \div 2 + 9 - 14 = 5 + 9 - 14 = 14 - 14 = 0$；（3）工作态度：水平低，工作束手束脚，别人送路队，她不送。批改作业马虎，学生错了也不改，工作消极被动；（4）健康状况：无病；（5）家庭生活出路：六口人，父母在汉口合作社做事，弟在中心小学当教导主任，有店屋三栋的二分之一，她回去生活没问题；（6）个人思想要求：想组织上把她转入其他部门工作；（7）群众意见：Yns说：这次调整X老师要整回家，她教书也是害死人，她只能在学校里跑跑路。群众都认为她读几年书教书害了伢儿；（8）教师意见：校长Zyn说：X老师做不到教学笔记怎么能教书，不如转到其他部门工作；（9）处理意见：发薪一月回家生产。

（3）"精简"处理

根据视导、摸底调查等前期工作，1953年10月10日，H县组成"整顿小学委员会"，共抽调教师144人，组成工作组，对全县12个区、两个镇，共150个乡，278所小学全面整顿。整顿工作共分4批进行。[2] 1953年

---

[1] H县档案馆：75-1-67；《H县第十二区不称职教师情况调查表》，1953。

[2] 《H县教育志》（1840—1985），352页。

11 月 15 日始，H 县对不称职的 624 名小学教师逐一列表，并陆续进行了处理，处理工作到 1954 年元月结束。[①] 根据 H 县文教科 1954 年回复湖北省教育厅（54）教众字第 1621 号函的报告，对被认定为不称职的教师主要有以下处理办法：一是发 1～3 个月薪金，动员回家生产（即"转业"），共478 人；二是对剩余未安置的 146 人，"在政府领导下都和灾民一样得到急救，并进行生产自救节约度荒"；对其中有条件的"与人事部门研究可能安插工作。"

据《H 县教育志》（1840—1985）记载，经过 1953 年的小学教师队伍整顿，小学教师数量大大减少了，低学历小学教师在整个教师队伍中所占比重显著下降，小学教师队伍的整体文化水平有了明显提高。整顿前后 H 县小学教师学历情况对比可见表 I-2、表 I-3。[②]

表 I-2　1953 年整顿前 H 县小学教师学历情况　　　　　（单位：人）

小学教师总数	学历						
	专科以上	中师毕业	初师简师毕业	高中毕业肄业	初中毕业肄业	小学毕业以下	无学历
1693	7	70	51	149	501	265	650

表 I-3　1953 年整顿后 H 县小学教师学历情况　　　　　（单位：人）

小学教师总数	学历						
	高等学校毕业及肄业	中等师范学校毕业及肄业	初等师范学校毕业及肄业	普通高中毕业及肄业	普通初中毕业及肄业	小学毕业以下	私塾
969	19	85	55	137	332	153	188

（注：1.1953 年小学教师整顿前后的学历对比数据均直接摘录于：《H 县教育志》（1840—1985），267～268 页；2."1953 年整顿前"数据为当年统计数据；"1953 年整顿后"数据为 1954 年的统计数据。1953 年对小学教师的精简处理工作到 1954 年元月才结束。）

----

① 《H 县教育志》（1840—1985），266 页。
② 同上书，266～267 页。

2.1961—1962 年的"下放"

新中国成立以来，农村基础教育得到了很大发展，特别是 1958 年的基础教育"大跃进"，使农村中小学校数、班数、学生数、适龄儿童入学率等方面，都达到了新中国成立以来的最高点。但是，"大跃进"带来的严重影响，以及随之而来的"天灾"（1959—1961 年的自然灾害），使我国基础教育规模在 1959—1962 年逐年减小（1963 年下半年开始回升）。

1958 年"大跃进"中的"教育大跃进"，中小学教师队伍数量急剧增加，不但带来了中小学教师队伍规模过大，而且整体质量也严重下降；加之，1959—1962 年，我国基础教育规模的连年压缩，也使教师人数出现相对"富余"。这两个方面因素的综合作用，直接导致了新一轮中小学队伍整顿。

为克服国家经济发展中的困难，1961 年 1 月中共中央召开了八届九中全会，提出了国民经济调整的"八字方针"（"调整、巩固、充实、提高"），这不但标志我国经济发展进入调整阶段，而且也表明我国教育发展也将进入调整时期。这可以看作中小学教师队伍新一轮调整的政策背景。

在这一具体历史背景下，H 县基础教育规模在 1961—1962 年进行了相应压缩，中小学教师队伍也随之进行了整顿。这次中小学教师队伍整顿的总体特征可概括为"下放"。"下放"有两层意思：一是将部分中学教师精简回家生产或下放到小学。普通中学教师总体数量不大，1961 年即基本完成了精简和下放任务；二是将"精简"下来的小学教师，全部下放回家生产。下放小学教师是 1961—1962 年 H 县中小学教师队伍整顿工作中的重点工作。小学教师人数相对较多，1961 年虽已开始精简和下放，但主要工作集中在 1962 年进行。

1962 年 6 月，H 县文教局向县委提交了《教育系统精简方案》。[①]《方案》通过后，即开始了大规模的教师精简和下放。具体方案如下。

H 县《教育系统精简方案》（摘录）

一、精简目标：从 1961 年的 1364 个编制中，"顶出"120 个编制；再

[①] H 县档案馆：75-1-236；《教育系统精简方案》。

从所有中小学教师中"精简"618 人；分两批进行，共 738 人。

　　二、精简对象和原则：（1）1961 年以后从社会招收的不管学历高低，全部回家生产；（2）年老病弱，不能坚持工作符合退休的动员退休，符合退职的动员退职，但个别无家可归，生活没有依靠，一时难于处理的暂列编外；（3）在教学或工作中不称职的；（4）1958 年后从社会吸收的除个别骨干外，其余全部退职回家生产；（5）1961 年后国家分配的简师、初师毕业学生家在农村的，动员回家生产。

　　调整人员待请示省专同意后，一律采取退职办法处理，其退职金分两次或三次领取。一方面可以减少今后一切的麻烦；二方面民办小学才能真正做到群众担担子，自管学校，自聘教师；三方面可以节约国家开支，这次精简人员统一按退职处理要退职费六万元左右，在今明两年分批领取。如果保留公职，发医疗证，定期补助，不但给今后工作带来很多麻烦，而且在一两年内要花不只六万元的经济价值。

H 县文教局

1962 年 6 月 20 日

　　从 H 县 1962 年的《教育系统精简方案》可以看出，有些教师之所以被强行退职，并不是学历不够、能力不行，甚至不是出身不好（这在讲出身的年代很重要），而是因为国家对农村基础教育的战略安排发展了改变，或者是地方政府错误理解和变相执行了国家教育政策、教师政策。很明显，1961—1962 年的精简和下放，政府不是主动承担教育发展决策失误的代价，而是把这一代价再次转嫁给教师个人，教师个人被迫成为政策的牺牲品。这种做法显然有失公允。

　　1961—1962 年，"全县先后两次精简下放小学教师 628 人。到 1963 年，除每年师范毕业生增补和前两年精简数抵消以外，小学教师由 1959 年 2125 人减到 1943 人；中学教师由 246 人减到 211 人。"[①]

　　1961—1962 年"下放"的直接效果与 1953 年"精简"相仿。不外乎，一是减少了教师数量；二是提高了教师队伍的整体素质，特别是文化素质。

---

① 《H 县教育志》（1840—1985），266 页。

据《H县教育志》（1840—1985）记载："1961年和1962年，上述①高小毕业补充进小学教师队伍的教师，都被精简回家，并调了68名中学教师到小学任教。"② 1961年，普通中学教师精简和下放后，高等学校本科毕业、专科毕业及本科肄业两年以上、本专科肄业两年以下、高中毕业、高中肄业及初中毕业的中学（包括初中、高中）专任教师数分别为28人、57人、27人、59人、7人，分别占中学专任教师总数178人的15.73%、32.02%、15.17%、33.15%、3.933%，教师的学历层次得到了提高。③《FL中心小学校志》也说："经过60年代初的精简，我校教师队伍的文化水平有了较大提高。"④

笔者在访谈中发现，1961—1962年H县教师队伍的精简和下放，其实还不只这么简单。H县教育局原副局长Dyh（2008年3月25～26日访谈）补充了相关情节如下。

61年、62年县文教局按上级要求"三减"（"减人、减粮、减钱"），实际上就是"精简下放运动"。县局61年就订好初步精简计划，主要在62年完成。61年、62年的精简下放很复杂：一是中学教师减到小学；二是一部分公办小学转为民办，公办小学教师也就变为民办教师。这批教师就是后来说的"62年公转民"。他们中的不少人吃了政策亏，有些人随后恢复了公职身份，安排了工作，但大多数人就变成了民师，直到现在这批人国家都没拿出解决政策，他们的历史问题一直没法解决；三是一部分公办小学教师和民办小学教师被下放回家生产劳动。精简下放对一些教师来说的确是被逼着走人。县、公社、各学校都召开教师会议，讲国家困难，要求大家主动帮国家分忧，动员年龄大的、教学水平差的、家庭出身不好的教师回家生产。大会上就要当场表态，当场宣布。公办教师被宣布下放回家生产的，发一本回乡证明，上面写有"等国家经济好转了还要恢复公办教师身份"的几行字样。不管是谁，被下放回家的，胸前都挂一朵大红花，打

<hr>

① 注：指1959年H县暑期举办的两期为时两个月的短期师资培训班。
② 《H县教育志》（1840—1985），267页。
③ 数据来源于《H县教育志》（1840—1985），267页。
④ 《FL中心小学校志》（内部材料）。

锣鼓欢送。

有的公社通知某某老师去开会，结果到了才知道被精简下放了。曾经 TQ 区就有老师闹过，说政府不该骗人，县文教局为这事专门开会处理过。

61 年、62 年的精简下放，还有一种人本身就不愿做教师，60 年代初这种人不在少数。62 年，教师的收入少得可怜，一个月工资不抵一担湖藕。一担湖藕要卖 20 多块钱，一个小学教师不就那么多吗？我当时在 TQ 学区当辅导员，TQ 中学有个教师，本来不在精简下放名单中，他为转业居然破坏学校的财产。TQ 学区还有个小学教师被下放回家，他走的时候当着学区教育干部和很多教师的面，把一块石头丢进水塘，并发誓说：如果石头浮起来，我就回来当教师。到 80 年代，他要回来转正，到教育局吵闹很多次，我当时主管民师转正工作，我就不同意，我亲眼看到这件事的全过程，每次他找我吵，我就问他石头浮没浮起来？

从 Dyh 局长的回忆中，我们可以看出，教师政策的执行，实际上是不同利益主体之间的利益博弈。如果仅关注个体利益，政府政策将难以发挥应有的激励与导向功能；如果仅注重集体和国家利益，在制度框架内，个体就可能采取各种策略行动，求得自身利益最大化，同样使政策执行走样，导致政策目标落空。

（二）教师队伍的"思想改造"

"前十七年"，H 县中小学教师队伍建设过程，就一直伴随着各种社会运动、政治运动。虽然每次运动的具体目标不尽相同，但方向明确、目的一致，即通过社会政治运动，改造中小学教师思想，以实现教师队伍的"纯洁"。我把这一历史过程概括为中小学教师队伍的"思想改造"。

本文仅结合几次影响重大的社会政治运动和典型事件，展现 H 县中小学教师队伍的"思想改造"历程。

1. "思想改造运动"：1951—1952 年

"思想改造"，是改革开放前国家对知识分子长期采用的基本政策，是一项对知识分子的控制政策，这项政策沿用了近 30 年时间。广义上，"思想改造"是一种经常性的政策行为，不是一项具体的政治运动；狭义上的"思想改造"是指：以 1951 年 11 月 30 日，中共中央发出的《关于在学校中进行思想改造和组织清理的指示》为运动正式发动标志，1951 年秋至 1952 年秋，首先发生在教育界逐步扩展到文艺界和整个知识界的"思想改造运动"，简称为"思想改造"。本文对"思想改造"和"思想改造运动"这两个概念区别使用。从广义上使用"思想改造"，从狭义上使用"思想改造运动"。结合个案的实际，本文的"思想改造运动"特指：1951 年暑期至 1952 年暑期，H 县教育系统开展的"中小学教师思想改造运动"。

1951—1952 年，H 县中小学教师队伍的"思想改造运动"，由一连串事件构成，但其中的两个事件最为典型，即：1951—1952 年的"诚实运动"和 1952 年暑期的"打跪事件"。这两个典型事件是当时 H 县中小学教师队伍"思想改造运动"的缩影，故做重点聚焦。

在重点聚焦典型事件前，仍有必要对事件发生的背景稍做交代。

1949 年 5 月 8 日，H 县全境解放；同年 8 月，开展"减租减息"运动，借以发动群众，恢复生产。1950 年 3 月，中共中央发布《关于严厉镇压反革命分子活动的指示》；同年 7 月，政务院和最高人民法院联合发布了《关于镇压反革命的指示》；同年 11 月，H 县在全县开展了大张旗鼓的镇压反革命运动，先后逮捕反革命分子 895 人。[①]

1950 年 6 月 25 日，美帝国主义发动侵朝战争，中央政府及时发出"抗美援朝，保家卫国"的伟大号召。1951 年 3 月，H 县通过《H 县各界人民爱国公约》，组织群众进行了声势浩大的示威游行，并捐献了"H 号"飞机。[②]

为加速国民经济的恢复和发展，支援抗美援朝战争，1951 年 12 月，H 县按照中共中央《关于实行精兵简政，增产节约，反对贪污，反对浪费和反对官僚主义的决定》精神，在全县开展了"三反运动"，重点是反贪污。运动大体分 3 个阶段进行：第一阶段，贯彻政策；第二阶段，定案处理；

---

① H 县地方志编撰委员会：《H 县志》（下卷），461 页，北京，中华书局出版，1999。
② 同上。

第三阶段，思想建设和组织建设。[1]

1951 年 7 月，H 县开展土地改革试点；1952 年 1 月，土地改革运动在全县铺开；同年 7 月，土改运动基本结束，消灭了封建土地制度，实现了"耕者有其田"。[2]

1951—1952 年，H 县中小学教师的"思想改造运动"正是结合以上社会运动、政治运动进行的。对此，《H 县志》做了如下的历史记载："新中国成立初，县委和政府就有计划地组织广大中小学教师参加清匪剿霸、抗美援朝、土地改革、'三反'、'五反'和'肃反'等政治活动，并于每年寒暑假集中学习时事政治，借以提高教师思想政治觉悟，促进教师世界观转变。"[3]

（1）"诚实运动"：1951—1952 年

1951 年暑期，由县文教科部署，由各区、乡文教干部具体负责组织本区、本乡中小学教师暑期参加思想政治学习，在教师中广泛开展"忠诚、老实、坦白"运动（简称"诚实运动"），要求"交代历史问题，改造思想，提高为人民服务的自觉性"，"号召广大教师解脱历史包袱，加强政治学习，认真改造思想，搞好'三大中心工作'。"[4]

根据《1951 年文教工作总结》《H 县文教工作当前混乱状况》（1953 年 1 月）、《H 县四年来文教工作总结》等文档，对在 H 县中小学教师中开展的"诚实运动"，可做如下几点归结。

①时间：1951 年暑期开始，1951 年下半年强化，持续至 1952 年上半年；

②目的：加强中小学教师思想政治教育，改造教师思想，服务"三大中心工作"和教师队伍的"阶级清理""历史清查"；

③对象：全县文教系统干部和教师，包括中小学教师；

---

[1] H 县地方志编撰委员会：《H 县志》（下卷），463～464 页，北京，中华书局出版，1999。
[2] 同上书，464～465 页。
[3] 同上书，512 页。
[4] H 县档案馆：75-1-50；《1951 年文教工作总结》，1952；"三大中心工作"指：土地改革、镇压反革命、抗美援朝。

④方法：在学习党和国家政策、时事的基础上，开展自我检查、相互批评教育；先在本校开展，然后集中在区、乡开展。注意抓典型，有典型要及时上报；

⑤步骤：分3个阶段进行，即学习—自我检查—批评、批斗；

⑥结果：在一定程度加强了教师的思想教育、阶级教育，但由于采取了一些错误方法，导致了教师社会地位、政治地位的下降，给教师队伍建设带来了一定的消极影响。

在 H 县 1952 年的文教档案中，笔者注意到一份 1951 年 TQ 区 WJ 乡教师思想改造运动的汇报材料，兹节录如下。

《WJ 乡小学教师思想情况》① （节录）

本乡现有教师 22 人，地主 8 人，工商者 1 人，职员 5 人（内有旧职员 3 人），小商人、自由职业及小土地出租者各 2 人，手工业者及中农各 1 人。其中，参加反动组织三清团者 9 人，国民党 CC 系 1 人；父亲或丈夫是反革命分子的 4 人。教师中思想进步典型代表 1 人，落后分子典型代表 2 人。落后分子 Bsx 对土改中分了他家的田地不满，说他家的家产也是省吃俭用挣来的。要他爱人抵制分田地，要听他的话，不能反驳。不认真备课，作业自己改几本，其余让儿童互相改。工作急躁、有情绪。

亲身经历过"诚实运动"的 Yfe 老师回忆说：

在"诚实运动"中最难过的就是检查关。我是当时的先进典型，我没问题，一般老师就不好过，尤其是成分高的。每个人要把自己的历史写清楚，包括个人履历、家庭情况、思想言行、决心打算等，要把家里祖宗三代的情况都写清楚。个人从七八岁时起做了哪些事？加入过什么组织？谁是介绍人？为什么加入？看什么书报？参加过哪些运动？现在参加革命工作思想有什么转变？在"三大中心工作"中做了什么？说了哪些话？等等。

学习无非是读报学文件。接下来是个人发言，大家帮助找问题，实际上就是相互揭发。抓住典型，乡里就报到区和县。坏典型要到区大会、县大会上批斗。

---

① H 县档案馆：75-1-34；《WJ 乡小学教师思想情况》，1951。

大家不是一次发言检讨就过关的。有些人要反复做很多次检讨，甚至为了过关，自己编些错误，痛哭流涕，大家觉得差不多了，小组或大会通过了才过关。如果哪个教师历史上有严重问题，自己坦白出来，或者别人揭发出来，都可能被开除的，我们乡就开除了 2 个。原来说大家把历史说清楚、问题说清楚就行，老实人就说出来了，说出来了就不得了。到后来，大家学乖了，只拣一些无关痛痒的事说。"诚实运动"有作用，但是没把握好分寸。

从相关历史文献和访谈中，可以看出，1951—1952 年的"诚实运动"，虽然名义上是思想教育、思想改造，但地方在实际的政策执行中，在当时的政治气候下，却把它演变成为一场意识形态主导下的、控制教师思想的政治运动。在这场运动中，政策执行明显存在偏差，用强制的办法如"检讨""批斗""过关"等来改造教师思想，既造成了教师心理上的恐慌，也损害了教师的社会形象，导致了教师职业声望和社会地位的下降。

"诚实运动"初期，重点针对的是个人历史问题、政治问题、思想问题以及在"三大中心工作"中的表现；后期，与"三反""五反"相结合，集中于个人历史问题和阶级问题①。

（2）"打跪事件"：1952 年

1951 年 11 月 30 日，中共中央发出《关于在学校中进行思想改造和组织清理的指示》，要求：一年至二年内，在所有大中小学校的教职员中和高中以上学校的学生中，普遍地进行初步的思想改造工作，培养干部和积极分子，"并在这些基础上，在大中小学校的教员中和专科以上（即大学一年级）的学生中，组织忠诚老实交清历史的运动，清理其中的反革命分子。"② 这标志着教师"思想改造运动"开始在全国范围内进行，也标志着思想教育和思想改造重心向"阶级教育"和"阶级清理"转向。

---

① 注：主要包括阶级立场、世界观和阶级感情等，如：是否有反对党和国家政策的言行？是否受到资产阶级思想侵蚀，存在资产阶级思想意识？等等。
② 中央文献出版社编辑部：《建国以来毛泽东手稿》，第 2 册，526 页，北京，中央文献出版社，1988。

1952年年初，中央又发动了"五反"运动。[①] 此后，H县中小学教师"思想改造"运动，开始结合"三反""五反"进行，"搞非法斗争"，存在不少问题与偏差。[②]

针对"思想改造运动"前期出现的错误与问题，1952年，湖北省委和省人民政府做出了"关于小学教师不搞思想运动的指示"。[③] 但是，H县并没有认真执行省委省政府指示。继续在中小学教师中开展"思想改造运动"，并造成了1952年暑期影响恶劣的"打跪事件"。

据《H县一九五二年暑期小学教师讲习会发生打跪追逼教师情况》记载：1952年7月27日至9月1日间，H县举办小学教师讲习会，共374名县立小学、重点小学教师参加，由文教局科员Lhy负责主持。事后的《调查报告》认为，讲习会上教师思想有3种情况：第一种是恐慌，怕处理、怕斗争；第二种是"被动混关"；第三种是"勇敢分子，一心整人"。虽然建立了"学委会"领导讲习会开展思想改造运动，但由于学委会11人都是Lhy指定的，因此，"作用并不大"。结果由Lhy一人独断专行，"在三百多个教职员中，用粗暴的方法去搞'思想改造'，搞起'三反'，造成严重的追逼打跪现象。不少教员在猛追猛打之下，硬是受'冤枉'委屈，更多的是人人自危，不想搞文教工作，这样现象发展到各区乡小学教师讲习会，偏差尤为严重，打跪花样多达十几种之多，TQ（注：TQ行政区）146名教员，三分之二人数罚了跪，XK（注：XK行政区）已经逼死一个教员，在群众和教师中造成极不良影响，群众和学生都看不起教员，教员在工作中则束手束脚，不求有功，但求无过，怕人钻空子，下年难过三反关。有的教员不愿搞文教工作，存在转业思想，思想非常混乱。"1952年年底和1953年年初，中共湖北省委宣传部、省教育厅和HG地区专员公署，组织检查组，深入查明情况后，对当任县长进行记过处理，将Lhy送交司法机

---

① 注：1952年1月26日，中共中央发出《关于在城市中限期展开大规模的坚决彻底的"五反"斗争的指示》，在私营工商业者中进行了"反行贿、反偷税漏税、反盗骗国家财产、反偷工减料、反盗窃国家经济情报"的运动，简称"五反"。
② 《H县教育志》（1840—1985），512页。
③ 同上书，275页。

关并判刑一年，并对其他责任人进行了相应处理。[1]

"打跪事件"只不过是 1951—1952 年"思想改造运动"中的系列事件之一。作为典型事件，在一定程度上反映了 20 世纪 50 年代初，地方政府执行国家教师政策的特点，也给我们今天教师队伍的思想建设，提供了深刻的历史教训和生动的反面教材。

2. "反右运动"：1957 年

1957 年 5 月 20 日，中共 H 县委开展党内整风；同年 8 月，根据中共中央《关于向全体农村人口进行一次大规模社会主义教育运动的指示》精神，在全县县、区、乡三级干部范围内开始整风；9 月，整风运动在全县各机关、各企事业单位、各人民团体和各乡镇全面开展。

H 县具体领导反右运动的工作组织是"整风五人小组"。文教系统开展反右运动后，各学校相应成立了类似的反右领导组织，并派专人负责反右材料的记录与整理。对需要发往外地和上级部门的检举材料，还要一一填写《检举材料登记表》。《检举材料登记表》包括：检举人姓名、检举事由、被检举人基本情况（姓名、工作单位地址、性别、年龄、籍贯、职务）、材料可靠程度、材料性质、主要内容摘要、发往机关、专案小组负责人签名、发文回执、检举材料转送卡片等。

总结与思考

解放前，H 县基础教育比较薄弱，教师队伍规模小且师资良莠不齐。解放之初，H 县从旧社会共接受了中小学教师 110 人，另有塾师若干。解放后，随着基础教育的恢复和发展，H 县积极开展了教师队伍建设。到 1965 年，已有中小学教师 2315 人。这表明，经过"前十七年"努力，H 县建成了一支能基本满足基础教育发展需要的、新型的中小学教师队伍。这支队伍是 H 县教师队伍现代化建设的雏形。

1949—1965 年，H 县主要通过如下途径解决教师队伍数量问题：一是在甄别的基础上，基本留用从旧社会接受下来的教师，包括数量较大的塾师；二是通过举办暑期讲习会、短期师资培训班、中等师范学校等途径，

---

[1] 《H 县教育志》（1840—1985），276 页。

自己培养新师资；三是依靠群众办学，大量聘用民办教师。特别是在 1958 年人民公社成立后，民办教师开始在中小学教师队伍中占有较大比例。

在着重解决教师队伍数量问题的同时，教师队伍的质量问题也受到了一定的重视。这主要表现在：一是提高教师队伍的业务素质。针对大多数中小学教师文化基础差、缺乏基本教学技能的实际情况，H 县主要通过举办星期学校、开展函授教育、支持脱产进修和轮训、建立学习制度和成立学习小组等方式，努力提高广大教师的文化水平和业务能力。广大中小学教师也抱着对新社会的建设热情，积极参加各种学习和培训。但是，由于多数教师入职起点低、原有的文化基础差，而学习和培训资源又非常贫乏，所以教师队伍业务素质提高的效果并不理想；二是加强教师队伍的思想政治建设。1949—1965 年，思想政治建设是 H 县教师队伍建设的重点。例如 1951—1952 年的"诚实运动"、1957 年的"反右运动"等。

总之，1949—1965 年，H 县中小学教师队伍建设，主要目标是建设一支具有一定数量、有一定文化基础和业务能力、思想纯洁的教师队伍；重点解决的是教师队伍的数量问题及思想问题；建设过程表现出了"边建设、边提高、边整顿、边改造"的总体特征。

案例 2　中小学布局调整对农村义务教育均衡发展的影响——以南京六合区为例

一、六合区农村中小学布局调整的概况

（一）六合区社会经济概况

2002 年经国务院批准，撤销南京市大厂区和六合县，设立南京市六合区。六合区东与仪征毗邻，北与天长接壤，西与来安相连，全区面积 1485.5 平方公里，人口 68.03 万人，人口出生率 8.40‰，其中农业人口 49.05 万人，全区下辖 14 个行政乡镇。经过几年的快速发展，六合区的经济和社会发展落后状况得到了较大的改变。2006 年全区生产总值 179.29 亿元，实现财政收入 32 亿元，农民人均纯收入 6778 元[①]。之所以达到这样高的发展水平，主要是原大厂区的国有大中型企业利税、员工收入起到了拉动作用，而原六合县的实际经济发展水平在整个江苏省仍然属于落后方阵。由于行政级别的提升，以及在统计口径上和原大厂区的合并，六合区本来享有的国家级、省市级财政专项支付和专项扶持也随之被取消。

（二）20 世纪 90 年代六合县中小学布局结构概况

教育的发展，总是和时代的发展与进步息息相关。资料显示，1982 年，六合县小学流生现象严重，巩固率只有 86%，及格率不到 50%。全县

---

① 《六合年鉴》，104～108 页，北京，方志出版社，2007。

有危房和校舍 18.69 万平方米，占校舍总面积的 81%，尚有 126 个班级无教室，172 所学校无厕所。"破房子里搭着土台子，坐着一群自带板凳的泥孩子"。教室破旧，师资缺乏，设施简陋，质量低下，这就是六合农村教育当年的真实写照。

党的十一届三中全会以后，中国改革开放和现代化建设事业进入了一个新的阶段。六合县的教育事业也面临新的机遇和挑战。"七五"到"九五"期间，六合县实行了县、乡、村三级办学，县、乡两级管理体制，极大地调动了乡村两级组织，广大群众和社会各界的办学热情，村办小学和村联办初中为"普九"和"双基"目标的实现做出了巨大的贡献。到 1993 年底，全县 7～11 周岁学龄儿童入学率达 99.6%，12～15 周岁少儿普及率达 98%；小学生毕业率 98.4%，在校学生巩固率稳定在 99.76%[①]。1992 年 12 月底，六合县依法宣布全县实施了初等义务教育。1994 年 12 月，六合县"两基"工作通过省、市检查验收。

"普九"与"两基"工作成绩的取得，是与六合县中小学的布局结构密切相连的。资料显示：1993—1994 年度，六合县共有小学在校生 54035 人；最多的是横梁镇，共有 3744 人，其次是八百桥镇，3334 人，最小的是冶山镇，在校生 209 人。全县共有小学 372 所，其中复式班 138 个，学校最多的是马集和八百桥镇，各有 21 所小学，其次是玉带、新簧和横梁镇，各自有 19 所小学。除冶山镇 2 所小学外，最少的是凡集乡，有 6 所小学。全县小学（含复式班）平均校均在校人数 145 人。初中共有 54 所，在校生 26151 人，校均在校生 484 人；班级 564 个，平均班额 46 人。以上资料说明，为了完成"普九"和"两基"的目标，六合全县可以说是村村办学，全县 26 个乡镇，平均每个乡镇 14.3 所小学，2.07 所初中。与当年全县人口相对照，小学平均服务人口只有 1831 人，初中服务人口 12616 人。

六合县 20 世纪 90 年代农村中小学学校布点多，规模小，服务人口少的状况为"普九"和"两基"工作成绩的取得做出了巨大的贡献。但是随着人口出生率下降和教育现代化工程的启动，调整农村中小学布局结构，

---

① 《六合县教育志》，1986—1997，1～2，55～68 页。

提高规模办学效益，改善中小学办学条件被提到了六合县教育议事日程。1994 年 2 月，六合县政府批复六合县教育局提出的初中、小学第一次布局调整方案：撤并单轨初中，在一个乡镇内，有 3 所和 3 所以上初中的，要逐步撤并为 1～2 所四轨和四轨以上初中；小学原则上 4000～5000 人口范围内设置完小一所；其余设初小，全县设定点完小 143 所。在六合县教育局《关于进一步调整中小学布局规划实施方案的请示》（六教发〔1998〕1号）文件中提出：小学到 2000 年规划设置定点完小 143 所，每所完小辐射人口 5000 人；到 2005 年规划设置定点完小 82 所，每所完小辐射人口 8000 人。初中待避过高峰期后，除少数人口 4 万人以上的乡镇可设立 2 所外，其余乡镇只设 1 所初中。"十五"以后，全县定点规划初中 28 所①。以上就是布局调整前六合县中小学布局的基本状况。

（三）布局调整后六合区中小学概况

自 20 世纪 90 年代末开始，由于人口出生率的下降和城市化进程的逐步推进，六合县的农村义务教育学校布局开始暴露出种种弊端：学校布点多，村村办学，规模过小，服务人口过少，有的村小甚至因为生源不足而开不了班；教育资源的有效利用率不高，部分学校设施、器材闲置；地区间、校际间师资学历、年龄、学科等不配套，教育发展不平衡；服务范围过窄，农村大量人口流入集镇和城市，但是集镇中小学并没有得到重点投资和建设，不能满足广大家长和学生的需求。这些问题是否能得到切实解决，是关系到农村稳定和发展的大局。为此，进行农村中小学布局结构调整就成为改变六合教育落后面貌的必然要求和选择。2001 年《国务院关于基础教育改革和发展的决定》中提出"因地制宜地调整农村义务学校布局"，按照小学就近入学、初中相对集中、优化教育资源配置的原则，合理规划好调整学校布局。同年，国务院召开的全国基础教育工作会议也将农村中小学布局调整列入发展农村义务教育当前要重点抓好的六项工作之一。

---

① 《六合县教育志》，1986—1997，122～126 页。

在政府文件精神的指引下，六合区农村中小学布局调整的步伐进一步加快。在短短几年的时间里，通过撤销、合并、异地新建等方式，六合区的中小学布局发生了巨大的变化。到2007年为止，原有的49所初中合并为现有的19所定点初中；原有小学351所，通过实施"村小提升工程"，合并为43所定点小学。

既然农村中小学布局结构调整最直接的目的是要实现教育资源的合理配置，促进教育均衡发展，提高教育质量，那么，六合区农村中小学布局结构调整是否达到了这一目的呢？六合区农村中小学教育布局结构既要受经济社会发展的影响，又要受地理环境、人口密度、空间分布及增长速度等多种因素的制约。但一般来讲，服务人口、服务范围、学校规模等是评价农村中小学布局结构调整合理与否的主要标准。为了准确地把握布局调整后农村中小学的基本情况，笔者在六合区的14个农村乡镇采用分层抽样与随机抽样相结合的方法，总共调查了25所农村中小学。其中，包括小学（含教学点）16所、初中9所（含九年一贯制学校1所，下同）。所调查的学校都经历过布局调整；样本学校中包含了走读学校和寄宿走读混合学校（见表Ⅱ-1和表Ⅱ-2）。从所调查学校的数量和种类情况来看，可以说涵盖了目前六合地区几乎所有中小学的类别和形式，具有较广泛的代表性，因此能够比较好地说明农村中小学布局调整后农村学校的基本情况。

1. 六合区布局调整后农村中小学学校规模

农村中小学布局调整的具体方式就是撤点并校，把一些教学质量差、生源不足的教学点撤并到中心学校和扩大学校规模，并集中资金、校舍、教师以及教学仪器、图书资料等资源，改善这些学校的办学条件，提高这些学校的教育质量和教育资源的利用效率。而反映学校规模的指标主要有学生人数和班级数。

从表格中可以看出，布局调整前，全县小学校均人数203人，平均班额只有38人。其中规模最大的农村小学是竹镇中心小学，共有15个班，864名学生，平均每个班57.6人。而最小的学校，只有一个班的学校就有12所之多，马集镇周云小学1个班，17名学生，东王乡青联小学，一个班，19名学生。初中的规模要相对大一点，但是校均也只有413人。

表Ⅱ-1　本次调查样本学校基本组成情况

学校分类	学校数量（所）	所占比例（%）
总计	25	100
按学校层次分		
镇中心小学	7	28
二类中心小学	5	20
村完小	2	8
村教学点	2	8
镇中心初中	5	20
非中心初中	4	16
是否寄宿学校		
走读学校	23	92
走读寄宿混合学校	2	8

表Ⅱ-2　六合区农村中小学布局调整前后情况对照表

年份	学校类别	学校数量	在校人数	校均在校人数	班级数量	平均班额
1997	小学	351	71132	203	1871	38
2007		43	29323	682	697	42
1997	初中	49	20219	413	439	46
2007		19	22540	1186	455	50

注：表格数据来源　《六合县教育志》1986—1997，131~141页；《六合区教育事业统计资料》，3页，2007。

整体来看，布局调整前六合地区农村中小学学校规模过小，造成资源的浪费，教育资源使用率低下。经过布局调整，全区 43 所定点小学校均16.2 个班，校均 682 名学生，平均班额 42 人。初中 19 所校均 23.9 个班级，校均学生 1186 人，平均班额 50 人。在校生规模在 1000 人以上的农村初中就有 6 所，最大的竹镇民族中学 33 个班，1752 人，平均班额 53 人。

比照教育部《关于报送中小学布局调整规划的通知》中规定的要求，

本次调查的实际情况表明，小学、初中的学校规模均超过了规定的指标。布局调整前后的规模比较，能够明显看到六合区农村中小学的校均在校学生人数都有显著增长：农村小学校均学生数由 203 人增加到 413 人，增长了 103％；初中校均学生数由 682 人增加到 1186 人，增长了 73.9％。

2. 布局调整后农村中小学的服务人口

六合区农村中小学服务人口的数据统计显示：小学的平均服务人口1.58 万人，初中的平均服务人口为 3.58 万人。通过比较，我们不难看出，农村中小学的服务人口比布局调整前均有显著的增加，其中小学增长幅度高达 715％，初中为 157％（见表Ⅱ-3）。可见小学布局的调整幅度是很大的。

表Ⅱ-3　六合区中小学布局调整前后服务人口情况　　　（单位：人）

	调整前（1997 年）	调整后（2007）	增幅（％）
小学	1941	15820	715
初中	13904	35805	157

注：数据来源同表Ⅱ-2。

3. 布局调整后农村中小学的服务半径

中小学服务半径的调查，较难获得一个准确的数据。我们在问卷中涉及了服务半径的问题，但大多教师、家长和学生是根据个人估计来填写的。根据对 25 所中小学问卷调查的统计分析，目前农村中小学服务半径的均值约是：小学校均服务范围为 2.5 公里、初中为 7.2 公里。不过对比布局调整前农村中小学的学校数量，我们不难得出结论。总体来说，布局调整使农村中小学的服务半径大幅度增加。

从对布局调整后六合区农村中小学学校布局现状的总体分析，可以看出：农村中小学的布局调整力度较大，中小学的服务人口和服务范围都有显著地增加和扩大，学校规模的扩大更加明显，以前存在的学校规模过小、布局分散、资源利用效率低的问题得到了相当程度的改善。

二、六合区农村中小学布局调整对义务教育均衡发展的影响分析

2001 年《国务院关于基础教育改革和发展的决定》中提出"因地制宜地调整农村义务学校布局"，按照小学就近入学、初中相对集中、优化教育资源配置的原则，合理规划好调整学校布局。很明显，学校布局调整政策的出台，是为了解决当时农村中小学布局结构不合理、有限教育资源使用效率低下的问题。可以说，教育资源的使用效率高低是评价中小学布局调整影响的一个重要标尺。2006 年 6 月，新《义务教育法》颁布实施，进一步规范了义务教育办学行为，指明义务教育均衡发展的方向，表明义务教育从过去的各自发展走上今天的均衡发展的道路。教育均衡发展才能实现教育公平。因此，义务教育均衡发展也是评价中小学布局调整影响的一个重要标尺。在本章中，我们讨论的重点不是效率和公平谁优先的问题，而是从公平和效率这两个价值标准上分别去探讨布局调整对义务教育发展的影响。

（一）六合区农村中小学布局调整的积极影响

要准确回答中小学布局调整对义务教育均衡发展的影响问题，必须以事实为依据，在调查研究的基础上通过具体的数据来分析和说明。在调查过程中，我们设计了 3 份调查问卷：学校卷、家长卷和学生卷。调查共抽取了 16 所（含教学点）小学，9 所初中（含九年一贯制学校一所）为样本，学校卷共发出 1000 份，回收 968 份，回收率 96.8%，其中有效问卷 944 份，占发出问卷的 94.4%。家长卷共发出 800 份，回收 731 份，回收率 91.3%，其中有效问卷 668 份，占发出问卷的 83.5%。学生问卷共发出 1000 份，回收 985 份，回收率 98.5%，有效问卷 908 份，占发出问卷的 90.8%。通过对六合区 25 所中小学的调研发现，经过近几年的努力，农村

中小学布局调整对义务教育均衡发展的影响主要表现在以下几个方面。

1. 提高了农村中小学的规模效益，促进了义务教育经费投入的基本均衡

六合区农村中小学布局调整使农村学校形成了适度规模，提高学校的规模效益。按照教育经济学理论，"只有在适当规模下经营的学校，不仅使单位学生平均成本趋于最低，而且学校资源分配比例亦较适当，所提供的教育劳务素质甚佳，这种以最少的经费支出提供最佳素质的教育劳务，是相当符合绩效责任原则的"①。在某一地区教育资源总量一定的情况下，每一个学校所能获得的资源与这一地区学校的数量成反比关系。因为在教育资源一定时，如果学校过多、单个学校规模较小，那么每所学校就无法发挥规模效益，必然导致教育资源的利用效率低下。农村中小学布局调整后，学校数量得以减少，相应的每所学校获得的可支配教育资源大大增加，形成了规模效益，其教育资源利用效率得到整体提高，学校布局趋向合理。

调查发现，在所有受访人员中，当问及当地农村中小学布局调整的成效时，有72.8%的人认为实现了教育资源的合理配置，61%的人认为提高了学校的规模效益。而从实地调研情况来看，近几年六合区各地农村中小学布局调整的幅度都很大，效果比较明显。

例如：冶山镇（注：由四合、东王、冶山3个乡镇合并而成）小学由布局调整前的30所减少到现在的5所（含教学点），中学由原来的4所合并为现在的2所。横梁镇1997年时有小学19所，中学4所，经过规划和调整，现有中学1所，小学2所。马鞍镇（注：由马鞍、城西合并而成）原有中小学32所，2003年实行了统一规划，中小学合并为8所。新集镇于2001年开始布局调整，学校数量由原来的16所调整到3所。程桥镇（注：由程桥、竹呈合并而成）中小学由1997年的32所调整为2007年的4所。由于六合区各乡镇在学校布局调整中减少了学校数量，使得农村中小学学校规模接近或达到了基本合理的水平。根据上述乡镇的2007年报表统计，5个镇的小学校均学生为789人，初中为1056人，均较学校布局调整之前

---

① 盖浙生：《教育经济学》，35～36页，台北，台湾三民书局，1985。

有了显著提高。

在人口稠密地区，合并邻近学校可以提高规模效益，而在西部和北部丘陵山区人口密度较小的地方，由于长期以来实行"村办小学，镇办初中"的办学模式，形成了大批的"麻雀校"，更需要重新进行资源的整合。布局调整以后，学校规模的扩大为规模效应的发挥和教育资源利用效率的提高创造了条件。

凡集乡处于江苏、安徽两省交界地区，与仪征、天长接壤。境内多丘陵，人口只有 1.1 万多人。该乡在 20 世纪 90 年代共有中小学 8 所，平均每所学校服务人口不足 1500 人，学校规模普遍较小。万山小学本来是一所服务范围只有 2 个村的小学，2003 年学校合并了附近村的一所学校，服务范围扩大为 5 个村。学校合并以后，中心学校对这两所学校原有的师资和可支配的教育经费进行了合理的安排，从整体上提高了学校的教学质量。合并以后的学校开设了二胡、篮球、书法等免费的特长班。针对合并以后学生校舍条件较差的情况，2004 年学校通过努力获得了当地一家企业的资助，修建了一栋教学楼和两排辅助用房，配备了多媒体教室，学校还积极争取上级支持，并自筹资金，新建了一座计算机网络教室，实现了农村孩子在学校里上网的梦想。优良的办学条件，为学生的学习提供了有利的物质保障，学生的现代文明素质得到了很好的锻炼和培养。

在中国农村，尤其是在一个普通农村小学，能有这样的教学条件非常不易，而学校布局的调整是学校条件改善的一个重要原因。只有学校达到一定的规模，才能更加充分地集中和利用各种教育资源。学校总体数量的减少，单个学校规模的扩大又为义务教育经费的均衡投入提供了有力的支撑和保障。

2005 年 12 月 24 日，国务院发布了《关于深化农村义务教育经费保障机制改革的通知》，按照"明确各级责任、中央地方共担、加大财政投入、提高保障水平、分步组织实施"的基本原则，逐步将农村义务教育全面纳入公共财政保障范围，建立中央和地方分项目、按比例分担的农村义务教育经费保障机制。内容主要包括：（一）全部免除农村义务教育阶段学生学杂费，对贫困家庭学生免费提供教科书并补助寄宿生生活费。（二）提高农村义务教育阶段中小学公用经费保障水平。（三）建立农村义务教育阶段中小学校舍维修改造长效机制。（四）巩固和完善农村中小学教师工资保障机制。调研发现，文件出台后，六合区政府积极贯彻《通知》精神，按照要求把农村义务教育全面纳入公共财政保障范围，并且保证每年按一定比例逐步提高。经过农村中小学布局调整，六合区义务教育的学校规模、服务人口、服务范围都有了大幅度提高，使每一所定点的农村中小学教育经费得到了大幅度提高，基本满足了义务教育发展的需求。调研显示，从2005年秋季开始，六合区农村义务教育就已经被全额纳入公共财政保障范围，中小学公用经费按照小学生均60元、初中90元的标准下拨到每一所学校。2007年秋季，由于全部免除了农村义务教育阶段学生的学杂费，六合区义务教育公用经费标准迅速提升到小学生均220元、初中生均350元。随着经济社会的发展，到2009年秋季，六合区的生均公用经费已经上升到小学350元、初中550元，已经达到或超过农村税费改革前中小学实际可支配经费标准。另外，还对贫困生实行生活补助，现在的标准是每生每年400元；农村中小学校舍维修和改造以及教师工资保障体系也在六合区全面建立。如果农村中小学布局没有进行大规模的调整，仍然保持布点多、规模小的格局，这样的局面是难以出现的。可以说，六合区农村中小学布局结构的合理，促进了农村义务教育经费投入的基本平衡。

2. 办学条件得到明显改善，实现中小学办学条件的基本均衡

六合区农村中小学布局调整最直接的成效就是优化了教育资源配置，改善了学校的办学条件。无论是西北部丘陵地区，还是在南圩地区的调研都印证了这一点。

马集镇黄岗小学地处六合区北部丘陵山区，在布局调整之前学校规模小、教师少，缺少教室、还存在大量危房，许多课程如计算机、音乐、美术都开设不了。2002年当地进行布局调整之后，该校合并了一所小学和几个教学点，学校规模扩大了一倍多，学校利用上级专项资金新建了微机室、劳技室，配备了较为齐全的音乐美术教学设备，还改造了几间旧平房做教师活动室，教师由八九人增加到16人，还设置了4个工勤岗位。每位教师承担的课程减少了，教辅活动又有专门的人去负责，教学质量得到提高。

由于学校条件改善了，许多距离较远的教学点的学生家长自愿把孩子转到这里上学。

靠近长江边的龙袍镇是一个经济基础比较雄厚的南圩乡镇，过去由于学校布点多，规模小，中小学办学效益始终得不到提高。在布局调整过程中，该镇根据当地实际，采取了撤消，扩建、合并、保留、搬迁等多种方式，其目的就是要改变过去教学点分散，学校规模小，办学条件差，教育质量不高的状况，全面提升办学水平和效益。新桥小学属于一个搬迁学校。该校校址是原村办新桥中学办学点，基础相对较好，设施条件比周围的其他小学要完善。在布局调整过程中，新桥初中被撤并到龙袍镇初级中学。为了有效利用这些教育资源，经过规划，原村办新桥小学合并了附近的渔樵、赵坝、和青伏小学后搬迁到新桥初中办学。现在学校有 287 名学生，专任教师 24 人。学校拥有计算机 33 台，图书 5000 册，生均校舍建筑面积达到 6.26 平方米，设备条件超过了镇中心小学。到 2007 年，该镇由 9 所小学调整为现在的 3 所完小，撤并长江农场学校和新桥中学，并入组建龙袍镇初级中学。经过调整，龙袍镇的现有中小学办学实现了规模效应，办学条件得到明显改善。

办学条件的改善还可以从六合区现有中小学的整体水平来做进一步对照和说明。在布局调整之前，由于实行"分级办学，分级管理"的农村义务教育管理体系，六合区农村中小学普遍存在校舍紧缺、设施落后的状况。只有少数中心小学和中心初中才有稍微像样的教学楼，村小则存在大量危房得不到及时改造，办学条件简陋。尤其是标志学校现代化办学水平的计算机和图书资料数量更是少得可怜。为了改变这种落后面貌，六合区政府积极响应省政府号召，迎难而上，从 2003 年开始结合农村中小学布局调整，分别启动了"中小学危房改造工程""三新一亮工程""六有工程""校校通工程"，全力推进六合区农村中小学办学条件的改善，使学校规模和硬件设施在原有的基础上有了长足的进步。2005 年 7 月 15 日南京市发布了由南京市教育局、发改委、建委、财政局、规划局联合修订的《南京市普通中小学办学条件标准》，为六合区义务教育的均衡发展又增添了新的助力，六合区农村中小学的办学条件发生了根本性的改变，向着教育现代化的方向快步前进。考虑到这些数据的专业性和准确性，关于这方面的数据没有放入问卷调查当中，而是通过查阅区教育局的相关统计资料来分析情况，说明问题。这里以六合区农村镇中心初中为样本，对照《南京市普通中小学办学条件标准》，从生均占地面积、生均建筑面积、计算机人机比和生均图书藏量这几个主要指标入手，考察六合区布局调整后农村中小学办学条件的实际情况。（见表Ⅱ-4）小学的统计情况与此相类似，这里不再赘举。

表Ⅱ-4 六合区农村初中办学条件主要指标统计表

学校	学生数	学校占地面积（平方米）	生均占地面积（平方米）	校舍建筑面积（平方米）	生均校舍建筑面积（平方米）	计算机（台）	人机比（人）	图书藏量（册）	生均图书藏量（册）
南京市标准			17.78		10.43		10		30
合计	15557	731817	47.0	152887	9.8	1667	9.3	504887	32.5
雄州镇中	894	49500	55.4	10698	12.0	125	7.2	18900	21.1
瓜埠镇中	951	29682	31.2	6528	6.9	100	9.5	19000	20.0
玉带镇中	666	23653	35.5	6462	9.7	100	6.7	3800	5.7
龙袍镇中	824	48618	59.0	7520	9.1	110	7.5	36000	43.7
东沟镇中	741	29360	39.6	6090	8.2	110	6.7	20000	27.0
横梁镇中	1374	29000	21.1	7857	5.7	132	10.4	28300	20.6
新簧镇中	979	42688	43.6	7757	7.9	100	9.8	36000	36.8
八百桥镇中	1723	78944	45.8	22803	13.2	150	11.5	70000	40.6
冶山镇中	1284	17160	13.4	8440	6.6	75	17.1	25100	19.5
马集镇中	1139	89511	78.6	16294	14.3	89	12.8	45000	39.5
竹镇镇中	1752	103047	58.8	18072	10.3	194	9.0	89400	51.0
马鞍镇中	829	21000	25.3	8268	10.0	110	7.5	30000	36.2
程桥镇中	955	109137	114.3	14005	14.7	124	7.7	35387	37.1
新集镇中	1446	60517	41.9	12093	8.4	148	9.8	48000	33.2

注：资料来源：《六合区教育事业统计资料》，26～27页，2007。

从上表的统计数据中可以看出，六合区农村初中在反映学校办学条件的几项重要指标当中有3项都超过了《南京市普通中小学办学条件标准》中的指标水平：在生均占地面积指标上，超过南京市中小学办学标准164％；计算机人机比和生均图书藏量分别超过南京市中小学办学标准7％和8％。只是在生均建筑面积上比南京市中小学办学标准低了6％。但是这个数据是2007年9月的统计结果，这两年来六合区农村中小学的办学条件还在不断得到改善。仅今年8月底竣工的马集镇初级中学改扩建工程就可以让生均建筑面积的数据超过南京市标准。马集镇初级中学改扩建工程是省委常委、市委书记朱善璐亲自关心支持的民心工程，是六合区改造农村薄弱学校、打造"教育名区"的一项重点工程，同时也是六合推进教育均衡发展、让农村孩子也能和城里孩子一样享受优质教育资源的实事工程。该工程按照江苏省现代化学校一类标准设计建设，累计投入近两千万元，工程于2009年8月底正式竣工，新建了4000多平方米的综合楼、可容纳300名住校生的学生公寓、可供600人就餐的学生食堂等，铺设了400米的塑胶跑道，出新了老教学楼，改造了校园广场，增添了音乐室、舞蹈室、美术室、图书阅览室、报告厅等，学校教育技装设施全面升级。

从以上统计我们可以看出，经过布局调整，扩大了农村中小学的办学规模，减少了农村中小学的数量，使六合区政府可以集中资金和经费，改善农村中小学的办学条件，使六合区的农村中小学办学条件全面超过了《南京市普通中小学办学条件标准》，实现了义务教育学校办学条件的均衡。

3. 教师队伍结构得到了优化，在数量、质量等方面基本实现平衡

六合区农村中小学布局调整前很多学校尤其是村小规模过小，部分学校只能开语数两门课，其他的课则由语数老师兼任，有些甚至是包班上课，缺少专职的英、音、体、美和计算机老师，师资呈现严重的结构性短缺，教学质量难以保证。在中小学布局调整中，六合区通过精简部分不合格的教师，在区域范围内实行合理的教师流动，尤其是对西部和北部丘陵地区的分配和流动，提高了教师队伍的整体素质，并且通过教师队伍的优化组合，使得保留的定点学校各学科基本上都有了专职教师。同时布局调整还增加了教师培训和交流学习的机会，有利于教师个人的发展和教师队伍整体素质的提高。在针对这一问题进行的问卷调查中，学校卷有547人认为

学校的教师结构合理，占被调查人数的 59.7%；有 239 人认为学校教师结构较为合理，占 25.3%；只有 158 名教师认为目前的教师结构不合理，占 16.7%。结果显示，六合区农村中小学仍然存在教师结构性短缺的问题，但经历过布局调整之后，学校师资配备情况比布局调整学校的师资配备情况一般要好些，这说明布局调整对于师资队伍的优化具有一定的积极作用。

比如前文提到的东王乡青联小学，原来只有一名老师，19 个学生，只好采取包班上课的形式，学生各方面的素质得不到培养和提高。在布局调整的过程中，东王乡在"九五"和"十五"期间，先后撤并了 10 所小学，只保留中心小学 1 所。学校的撤并使教学点数量减少，被撤并学校的教师向中心小学集中，被撤并学校的学生接受专任教师授课的程度得到极大提高，根本改变了布局调整前许多教学点一名教师带一个或几个班全部课程的状况。而且，由于代课教师减少，布局调整后教师的学历等整体素质得到较大提升。现在东王小学所属的冶山镇，小学共有专任教师 111 名，其中，本科 14 人，占总数的 14.1%；专科 63 人，占总计的 56.7%；高中及中专段 33 人，占 29.73%。全镇只有一名教师学历在高中以下。布局调整，促进了冶山镇小学教师队伍整体素质得到提高，结构更加合理，为全镇小学质量的提升打下了坚实的基础。

除了教师队伍整体学历水平的提升，布局调整还为加强农村教师之间的沟通和交流提供了契机。以前农村地区尤其是山区存在大量的"一师一校"，有的老师在山里教了几十年书，一个人带几个复式班，学生放了学，连个说话的人都没有。布局调整后他们都被安排到乡镇中心小学或片完小工作，与别的教师能够更多地进行交流和合作，同时自身的生活质量也得到了提高。在访谈中，学校校长、老师们都明确指出，合并后教师们集中了，互相之间有了竞争，有利于提高教学水平。

而对六合区中小学师资队伍整体数量和质量的统计和分析更能说明问题。中国现行的是 2001 年中小学教师编制标准，城市、县镇和农村分别规定小学生师比为 19:1、21:1 和 23:1，初中生师比为 13.5:1、16:1 和 18:1。从上述表格中，我们可以清楚地看到，六合区农村中小学的生师比分别是小学 11.9:1，中学 14:1，这样的生师比可以用宽松来形容。每个教师负担的平均学生数的下降，意味着教师们可以减少上课的班级和节次，可以腾出更多的时间来进行辅导，开展课外活动，进行教学科研，提高业务能力和素质，过去农村学校"一师一校""包班上课"的"光荣历史"早已一去不复返了。教师数量的充足也为六合区教育局进行人事制度改革，实行竞聘上岗、提高教育质量提供了基础。2009年暑假期间，六合区所有中小学根据区教育局文件精神，结合学校发展实际，在充分酝酿的基础上，提出了各自学校的人事竞聘方案，并由各学校教代会讨论通过，使六合区中小学的人事制度改革翻开了新的一页。

与这种渐进的外部压力相结合，自身素质提高的内在驱动使六合区教师进修培训工作一直红红火火，尤其是六合区启动"学历达标工程"之后。根据要求，从2005年起，凡是进入区教育系统的新教师必须具备大学本科学历，并参加南京市新教师招聘的笔试和面试，正式录取聘用的人员首先要到农村乡镇服务2~3年。对于在岗教师则要求50周岁以下的小学教师要达到大专学历，初中教师要达到本科学历。"学历提升工程"的实施，让六合区中小学教师的质量水平又上了一个新的台阶。有不少教师还拿到了教育硕士的学位证书。具体统计如表Ⅱ-5。

Ⅱ-5　六合区初中小学专任教师学历

学校类别	教职工总数	专任教师										
		合计	研究生	比例%	本科	比例%	专科	比例%	高中阶段	比例%	高中以下	比例%
小学	2393	1892	—		295	15.50	1105	58.40	475	25.11	17	0.90
中学	1906	1566	10	0.64	909	58.59	610	38.9	37	2.36	—	

从统计中可以看出，小学教师高中及以上学历达标率为99.1%，初中教师大专以上学历达标率为97.6%。从"学历提升工程"的更高标准来衡量，小学教师大专以上学历占专任教师总数的73.99%，初中教师本科以上学历占专任教师总数的58.7%。在六合区这样一个经济社会发展在南京市位次较落后的地区而言，农村中小学教师的学历水平能够达到这么高的比例的确是难能可贵的。

在学历提升的同时，六合区还积极进行"名师培养工程"。目前六合区在教育行政部门和基层学校的共同努力下，已形成了一支近 900 人的名特优骨干教师队伍，其中特级教师 2 人、市"陶行知奖" 2 人、市学科带头人 27 人、市青优 56 人、区名校长 4 人、区学科带头人 190 人、区青优 263 人、区教坛新秀和区级骨干教师 324 人。

数量充足，学历达标率高，名师众多，这些都向我们明确显示出：六合区农村中小学教师队伍结构得到优化，在数量、质量等方面已经实现了师资的基本平衡。

4. 促进了农村中小学教育质量的提高，基本实现教育质量的均衡

教育质量是对教育水平和教育效果的评价，是衡量教育结果的尺度。由于长期以来中国一直实行城乡二元教育政策，农村中小学与城市中小学存在着较大的差距，不论是从办学条件，还是从师资队伍上来看，都远远落后于城市中小学的发展水平，由此导致农村中小学教育质量低下。农村中小学布局调整以后，学校办学条件得到改善，师资队伍进一步优化，由此给广大学生和家长带来的最直接的好处，就是促进了农村中小学教育质量的提高。

调查发现，在学校问卷的统计数据中，有 529 人认为布局调整提高了学校的教育质量，占被调查总数的 56%；有 349 名学生家长认为，自己的孩子学习成绩比以前提高了，占被调查人数的 52.2%；有 466 名学生认为，自己的学习成绩得到了提高，占 51.3%。此外，在农村适龄儿童入学率上，有 26.9% 的人认为入学率在布局调整后得到了提高，有 62.3% 人则认为大体相当。

农村中小学布局调整之所以能促进农村学校教育质量的提高，除了布局调整后教师得到了合理配置，办学条件得到改善外，关键是教师的责任心增强了。布局调整后由于清退了部分代课教师，并且加强了对教师的培训和考核，改变了以往农村教师"教书农活双肩挑"的局面，教师能更专心于教学工作，家长和学生也更能切实地体会到客观的改变。在问卷调查中，有 487 名家长表示，与以前相比现在学校的老师对学生更加负责任，占总数的 72.9%；而学生问卷的统计结果则显示，62.1% 的学生认为现在

老师和同学们在一起的时间比以前多了，而且高达 90.3% 的学生认为布局调整后课程表上的课程现在有了专门的老师来上，不再是以往的那样，一个老师包一个班。

从对各方的访谈结果来看也印证了这一点。当问到当地村民对布局调整的态度时，大部分校长和教师的回答是，调整之初反应比较大，但后来看到中心学校的教学条件和教学质量好，很多家长宁愿孩子到更远的学校上学，主动要求撤掉村小，村民态度的转变反映了调整后学校教学质量的提高。例如，八百桥镇教育办公室当时考虑到路程远的孩子上学困难的问题，计划离定点学校凡集小学 5 公里以外的铁石岗村设立教学点，但是却遭到了村民的反对，因为定点学校在布局调整以后学校管理更加规范，教育质量有了明显的提高，村民们宁愿走远路也要把孩子送到现在的凡集小学去读书。具体的统计数据参见表Ⅱ-6。

表Ⅱ-6　对六合区农村中小学布局调整的态度和看法统计

学校家长		肯定	所占比例（%）	否定	所占比例（%）	无所谓	所占比例（%）
学校家长	态度	839	88.9	54	5.7	51	54
		425	63.6	112	16.8	131	19.6
		支持	所占比例（%）	不支持	所占比例（%）	无所谓	所占比例（%）
学校家长	看法	769	81.5	58	6.1	117	12.4
		370	55.4	76	11.4	222	33.2

由于离现在的八百桥镇初级中学有 16 公里的路程，所以尽管当时的凡集初中规模小，设施陈旧，师资水平比镇中心初中及其他学校落后很多，但是镇教办负责人以及区教育局的领导同志来实地调研后，认为应该还是保留办学点。但是在比较其他自发把孩子送到镇中心初中读书的情况后，留下来的学生出现纷纷要求宁愿吃点苦，也要到中心学校读书的情况。这样的现象反映出学生和家长对于布局调整后学校教学质量提高的肯定。布局调整对于家住偏远地区的孩子来说，其好处不仅仅只用学习成绩来衡量。经过学校布局调整以后，小规模学校的学生撤并到大规模的学校，就可以享受到更好的学习条件。从这个角度看，学校布局调整为家住偏远地区的

孩子接受比以前更好的教育提供了条件。学生到规模较大、条件较好的学校学习，就能够受到较为优质的教育，因为这些学校的师资配备大多较为合理，教学设备比较完备，教学管理也比较规范。

考察六合区农村中小学的教学质量，我们更应该从九年义务教育的出口端再进行一次比较和说明。相对于 1986 年的《义务教育法》，新《义务教育法》首先确认了受教育权利的核心价值，而不是把接受义务教育仅仅看成是公民对国家的义务。在义务教育的强制性、义务性、均等性 3 个基本特点中，均等性更具有本质性。教育机会均等或称教育权利平等，包括 3 个阶段和方面的内容，即政治上教育权利平等的理想、受教育者之间入学机会均等、受教育者之间教育成功机会均等。而中国的实际状况是，教育质量上的不均等远比入学机会的不均等要严重的多。因此要对义务教育的均衡发展进行评估，首先，要考虑是使适龄儿童少年享有均等的入学机会，并以提高入学率、巩固率、降低留级率、辍学率等评估指标规范之。其次，要考虑的是受教育者的成功机会均等，即提高质量问题，这是教育均等目标的真谛所在。在全市、乃至全省义务教育小学入学率、初中九年巩固率和毕业率都处在 99% 以上的整体高位时，义务教育受教育者成功机会均等，就成为衡量义务教育均衡发展的核心指标。

由于历史资料不全，这里仅列举 1996 年和 1997 年六合县高中招生情况，见表Ⅱ-7。

表Ⅱ-7　六合县中学招生情况统计表

年份	报名人数	录取人数							录取率%
		师范	中专	职业中专	技工	高中	职业班	小计	
1996	8523	75	740	455	300	2062	1231	4863	57
1997	7162	137	847	692	466	1998	1229	5369	75

资料来源：六合县教育志编纂委员会：《六合县教育志》，1986—1997。

可以看出，在原六合县农村中小学布点多，规模小的学校结构状态下，1996 年的初中升学率（即高中的录取率）只有 57%，也就是说只有刚刚过一半的初中毕业生可以进入高一级学校继续自己的学业，而其他接近一半的初中毕业生只能走上就业的岗位了；1997 年，初中升学率有了大幅度提高，但是也只达到 75% 的比例。根据南京市统计局《南京市六合区 2007 年国民经济和社会事业发展统计公报》统计数据，2007 年全区小学毕业升学率 99.3%，初中毕业升学率 95.8%，高中毕业升学率 85.7%。六合区 2007 年初中毕业升学率 95.8% 的比例指标在全省 95.72% 的水平之上，同 1997 年的初中毕业升学率相比，增加了 27.7%。农村中小学布局调整跨越的 10 年间，在受教育者成功机会的高端指标上六合区的义务教育实现了教育质量的基本均衡。

综上所述，六合区农村中小学在实行布局调整后，实现了学校的规模效益，改善了学校的办学条件，优化了师资队伍的结构，提高了教学质量，促进了义务教育在教育经费投入、学校办学条件、师资队伍水平、教学质量等方面的基本平衡。具体调查统计数据见表 II-8～II-10。

表 II-8　六合区农村中小学布局调整问卷调查统计表　（学校卷）

题号	A	百分比	B	百分比	C	百分比	D	百分比	E	百分比
1	44	4.7	98	10.4	730	77.3	72	7.6	—	
2	2	0.2	158	16.7	301	31.9	483	51.2		
3	491	52.0	453	48.0	—		—			
4	854	90.5	90	9.5	—		—			
5	944	100	0	0.0	—		—			
6	576	61.0	348	36.9	412	43.6	462	48.9	523	55.4
7	553	58.6	687	72.8	529	56.0	259	27.4	571	60.5
8	687	72.8	294	31.1	217	23.0	498	52.8	—	
9	254	26.9	102	10.8	588	62.3	—			
	137	14.5	295	31.3	512	54.2				
10	409	43.3	535	56.7	—		—			
11	最大=23	平均=6.1	最大=114	平均=48	—					
12	218	23.1	711	75.3	15	1.6	—		—	

题号	A	百分比	B	百分比	C	百分比	D	百分比	E	百分比
13	228	24.2	498	52.8	435	46.1	364	38.6	—	
14	523	55.4	384	40.7	487	51.6	343	36.3	—	
15	最大=3.5	平均=2.3	最大=8	平均=4.9	—					
16	最大=1000	平均=8547	最大=35000	平均=27835	—					
17	547	57.9	239	25.3	158	16.7	—			
18	371	39.3	573	60.7	—		—		—	
19	839	88.9	54	5.7	51	5.4	—			
20	769	81.5	58	6.1	117	12.4	—			
21	726	76.9	215	22.8	334	35.4	423	44.8	—	
22	944	100					—			

表Ⅱ-9 六合区农村中小学布局调整问卷调查统计表 （家长卷）

题号	A	百分比	B	百分比	C	百分比	D	百分比
1	最大=22		平均=7.1		最大=125		平均=42	
2	668	100			—		—	
3	597	89.4	71	10.6	—		—	
4	214	32.0	227	34.0	116	17.4	111	16.6
5	379	56.7	289	43.3	—		—	
6	487	72.9	52	7.8	129	19.3	—	
7	349	52.2	189	28.3	130	19.5	—	
8	145	21.7	396	59.3	127	19.0	—	
9	133	19.9	535	80.1	—		—	
10	最大=100		平均=100		最大=350		平均=268	
11	84	63.2	49	36.8	—		—	
12	最大=4		平均=3.1		最大=10		平均=7.1	

续表

题号	A	百分比	B	百分比	C	百分比	D	百分比
13	206	30.8	462	69.2	—			
14	162	24.3	134	20.1	372	55.7	—	
15	133	19.9	277	41.5	258	38.6		
16	425	63.6	112	16.8	131	19.6	—	
17	370	55.4	76	11.4	222	33.2	—	
18	451	67.5	163	24.4	176	26.3	256	38.3
19	563	84.3	21	3.1	84	12.6	—	

表Ⅱ-10 六合区农村中小学布局调整问卷调查统计表 （学生卷）

题号	A	百分比	B	百分比	C	百分比	D	百分比
1	128	14.1	780	85.9	—			
2	最大＝20		平均＝6.9		最大＝300		平均＝97	
3	788	86.8	95	10.5	25	2.8	—	
4	221	24.3	473	52.1	143	15.7	71	7.8
5	最大＝100		平均＝100		最大＝375		平均＝256	
6	68	53.1	45	35.2	15	11.7	—	
7	119	93.0	9	7.0	平均＝125			
8	57	44.5	28	21.9	43	33.6	—	
9	908	100	0	0	—			
10	492	54.2	416	45.8	—		—	
11	47	5.2	736	81.1	125	13.8	—	
12	564	62.1	161	17.7	183	20.2		
13	820	90.3	63	6.9	25	2.8	—	
14	466	51.3	186	20.5	256	28.2		
15	281	30.9	627	69.1	—		—	
16	276	30.4	73	8.0	324	35.7	235	25.9
17	295	32.5	554	61.0	59	6.5	—	
18	858	94.5	5	0.6	45	5.0	—	

（二）六合区农村中小学布局调整中存在的问题

农村中小学布局调整在促进教育资源的合理配置，提高教育资源利用效率、促进教育均衡发展和提高教育质量等方面取得了显著的成效，但由于经济发展的差距和历史形成的体制、机制原因，农村中小学布局调整过程中也存在着这样或那样的问题，有些问题已经弱化了布局调整的作用和意义。

中新网 2009 年 8 月 17 日报道：最新一期《求是》杂志载文指出，中国部分地区的农村学校布局调整失当，导致辍学率出现反弹，没有实现预期目标。近年来，中国各地对农村中小学布局进行了重大调整。为深入了解这次布局调整的状况，东北师大农村教育研究所于 2008 年对甘肃等 8 省区农村中小学布局调整情况进行了调研。调研结果表明，中国部分地区由于布局调整失当，辍学率出现反弹，应该引起高度重视。文章指出，农村中小学布局调整过程中辍学率反弹的原因很复杂，主要表现为如下几方面：教育费用骤增，家庭难以支撑。撤点并校降低了学校的成本，但却加重了农民的负担。许多原来就近上学的学生因寄宿产生了住宿费、伙食费、生活费、交通费等合计每年数千元的开销。另外，部分家长对异地就学的孩子选择陪读，增加了租房费等开支。就学路途较远，存在安全隐患。一些地区盲目撤减农村中小学和教学点，导致部分农村中小学生上学路途较远，有些地方的学生到学校要爬崎岖的山路、趟过深长的壕沟，既费时又危险。新校问题复杂，教学质量不高。由于部分地方资金投入不足，不少学校并没有相应地扩建新校舍、新实验室、新宿舍等，导致班额过大、教学资源紧缺。同时，布局调整过程中并没有从根本上提高农村教师的教学水平，很多教师都来自被撤并学校。另外，农村教师负担过重也是导致教学质量难以提高的重要原因。学校条件有限，影响学生学习。很多学校生活设施不健全，缺少专门的运动场、语音室、实验室、微机室等设施，校舍简陋，存在安全隐患，周边网吧、歌舞厅较多，治安环境较差，使学生和家长产生畏惧心理。文章称，为了进一步做好后续调整工作，使农民在调整中得到实惠，使学校教育质量得到提升，使辍学率有效降低，使政府教育投资效益进一步提高，应在制度建设等多方面展开进一步工作。这些问题如果得不到妥善解决，不仅会影响农村中小学布局调整，而且会影响农村孩子公平接受教育，必须引起高度重视。

对六合区农村中小学布局调整的调查表明：尽管中小学布局调整工作取得了诸多的具体成效，但是迄今为止的布局调整也使农村义务教育的发展面临新的矛盾和问题。这些问题主要表现在以下方面。

1. 学生上学路程太远，交通存在安全隐患

2001年5月颁布的《国务院关于基础教育改革与发展的决定》中，对于学校布局调整的指导意见为：因地制宜调整农村义务教育学校布局。按照小学就近入学、初中相对集中、优化教育资源配置的原则，合理规划和调整学校布局。农村小学和教学点要在方便学生就近入学的前提下适当合并，在交通不便的地区仍需保留必要的教学点，防止因布局调整造成学生辍学。但是，在实施学校布局调整的过程中，我们的地方政府和教育主管部门由于没有正确理解中央关于学校布局调整的政策，没有遵循"循序渐进、分步实施、区别对待"的原则，没有依据当地实际情况，做到因地制宜，而是片面追求速度和效益，采取"一刀切"的方式，因而伤害了群众，尤其是困难群体的利益，损害了教育公平。

为了切实了解农村中小学布局调整对学生上学路程和时间的影响，我们在调查中重点关注了这方面的问题。结果显示，接受调查的不论是教育行政部门负责人，还是学校校长、教师，或是家长及学生，都认为，学生上学路程太远、存在一定的安全隐患是农村中小学布局调整后遇到的最大问题。具体调查统计见表Ⅱ-11和表Ⅱ-12。

表Ⅱ-11　布局调整存在问题调查统计（学校卷）

人员类别	有效问卷	路程远		负担重		质量降		工作负担	
校长	44	33	75.0%	16	36.4%	4	9.1%	15	34.1%
中层	98	76	77.6%	33	33.7%	23	23.5%	51	52.0%
教师	730	529	72.5%	226	31.0%	181	24.8%	396	54.2%
其他	72	49	68.1%	19	26.4%	9	12.5%	36	50.0%
合计	944	687	72.8%	294	31.1%	217	23.0%	498	52.8%

表Ⅱ-12　布局调整问题调查统计（家长卷）

担心的问题	孩子安全	家庭负担	成绩下降	环境适应
问卷频度	214	227	116	111
比例（％）	32.0	34.0	17.4	16.6
要解决问题	途中安全	寄宿建设	师资	困难补助
问卷频度	451	163	176	256
比例（％）	67.5	24.4	26.3	38.3

其中，75％的中小学校长、77％的学校中层干部、72.5％的教师和68.1％的教辅人员将学生上学路程太远列为当地农村中小学布局调整中存在的最主要问题之一，位居第一位。在所有受访的学生家长中，有44.4％的人将孩子的安全问题看作是他们最关心的问题。由此可见，有关各方的意见基本一致，证明农村中小学布局调整以后，学生上学路程太远已经成为影响农村孩子公平接受教育的一个突出的问题。

为了进一步了解农村中小学布局调整后学生上学路程和花费时间的情况，在问卷中，我们专门针对学校领导和教师、学生、家长分别设计了相应的问题。结果显示，家长卷和学生卷中显示的数据分别为7.1公里和6.9公里，最远路程达到22公里。从学生上学花费时间来看，家长卷显示最多125分钟，平均42分钟；学生卷则显示最多要花300分钟，平均97分钟（针对方式是步行）。同时，即使是在交通相对便利的地区，学校布局调整后学生上学也存在着较多的安全隐患。例如，凡集自2001年开始布局调整以后，撤并了一些规模较小的学校，只保留定点凡集小学，服务人口达1.2万人。学生上学的路途变远了，最远的达到3.5公里，走路需要50分钟。而且由于地处山区，运送沙石的来往车辆多，学生上学时遇到交通事故的事情几乎每年都会发生。不少学生每天早上6点多就要从家里出发，遇到雨雪天由哥哥姐姐或爷爷奶奶送；爷爷奶奶不会骑自行车的用三轮车送；有少数家长合着为孩子租个农用车或者私人面的，一天两元钱。

当然，路远的学生可以住宿，只是目前六合区只有两所初中有住宿条件。即使在学校住宿也不能完全解决上学路远的问题。因为住宿，一般也需要每周回家一次，对于那些路途过远的学生来说，每周在学校和家之间往返一次，也是一件非常劳累的事情。从竹镇民族中学和八百桥镇中我们了解到，因为住宿学生一般离家比较远，而且周末的时候公交车客流本来就多，遇到节假日根本就没有办法挤上车。根据实际情况，学校只好每个周五提前放学让学生回家。即使这样，还是有不少学生要到很晚才能够到家，因为车站在集镇上，下车后最远学生还要赶六七公里路程。家长没有外出打工的可以用摩托或电动车来接送，而家长外出的就只好自己骑自行车或者步行了。而周日下午的返校又成了问题，为了避开人流高峰期，许多住宿学生中午一吃完午饭就开始出发返校，先骑车或步行到集镇，然后再挤公交车，挤不上的只好等下一班车。随身携带的书本、生活用品又成了不小的挤车负担。

综上所述，由于六合区在农村中小学布局调整过程中为了追求教育资源利用效率的提高，过度调整和撤消村小和教学点，确实导致了学生上学远，上学难。从国外的相关研究来看，关闭学校的地方往往是一些不同种族居住临近和社会地位较低的人群集中的地方，因此，关闭学校对社会地位较低的人影响更大①。在经济落后、交通不便、自然条件差的贫困山区和地广人稀、居住分散的偏远地区，如果过分强调学校的规模化、集中化，则会导致部分适龄儿童因受主客观因素——如上学路途、天气、气候、交通、安全以及因此而增加的家庭经济、生活负担等的影响而失学、辍学。

2. 加重了家长的经济负担和学生的生活压力

农村中小学布局调整后，由于路途远，有一部分初中学生需要寄宿，大部分的学生中午需要在学校食堂就餐。学生寄宿，其上学成本必然增加，有些农村学校从小学开始就出现家长被迫陪读的现象，集中办学资源后，学校食宿问题比较严重。许多家长担心孩子路上不安全，担心孩子吃不好，责无旁贷地担当起"陪读"的角色。对家长来说，家庭和学校之间的距离增加，接送孩子上学放学不仅每天长距离来回奔波，消耗大量的时间和精

---

① 郭清扬：《我国农村中小学布局调整的具体成效——基于中西部 6 省区的实证研究》，载《教育与经济》，2007（2）。

力，更重要的是每个家庭增加了一笔不小的开支。如，为了方便接送，有些家长专门买了摩托车、电动车，甚至还有很多家长不得已结伙为孩子高价租车接送，这在很大程度上增加了农村家庭的经济负担。有学者认为，布局调整政策不是在降低办学成本而是地方政府在转嫁办学成本，即将原本应该由政府负担的办学成本转嫁到了农民家长身上，布局调整的代价是成本转移。"从财政角度来看，撤点并校后成本是降低了，基建战线缩短了，但对农民来说成本增加了。

从调研情况来看，有 36.4% 校长和 31% 的教师认为布局调整中存在的问题是家长负担加重，有 34% 的家长和 35.7% 的学生表示上学最担心的问题是加重了家庭的负担（见表Ⅱ-13），还有 63.2% 的家长和 53.1% 的学生表示家庭负担寄宿生的住宿费和生活费存在困难。（见表Ⅱ-13）

表Ⅱ-13　住宿生家庭困难情况调查统计

经济上有困难		没困难	没困难	不知道
家长	人数	84	49	—
	百分比	63.2	36.8	—
学生	人数	68	45	15
	百分比	53.1	35.2	11.7

路远的走读生需要家长每日接送，天气好的时候还可以，但遇到刮风下雨下雪，则相当艰难；有的家长担心孩子在学校吃不好，还要给孩子送午饭，耽误了家长的正常工作；有的学校则包车接送或几个家长联合起来租车接送，对于农村家庭来说，费用也不低，如冶山镇中心小学的学生家长就采取了结伙包车接送的方式，具体标准是每人每学期 200 元。

学生在学校寄宿增加了家庭的教育开支。由于学生住宿而增加的教育开支至少包括住宿费、生活费和交通费等。对于经济状况较好的家庭，这笔费用还可以承受，但对于贫困家庭，这笔钱可能成为决定学生是否继续上学的关键因素。

根据南京市中小学收费标准，住宿费统一每学期 100 元，住宿初中生学生每天的生活费用在 10 元左右，再加上生活用品及交通费，一年的最低费用为 3000 元左右；在学校食堂中午带伙的小学生一般每天 3～4 元，再加上合伙租车接送的费用，一年也要花费至少 1200 元左右。

尽管对一些贫困生政府实施了"两免一补"（免杂费、课本费、补助寄宿生生活费）政策，但这一政策的落实并不理想。在六合区，能够享受"两免一补"学生只能是低保户和低收入纯农户家庭的子女。而这个比例在学校困难学生总量中所占的比例并不大。由于种种原因，农村许多家庭尽管收入低，经济困难，但是不能领到低保户和低收入纯农户的证件，所以他们的子女就不能享受到"两免一补"的政策。在竹镇镇调研时，该镇泉水长庄村的一位学生家长在访谈中表示，当地学校"两免一补"的面比较窄，学生如何筛选也不甚透明。学校在分名额时头痛，家长也有抱怨。这位家长在旁边无人的情况下说，村里干部将"两免一补"的名额都私分了，他本来在村里算穷的，但硬将他划到富裕组，从而无法享受补助。从目前调研了解到的情况看，六合区给每个具有低保户和低收入纯农户证件的学生发放的补助标准是每人每学期 400 元，和困难家庭实际教育支出的费用总量相比仍然是力度太小。而许多家庭，比如因病致贫领不到两证的家庭只能自己承担了，对他们来说无异于雪上加霜了。

学校布局调整还加重了学生的生活压力。由于学校寄宿条件艰苦，而且年龄很小就在学校寄宿，很多学生遇到了生活自理问题。有的孩子在学校不愿意自己洗衣服，就把一个星期穿过的衣服都攒着带回家，家里人只好再给他买新的，一个并不富裕的山区家庭很难有多余的钱来承担这些"意料之外"的开支。

此外，在考虑农村学生因住校而增加的教育成本时，还必须考虑"机会成本"这个因素。机会成本是西方经济学的概念，本义是指对物资、资金、劳务或生产能力的利用，因选择一种方案而放弃的另一种方案所能获得的收益，即选择前一方案的代价。机会成本的思想渊源于奥地利学派。美国经济学家格林 1894 年在他所撰写的《痛苦成本与机会成本》一书中最早使用了这一概念。运用这一概念的条件，一是资源要有多种用途；二是资源可以充分流动；三是资源能得到充分利用。机会成本事实上是一种选择成本，它是因选择行为而产生的成本，对分析资源的有效使用具有重要作用。资源的稀缺性是一项不可否认的事实。任何一种资源均有多种用途，把资源用于某种用途的同时就放弃了其他选择，要使稀缺的资源得到最有效的运用，就要把它用于生产最能满足社会需要并能使产量达到最大化的商品的生产。因此，只要是有选择的行为，就存在机会成本①。

在农村贫困地区，机会成本是一个绝对不能忽视的因素。因为孩子在校住宿而无法参加诸如放牛、喂鸡、养羊等家庭劳动，这种劳动因为可以增加家庭收入而构成机会成本。农村中存在大量诸如放牛、养羊、喂鸡等劳动强度不大、适合未成年人参与的劳动机会。因此，考虑农村家庭的教育成本不能忽略农村学生的机会成本。另外，对于陪读的家庭来说，父母到孩子上学所在地租房陪读的同时，也意味着自己的农田要疏于照管，自己还要放弃从事原本农闲时期周边打工的收入，而且还要承担两个人的陪读生活费。中国学者黄宗智指出，"这一点资金对于处于生存型农业的小农来说，具有极高的'边际效应'"。因此，相对于直接成本，机会成本可能在更大程度上决定着学生或家长的教育选择。这些贫困家庭收入低，所以每个劳动力对维持家庭的运转都十分重要。

从调查情况来看，农村中小学布局调整给部分家庭带来了较重的经济负担，也使得不少贫困家庭的学生小小年纪就体会到了生活的艰辛和压力，这个问题如果不能得到很好的解决，将会对九年制义务教育的巩固和提高以及农村孩子公平接受教育造成极大的消极影响。

3. 教师工作和生活压力加大

根据 2001 年 10 月国务院办公厅转发的《中央编办、教育部、财政部关于制定中小学教职工编制标准意见的通知》中的规定，农村小学、初中师生比为 1∶23，1∶18；县镇为 1∶21，1∶16；城市为 1∶19，1∶13.5。针对部分农村边远地区学校生源少、班额小的情况，该文件特别提出各地在制定中小学教职工编制标准的实施办法时，可以根据本地生源状况、经济和财政状况、交通状况、人口密度等，对编制标准进行适当调节，对山

---

① 郭清扬：《我国农村中小学布局调整的具体成效——基于中西部 6 省区的实证研究》，载《教育与经济》，2007（2）。

区、教学点较多的地区按照从严从紧的原则适当增加编制，确保农村地区中小学教育教学工作的基本需求。根据这个文件精神的指示，六合区农村中小学从布局调整后进一步加大了农村中小学教师的编制，同时加强对教职工队伍素质的提升力度，要求小学教师学历要达到大专，初中教师的学历要达到本科。从调研的情况看，目前六合区所属的 14 个镇农村中小学在人员编制方面基本上都达到了国家规定的标准，甚至不少乡镇的师资编制还可以用宽松来形容，基本不存在教师不够用的情况。这个时候，一个新的问题就产生了：人员宽松，学生数还在逐年减少，上级主管部门对教师考核的力度却越来越严格；不时还听到一些关于转岗、下岗、末位淘汰等的消息，因此对于那些被撤并的学校老师来说，进入中心小学和中心初中后立刻感觉到工作和学历的巨大压力。因为相对而言，中心小学和中心初中的人员基本素质要比村小和非中心初中强，他们对学校的适应程度也好于村小和非中心初中的教师。

由于被撤并的学校往往是相对薄弱的学校，这些学校的优秀教师到了镇中心小学和中心初中以后可能就不那么优秀，他们有的会产生心理上的落差。还有的教师是从教学点合并过来的，他们不习惯教大班的学生，也不习惯备课写教案，短期内会形成一定的心理压力。有些地方将教学点教师安置到镇中心学校当门卫、图书室阅览室管理员、油印工，有的当食堂管理员、宿舍管理员，甚至专门从事工勤劳动。专任教师与上述教辅人员之间存在某种差别，能力强的就教书，能力差的就只能成为教辅人员，这是一种潜规则。从在教学点受人尊敬的老师沦为学校地位较低的教辅人员，反差较大。教学点自由的生活、适当的种植补贴、村民的尊重、一份固定工资能让教师过得比较滋润。但是现在在镇上上班，远离家庭，家里的农活基本照顾不到，收入肯定不比以前，地位也较之以前下降，无形之中给这些教师造成了较大的心理压力。

六合区农村乡镇中小学师生比见表Ⅱ-14 和表Ⅱ-15。

表Ⅱ-14　六合区农村乡镇中心初中教师学生比例情况

学校	学生数	班级数	专任教师数	每班教师数	每班学生数	每一专任教师负担学生数
合计	15557	313	1111	3.5	49.7	14.0
雄州镇中	894	20	77	3.9	44.7	11.6
瓜埠镇中	951	18	71	3.9	52.8	13.4
玉带镇中	666	14	46	3.3	47.6	14.5
龙袍镇中	824	18	52	2.9	45.8	15.8
东沟镇中	741	17	52	3.1	43.6	14.3
横梁镇中	1374	27	85	3.1	50.9	16.2
新簧镇中	979	19	71	3.7	51.5	13.8
八百桥镇中	1723	33	96	2.9	52.2	17.9
冶山镇中	1284	25	80	3.2	51.4	16.1
马集镇中	1139	25	90	3.6	45.6	12.7
竹镇镇中	1752	33	128	3.9	53.1	13.7
马鞍镇中	829	16	75	4.7	51.8	11.1
程桥镇中	955	18	66	3.7	53.1	14.5
新集镇中	1446	30	122	4.1	48.2	11.9

注：资料来源：《六合区教育事业统计资料》，13～14 页，2007。

据《中国教育报》2006 年 11 月 12 日刊登的《教师缺编：农村教育的一道坎儿》一文报道，湖北省老河口市黄老营小学校长认为，推行寄宿制最大的困难不是钱的问题，而是人的问题。他说："本来编制就很紧，老师们的教学负担就很重，现在还要让老师们额外管理寄宿生的生活和安全。寄宿制学校挑战着乡村教师的身体极限。"六合区的农村中小学教师编制不是很紧，但是对住宿生生活和安全的管理压力还是一样存在的。除了正常的教学任务以外，还有为数不少的教师要参与到住宿学生的管理上来。

表Ⅱ-15　六合区农村乡镇小学教师学生比例情况

学校	学生数	班级数	专任教师数	每班教师数	每班学生数	每一专任教师负担学生数
合计	25141	610	2112	3.5	41.2	11.9
雄州镇	3810	89	312	3.5	42.8	12.2
瓜埠镇	1128	31	110	3.5	36.4	10.3
玉带镇	763	24	92	3.8	31.8	8.3
龙袍镇	1145	30	87	2.9	38.2	13.2
东沟镇	764	20	83	4.2	38.2	9.2
横梁镇	1466	31	122	3.9	47.3	12.0
新簧镇	1064	25	83	3.3	42.6	12.8
八百桥镇	2782	75	260	3.5	37.1	10.7
冶山镇	1968	50	150	3.0	39.4	13.1
马集镇	1902	51	189	3.7	37.3	10.1
竹镇镇	2865	65	212	3.3	44.1	13.5
马鞍镇	1700	45	171	3.8	37.8	9.9
程桥镇	2023	40	133	3.3	50.6	15.2
新集镇	1761	34	108	3.2	51.8	16.3

注：资料来源：《六合区教育事业统计资料》，15～16 页，2007。

　　以八百桥镇中来说：学校有 560 多名住宿生，13 个住宿班。由于寄宿制学校的保育编制问题迟迟没有出台政策，这些学生在校的保育任务都得由任课教师担任，这些让学校十分为难。学校每天下午放学后晚上还要在学校坚持工作的要达到 20 个人左右，这还不包括已经内部承包的食堂工作人员。周日学生返校，要安排人员值班，每个年级的教学楼安排 1～2 个人；每天晚自习根据住宿班级的多少，除了上课教师外，还要安排人员值班和管理；除了有限的转岗的几个宿舍管理员以外，晚自习的部分教师夜间还要参与宿舍管理，清点人数、夜间巡逻，遇到学生生病不舒服的紧急情况还要通知家长或者直接把学生送往医院，家长外出或者路远一时来不了的就只好由老师来陪护了。由于是寄宿和走读混合学校，每天上学和放学学校都要安排众多的人员在门口帮助门卫执勤。不要小瞧这些小事情，现在多数学生在家里都是独生子女，学生的性格、习惯、自理能力都让老师的工作不轻松，一旦出现安全事件，后果就严重了。钱文云老师住在八百桥街道，但是她一个星期要有 3 个晚上在学校度过。钱老师教英语，还是初三年级的一个班主任。每周有两个晚上她要来学校晚自习上课，放学回家要超过 10 点钟；还有一天她要参与宿舍区的管理，等夜里点名、巡查结束后，基本上要超过 11 点。如果有什么紧急情况，夜里基本上都休息不好了，一周下来，身心疲惫，自己上幼儿园的女儿都无暇照顾。由于女教师少，总共 22 名女教师当中 10 名教师要参与学校平时宿舍的管理。从学校整体来看，也基本有一半的教师除了基本的教学任务外，还要承担起额外的学生生活和安全管理任务。相对于走读学校来说，有寄宿学生的学校领导、老师压力的确要大多了。

农村中小学布局调整之所以导致农村中小学教师工作和生活压力加大，首先，一个重要原因是在布局调整过程中忽视了农村中小学师资队伍的建设。当前在许多地方，农村教师职业吸引力、竞争力还不强，还没有真正成为令人羡慕的职业。同时，有些地方对国家的政策还不能有效地落实，一些地方有编不补，一个公办教师的钱聘几个代课人员。其次，教师培训难，教师培训经费缺乏等，使得教师队伍整体素质的提升还面临着比较大的困难。再次，由于现阶段城乡差距仍然存在，城乡人才劳务市场的二元制结构，给城乡教师交流补充带来了很大的困难。最后，还有一部分地方的津贴补贴没有纳入财政预算，导致农村尤其是边远地区教师的工资待遇相对偏低。如果这些问题得不到很好的解决，那么势必会使得农村教师的工作和生活压力越来越大，长此以往，不仅严重影响农村教师的身心健康和个人发展前途，而且由于师资力量在一定程度上决定了教育质量，也会制约了农村义务教育的快速健康发展。

综上所述，六合区农村中小学布局调整既取得了显著的成效，但也存在着片面追求效率，而忽视教育公平的问题。因此，在充分肯定农村中小学布局调整成效的同时，我们必须看到，目前的学校布局仍然存在不尽合理的地方，需要进一步地加以调整和完善。

案例 3　P 县农村实用人才培训政策实施状况考察报告

一、P 县经济社会发展概况及农村实用人才队伍状况

（一）P 县经济社会发展概况

P 县位于江西省最北部，九江市东北角上，总面积 1544 平方公里，人口 35 万，农业人口占 87％。现辖 10 个镇 3 个乡 1 个区 4 个场 1 个所，175 个行政村，1415 个村民小组。地势南高北低，由东南逐渐向西北倾斜，东南为山区，中部为丘陵，北为沿江冲积洲和滨湖平原。全县地貌概括为"五山二水两分田，一分道路和庄园"。P 县是传统的农业县，是全国百强优质棉生产基地，棉花种植业是其支柱产业，工业发展相对薄弱。2007 年县财政总收入 1.75 亿元，其中地方财政收入 1.17 亿元，城镇居民人均可支配收入 7812 元，农民人均纯收入 3977 元。

P 县农业产业化初具规模，种植业、养殖业发展很快。2008 年，农业总产值到 13.36 亿元。种植业中，水稻 22 万亩、棉花 20 万亩、油料 18 万亩。皮棉产 2 万吨，粮食总产 8 万吨，油料 2.2 万吨。种植业有四大基地：优质杂交虫棉制种基地，万亩花卉苗木生产基地，优质药材、林果、蔬菜、西瓜等特色农作物基地，茶叶生产基地。养殖业中，水产品总产量达 4.5 万吨，其中鲫鱼养殖面积达 11 万亩，主养面积 2 万亩，产量达 1.35 万吨，产值超 1.2 亿元，出口水产品达 2500 吨以上，创汇 1000 万美元以上；瘦肉型生猪 20 万头；豚 1000 万羽。养殖业有四大基地：鲫鱼良种场和水产高科技示范园、生猪养殖基地、豚养殖基地、麻鸭养殖基地。

P县着力提高农业服务水平。大力发展民间流通组织，鼓励农民、下岗职工进入流通领域，培植一批农副产品营销大户，加快城乡农产品信息网络平台建设，为农民及时提供可靠的供求信息支持。把农业科技培训和农村阳光培训工程结合起来，建设完善农业科技培训中心，有计划地组织养殖专业户、营运大户、农民工培训，培养建立一支农业科技示范户和推广应用队伍，加大农村劳动力转移培力度。"十一五"期间计划培训5000人次，为农民工进城务工创造条件，增农民收入。

P县大力推进社会主义新农村建设。积极发展富民特色产业，按照"希望在山、潜力在水、重点在田、后劲在畜、出路在工"的思路，加快农业结构调整。重点发展林果、家禽、花卉、苗木、特色水品，推进"一村一品""一乡一业"建设，努力打造区域特色。着力改善农村人居环境，整治脏、乱、差现象，加快村庄和庭院绿化、美化。以村庄规划为先导，完成村庄规划工作，优化村布局，引导有建房需求的农户在规划区内拆旧建新，促进农户向中心村镇集中。实施好饮水安全工程，逐步解决农村饮水的问题。推进农村沼气工程建设，加快农村道路改造。加快发展农村教育卫生文化事业，重点普及和巩固农村九年义务教育，"十一五"中后期开始对全县农村学生免收学杂费，按照国家统一部署，对贫困家庭学生提供免费课本和寄宿生活费补助，大力发展农村中小学现代远程教育。加强行政村卫生所建设，基本建立新型农村合作医疗制度，逐步完善农村大病医疗救助制度，加强人畜共患疾病的防治。实施农村计划生育家庭奖励扶助制度。加强乡镇文化站建设，活跃农村文化生活。大力倡导文明新风，培养有文化、讲道德、守法纪、懂技术、善经营的新型农民。积极建设村落社区，深入开展"文明村镇"创建和道德、法律、文化、科普"四进农家"活动，增强农民民主法制意识、生态环保意识、文明卫生意识。加强农村党组织和基层政权建设，推进村务公开、政务公开和民主管理，增强农村基层组织的战斗力。完善村民自治，发展多种形式的农村合作互助组织，提高农民群众自我教育、自我服务、自我管理的水平。

（二）P县农村实用人才队伍情况及存在问题

1.P县农村实用人才队伍情况

据P县2007年人事局资料，P县共有农村实用人才3542人，其中，种植大户1771人、养殖大户618人、木工234人、泥工413人、电工215人、驾驶员235人、城镇经商378人。

据P县农业局2007年材料，P县40岁以上的种植业从业劳动力中，小学文化程度占65.7%，不识字或识字很少占8.5%，初中以上文化占25.8%。从接受培训的角度看，P县种植业从业劳动力中接受过专业培训的比例仅为9.1%。

2.P县农村实用人才存在的问题

长期以来，P县对农村实用人才队伍建设和农村人力资源开发的重要性认识不够，投入不足，农村人才工作基础薄弱；农村培养、稳定、集聚人才的能力不强，人才成长和发挥作用的环境相对较差，农村实用人才总量不足、素质不高、结构不合理的问题比较突出。特别是随着农村青壮年外出务工人员的不断增加，农村人才流失导致的结构性问题更趋严重，不能适应建设社会主义新农村的需要。

（1）P县实用人才总量不足，整体素质不高。"十五"期间P县人才总量虽呈现良好上升势头，但年均递增率和人才密度均低于全市的平均水平，全县人才队伍中研究生以上学历的只有5名（主要为在职研究生），中专学历占人才总量的59.8%；农业实用人才中具有高级职称的25人，占人才总量的0.007%，且年龄偏大，多数为论资排辈晋升的高级职称，具有突出学术成果的并不多。

（2）人才分布、结构不合理。全县农村实用人才3542人中，种植大户1771人，占人才总量的50%，养殖大户618人，占人才总量的17.5%，人才总量的近四分之三集中在种植养殖业。其他行业，如木工、泥工、瓦工不多，文化能人更少，这在一定程度上制约了P县经济的发展。

（3）人才流失严重。国家取消大中专毕业生分配制度以来，回P县就业的 80％为中专生，大专生均为地市级学院毕业，几乎没有全日制全国重点院校毕业生回 P 县就业。近三年来，调出的本科和中级职称以上人才 57 人，而调入同等学历、职称人员只有 2 人，加上企业破产、改制，企业中原有的专业人才，也先后外出自谋发展。

（4）P 县农村实用人才绝大多数是自学成才，没有经过正规的职业技能训练。他们中一些人虽然参加过培训班，但以短期培训为多，没有接受过系统、专业、全面的培训。虽有一技之长，能够率先致富，靠的只是个人智慧和长期实践经验的积累。总之，P 县农村实用人才的科技文化水平已经成为解决"三农"问题的瓶颈，制约了先进技术和装备在农业生产中的应用，制约了自我能力的发展。

从以上分析看，加强农村实用人才培训，提高人才的数量和质量对于 P 县而言是相当必要和急迫的。

二、P 县农村实用人才培训政策制定、组织与管理

新世纪以来，党和政府高度重视农村实用人才培训，出台了一系列相关政策。这是理解 P 县农村实用人才政策的基本背景。

2000 年 5 月，国家人事部、农业部制定了《2000 年至 2010 年县乡村农村实用人才工程实施方案》。2002 年中共中央国务院下发了《关于大力推进职业教育改革与发展的决定》。2003 年 3 月，农业部制定了《2003—2010 年全国新型农民科技培训规划》。2005 年 3 月教育部下发了《关于实施农村实用技术培训计划的意见》。2005 年 10 月十六届五中全会提出了建设社会主义新农村的巨大历史任务，提出了要培养"有文化、懂技术、会经营的新型农民，提高农民的整体素质"的目标任务。2005 年 10 月《国务院关于大力发展职业教育的决定》指出，要实施农村实用人才培训工程。2007 年 11 月，中共中央办公厅、国务院办公厅又下发了《关于加强农村实用人才队伍建设和农村人力资源开发的意见》。2008 年 4 月 22 日，农业部办公厅、财政部办公厅制定《2008 年新型农民科技培训工程项目实施方案》。

（一）P县农村实用人才政策制定

在农村实用人才建设中，P县制定一系列培训政策。首先，P县县委县政府将农村实用人才培训纳入该县总的经济社会发展规划，在《P县社会和经济发展"十一五"规划》《P县农村工作规划》都有体现，明确提出每年培训3000人的目标。其次，县级各主管部门制定具体的培训政策。人事局具体负责该县农村实用人才的规划、指导、监督工作，制定《P县人才"十一五"规划》，负责该县农村实用人才库工作。农业局制定《P县2008年农村劳动力转移培训阳光工程实施方案》《2008年P县新型农民科技培训工程实施方案》。渔业局制定《2008年P县新型渔民科技培训工程实施方案》。教育局制定《实施"百万中专生计划"具体方案》。扶贫办制定《关于实施P县"雨露计划"的通知》。文广局制定《P县2008年度农村书屋建设方案》。科技局制定《P县核电区无公害蔬菜基地建设项目实施方案（草案）》。县团委制定《P县青年创业规划》。各乡乃至村制订更加具体的实施计划。

通过调查，P县实施的农村实用人才培训具体项目如下。

1. 新型农民科技培训工程

P县农业局落实对农业部《2003—2010年全国新型农民科技培训规划》，每年培训300人左右。2008年P县农业局依据农业部办公厅、财政部办公厅颁布的《2008年新型农民科技培训工程项目实施方案》制定实施办法，在15个乡（场、区）镇25个行政村开展新型农民科技培训工作。在每个培训示范村培养不少于40名从事主导产业的专业农民，共1000人，使其掌握从事主导产业的生产技术要领，收入水平有明显提高，并重点培训2～3名农村实用人才，使其成为具有中专及以上学历的新型农民。

2. 新型渔民科技培训工程

P县新型渔民科技培训工程是继新型农民科技培训工程又一项农村实用人才培训政策。两者相比，培训对象不同，一是以种植业的村民为主，一是以水产业的村民为主；其操作模式、管理办法是基本一致的。P县渔业局 2008 年实施新型渔民科技培训工程，在 15 个乡（场、区）镇 25 个行政村开展新型渔民科技培训工作。在每个培训示范村培养不少于 40 名从事主导产业的专业渔民，共 1000 人，使其掌握从事主导产业的生产技术要领，收入水平有明显提高，并重点培训 2~3 名农村实用人才，使其成为具有中专及以上学历的新型渔民。

3. 实施"阳光"培训工程

按照省"农村劳动力转移培训计划"要求，2007—2009 年间，每年 P 县农业局、人事局有 7 家培训机构对 5000 名农民工进行了培训。与县工业园区的企业联合培训，加大农民工的转移培训力度。

4. 实施"雨露"工程

2007—2009 年间，P 县扶贫办以边远山村的村民或贫困、弱势群体为对象 200 人实施"雨露"工程，每年 200 人，帮助他们脱贫致富。

5. 实施"农村书屋"工程

"农村书屋"建设，是农村实用人才培养的基础，目的是形成农村实用人才培养的长效机制。2008 年，P 县文化广播电视局建设 16 个"农家书屋"，2009 年建设了 24 个。每个建设点投资 2.5 万元。

6. 实施"中专生计划"

为培养具有现代发展理念、掌握先进农业技术和管理知识、能带动农民群众致富的"留得住、用得上"的专科层次实用技术管理人才，P 县实施"中专生计划"，2007—2009 年每年 50 人，由县职教中心具体培养。

7. 实施返乡农民工创业培训工程

由于经济危机的爆发，P 县农民工纷纷返乡，P 县县委县政府制订了《关于进一步加强返乡农民工就业创业服务工作的通知——返乡农民工就业创业十八条措施》，对返乡农民工进行无偿培训，有多少培训多少，对创业的农民工进行多方面政策优惠，并对符合政策规定条件的最低予以 5 万元资金支持。2009 年 5 月 4 日，由 P 县团县委和县信用联社共同举办的全县农村青年创业贷款签约仪式在信用联社举行，P 县首批十位农村创业青年获得了总计 139 万元的创业贷款扶持。

（二）培训领导机构

P县实行以县委组织部领头，人事局、科协、农业局具体负责农村实用人才工作的领导体制。具体实施中，由副县长挂帅为组长，各局长为副组长，配备相应的工作人员。村级培训形成以村书记为校长、村长为班主任的工作机制。

P县专门成立了领导管理机构和农村实用人才开发办公室。由农业局具体负责全县农村实用人才的日常管理工作，并分别明确了人事、科技、林业、畜牧等相关职能部门的工作职责和工作任务，形成了齐抓共管的工作格局。人事局、农业局从 2007 年开始，用将近两年的时间，组织相关职能部门的工作人员对全县农村实用人才进行了摸底调查，建档造册，实现了农村实用人才的规范化管理。通过走访农户，实地察看，进行培训质量管理。

为了弄清P县新型农民科技培训工程和P县新型渔民科技培训工程的组织机构，笔者对其组成人员进行了调查。P县新型农民科技培训工程领导机构组成人员如下：组长为县政府副县长，副组长为县农业局局长，成员有县财政局副局长、县农业局副局长、县财政局农业股股长、县农业局科教股副股长。领导小组下设办公室，办公室设在县农业局，由县农业局副局长兼任办公室主任，县农业局科教股长负责具体事务。P县新型渔民科技培训工程领导小组组长为县政府主管农业的副县长，副组长为渔业局局长，成员包括水技站站长。P县新型农民科技培训项目工程培训任务有 25 个村，1000 户村民；集中培数 375 次，现场指导 375 次。P县新型农民科技培训项目工程领导小组有 8 人，事实上只有 1 人负责具体事务，而此人又同时负责阳光工程的培训事务。同样县新型渔民科技培训工程也只有水技站站长 1 人负责具体事务。由调查分析：P县新型农民科技培训工程和P县新型渔民科技培训工程领导力量较为薄弱。

（三）培训机构与培训教师

承担 P 县新型农民科技培训工程的培训机构是 P 县农业局农民科技培训学校，这个学校的教师就是农业局的领导和工作人员。培训教师 16 人，全部为兼职，男性 14 人，女性 2 人。平均年龄 42 岁，最大年龄 52 岁，最小年龄 35 岁。按职称分：高级农艺师 7 人，农艺师 5 人，农经师 2 人，农民技师 2 人。按专业分：土肥专业 2 人，粮油专业 2 人，能源专业 2 人，经作专业 2 人，经管专业 2 人，畜牧专业 3 人，食用菌专业 1 人，葛粉专业 1 人。

承担 P 县新型渔民科技培训工程的培训机构是该县渔业局水技站。教师情况调查如下：教师 8 人，全部为兼职。市级水科所 3 人，P 县渔业局 5 人，高级工程师 4 人，工程师 3 人，还有一人未评职称。

在培训中，教师是一个重要的因素，是培训是否有效的重要保证。P 型农民科技培训工程 16 名教师培训 1000 人，P 县新型渔民科技培训工程 8 名教师培训 1000 人，师生比分别为 1∶62.5 和 1∶125。P 县新型农民科技培训工程 16 个教师从年龄看，他们基本上是 20 世纪 60 年代出生，20 世纪 80 年代学的知识。他们的知识结构很难适应日益发展的现代农业的需要。从岗位看，16 个教师从事行政事务工作，很少学习进修，做培训教师力有不逮。从教师数量看，师生比近 1∶70，教师又都是兼职教师，培训力量远远不足。从教师专业结构看，培训教师的专业与现实培训需求不仅匹配不足，而且远远不够。例如 P 县种植需要毛竹、茶叶、中草药种植技术，养殖需要配种、防疫技术等。P 县新型渔民科技培训工程 8 名教师还有 3 人来自市级，可见教师的配备难以满足培训要求。

（四）培训经费使用及管理制度

笔者对 P 县农村实用人才实施工程的培训资金进行了调查，情况如下。2006 年扶贫办 6 万，新农民科技经费 0 万，阳光工程中央 49.5 万、省 7.5

万、市 1.1 万；2007 年扶贫办 3.7 万，新农民科技经费 25 万，阳光工程中央 69 万、省 6 万、市 1.4 万；2008 年扶贫办 2 万，新农民科技经费 75 万，阳光工程中央 93.5 万、省 6 万、市 1.4 万。P 县农业局新型农民培训经费人均标准及人数：2004 年每人培训经费 120（元），人数 2500（人）；2005 年每人培训经费 160（元），人数 3000（人）；2006 年每人培训经费 185（元），人数 3000（人）；2007 年每人培训经费 240（元），人数 3000（人）；2008 年每人培训经费 330（元），人数 3000（人）；2009 年每人培训经费暂缓，人数 3000（人）。农业局新型农民培训 2007 年、2008 年定 25 个村，项目包干经费一个村 1.5 万。渔业局新型渔民培训 2008 年开始，资金配备同农业局新型农民培训。P 县已建成 27 个农家书屋，每个书屋配备资金 2.5 万元，共 67.5 万元，由省市财政提供。

由上面的情况可以得知，P 县农村实用人才实施工程的培训资金主要来自中央和省市，县级缺乏配套资金。

P 县培训经费在培训项目完成后，财政局按项目检查验收情况进行拨款，并做到专款专用，专项管理。项目实施所需资金及使用情况按规定实行审计，统一费用管理，建立完整的财务档案。资金的使用主要用于购买教材，编印教材、技术资料、教学资料，培训器材，以及教师的讲课培训费、伙食补助费、交通费等。

笔者去财政局了解到 P 县新型农民科技培训经费主要是中央财政拨款，共计 37.5 万元，补助标准是每一个培训示范村 1.5 万元。省市县没有配套资金。具体的经费使用标准如下：教师上课 1 次（按 3 小时计算）100 元，路费实报实销，写一篇科技培训文章 1000 元。请市级农业专家讲课 1 次 500 元，省级 1 次 800 元。2008 年 7 月请市级农业专家培训"九江水梨"种植技术花费 7000 多元，9 月请邻县专家培训"食用菌种植及加工技术"花费 6000 多元。专门印发《P 县新型农民科技培训教材》支付 3 万元，每个培训村做一个"新型农民科技培训明细牌"，共支付 12500 元。

笔者调查中发现培训费的使用存在以下两种情况。

一是付给培训村民的工资。培训部门给村民培训不仅教他们技术，而且要付给他们工资。A 村村书记理直气壮地说："不给工资谁来？村民一天最低也要挣 60 块，不给 30 块没人来。"这看起来的咄咄怪事，现实中却合情合理。村民说农业局有培训经费，吃着喝着有工资，他们自己误工误时，不给工资不来培训，少了也不来。而农业局为了完成培训任务只得妥协。培训双方各有所得，心照不宣。这笔经费最终以其他培训名义报销，造成培训资金的隐性流失。

二是培训费用于村级招待费。要对农民培训，首先得把农民集中起来，当今农民的最大特点是分散，以户为单位，各干各的活，这可是一个大问题。要召集村民非得村干部不可。为此农业局在各培训项目村成立了由村书记任校长，村长为班主任的新型农民培训学校，还配备一名村级联络员，选出两名学习代表。干事得管饭，招待又造成培训资金的流失。由上分析可知：培训资金隐性的流失很严重。

（五）培训管理的调查制度

笔者调查发现，培训管理过程一般是这样的：各村根据本村的主导产业发展实际，提出培训内容和培训要求，原则上一个示范村确定一个主导产业进行培训。培训机构必须按照村里的培训要求开展培训工作，重点培训专业农民从事主产业的产前、产中、产后的生产技能和标准化生产、农产品质量安全知识，以及生态环境、经营管理、政策法规等内容。原则上集中培训时间累计不得少于 5 天，每天集中授课不少于 3 个小时，现场指导不少于 15 次。培训机构对所有培训学员要登记注册，发放培训卡，要如实记录培训时间、内容、培训学员和培训教师，做到有据可查。具体情况如下。

1. 建好培训卡。培训卡相当于学生的学籍，详细记录培训学员的基本情况，记录培训的时间、内容以及培训学员和培训教师的签名。P 县的培训卡有 1000 份，分主导产业、特色农业、高效农业厚厚的三大本。

2. 做好新型农民科技培训明细牌。每个培训村的村部或村口做一个新型农民科技培训明细牌，每个牌上有培训村民的名字、学习制度、学习管理制度、培训课程表。

3. 建好培训台账。培训台账是拨款的依据，是小型的培训卡，上有学员代表、教师的签名，手续一应俱全。

由此可知，培训工作的管理比较规范。

附：P县新型农民科技培训学习制度和学员管理制度

1. P县新型农民科技培训学习制度

为了进一步贯彻落实党的十七大精神，和省、市、县农村工作要求，培养造就一批有文化、懂技术、会经营的新型农民，促进现代农业发展，扎实推进社会主义新农村建设，努力把新型农民科技培训班办好，特制定学习制度如下。

（1）凡参加培训的人员，必须按照规定的时间，参加集中培训和现场指导培训，并且对所传授的农业科技知识做好笔记，以便在平时的工作中充分利用与发挥。

（2）每次参加集中培训后，应结合本村的实际，紧密围绕所学的科技知识，进行专业化生产、产业化经营，从而提高农产品的产量和发展前景，带动更多的群众推广科学种田。

（3）每个季度应组织一次现场技术指导，确保科技知识学得懂、用得上，切实提高培训效果。

（4）每年度对参训的学员，进行一次考核评比，对优秀学员应进行表彰，从而发挥这些优秀学员的才能，带动全体村民科技致富，不断提高和增加农民收入。根据上级要求和结合本村实际，每年集中培训时间累计不得少于15天，每天中授课不得少于3小时。现场指导培训每年不得少于15天，每次指导的项目不得少于3个。

2. P县新型农民科技培训教学管理制度

（1）凡报名参加的学员，必须具有初中以上的文化程度，方可吸收为正式学员。

（2）对所参加的学员必须进行登记，发放培训卡。凭卡参加集中授课。

（3）学员必须要如实记录培训时间、内容和有关重要的科技知识，做到有据可查。

（4）所参加的学员，必须具备一定的政治素质，遵守学习纪律，对违规的学员一律辞退。

（5）学员必须对每次所掌握的知识进行帮带和帮扶，以便带动更多的人掌握科技知识。

3. 关于培训监管制度

培训监管有利于培训规范、有序地进行，是整个农村实用人才培训制度的有机组成部分。调查时笔者发现 P 县培训监管有以下 3 种方式：

（1）县财政局对农业局培训的监管。这种监管主要是对培训资金的监管。按政策规定，县财政局管理培训资金，县农业局管理培训本身。财政局根据培训的过程与效果进行监管，并依据规定拨付资金给农业局。实际上财政局一般不会行使否决权，原因很简单，这笔资金来源中央财政，而不是本地资金。一旦取缔、冻结，损失的是地方利益。只要农业局手续齐全，财政局一律拨付。谁愿意跟钱过不去呢。这种监管总体而言是软弱无力。

（2）上级农业部门对农业局培训的监管。上级农业部门的监管是明察而不是暗访。这种监管是行政监管，次数少，一年 1～2 次，程序明确，一般是听汇报、实地调研。汇报是培训部门自己写的，实地安排是培训部门提前指定的，这样的监管是形式上的，很难反映真实情况，对日常性的培训的监管更是鞭长莫及。

（3）县级培训部门内部监管。培训部门要自查，自我总结，自己监管自己。谁会自己给自己找不自在，这样的监管形同虚设。总而言之，培训监管缺失现象严重。

三、P 县农村实用人才培训政策执行状况

为进一步详细了解 P 县农村实用人才培训政策具体执行状况，笔者选择了 4 个参加培训项目的村庄进行了问卷调查和深入访谈。

（一）调查概况

此次调查共发放问卷160份，收回127份，其中有效115份，有效率71.8％，具体发放情况如表Ⅲ-1所示。

表Ⅲ-1　问卷发放情况表

村	问卷数	回收数	有效数
A	40	30	30
B	40	32	30
C	40	31	28
D	40	34	27

1. 培训村的概况

A村：全村58户，196人，土地360亩，以棉花、水稻为主，花籽棉达到600斤/亩，外出打工46人，2008年人均收入4500元左右。

B村：B村位置偏僻、信息闭塞，是一座典型的山区小村。农户21户，人口136人，耕地面积240亩，村内大量劳动力从事种植业，2008年人均收入约4000元以上。山林面积大，昼夜温差大，空气湿润，适宜发展食用菌产业。该村现大力发展黑木耳养殖。

C村：C村地处长江南岸，三面环山。农户410户，人口1830人，15个村民小组，2个自然村，耕地面积2800亩，其中水田480亩，旱地2320亩。通村水泥路，距县城6公里。C村原以种植棉花为主导产业，现葡萄种植已初具规模，该村人均收入达5300元。

D村：D村座落在湖区。现有农户35户，人口137人，耕地面积375亩。以粮棉种植为主的同时，大力发展鲫鱼水产养殖120亩，2008年人均纯收入达5200元。

2. 培训村民基本情况调查分析

A村参加培训村民有40人，男性36人，女性4人。平均年龄47.15岁，年龄最大59岁，年龄最小36岁。文化水平，初中40人。

B村参加培训的村民中女性25人，男性15人，15对是夫妻。文化水平：高中5人，初中35人。平均年龄38.8岁，年龄最大45岁，年龄最小23岁。

C村参加培训的村民中女性5人，男性35人。平均年龄49岁，年龄最大72岁，年龄最小20岁。文化水平：高中2人，初中37人，小学1人。

D村参加培训的村民中女性2人，男性38人。平均年龄46岁，年龄最大61岁，年龄最小26岁。文化水平：高中8人，初中32人。

由培训村民基本情况分析，A村平均年龄47.15岁，B村平均年龄38.8岁，C村平均年龄49岁，D村平均年龄46岁，培训村民年龄老化现象严重。

（二）培训实施的调查分析

1. 场地情况

表Ⅲ-2　教师调查情况表

培训村	教室数	平方米
A	1	75
B	1	63
C	1	90
D	1	72

由表Ⅲ-2可知，场地能够满足上课要求。

2. 教材

ABC三村为受培训村民发《P县新型农民科技培训教材》，人手一册。D村为培训村民发《P县新型渔民科技培训工程培训资料》，人手一册。

3. 对培训课程认识

村民对培训课程的认识制约着村民培训的积极性，为了解目前村民对培训课程看法，问卷对此进行了调查。（见表Ⅲ-3）

表Ⅲ-3　对实用技术培训态度调查表

您认为培训内容实用价值如何？		
选项	人数	百分比
很好	28	24.3
好	23	20
一般	46	40
差	18	15.7

通过数据可以看出，村民普遍认为学习实用技术价值一般，对培训抱着无所谓的态度。这也得到了访谈的证实。

访谈中，A村一位老棉农张洋谈起上课感受，说："棉花水稻的虫、病，我很想听，但很多名称我听不懂。说起怎么种地，十个老师也不是我的对手。冲着30元，我每次都来，可惜次数不多，才6次。"

B村一位满脸精明的中年村民王非对比他家与邻近的浙江老板的食用菌的销售："食用菌的养殖基本技术我都会，但无公害养殖技术比不上浙江老板，销售更比不上。我家1斤干黑木耳30元左右，浙江老板的卖到50元左右，好的80元，都销往江浙，这里不卖。最挣钱的是灵芝种植，有一个浙江丽水食用菌开发公司在这里灵芝种植面积达160亩，目前长势喜人，预计亩产可达1吨以上，产值可达1120万元。我要学无公害养殖，我要学销售，谁能教我？我要培训老师教一教，培训教师一脸苦涩。"

可见，农民对培训态度不够积极的原因主要有两个方面：一是实用技术陈旧；二是针对性不强。

4. 课程开设及实施

笔者又调查了培训的课程表，课程表按产业分类。按照规定，P县新型农民科技培训课程选中25个行政村，每村挑选40个示范户开展培训。25个行政村按产业分3个类别。主导产业10个村，400户，其中棉花与油菜种植5个村，棉花与水稻种植5个村；特色农业7个村，280户，其中苗木种植1个村，葡萄种植1个村，食菌种植5个村；高效农业8个村，320户，其中棉花制种3个村，水稻、蔬菜连作3个村，养殖2个村。几乎每个村的课程表都不一样。把 AB 两村的列陈如表Ⅲ-4～表Ⅲ-6。

表Ⅲ-4　A村培训课程安排

日期	科目	备注
4月5日	棉花制钵要领	
4月23日	苗床管理技术	
5月5日	苗床管理要领	
5月23日	棉花苗期管理	
6月5日	苗期施肥	
6月23日	棉花中期施肥、打药管理	
7月5日	中期施肥课程	
7月23日	棉花治虫要领	
8月5日	棉花后期管理	
8月23日	油菜秧技术	
9月5日	油菜中期管理	
9月23日	油菜后期管理	
10月5日	早稻秧苗技术	
10月23日	晚稻秧苗技术	
11月5日	早稻、晚稻田间技术要领	

表Ⅲ-5　A村现场指导课目安排

日期	科目	备注
4月6日	制钵现场指导	
4月24日	营养钵要领	
5月6日	苗床管理指导	
5月24日	苗期施肥指导	
6月6日	中期现场管理指导	
6月24日	现场指导要领	
7月6日	治虫现场指导	

续表

日期	科目	备注
7 月 24 日	现场技术示范	
8 月 6 日	早稻中期管理	
8 月 24 日	中期施肥、打虫要领	
9 月 6 日	早稻后期田间指导	
9 月 24 日	晚稻中期田间管理	
10 月 6 日	中稻后期治虫技术	
10 月 24 日	晚稻病虫监察要领	

表Ⅲ-6　B 村培训课程表

日期	科目	备注
1 月 14 日	黑木耳袋装料选择	
1 月 18 日	培养基的配置	
2 月 22 日	黑木耳培养基的制作方法	
3 月 26 日	袋装料必须注意的情况	
4 月 30 日	袋料灭菌的要求	
5 月 2 日	接种的要求及注意事项	
6 月 14 日	菌种好坏的辨别	
7 月 20 日	菌丝体培育要点	
8 月 21 日	菌丝体培育要点	
9 月 26 日	黑木耳高产优质管理技术	
10 月 28 日	黑木耳高产优质管理技术	
11 月 8 日	出耳管理技术	
11 月 20 日	常见杂菌的防治	
11 月 24 日	常见虫害的防治	
12 月 6 日	黑木耳采收技术	

以上为规定中的培训安排，但是事实上开课情况与计划相去甚远，根

据调查，实际开课情况如表Ⅲ-7。

表Ⅲ-7　开课情况表

培训村	上课次数	指导课次数
A	8	1
B	7	1
C	6	1
D	3	3

通过表Ⅲ-7分析：政策执行情况不佳，很大程度上仅仅落实在纸面上，在实际执行中往往由于种种原因打了折扣。这也得到了访谈材料的支持。当笔者访谈询问上课情况如何，有村民愕然："今年我没参加培训，听说安排培训多采用集中培训，少现场技术指导。有几次把几个村的培训村民集中一起上课，一次上课就有400人左右。"

5. 培训效果调查分析

村民对教师教学内容的掌握程度可通过表Ⅲ-8反映。

表Ⅲ-8　教学效果调查表

参加培训后，您的期望达到的程度如何？		
选项	人数	百分比/%
达到	9	7.8
基本达到	29	25.2
有一点达到	47	40.9
没有达到	30	26.1

从表Ⅲ-8反映的情况看，参加培训的村民的期望值大多数没有达到。

内容能否发挥作用是培训是否具有实效性的主要依据。笔者将调查情况如表Ⅲ-9所示。

表Ⅲ-9　教学内容掌握表

对老师教的农村实用技术在发展农业生产、带动群众增收致富方面发挥的作用如何?

选项	人数	百分比/%
很好	11	9.6
好	29	25.2
一般	47	40.9
没有发挥	28	24.3

由表Ⅲ-9可知,培训的内容在生产中发挥的作用很少,远远没有达到要求。

对培训的满意度是培训评价的一个重要指标,调查结果如表Ⅲ-10所示。

表Ⅲ-10　培训满意度调查表

对培训的效果感到满意吗?

选项	人数	百分比/%
非常满意	11	9.6
基本满意	29	25.2
不满意	47	40.9
很差	28	24.3

由表Ⅲ-10可知,村民对培训的满意度较低。在发放问卷的同时,笔者也访谈了培训教师和村民。一位教师表示,认真听课的不多,老师讲老师的,村民干自己的,两不相干。上课没什么意思。

当笔者走进C村的培训教室,窗明几净,一排排座椅整整齐齐,两旁的墙上贴满葡萄种植的宣传画。因为没赶上培训课,笔者走访了那位年龄最大的学员熊臣满,72岁,小学文化水平。当笔者问到培训课能否听得懂时,老人健硕的脸上满是自信:"听得懂,因为村干部在地里手把手地教过,看过他们怎么做。老师来上课时,我大多知道。我种的葡萄比年轻人好。上学不要钱还拿钱,我活这么大想也没想过。还是共产党政策好哦。"

但 D 村学员在访谈时表示效果不理想，学不到自己想学的知识，他说："没有知识发不了财，再怎么苦干也不行。一包土地就挣钱，一搞经营就赔钱。我三起三落，吃的是没知识的亏。第一次我包 100 亩水稻，没日没夜的干挣了钱盖楼房。剩下的钱我建小水库养鱼，不懂蓄水量，筑坝 5 米，蓄水 1 米，白干了。第二次我又包了 30 亩水稻挣了钱，我把家里邻散的土地换到一起，我要种水梨。种水梨要 5 年成长期，拖不起。第三次我又包了 20 亩水稻挣了钱，不听家人劝阻养豚，豚很挑剔，要荫要水又不会水。防疫不到家又赔钱，我只得去包地。看来我不是发财的命，是种地的命。"其他村许多村民也有这种言论。

四、P 县农村实用人才培训政策实施的成效与问题

（一）P 县农村实用人才培训政策实施的成效

P 县农村实用人才培训政策的实施，取得了一定成效，表现在以下方面。

1. 农村实用人才队伍不断壮大。"种养加"生产能手、企业经营人才、农村经营能人和能工巧匠，增长趋势十分明显。据 2009 年 P 县农业局统计，全县共选拔、培养种、养、加等各类乡土实用人才 4256 人，比 2007 年 3452 人增加 800 多人。全县每个村都平均有 20 名"乡土能人"，每人年收入在 3 万元以上，辐射带动了全县 2 万多名技术农民，让该县 86％的农民都掌握了 1~3 门实用致富技术。

2. 农村实用人才队伍建设工作明显加强，农业产业化明显增强。2007 年来，P 县认真做好乡土实用人才发掘工作，培养农村科技致富的"顶梁柱"带动农户发家致富。该县以村为单位建立了饲养、种植、加工等行业"乡土实用能人"档案，详细填写种养项目、规模数量、经济效益，对他们进行跟踪服务；同时，为了提高这些乡土实用人才水平，该县对他们进行

重点培养，聘请涉农部门科技人员对他们"充电"，农技、畜牧等专业人员与"乡土能人"结成对子，为他们传授新技术、新信息。此外，还创办了科技示范园，相继建立了千亩花卉苗木生产基地、多元杂交猪养猪基地、万亩优质药材基地和林果高效特色农业生产基地等一批"教室＋场园"式的培训基地，让这些乡土实用能人享受实践培训的机会。

在乡土实用能人的带动下，P 县农业产业化明显增强。2009 年，P 县在保持原有种植业的基础上，现已种植"油冬儿"5000 亩，发展早熟梨1000 亩，蔬菜 3.8 万亩，无公害茶叶 3000 亩，中药材 8000 亩。养殖业品种不断增加，牲畜类有秦川牛、山羊、长毛兔等，禽类有山鸡、孔雀、肉鸽等，水产类有龙虾、珍珠、黄鳝等。加工业规模不断扩大，加工种类不断增多。其中棉纺厂规模超亿元有 3 个，深加工的毛竹、木材、鱼产品远销全国。

3. 农村实用人才结构趋于改善。企业经营人才、农村经纪人、农民合作经济组织带头人、能工巧匠和文体艺术类人才所占的比例明显增大。偏远山区和贫困地区的农村实用人才数量开始增多。2009 年，P 县共有花卉苗木、食用菌、生猪、水产养殖、汽车运输专业协会 46 个，协会会员达 2 万余人。

4. 农村实用人才成才环境日益优化，社会地位逐步提高。2007 年以来，为使农村党员干部在带头致富、带领群众致富的实践中发挥先锋模范作用，P 县县委先后组织开展了以整顿提高农村基层党组织的创造力、凝聚力和战斗力，引导广大党员保持先进性为主题的"三教育、两整顿"、"创业当先锋，党员展风采"等活动。通过教育活动全县先后培养了 146 位年纪轻、文化高、有致富经验的能人走上党支部书记的岗位。同时，以乡镇党校、农民技校为载体，实行"依岗培训"入党积极分子，3 年来，参训人员达 2892 人。在为农村无职党员设岗定责时，实行"依岗锻炼、完善制度"，改变过去无职党员无权管事、无法办事的局面，使他们真正成为社会主义新农村建设的中坚力量。"能干事、干成事"的政策环境日益优化。

5. 实用人才作用发挥更加明显。多数农村实用人才不仅能够勤劳致富，而且能够带动一片、示范一方。"葡萄专家"陈先光是 C 村有名的葡萄种植大户，现任该村书记。2001 年，他种植的葡萄平均每亩收入达到了

1.2 万元，良好的经济效益，不仅为自己创下了一份家业，还带动了该村47 户农民纷纷改种葡萄。47 户农民种植的 128 亩葡萄喜获丰收，平均亩产达到 3250 公斤，收入近万元，仅此一项，就让该村村民人均增收 625 元。据统计，该村已发展葡萄种植面积 410 亩，种植农户达 150 户。B 村组织加入的食用菌协会为农民传送致富之道，精心组织培训班，解决了一大批农民"想干不会干"的难题。如今协会吸收困难户成员 11 户，从事黑木耳生产的农户达 40 多户，栽培黑木耳 38 万袋，年产值可达 150 万元，人均增收 1000 多元。

P 县水产资源丰富，有养殖水面 21 万多亩，被授予"中国 P 鲫鱼之乡"称号。现在，从事鲫鱼养殖的农户达 2000 多户，带动了 1000 余人专业从事鲫鱼批发零售，其他如螃蟹、河蚌育珠、青虾、龙虾等优质水产品的水产养殖户也达到了 1000 户。随着科技入户工程和良种繁育工程等新技术的推广，养殖户普遍使用了投饵机等现代渔业设施，使鱼产量由原来的每亩最高 400 公斤提高到 800 公斤，养殖户每亩鱼池增收 1000 元。新成立的水产养殖协会是以从事水产养殖的农户为主，按照加入自愿，退出自由的方式而组成的非营利性社会团体，首批会员共有 30 多名。协会以农业综合开发区为中心，下设 3 个分会，1 个销售公司、1 个技术服务部、1 个捕捞队。协会以提高农民进入市场的组织化程度和农民抵御市场能力，增加农民收入、带领农民致富为目的，为会员提供资金、技术、鱼料、鱼药和销售等方面的服务，形成了会员致力生产、协会致力经营服务的协作局面。

（二）P 县农村实用人才培训政策实施中存在的问题

P 县通过农村实用人才培训工程的实施，虽然取得一定的成效，但是整体效果不佳。农村尊重人才、靠科技致富、靠人才求发展的气氛不浓。支持农村实用人才作用发挥的保障与激励机制不畅，得到的支持与优惠力度不大。由于没有经过正规、系统、全面的教育，大部分实用人才缺乏市场经济知识和法律知识，对国家的农业政策、种植养殖业新技术、市场热点了解不够。大部分农村实用人才虽有一技之长，能够率先致富，但在带动周围群众致富方面表现较弱。笔者通过对培训工程的实施状况调查发现最大的问题是培训的效果远远没有达到政策的要求。具体问题归纳如下。

1. 领导力量薄弱。P 县农村实用人才培训工程多头管理，各自为政，力量分散，凝聚力不强。部门利益保护严重，人事局紧紧抓住"阳光"培训，农业局把持新型农民科技培训，渔业局看住"新型渔民科技培训"，其他部门很难插手和合作，例如教育局、科技局应该是大力参与的部门，对于有些培训项目只能袖手旁观。

2. 教师的知识老化与数量不足。P 县农村实用人才培训工程的教师大部分是农业局、渔业局的领导、工作人员以及乡镇的农技人员，培训经验欠缺。多数教师是兼职，专职教师少，年龄偏大，优秀教师十分匮乏。

3. 培训村民年龄老化。笔者对 P 县新型农民科技培训工程培训村民总的情况进行了调查分析。通过统计，1000 名培训村民的基本信息中，年龄最大 72 岁，最小 16 岁，男性 743 人，女性 257 人。50 岁以上 396 人，40～49 岁 333 人，30～39 岁 197 人，20～29 岁 53 人，20 岁以下 21 人。根据以上可知，从年龄层次看，培训村民的主力军是 20 世纪 60 年代的人，70 年代有一部分，80 年代的很少很少。当今社会生活节奏快，活动空间广，60 年代的人显得难以适应。从生产习惯看，大部分村民习惯一家一户的生产经营模式，习惯政府号召种什么就做什么，自主性不足。面对市场的农业茫茫然不知干什么。从知识结构看，大多数人读了初中，多年务农，知识忘得差不多。总之，培训村民年龄老化现象严重。

4. 培训资金的流失。P 县的培训资金的来源主要是中央财政的专项拨款和省市配套的资金，县的配套资金很少。培训资金不足的情况十分严重。在资金的使用管理上不规范，超范围使用，培训资金的流失问题也不小。

5. 培训过程的弄虚作假。P 县实用人才培训工程实施中存在一些弄虚作假现象：费用开支不规范；减少培训次数；超大班上课，动辄三四百人；以会代训等。这些现象影响培训工程的实施。

6. 培训内容针对性不强，培训方式落后。就目前 P 县的培训机制而言，缺陷主要表现在：一是培训内容针对性不够强。有些培训内容与生产实际和农民需求结合得不够紧密，农民感觉实用性不够，参与培训的积极性不高。二是培训方式有待改进。培训方式比较单一，小班化、季节性、现场体验、模拟式、参与式等生动、灵活、有效的培训形式和手段不足。三是培训时间短，后续培训、继续教育和跟踪服务少，全方位、立体化的培养格局远未形成。

7. 培训监管的缺位。P县实用人才培训政策实施中县级部门之间相互监管，部门上下级之间监管。在这种监管体制下，培训监管缺位，不利培训政策实施。

（三）P县农村实用人才培训工程实施问题的原因

P县农村实用人才培训工程实施问题的原因是多方面的，既有主观因素，也有客观原因。

1. 思想认识不够深刻

首先，一些乡镇党委、部门领导、政府工作人员仍没有走出"唯学历""唯职称"的误区，习惯性地认为具有相应职称和学历的人员才是人才，而把大批土生土长的农村实用人才排除在外，也看不到他们在农村经济和社会发展中的推动作用。P县人事局局长在访谈时说："这个统计数据（P县农村实用人才统计数据）包括种地的、养鱼的，甚至连木工、瓦工、泥工都计算，哪里是人才？"其次，一些农民思想观念相对滞后、创业意识不强，在实践中，担心风险、害怕失败，观望等待的多，付之实际行动的少，既影响了先进技术的推广和传播，也制约了农村实用人才的培养和形成。最后，一些实用技术人才在参加技术传授、结对帮扶等活动中不积极、不主动，局限于"亲帮亲""父传子""传内不传外"，怕"教会徒弟饿死师傅"，小农意识严重，使农村实用技术人才作用发挥受到制约。

2. 培训管理体制比较混乱

目前，P县农业、教育、科技、劳动与社会保障等部门都在参与农村实用人才教育培训工作，各部门之间缺乏统一与协调，实用人才培训工作缺乏统一的领导机构。教育和培训机构尚未形成统一的教育培训体系，各自的定位不明确。管理体制混乱的弊端显而易见：对农民培训的责任不明确；资源配置有失公平；造成资源浪费；培训工作效率低下；浪费农民时间，影响农民参加培训的积极性。

3. 培训资源不足

培训资源不足主要表现在以下方面。一是基础教育相对滞后，农村九年义务教育还没有完全普及，职业教育水平和层次不高，缺乏农村实用人才的土壤、基础和条件。二是培训效果不明显，表现在有的培训内容针对性不强，与生产实际需求脱节。有的培训方式灵活性不够，习惯于课上讲、发传单等传统方式。三是培训资源匮乏，尤其是村一级缺乏有效的培训载体，教师资源不足，而现有的一些培训资源的利用率又不高，培训管理没能及时跟上，一些农技推广组织长期处于闲置状态，作用发挥不充分，培训资源与受训群体没有实现有效的结合。

4. 政策措施不够到位

有关部门出台的一些政策内容比较宏观，虽然指导意义很强，但可操作性较差，相对应可操作性强的实施办法没有及时出台，致使政策作用发挥没有达到预期的效果。有关资金投入、奖励、支持等方面的配套政策措施不完善。现有的政策措施之间的合理衔接和相互配合不够，没有形成一整套有效的政策措施体系，削弱了政策措施的整体效能。现有的一些政策措施仍然停留在口头、会议和文件层面上，落实执行得不够，能根据当地情况创造性地开展工作的更少。

5. 人才服务功能不够健全

人才服务功能的不健全表现为以下方面。一是农村人才市场基本没有建立和形成，现有的人才市场、劳动力市场没能与农村人才市场有效连通，无法实现由市场来配置农村实用人才，不能对其合理流动提供必要的服务，影响了农村实用人才的活力。二是政府的有效作用发挥不够，尤其在建立农村实用人才信息库、扶持农村经济合作化组织、保障农村实用人才权益等方面还不到位。三是对农村实用人才的评价体系不健全、不科学，全社会对农村实用人才的作用缺乏全面正确的评价，自觉地宣传报道、表彰奖励农村实用人才的社会氛围还没有形成。四是对农村实用人才的使用机制僵化，一些优秀的实用人才得不到任用，发挥不了更好的作用。

附录 农村教育重要政策文献目录

1949—1965 年农村教育政策

序号	文件名	颁布部门	文号	颁布日期
1	关于开展今年冬学工作的指示	教育部		1949-12-05
2	教育部关于第一次全国教育工作会议的报告	教育部		1950-01-06
3	关于举办工农速成中学和工农干部文化补习学校的指示	政务院		1950-12-14
4	关于开展农民业余教育的指示	教育部		1950-12-21
5	工农速成中学暂行实施办法	教育部		1951-02-10
6	工农干部文化补习学校暂行实施办法	教育部		1951-02-10
7	关于冬学转为常年农民业余学校的指示	教育部		1951-02-28
8	政务院关于改革学制的决定	政务院		1951-10-01
9	关于工农速成中学附设于高等学校的决定	教育部		1951-11-19
10	中学暂行规程（草案）	教育部		1952-03-18
11	小学暂行规程（草案）	教育部		1952-03-18

续表

序号	文件名	颁布部门	文号	颁布日期
12	关于各地展开"速成识字法"的教学实验工作的通知	教育部		1952-05-15
13	师范学校暂行规程（草案）	教育部		1952-07-16
14	教育部1952年工作计划要点	教育部		1952-09-05
15	中共中央批转中央教育部党组关于大中小学教育和扫盲运动等问题的报告	教育部		1952-10-17
16	教育部关于整顿和发展民办小学的指示	教育部		1952-11-15
17	教育部关于小学实施五年一贯制的指示	教育部		1952-11-15
18	工农速成中学分类教学计划	教育部		1952-12-18
19	关于整顿工农业余学校高级班与中学班问题的通知	教育部		1953-04-04
20	高等教育部、教育部关于1953年工农速成中学招生工作的指示	高等教育部、教育部		1953-07-28
21	高等教育部、教育部颁发工农速成中学第一、二、三类教学计划修订草案	高等教育部、教育部		1953-09-15
22	中共中央批发中央教育部党组等《关于检讨官僚主义和对今后普通教育方针的报告》等三个报告给各级党委的指示	中共中央批发中央教育部党组等		1953-09-24

序号	文件名	颁布部门	文号	颁布日期
23	中共中央批发中央教育部党组等《关于检讨官僚主义和对今后普通教育方针的报告》等三个报告给各级党委的指示	中共中央批发中央教育部党组等		1953-09-24
24	扫除文盲工作委员会关于扫盲标准毕业考试等暂行办法的通知	扫除文盲工作委员会		1953-11-24
25	政务院第195次政务会议通过，政务院关于整顿和改进小学教育的指示	政务院		1953-11-26
26	关于1953年冬学工作的指示	教育部、扫除文盲工作委员会		1953-12-01
27	关于一九五四年组织农民常年学习的通知	教育部、扫盲委员会		1954-03-22
28	中央宣传部关于高小和初中毕业生从事劳动生产的宣传提纲	中央宣传部		1954-05-22
29	教育部党组关于解决高小和初中毕业生学习与从事生产劳动问题的请示报告	教育部		1954-05-24
30	教育部、出版总署颁发《关于出版中学、小学、师范学校、幼儿园课本、教材、教学参考书和工农兵妇女课本、教材的规定》的指示	教育部、出版总署		1954-07-03
31	关于1954年冬学工作的指示	教育部、青年团中央		1954-10-16

续表

序号	文件名	颁布部门	文号	颁布日期
32	教育部关于修订全国初等学校教职员工工资标准及有关事项的通知	教育部		1954-11-04
33	高等教育部发布《中等专业学校章程》的通知	高等教育部		1954-11-24
34	中共中央批转青年团中央《关于组织高小和初中毕业生从事农业劳动和进行自学的报告》	中共中央批转		1955-04-19
35	关于加强农民业余文化教育的指示	国务院		1955-06-02
36	教育部、高等教育部关于工农速成中学停止招生的通知	教育部、高等教育部		1955-07-09
37	教育部、财政部关于中小学杂费收支管理办法的几点意见的通知	教育部、财政部		1955-09-19
38	关于1955年冬到1956年春组织农民参加学习的通知	教育部		1955-10-24
39	关于在七年内扫除全国农村青年文盲的决定	青年团中央		1955-12-01
40	关于动员组织中小学毕业生投入农业合作化运动并防止中学在校学生流动问题的通知	教育部		1956-01-10
41	十二年国民教育事业规划纲要（草案）	教育部		1956-01-11

序号	文件名	颁布部门	文号	颁布日期
42	青年团中央批转团中央学校工作部《关于组织学生对工厂、农村进行义务帮助的报告》	团中央学校工作部		1956-02-01
43	关于防止中小学学生流动现象、各单位不得随便招收在校学生的通知	国家教委		1956-02-04
44	教育部、中华全国手工业生产合作社联合总社筹委会关于开展手工业生产合作社业余文化教育的联合通知	教育部、中华全国手工业生产合作社联合总社筹委会		1956-02-08
45	中华人民共和国全国扫除文盲协会章程	全国扫除文盲协会		1956-03-15
46	关于扫除文盲的决定	中共中央、国务院		1956-03-29
47	国务院关于克服当前中小学生辍学现象的通知	国务院		1956-06-28
48	教育部关于指导中小学毕业生正确对待升学和就业问题的通知	教育部		1957-02-28
49	关于扫除文盲工作的通知	教育部		1957-03-08
50	教育部关于在农村小学五、六年级增设农业常识和农业常识教学要点的通知	教育部		1957-06-15
51	1956—1967年全国农业发展纲要（修正草案）	中共中央公布		1957-10-25

序号	文件名	颁布部门	文号	颁布日期
52	教育部转发江苏等省关于办农村幼儿园的四个文件的通知	教育部		1958-07-22
53	关于教育工作的指示	教育部		1958-09-19
54	关于在农村中继续扫除文盲和巩固发展业余教育的通知	中共中央、国务院		1959-05-24
55	教育部党组《关于进一步开展农村扫除文盲和业余教育工作的请示报告》	中共中央批转		1959-11-02
56	国务院批转教育部、财政部关于进一步加强教育经费管理的意见	教育部、财政部		1959-11-24
57	共青团中央书记处《关于在农村青年中完成扫盲任务和加速开展业余文化学习的报告》	共青团中央书记处		1959-12-27
58	教育部党组关于农村扫盲、业余教育情况和今后工作方针任务的报告	教育部		1960-04-02
59	关于加强农村扫盲和业余教育工作的领导和管理的通知	中共中央		1960-08-03
60	中央文教小组关于1961年和今后一个时期文化教育工作安排的报告	中共中央批转		1961-02-07
61	教育部党组关于进一步调整教育事业和精减学校教职工的报告	中共中央批发		1962-05-25

续表

序号	文件名	颁布部门	文号	颁布日期
62	关于城市中学招收少量优秀的农村学生的通知	教育部		1962-08-07
63	关于农村业余教育工作的通知	教育部		1962-12-05
64	关于加强全日制高等学校和中等专业学校函授、夜校教育工作的通知（草案）	教育部		1963-01-19
65	教育部关于改进中等专业学校招生工作和毕业生分配工作的意见的通知	教育部		1963-03-14
66	关于印发农民业余教育汇报会纪要的通知	教育部		1963-04-11
67	教育部关于中小学开设农业生产知识（常识）课的通知	教育部		1963-06-12
68	关于征求对有关职业、技术教育问题的两个文件（草稿）的意见的通知	中央宣传部		1963-07-10
69	关于现有盲聋哑学校恢复招收附近县、市和农村盲聋哑儿童入学的通知	教育部、内务部、公安部、粮食部、商业部		1963-11-01
70	教育部转发河南省委宣传部所批转的关于农村小学要更多地吸收贫、下中农子女入学问题的两个文件	教育部转发		1963-12-17

续表

序号	文件名	颁布部门	文号	颁布日期
71	中共中央、国务院转发教育部关于中小学教育和职业教育七年（1964—1970）规划要点（初步草案）	中共中央、国务院转发		1964-01-05
72	中共中央批转河北省农村教育问题的两个材料	中共中央批转		1964-05-06
73	关于发展半工（耕）半读教育制度问题的批示	中共中央		1964-11-17
74	关于半农半读教育工作的指示	中共中央		1965-07-14
75	关于今冬明春开展农村业余教育工作的几点意见	教育部		1965-12-07

1966—1976 年农村教育政策

序号	文件名	颁布部门	文号	颁布日期
76	五七指示			1966-05-07
77	关于巩固提高耕读小学和农业中学的指示	教育部		1966-02-24
78	关于农村无产阶级"文化大革命"的指示（草案）	中共中央		1966-12-15
79	关于派工人宣传队进驻学校的通知	中共中央、国务院、中央军委、中央文革		1968-08-25
80	关于1974上教育事业计划（草案）的通知	国务院科教组		1974-05-30

续表

序号	文件名	颁布部门	文号	颁布日期
81	国务院批转教育部《关于边疆和少数民族地区普及小学五年教育问题的请示报告》	国务院批转		1975-04-01
82	关于进一步加强中小学卫生教育的几点意见	教育部、卫生部		1975-08-04

1977—2000 年农村教育政策

序号	文件名	颁布部门	文号	颁布日期
83	国务院关于扫除文盲的指示			1978-11-06
84	教育部关于继续切实抓紧普及农村小学五年教育的通知			1979-01-10
85	国务院批转教育部《关于举办职工、农民高等院校审批程序的暂行规定》	教育部		1979-09-08
86	教育部、财政部、粮食部、国家民委、国家劳动总局关于边境县（旗）、市中小学民办教师转公办教师的通知		〔79〕教计字454号	1979-10-31
87	中共中央批转湖南省桃江县委《关于发展农村教育事业的情况报告》			1979-11-06
88	教育部关于职工、农民高等院校教师确定与提升职称的通知	教育部	国发〔1979〕225号	1980-08-21

续表

序号	文件名	颁布部门	文号	颁布日期
89	中共中央、国务院关于普及小学教育若干问题的决定		中发〔1980〕84号	1980-12-03
90	国务院批转教育部《关于抓紧解决中小学危房倒塌不断发生重大伤亡事故问题的请示报告》的通知			1981-03-31
91	国务院办公厅转发文化部等单位《关于全国少年儿童图书馆工作座谈会的情况报告》的通知			1981-07-24
92	教育部转发江苏省人民政府《关于地方财力用于教育事业比例的通知》	中共中央		1981-08-12
93	教育部印发《关于加强普通教育行政干部培训工作的意见》的通知	教育部		1982-02-19
94	教育部印发《县办农民技术学校暂行办法》的通知	教育部	教工农字012号	1982-06-09
95	教育部、农牧渔业部转发《陕西省人民政府关于批转雷北大队农民技术学校调查的通知》			1982-08-05
96	农牧渔业部关于加强农民技术教育工作的通知	农牧渔业部		1982-11-17
97	国务院办公厅转发农牧渔业部《关于迅速加强农业技术培训工作的报告》的通知			1982-12-02

序号	文件名	颁布部门	文号	颁布日期
98	中华人民共和国国民经济和社会发展第六个五年计划（1981—1985）（节录）			1982-12-10
99	中共中央关于加强农村思想政治工作的通知			1983-01-20
100	教育部关于加强小学在职教师进修工作的意见	教育部		1983-01-20
101	当前农村经济政策的若干问题（节录）	中共中央		1983-01-21
102	农牧渔业部、教育部关于编写农民职业技术教育教材的通知			1983-01-24
103	中共中央、国务院关于加强和改革农村学校教育若干问题的通知		中发〔1983〕16号	1983-05-06
104	教育部关于发展农村幼儿教育的几点意见	教育部	〔83〕教初字011号	1983-09-21
105	教育部办公厅转发北京市成人教育局《关于农民科学技术学校验收审批后几项工作安排的意见》的通知	教育部		1984-05-10
106	教育部转发《北京市社会力量办学试行办法》的通知	教育部		1984-05-22
107	教育部关于加强中小学教师普通话培训工作的通知	教育部	〔84〕教推普字001号	1984-07-26

续表

序号	文件名	颁布部门	文号	颁布日期
108	全国妇联、国家教委关于开展学文化、迎"四大"妇女扫盲活动的通知			1984-08-17
109	全国农村学校勤工俭学经验交流会议纪要	教育部		1984-11-12
110	国务院关于筹措农村学校办学经费的通知	国务院	国发〔1984〕174 号	1984-12-13
111	中共中央关于科学技术体制改革的决定			1985-03-13
112	中共中央关于教育体制改革的决定			1985-05-27
113	国家教委关于转发《十二省市农民职业技术教育座谈会纪要》的通知	国家教委		1985-11-27
114	国家教委关于成立全国职业技术教育研究会筹备组的通知			1985-12-20
115	中华人民共和国义务教育法		中华人民共和国主席令第38 号公布	1986-04-12
116	中华人民共和国国民经济和社会发展第七个五年计划（1986—1990）（节录）			1986-04-12
117	国家教委关于建立职业技术教育委员会的通知	国家教委	〔86〕教职字 009 号	1986-05-30
118	农牧渔业部关于改革和加强农民职业技术教育和培训工作的通知			1986-05-30

序号	文件名	颁布部门	文号	颁布日期
119	国家教委关于进一步办好幼儿学前班的意见	国家教委	〔86〕教初字 006 号	1986-06-10
120	"七五"期间全国中小学勤工俭学发展规划要点	国家教委		1986-07-24
121	国家教委关于表彰基础教育先进县的决定	国家教委		1986-09-09
122	国务院办公厅转发国家教委等部门关于实施《义务教育法》若干问题意见的通知	国务院办公厅	国办发〔1986〕69 号	1986-09-11
123	中国科协、国家教委、农牧渔业部、共青团中央、全国妇联关于"七五"期间加强农村青年实用技术培训工作的通知			1986-10-28
124	国家教委、劳动人事部、国家计委关于下达 1986 年从中小学民办教师中选招公办教师专项劳动指标的通知			1986-12-01
125	国务院办公厅转发国家教委等部门关于全国职业技术教育工作会议情况报告的通知	国务院办公厅	国办发〔1987〕1 号	1987-01-03
126	国家教委、河北省人民政府关于转发《河北省农村教育改革实验区工作会议纪要》的通知			1987-04-24
127	国家教委、财政部关于农村基础教育管理体制改革若干问题的意见		教政研字 002 号	1987-06-15

续表

序号	文件名	颁布部门	文号	颁布日期
128	国务院批转国家教委关于改革和发展成人教育的决定	国务院	国发〔1987〕59号	1987-06-23
129	"七五"期间全国教育科学规划要点	国家教委办公厅		1987-09-26
130	国务院办公厅转发国家教委等部门关于明确幼儿教育事业领导管理职责分工的请示的通知		国办发〔1987〕69号	1987-10-15
131	国家教委关于颁发《全日制小学劳动课教学大纲（试行草案）》的通知	国家教委	〔87〕教初字010号	1987-10-23
132	国家教委、农牧渔业部、财政部关于颁发《乡（镇）农民文化技术学校暂行规定》的通知		教成字〔87〕007号	1987-12-30
133	扫除文盲工作条例	国务院	国发〔1988〕8号	1988-02-05
134	国家教委、财政部关于加强普通教育经费管理的若干规定		〔88〕教计字026号	1988-03-09
135	国家教委关于加强中小学实验室和仪器设备工作的若干意见	国家教委	〔88〕教备字005号	1988-03-21
136	1988年至1995年全国中小学校实验室发展规划要点	国家教委		1988-03-21

序号	文件名	颁布部门	文号	颁布日期
137	农牧渔业部、国家教委、国家计委、财政部、商业部、劳动人事部、公安部、林业部关于农业中等专业学校招收农村青年不包分配班的若干规定			1988-04-05
138	关于农业中等专业学校招收农村青年不包分配班的若干规定		农（教）字第4号	1988-04-11
139	国家教委办公厅关于扩大人口教育试点学校的通知	国家教委		1988-06-04
140	关于农村年老病残民办教师生活补助费的暂行规定		〔88〕教计字100号	1988-06-14
141	国家教委、国家计委、财政部、人事部、劳动部、建设部、卫生部、物价局关于加强幼儿教育工作的意见	国务院办公厅	国办发〔1988〕38号	1988-08-15
142	国务院办公厅批复国家教委关于组织实施"燎原计划"的请示的通知			1988-09-30
143	国家教委、农业部关于改革农业广播电视学校管理体制及有关问题的意见		国办发〔1997〕44号	1988-10-28
144	国家教育委员会关于印发有关"燎原计划"两个文件的通知		〔88〕教成字007号	1988-11-18
145	国家教委关于印发《全国扫除文盲工作会议纪要》的通知	国家教委		1988-12-20

续表

序号	文件名	颁布部门	文号	颁布日期
146	国家教委关于严格控制中小学生流失问题的若干意见		〔89〕教初字 003 号	1989-01-30
147	国家教委关于农村教育改革实验情况的报告	国家教委		1989-03-25
148	国家教委、国家物价局、财政部关于清理整顿中小学收费项目有关问题的通知		〔89〕教财字第 010 号	1989-05-19
149	国家教委关于在全国建立"百县农村教育综合改革实验区"的通知	国家教委	〔89〕教职字 009 号	1989-05-23
150	幼儿园工作规程（试行）	国家教委	国家教育委员会第 2 号令	1989-06-05
151	农业部、国家科委、国家教委、林业部、中国农业银行关于农科教结合，共同促进农村、林区人才开发与技术进步的意见（试行）		〔1989〕农（教宣）字第 27 号	1989-08-20
152	国家教委印发河北省教委《转发〈邯郸地区行政公署关于加强扫除文盲工作的意见〉的通知》的通知			1989-09-01
153	国家教委关于在百县农村教育综合改革实验区 建立农村初中教育改革实验联系校的通知			1989-09-18

续表

序号	文件名	颁布部门	文号	颁布日期
154	发展和改革农村教育，为农村社会主义建设服务			1989-10-25
155	国家教委关于试行《高等教育自学考试农科农学专业、果树专业、蔬菜专业专科考试计划》的通知		〔89〕教考字 003 号	1989-10-26
156	国家教委、中央宣传部、文化部等关于建立扫盲领导机构联合开展扫盲工作的通知		教成〔1990〕005 号	1990-03-14
157	国家教委关于设立中国燎原广播电视学校的通知	国家教委	教电〔1990〕007 号	1990-04-13
158	国家教委、财政部、农业部关于对多渠道筹措教育资金改善办学条件先进单位的表彰奖励办法		教财〔1990〕027 号	1990-04-14
159	国家教委关于教育事业"八五"计划和十年规划工作有关问题的通知		教计〔1990〕047 号	1990-05-10
160	国家教委关于农村中小学参加扫盲工作的通知	国家教委	教成〔1990〕013 号	1990-06-04
161	国家教委关于动员农林中专和农村职业中学做好科技兴农工作的通知		教职〔1990〕006 号	1990-06-07
162	国家教委转发《关于中小学教育工作五项督导检查的报告》的通知			1990-06-11
163	全国农村教育综合改革实验区工作指导纲要（试行）		教燎〔1990〕002 号	1990-07-09
164	国家教委关于印发《扫盲工作检查提纲》的通知			1990-07-30

续表

序号	文件名	颁布部门	文号	颁布日期
165	国家教委关于农村教育综合改革实验县贯彻《学校体育工作条例》和《学校卫生工作条例》的意见		教体〔1990〕017号	1990-11-17
166	中国农业银行、国家教委关于支持农、林中专和农村职业中学开展生产经营活动的联合通知		农银发〔1990〕239号	1990-11-26
167	国家教委关于重申中国燎原广播电视学校办学宗旨和教学组织管理问题的通知		教电〔1991〕1号	1991-01-16
168	农村成人学校人口教育项目实施意见	国家教委办公厅	教成厅〔1991〕3号	1991-02-22
169	国家教委、国家科委、农业部、林业部印发《关于进一步组织高等学校科技力量为振兴农业作贡献的决定》的通知		教技〔1991〕13号	1991-05-07
170	国家教委关于大力发展乡（镇）、村农民文化技术学校的意见		教成〔1991〕7号	1991-06-06
171	国家教委关于改进和加强学前班管理的意见	国家教委	教基〔1991〕8号	1991-06-17
172	国家教委关于在全国建立电化教育综合实验县的通知	国家教委	教电〔1991〕11号	1991-06-20
173	中国农业银行、国家教委《关于支持农、林中专和农村职业中学开展生产经营活动的联合通知》的补充通知			1991-09-13

序号	文件名	颁布部门	文号	颁布日期
174	全国爱国卫生运动委员会、国家教委、卫生部关于认真搞好城乡各类学校厕所与供水设施卫生建设的通知			1991-10-12
175	国务院关于大力发展职业技术教育的决定	国务院	国发〔1991〕55号	1991-10-17
176	国家教委关于进一步加强扫除文盲工作的意见	国家教委	教成〔1991〕13号	1991-10-28
177	国际教委、中国科协关于在农村中小学开展课外科技"小星火计划"活动的意见		教基〔1991〕27号	1991-11-22
178	国家教委关于开展小学教师继续教育的意见	国家教委	教师〔1991〕8号	1991-12-03
179	全国电化教育"八五"计划	国家教委		1991-12-04
180	国家教委关于全国教育系统进一步加强语言文字规范化工作的通知	国家教委	教办〔1991〕522号	1991-12-06
181	全国教育事业10年规划和"八五"计划要点	国家教委		1992-01-16
182	国务院关于积极实行农科教结合，推动农村经济发展的通知	国务院	国发〔1992〕11号	1992-02-12
183	中华人民共和国义务教育法实施细则	国家教委	中华人民共和国国家教育委员会令第19号	1992-02-29
184	中小学及中等师范学校电化教育设备配备标准	国家教委		1992-02-29

续表

序号	文件名	颁布部门	文号	颁布日期
185	国家教委、国家计委、人事部、财政部关于进一步改善和加强民办教师工作若干问题的意见		教基〔1992〕24号	1992-08-06
186	国家教委关于试行农村成人初等文化技术教育《实用语文》、《实用数学》、《实用科技》三科教学大纲的通知		教成〔1992〕12号	1992-10-21
187	国家教委关于试行《扫除青壮年文盲单位考核验收办法》的通知	国家教委	教成〔1992〕11号	1992-10-22
188	国家教委关于试行《扫除文盲教育教学大纲》的通知	国家教委	教成〔1992〕13号	1992-10-29
189	国家教委关于组织实施《九年义务教育全日制小学、初级中学课程方案（试行）》的意见		教基〔1992〕30号	1992-11-16
190	国家中医药管理局、国家教委关于中医药中等专业学校开办农村青年不包分配班试点工作的通知		国中医药教〔1992〕108号	1992-12-31
191	国家教委、农业部、林业部关于加强农村、林区中等职业技术学校和农民中专农、林类专业师资队伍建设的几点意见		教职〔1993〕1号	1993-01-10
192	国家教委关于大力改革与发展贫困地区教育，促进经济开发，加快脱贫致富步伐的意见		教燎〔1993〕1号	1993-02-09

序号	文件名	颁布部门	文号	颁布日期
193	中国教育改革和发展纲要	中共中央、国务院		1993-02-13
194	中国全民教育行动纲领			1993-03-04
195	国家教委关于下发《普及九年义务教育评估验收办法》等三个文件的通知	国家教委	教督〔1993〕2号	1993-03-08
196	国家教委关于减轻义务教育阶段学生过重课业负担、全面提高教育质量的指示	国家教委	教基〔1993〕3号	1993-03-24
197	对《县级扫除青壮年文盲单位检查评估办法（试行)》有关指标的说明		教督厅〔1993〕3号	1993-05-20
198	国家教委关于印发成人教育管理干部六类岗位规范（试行）的通知	国家教委	教成〔1993〕9号	1993-05-28
199	中华人民共和国农业法（节录）	中华人民共和国主席令第6号公布		1993-07-02
200	国务院办公厅关于纠正一些地方取消农村教育费附加的通知	国务院办公厅	国办函〔1993〕78号	1993-09-17
201	国家教委关于转发《国务院办公厅关于纠正一些地方取消农村教育费附加的通知》的通知		教财〔1993〕70号	1993-10-16
202	中央宣传部、广播电影电视部、国家教委、文化部、农业部关于在全国农村中小学运用优秀影视片进行爱国主义教育的实施意见		广发影字〔1994〕113号	1994-02-22

序号	文件名	颁布部门	文号	颁布日期
203	国务院办公厅转发农业部关于实施"绿色证书工程"意见的通知	国务院办公厅		1994-03-14
204	国家教委关于建立全国地区（市）农村教育综合改革联系点的通知	国家教委	教策〔1994〕7号	1994-06-08
205	国家教委、农业部、林业部关于印发《关于进一步推进高等农林教育改革和发展的若干意见》的通知		教高〔1994〕11号	1994-06-20
206	国务院关于《中国教育改革和发展纲要》的实施意见		中发〔1993〕3号	1994-07-03
207	国家教委关于在90年代基本普及九年义务教育和基本扫除青壮年文盲的实施意见	国家教委	教基〔1994〕18号	1994-09-01
208	国家教委关于颁发《普及义务教育评估验收暂行办法》的通知	国家教委	教基〔1994〕19号	1994-09-24
209	国家教委关于转发激励生教委《关于农村普通初中实行分流教育的若干意见》的通知		教基〔1995〕3号	1995-01-07
210	国家教委关于在"两基"督导评估中防止弄虚作假，反对形式主义的通知	国家教委	教督〔1995〕1号	1995-01-10
211	中华人民共和国教育法		中华人民共和国主席令第45号	1995-03-18

序号	文件名	颁布部门	文号	颁布日期
212	共青团中央、劳动部关于加强青年职业技能培训促进青年就业的意见		中青联发〔1995〕19号	1995-05-28
213	国家教委关于深入推进农村教育综合改革的意见	国家教委	教策〔1995〕4号	1995-06-14
214	国家教委关于印发《加强薄弱普通高级中学建设的十项措施（试行）》的通知		教基〔1995〕15号	1995-06-22
215	国家教委关于印发《示范性乡（镇）成人文化技术学校规程》的通知	国家教委	教成〔1995〕11号	1995-08-01
216	国家教委、财政部关于进行国家"贫困地区义务教育工程"项目规划和可行性研究的通知			1995-09-14
217	中央宣传部、农业部、国家教委、广电部、文化部关于运用《农民思想政治教育读本》进行农民教育的通知		中宣发〔1995〕17号	1995-11-13
218	国家教委办公厅关于实施"燎原计划百、千、万"工程的意见	国家教委办公厅	教策厅1995〔22〕号	1995-12-07
219	国家教委、财政部关于扫盲工作经费问题的通知	国家教委、财政部	教财〔1995〕93号	1995-12-25
220	高等农业院校对口招收农业职业高中、农业中专、农业广播学校应届优秀毕业生暂行办法		农教发〔1996〕4号	1996-02-26

续表

序号	文件名	颁布部门	文号	颁布日期
221	全国教育事业"九五"计划和2010年发展规划	国家教育委员会	教计〔1996〕45号	1996-04-10
222	关于进一步办好农村中等职业学校农业类专业的意见	国家教委、农业部	教职〔1996〕5号	1996-04-29
223	中华人民共和国职业教育法		中华人民共和国主席令69号	1996-05-15
224	国家教委关于当前加强"民转公"工作的几点意见		教人〔1996〕34号	1996-05-16
225	关于进一步加强燎原广播电视学校工作的意见		教电厅〔1996〕2号	1996-06-28
226	扫盲工作先进地区奖励办法			1996-08-28
227	"中华扫盲奖"评选奖励办法			1996-08-28
228	国家教委关于加强教育系统科教兴农的意见		教技厅〔1996〕8号	1996-09-09
229	中等专业教育自学考试改革和发展的意见	国家教委	教考试〔1996〕17号	1996-09-12
230	关于师范教育改革和发展的若干意见		教师〔1996〕4号	1996-12-05
231	关于印发《农村教育集资管理办法》的通知	财政部国家教委国家计委农业部财政部	教基〔1997〕3号	1997-03-03
232	农村教育集资管理办法		教基〔1997〕3号	1997-03-03

续表

序号	文件名	颁布部门	文号	颁布日期
233	国家教委、国家民委关于认真贯彻中央扶贫工作会议精神，进一步加强对口支援民族和贫困地区发展教育事业的通知		教民〔1997〕5号	1997-04-22
234	国家教委、国家中医药管理局关于中医药教育改革和发展的若干意见		教高〔1997〕14号	1997-04-24
235	全国电化教育"九五"计划		教电〔1997〕2号	1997-04-24
236	关于加强学校艺术教育的意见		教体〔1997〕2号	1997-05-20
237	关于印发《全国幼儿教育事业"九五"发展目标实施意见》的通知	国家教育委员会	教基〔1997〕12号	1997-07-17
238	国务院办公厅关于保障教师工资按时发放有关问题的通知		国发办〔1997〕27号	1997-08-15
239	国务院办公厅关于解决民办教师问题的通知		国发办〔1997〕32号	1997-09-07
240	国家教委办公厅关于认真贯彻落实国务院办公厅《关于解决民办教师问题的通知》的意见	国家教委办公厅	教人厅〔1997〕25号	1997-10-20
241	关于当前积极推进中小学实施素质教育的若干意见		教办〔1997〕29号	1997-10-28
242	初中毕业生升学体育考试工作实施方案		教基〔1997〕18号	1997-11-06

续表

序号	文件名	颁布部门	文号	颁布日期
243	国务院办公厅转发农业部 国家教委等单位关于进一步办好农业广播电视学校意见的通知	国务院 国家教委	国办发〔1997〕44号	1997-12-09
244	关于加快中西部地区职业教育改革与发展的意见		教职〔1998〕3号	1998-02-11
245	关于实施《职业教育法》加快发展职业教育的若干意见		教职〔1998〕2号	1998-03-16
246	教育部办公厅关于进一步加强治理中小学乱收费工作的紧急通知		教监厅〔1998〕1号	1998-04-07
247	关于贫困地区普及初等义务教育评估验收工作的意见		教督〔1998〕4号	1998-04-21
248	教育部办公厅关于制定职业高级中学专业目录的通知		教职厅〔1998〕2号	1998-07-09
249	关于认真做好"两基"验收后巩固提高工作的若干意见		教基〔1998〕8号	1998-08-03
250	教育部关于贯彻十五届三中全会精神促进教育为农业和农村工作服务的意见		教职成〔1998〕1号	1998-12-11
251	国务院批转教育部面向21世纪教育振兴行动计划的通知	国务院		1999-01-13
252	教育部、财政部关于二片地区"国家贫困地区义务教育工程"项目完成情况的通报		教财〔1999〕2号	1999-01-22
253	中共中央国务院关于深化教育改革，全面推进素质教育的决定	国务院 中共中央		1999-06-13

续表

序号	文件名	颁布部门	文号	颁布日期
254	教育部、中华慈善总会关于积极推动烛光工程项目实施的通知		教人〔1999〕6号	1999-06-30
255	全国学生体制健康监测网络工作方案（试行）		教体艺厅〔1999〕6号	1999-07-01
256	教育部关于积极推进高中阶段教育事业发展的若干意见		教基〔1999〕12号	1999-08-12
257	教育部关于加强中小学心理健康教育的若干意见		教基〔1999〕13号	1999-08-13
258	中小学教师继续教育规定		中华人民共和国教育部令第7号	1999-09-13
259	中华人民共和国预防未成年人犯罪法		中华人民共和国主席令第17号	1999-09-28
260	教育部关于积极推进农村乡镇自学考试服务体系建设的意见		教考试〔1999〕8号	1999-10-13
261	教育部办公厅关于在民族贫困地区开展"中小学教师综合素质培训"工作的通知		教民厅〔1999〕10号	1999-10-15
262	全国妇联、教育部、科技部关于实施"女性素质工程"的意见		妇字〔1999〕22号	1999-12-28
263	教育部办公厅关于开展全国农村学校艺术教育实验工作的通知	教育部办公厅	教体艺厅〔2000〕1号	2000-02-13
264	关于实施"中小学教师继续教育工程"的意见		教师〔2000〕3号	2000-03-06

续表

序号	文件名	颁布部门	文号	颁布日期
265	中小学教师继续教育工程方案（1999-2002）		教师〔2000〕3 号	2000-03-06
266	教育部办公厅关于印发《关于 1998-1999 年度全国开展基础教育专项督导检查情况的报告》的通知	教育部办公厅	教督厅〔2000〕2 号	2000-03-23
267	关于东西部地区学校对口支援工作的指导意见	教育部	教基〔2000〕20 号	2000-04-22
268	关于贯彻全国教育工作会议精神进一步改革和完善高等教育自学考试制度的意见		教考试〔2000〕5 号	2000-06-14
269	关于全国中小学收费专项治理工作实施意见		教监厅〔2000〕1 号	2000-07-14
270	关于加快少数民族和民族地区职业教育改革和发展的意见	国家民委教育部	民委办〔2000〕199 号	2000-07-28
271	国务院关于实施西部大开发若干政策措施的通知		国发〔2000〕33 号	2000-10-26
272	建设部、教育部关于进一步加强中小学校舍工程质量管理工作的通知		建建〔2000〕254 号	2000-11-07
273	教育部关于在中小学普及信息技术教育的通知		教基〔2000〕33 号	2000-11-14
274	教育部关于在中小学实施"校校通"工程的通知		教基〔2000〕34 号	2000-11-14
275	关于对严防中小学生安全事故发生进行专项督导检查的紧急通知	教育部办公厅	教督厅〔2000〕12 号	2000-11-30
276	中共中央办公厅 国务院办公厅关于适应新形势进一步加强和改进中小学德育工作的意见			2000-12-14

2001—2011 年农村教育政策

序号	文件名	颁布部门	文号	颁布日期
277	教育部、国家计委、财政部关于坚决治理农村中小学乱收费问题的通知		教电〔2001〕46号	2001-02-13
278	国务院办公厅转发教育部等部门关于实施中小学危房改造工程意见的通知	国务院办公厅	国办发〔2001〕13号	2001-02-17
279	关于印发对山西等13个省（自治区、直辖市）"两基"督导调研意见的通知	教育部办公厅	教督厅〔2001〕2号	2001-02-22
280	国务院关于进一步做好农村税费改革试点工作的通知		国发〔2001〕5号	2001-03-24
281	中华人民共和国国防教育法		中华人民共和国主席令第52号	2001-04-28
282	教育部关于中等职业学校面向农村进城务工人员开展职业教育与培训的通知		教职成〔2001〕7号	2001-05-14
283	国务院关于基础教育改革与发展的决定	国务院	国发〔2001〕21号	2001-05-29
284	国务院办公厅转发体改办等部门《关于降低中小学教材价格深化教材管理体制改革的意见》的通知		国办发〔2001〕34号	2001-06-04
285	财政部、教育部关于做好农村中小学公用经费标准定额核定工作确保学校正常运转有关问题的通知		财教〔2001〕38号	2001-06-07

续表

序号	文件名	颁布部门	文号	颁布日期
286	财政部、国家税务总局关于纳税人向农村义务教育捐赠有关所得税政策的通知		财税〔2001〕103号	2001-06-07
287	关于对全国部分贫困地区农村中小学生试行免费提供教科书的意见	教育部、财政部	教基〔2001〕15	2001-06-07
288	教育部关于印发《基础教育课程改革纲要（试行）》的通知	教育部	教基〔2001〕17号	2001-06-08
289	关于在农村普通初中试行"绿色证书"教育的指导意见		教基〔2001〕18号	2001-06-08
290	教育部、财政部、农业部关于继续做好农村教育费附加征收管理工作的通知		教财〔2001〕35号	2001-06-09
291	国务院纠风办、教育部关于进一步做好治理教育乱收费工作的意见		国纠办〔2001〕10号	2001-06-12
292	财政部关于下达中央财政对农村中小学教师工资转移支付额的通知		财预〔2001〕275号	2001-06-29
293	全国教育事业第十个五年计划	教育部	教发〔2001〕33号	2001-07-01
294	中国医学教育改革和发展纲要		卫科教发〔2001〕212号	2001-07-17
295	国家教育督导团关于开展贯彻落实《国务院关于基础教育改革与发展的决定》督导检查活动的通知	国家教育督导团	国教督〔2001〕3号	2001-08-02

续表

序号	文件名	颁布部门	文号	颁布日期
296	教育部办公厅关于对部分省（自治区、直辖市）贯彻落实《国务院关于基础教育改革与发展的决定》以及学校体育卫生艺术教育、教师继续教育工作开展督导调研和检查的通知	教育部办公厅	教督厅函〔2001〕5号	2001-09-07
297	国家教育督导团关于加强基础教育督导工作的意见	国家教育督导团	国教督〔2001〕5号	2001-09-08
298	关于加强基础教育督导工作的意见		国教督〔2001〕5号	2001-09-08
299	国家教育督导团关于对部分省（自治区）贯彻落实《国务院关于基础教育改革与发展的决定》进行督导检查的函	国家教育督导团	国教督函〔2001〕2号	2001-10-09
300	关于"十五"期间进一步推进特殊教育改革和发展的意见	教育部、国家计、委民政部、人事部、劳动保障部、卫生部、税务部、中国残联		2001-10-19
301	国家计委、财政部、教育部关于坚决落实贫困地区农村义务教育阶段试行"一费制"收费制度的通知		计价格〔2001〕2477号	2001-11-16
302	中小学教师队伍建设"十五"计划		教人〔2001〕16号	2001-12-30
303	关于印发对河南等八省贯彻落实《国务院关于基础教育改革与发展的决定》情况督导检查报告的函	国家教育督导团	国教督函〔2002〕1号	2002-01-12

序号	文件名	颁布部门	文号	颁布日期
304	国家教育督导团关于印发《对青海等 10 省（自治区、直辖市）体育卫生与艺术教育督导检查的情况报告》的通知	国家教育督导团	国教督函〔2002〕2 号	2002-01-30
305	国家教育督导团关于对部分省（自治区）贯彻落实《国务院关于基础教育改革与发展的决定》进行督导检查的通知	国家教育督导团	国教督函〔2002〕3 号	2002-03-28
306	共青团中央、教育部关于加强农村青年职业教育和成人教育的意见	共青团中央、教育部	中青联发〔2002〕17 号	2002-04-04
307	教育部关于印发《全国学校艺术教育发展规划（2001—2010 年）的通知》	教育部	教体艺〔2002〕6 号	2002-05-13
308	国务院办公厅关于完善农村义务教育管理体制的通知	国务院办公厅	国办发〔2002〕28 号	2002-06-24
309	教育信息化"十五"发展规划（纲要）	教育部科学技术司		2002-09-04
310	关于认真做好全国农村学校艺术教育实验第三阶段工作的通知	教育部体育卫生与艺术教育司	教体艺司函〔2003〕3 号	2003-01-29
311	关于开展建立随班就读工作支持保障体系实验县（区）工作的通知	教育部基础教育司	教基司函〔2003〕11 号	2003-03-10
312	教育部关于印发《中小学图书馆（室）规程（修订）》的通知	教育部	教基〔2003〕5 号	2003-03-25

序号	文件名	颁布部门	文号	颁布日期
313	教育部办公厅关于做好特殊教育自查工作的通知	教育部办公厅	教基厅函〔2003〕17 号	2003-04-16
314	教育部办公厅、国家发展改革委办公厅、财政部办公厅关于实施现代远程教育工程试点示范项目的通知	教育部办公厅、国家发展改革委办公厅、财政部办公厅	教基厅〔2003〕6 号	2003-05-15
315	教育部 国家发展改革委 财政部关于做好 2003 年学校收费工作有关问题的通知	教育部国家发展改革委财政部	教财〔2003〕4 号	2003-05-15
316	教育部办公厅关于成立教育部农村党员干部现代远程教育试点工作领导小组的通知	教育部办公厅	教基厅〔2003〕7 号	2003-07-24
317	教育部关于实施全国教师教育网络联盟计划的指导意见	教育部	教师〔2003〕2 号	2003-09-04
318	教育部 农业部 国土资源部关于加强农村学校劳动实践场所建设的意见	教育部 农业部 国土资源部	教财〔2003〕6 号	2003-09-08
319	关于印发《关于深化中小学人事制度改革的实施意见》的通知	教育部 人事部	国人部发〔2003〕24 号	2003-09-17
320	国务院关于进一步加强农村教育工作的决定	国务院	国发〔2003〕19 号	2003-09-17
321	教育部办公厅关于开展幼儿教育专项督导自查工作的通知	教育部办公厅	教基厅〔2003〕10 号	2003-09-24

续表

序号	文件名	颁布部门	文号	颁布日期
322	教育部 财政部 劳动保障部关于开展东部对西部、城市对农村中等职业学校联合招生合作办学工作的意见	教育部 财政部 劳动保障部	教职成〔2003〕6 号	2003-11-10
323	关于开展农村职成教师资培训试点工作的通知	教育部职业教育与成人教育司	教职成司函〔2003〕60 号	2003-11-26
324	关于建立对县级人民政府教育工作进行督导评估制度的意见	教育部		2003-12-16
325	教育部 国家发展改革委 财政部关于实施《农村中小学现代远程教育工程试点工作方案》的通知	教育部 国家发展改革委 财政部	教基〔2003〕22 号	2003-12-25
326	2004 年教育审计工作要点	教育部办公厅	教财厅〔2004〕5 号	2004-02-03
327	教育部办公厅关于转发《中央广播电视大学关于广播电视大学进一步面向农村开展现代远程教育的若干意见》的通知	教育部办公厅	教高厅〔2004〕8 号	2004-02-05
328	教育部 财政部关于进一步加强农村地区"两基"巩固提高工作的意见	教育部、财政部	教基〔2004〕4 号	2004-02-12
329	教育部办公厅关于印发《农村中小学现代远程教育工程试点工作终端接收站点技术方案》的通知	教育部办公厅	教基厅〔2004〕5 号	2004-02-25

序号	文件名	颁布部门	文号	颁布日期
330	财政部 教育部关于印发《对农村义务教育阶段家庭经济困难学生免费提供教科书工作暂行管理办法》的通知	财政部 教育部	财教〔2004〕5号	2004-02-26
331	教育部 国家发展和改革委员会 财政部关于印发《西部地区农村寄宿制学校建设工程实施方案》的通知	教育部 国家发展和改革委员会 财政部	教财〔2004〕3号	2004-02-29
332	国务院批转教育部2003—2007年教育振兴行动计划的通知	国务院	国发〔2004〕5号	2004-03-03
333	中华人民共和国民办教育促进法实施条例		中华人民共和国国务院令第399号	2004-03-05
334	教育部等七部门印发《关于2004年治理教育乱收费工作的实施意见》的通知	教育部等七部门	教监〔2004〕3号	2004-03-08
335	国家教育督导团对辽宁等10省（自治区）体育卫生与艺术教育工作专项督导检查的意见	国家教育督导团	国教督〔2004〕7号	2004-03-11
336	教育部 国家发展和改革委员会 财政部关于布置编制"两基"攻坚（2004—2007）年实施规划的通知	教育部 国家发展和改革委员会 财政部	教财〔2004〕6号	2004-03-11
337	国务院关于进一步推进西部大开发的若干意见	国务院	国发〔2004〕6号	2004-03-11

续表

序号	文件名	颁布部门	文号	颁布日期
338	教育部 国家发展改革委 财政部关于在全国义务教育阶段学校推行"一费制"收费办法的意见	教育部 国家发展改革委 财政部	教财〔2004〕7号	2004-03-17
339	关于印发《教育部高教司2004年工作计划》的通知	教育部高等教育司	教高司函〔2004〕73号	2004-03-18
340	关于印发2004年职业教育与成人教育工作要点的通知	教育部职业教育与成人教育司	教职成司函〔2004〕10号	2004-03-18
341	教育部关于做好2004年中等职业学校招生工作的通知	教育部	教职成〔2004〕2号	2004-03-24
342	教育部关于印发《农村劳动力转移培训计划》的通知	教育部	教职成〔2004〕1号	2004-03-24
343	教育部办公厅 国家发展改革委办公厅 财政部办公厅关于印发《农村中小学现代远程教育工程试点工作设备招标采购管理办法》的通知	教育部办公厅 国家发展改革委办公厅 财政部办公厅	教基厅〔2004〕8号	2004-06-03
344	教育部办公厅 国家发展改革委办公厅 财政部办公厅关于农村中小学现代远程教育工程试点工作方案的审核意见	教育部办公厅 国家发展改革委办公厅 财政部办公厅	教基厅函〔2004〕30号	2004-06-07
345	国家教育督导团关于加强西部地区"两基"攻坚督导评估工作的意见	国家教育督导团	国教督〔2004〕9号	2004-06-15

序号	文件名	颁布部门	文号	颁布日期
346	教育部办公厅关于加强中小学法制教育 远离不良文化 过好安全文明暑假的通知	教育部办公厅	教基厅〔2004〕11 号	2004-06-25
347	教育部办公厅 国家发展改革委办公厅 财政部办公厅关于公布农村中小学现代远程教育工程试点工作项目设备招标采购合格供应商名单的通知	教育部办公厅 国家发展改革委办公厅 财政部办公厅	教基厅函〔2004〕37 号	2004-06-30
348	教育部 国家发展改革委 国家民委 财政部 人事部关于大力培养少数民族高层次骨干人才的意见	教育部 国家发展改革委 国家民委 财政部 人事部	教民〔2004〕5 号	2004-07-08
349	关于举办 2004 年东西部农村劳动力转移培训交流会的通知	中国成人教育协会	中成协〔2004〕12	2004-07-08
350	教育部办公厅关于征集农村中小学现代远程教育资源的通知	教育部办公厅	教基厅函〔2004〕40 号	2004-07-13
351	教育部关于贯彻落实全国职业教育工作会议精神进一步扩大中等职业学校招生规模的意见	教育部	教职成〔2004〕9 号	2004-07-15
352	国务院关于做好 2004 年深化农村税费改革试点工作的通知	国务院	国发〔2004〕21 号	2004-07-21
353	教育部关于在职业学校逐步推行学分制的若干意见	教育部	教职成〔2004〕10 号	2004-08-02

序号	文件名	颁布部门	文号	颁布日期
354	关于印发《西部地区农村寄宿制学校建设工程专项资金管理暂行办法》的通知	国家西部地区"两基"攻坚领导小组办公室	攻坚办〔2004〕7号	2004-08-07
355	2003—2004年教育信息化发展概况	教育部科学技术司		2004-08-16
356	教育部办公厅关于农村中小学现代远程教育工程试点工作教育教学资源采购有关事项的通知	教育部办公厅	教基厅〔2004〕13号	2004-09-02
357	教育部关于加快推进全国教师教育网络联盟计划组织开展新一轮中小学教师全员培训的意见	教育部	教师〔2004〕4号	2004-09-07
358	教育部等七部门关于进一步加强职业教育工作的若干意见	教育部等七部门	教职成〔2004〕12号	2004-09-14
359	教育部关于学习贯彻全国职业教育工作会议精神和《教育部等七部门关于进一步加强职业教育工作的若干意见》的通知	教育部	教职成〔2004〕13号	2004-09-15
360	关于举办全国农村学校艺术教育实验县（市）青年优秀教师录像课评选活动的通知	教育部体育卫生与艺术教育司	教体艺司函〔2004〕55号	2004-09-16
361	2004—2010年西部地区教育事业发展规划	教育部	教发〔2004〕25号	2004-09-23

序号	文件名	颁布部门	文号	颁布日期
362	教育部办公厅、国家发展改革委办公厅、财政部办公厅关于印发《农村中小学现代远程教育工程试点工作验收管理办法》的通知	教育部办公厅、国家发展改革委办公厅、财政部办公厅	教基厅〔2004〕14号	2004-09-23
363	关于印发《西部地区农村寄宿制学校建设工程土建项目管理暂行办法》的通知	国家西部地区"两基"攻坚领导小组办公室	攻坚办〔2004〕8号	2004-10-10
364	教育部办公厅 卫生部办公厅 全国爱卫会办公室关于农村学校卫生厕所建造的指导意见	教育部办公厅 卫生部办公厅 全国爱卫会办公室	教体艺厅〔2004〕10号	2004-10-13
365	教育部关于启动新一轮民族、贫困地区中小学教师综合素质培训项目暨新课程师资培训计划（2004—2008年）的通知	教育部	教民〔2004〕8号	2004-11-12
366	教育部关于推进社区教育工作的若干意见	教育部	教职成〔2004〕16号	2004-12-01
367	教育部办公厅关于转发《黑龙江省义务教育学校公用经费监督管理及责任追究暂行办法》的通知	教育部办公厅	教财厅函〔2004〕47号	2004-12-09
368	关于下发《中央电化教育馆（教育部基础教育资源中心）2005年工作要点》的通知	中央电化教育馆	教电馆〔2004〕90号	2004-12-28

续表

序号	文件名	颁布部门	文号	颁布日期
369	教育部 文化部关于在农村中小学实施全国文化信息资源共享工程的通知	教育部 文化部	教基〔2005〕1号	2005-01-14
370	财政部 教育部关于进一步加强免费提供教科书工作的若干意见	财政部 教育部	财教〔2005〕4号	2005-01-28
371	教育部 财政部关于印发《免费教科书政府采购工作暂行办法》的通知	教育部 财政部	教财〔2005〕6号	2005-01-28
372	关于公布全国农村学校艺术教育实验县（市）青年教师优秀录像课评选结果的通知	教育部体育卫生与艺术教育司	教体艺司函〔2005〕9号	2005-02-04
373	教育部办公厅关于印发《2005年教育审计工作要点》的通知	教育部办公厅	教财厅〔2005〕1号	2005-02-05
374	教育部 国家发展改革委关于下达2005年全国研究生招生计划的通知	教育部 国家发展改革委	教发〔2005〕3号	2005-02-24
375	教育部关于加快发展中等职业教育的意见	教育部	教职成〔2005〕1号	2005-02-28
376	关于印发2005年职业教育与成人教育工作要点的通知	职业教育与成人教育司	教职成司函〔2005〕12号	2005-02-28
377	国务院办公厅转发财政部教育部关于加快国家扶贫开发工作重点县"两免一补"实施步伐有关工作意见的通知	国务院办公厅	国办发〔2005〕7号	2005-02-28

序号	文件名	颁布部门	文号	颁布日期
378	教育部办公厅关于全面推动农村中小学现代远程教育三种模式应用的指导意见	教育部办公厅	教基厅〔2005〕5号	2005-03-15
379	教育部关于实施农村实用技术培训计划的意见	教育部	教职成〔2005〕2号	2005-03-17
380	教育部 国家发展改革委 财政部关于印发《2004—2005年度农村中小学现代远程教育工程实施方案》的通知	教育部 国家发展改革委 财政部	教基〔2005〕8号	2005-03-29
381	教育部 国家发展和改革委员会 财政部关于印发《2004—2005年度农村中小学现代远程教育工程实施方案》的通知	教育部 国家发展和改革委员会 财政部	无文号	2005-03-29
382	教育部等七部门关于开展创建规范教育收费示范县（市、区）活动的意见	教育部等七部门	教监〔2005〕7号	2005-03-30
383	国务院关于印发2005年工作要点的通知	国务院	国发〔2005〕8号	2005-04-02
384	教育部关于启动实施全国中小学教师教育技术能力建设计划的通知	教育部	教师〔2005〕5号	2005-04-04
385	国务院关于2005年深化经济体制改革的意见	国务院	国发〔2005〕9号	2005-04-04
386	教育部办公厅关于印发《农村中小学现代远程教育工程终端接收站点技术方案》的通知	教育部办公厅	教基厅〔2005〕7号	2005-04-06

续表

序号	文件名	颁布部门	文号	颁布日期
387	教育部 国家民委关于进一步做好民族地区寄宿制中小学管理工作若干问题的意见	教育部 国家民委	教民〔2005〕4号	2005-05-11
388	教育部办公厅 国家发展改革委办公厅 财政部办公厅关于印发《农村中小学现代远程教育工程设备及教学资源招标采购管理办法》的通知	教育部办公厅 国家发展改革委办公厅 财政部办公厅	教基厅〔2005〕9号	2005-05-17
389	关于进一步做好2005年东部对西部联合招生合作办学工作的通知	职业教育与成人教育司	教职成司函〔2005〕31号	2005-05-17
390	教育部关于进一步推进义务教育均衡发展的若干意见	教育部	教基〔2005〕9号	2005-05-25
391	关于做好2005年为农村高中培养教育硕士师资工作的通知	教育部办公厅	教学厅〔2005〕9号	2005-05-25
392	教育部办公厅关于推进中央广播电视大学实施"一村一名大学生计划"的通知	教育部办公厅	教高厅〔2005〕3号	2005-06-30
393	教育部 监察部 国务院纠风办关于严厉禁止学校违规收费 落实政府对教育的投入责任的紧急通知	教育部 监察部 国务院纠风办	教监〔2005〕10号	2005-08-16
394	教育部办公厅 国家发展改革委办公厅 财政部办公厅关于2004—2005年度农村中小学现代远程教育工程实施方案的审核意见	教育部办公厅 国家发展改革委办公厅 财政部办公厅	教基厅〔2005〕13号	2005-10-11

续表

序号	文件名	颁布部门	文号	颁布日期
395	关于转发《财政部 国家税务总局关于企业向农村寄宿制学校建设工程捐赠企业所得税税前扣除问题的通知》的通知	国家西部地区"两基"攻坚领导小组办公室	攻坚办〔2005〕8号	2005-10-19
396	国务院关于大力发展职业教育的决定	国务院	国发〔2005〕35号	2005-10-28
397	教育部关于学习贯彻《国务院关于大力发展职业教育的决定》和全国职业教育工作会议精神的通知	教育部	教职成〔2005〕11号	2005-11-13
398	关于下发《中央电化教育馆（教育部基础教育资源中心）2006年工作要点》的通知	中央电化教育馆	教电馆〔2005〕108号	2005-12-22
399	国务院关于深化农村义务教育经费保障机制改革的通知	国务院	国发〔2005〕43号	2005-12-24
400	教育部关于做好落实农村义务教育经费保障新机制若干工作的紧急通知	教育部	教基〔2006〕1号	2006-01-17
401	教育部、国家发展和改革委员会、财政部关于制定2006年度农村中小学现代远程教育工程实施方案的通知	教育部、国家发展和改革委员会、财政部	教基〔2006〕2号	2006-01-23
402	教育部办公厅关于印发《教育部2006年职业教育工作要点》的通知	教育部办公厅	教职成厅函〔2006〕3号	2006-02-06

续表

序号	文件名	颁布部门	文号	颁布日期
403	关于开展全国农村学校艺术教育实验二级课题研究成果评选工作的通知	教育部体育卫生与艺术教育司	教体艺司函〔2006〕7号	2006-02-08
404	教育部关于做好 2006 年中等职业学校招生工作的通知	教育部	教职成〔2006〕1号	2006-02-17
405	教育部关于大力推进城镇教师支援农村教育工作的意见	教育部	教人〔2006〕2号	2006-02-26
406	教育部办公厅关于做好 2006 年为农村学校培养教育硕士师资工作的通知	教育部办公厅	教学厅〔2006〕2号	2006-03-02
407	国家教育督导团关于印发《国家教育督导报告 2005》的通知	国家教育督导团	国教督〔2006〕18号	2006-03-10
408	国务院关于印发 2006 年工作要点的通知	国务院	国发〔2006〕12号	2006-03-19
409	教育部办公厅关于印发《农村中小学现代远程教育工程终端接收站点技术方案（修订）》的通知	教育部办公厅	教基厅〔2006〕3号	2006-03-23
410	教育部等七部门关于 2006 年治理教育乱收费工作的实施意见	教育部等七部门	教监〔2006〕6号	2006-04-06
411	教育部办公厅关于做好 2006 年教育审计工作的通知	教育部办公厅	教财厅〔2006〕2号	2006-04-06

序号	文件名	颁布部门	文号	颁布日期
412	财政部 教育部关于印发《农村义务教育经费保障机制改革中央专项资金支付管理暂行办法》的通知	财政部 教育部	财库〔2006〕23号	2006-04-06
413	教育部办公厅关于2005年教育系统农村劳动力转移培训情况的通报	教育部办公厅	教职成厅〔2006〕5号	2006-04-26
414	教育部 财政部 人事部 中央编办关于实施农村义务教育阶段学校教师特设岗位计划的通知	教育部 财政部 人事部 中央编办	教师〔2006〕2号	2006-05-15
415	教育部办公厅关于组织做好2006年农村义务教育阶段学校教师特设岗位计划招聘工作的通知	教育部办公厅	教师厅〔2006〕2号	2006-05-16
416	教育部关于教育系统贯彻落实《国务院关于解决农民工问题的若干意见》的实施意见	教育部	教职成〔2006〕6号	2006-05-17
417	关于做好2006年农村义务教育阶段学校教师特设岗位计划实施相关工作的通知	教育部师范教育司	教师司〔2006〕24号	2006-05-19
418	关于开展农村义务教育经费保障机制改革蹲点调研工作的通知	全国农村义务教育经费保障机制改革领导小组办公室	保障办〔2006〕2号	2006-05-22

续表

序号	文件名	颁布部门	文号	颁布日期
419	教育部关于普及农村中小学现代远程教育工程教学光盘应用工作的通知	教育部	教基〔2006〕8号	2006-05-22
420	教育部办公厅、国家发展改革委办公厅、财政部办公厅关于河北省等14个省份2006年度农村中小学现代远程教育工程实施方案的审核意见	教育部办公厅、国家发展改革委办公厅、财政部办公厅	教基厅〔2006〕8号	2006-05-23
421	国务院批转中国残疾人事业"十一五"发展纲要的通知	国务院	国发〔2006〕21号	2006-06-04
422	教育部关于实事求是地做好农村中小学布局调整工作的通知	教育部	教基〔2006〕10号	2006-06-09
423	教育部办公厅、国家发展改革委办公厅、财政部办公厅关于山西等7省区2006年度农村中小学现代远程教育工程实施方案的审核意见	教育部办公厅、国家发展改革委办公厅、财政部办公厅	教基厅〔2006〕10号	2006-06-21
424	教育部 国务院纠风办 监察部 国家发展改革委 财政部关于在农村义务教育经费保障机制改革中坚决制止学校乱收费的通知	教育部 国务院纠风办 监察部 国家发展改革委 财政部	教财〔2006〕6号	2006-07-06
425	关于进一步加强农村寄宿制学校建设工程管理的通知	国家西部地区"两基"攻坚领导小组办公室	攻坚办函〔2006〕27号	2006-08-08

序号	文件名	颁布部门	文号	颁布日期
426	教育部关于贯彻《义务教育法》进一步规范义务教育办学行为的若干意见	教育部	教基〔2006〕19号	2006-08-24
427	教育部办公厅关于"两基"督导检查工作安排的通知	教育部办公厅	教督厅函〔2006〕4号	2006-09-01
428	教育部 财政部关于加强农村义务教育经费保障机制改革督导工作的意见	教育部 财政部	教督〔2006〕7号	2006-09-19
429	国家西部地区农村寄宿制学校建设工程项目学校管理暂行办法	国家西部地区"两基"攻坚领导小组办公室	攻坚办〔2006〕6号	2006-09-28
430	国务院关于做好农村综合改革工作有关问题的通知	国务院	国发〔2006〕34号	2006-10-8
431	教育部、国家发展和改革委员会、财政部关于制定2007年度农村中小学现代远程教育工程实施方案的通知	教育部、国家发展和改革委员会、财政部	教基函〔2006〕7号	2006-10-24
432	教育部关于做好2007年"农村学校教育硕士师资培养计划"实施工作的通知	教育部办公厅	教学厅〔2006〕7号	2006-10-30
433	教育部关于进一步加强中小学校校舍建设与管理工作的通知	教育部	教发〔2006〕21号	2006-11-14

续表

序号	文件名	颁布部门	文号	颁布日期
434	关于进一步严格"寄宿制工程"专项资金管理的通知	国家西部地区"两基"攻坚领导小组办公室	攻坚办〔2006〕7号	2006-12-13
435	教育部办公厅关于落实《国务院办公厅关于做好清理化解乡村债务工作的意见》积极化解农村教育债务有关问题的通知	教育部办公厅	教财厅〔2006〕9号	2006-12-13
436	关于在农村义务教育经费保障机制改革中认真落实《中小学贯彻〈事业单位工作人员收入分配制度改革方案〉的实施意见》的通知	全国农村义务教育经费保障机制改革领导小组办公室	保障办〔2006〕9号	2006-12-19
437	教育部办公厅关于进一步做好广播电视大学系统中等职业教育工作的通知	教育部办公厅	教职成厅〔2006〕7号	2006-12-19
438	教育部关于做好2007年农村义务教育阶段学校教师特设岗位计划工作的通知	教育部	教师函〔2006〕3号	2006-12-31
439	教育部等部门关于2007年规范教育收费、进一步治理教育乱收费工作的实施意见	教育部等部门	教监〔2007〕4号	2007-01-06
440	关于印发《中央电化教育馆、教育部基础教育资源中心2007年工作要点》的通知	中央电化教育馆	教电馆〔2007〕1号	2007-01-8

续表

序号	文件名	颁布部门	文号	颁布日期
441	关于印发《师范教育司2007 年工作要点》的通知	教育部师范教育司	教师司〔2007〕2 号	2007-01-30
442	教育部办公厅关于认真做好 2007 年中小学幼儿园安全工作的意见	教育部办公厅	教基厅〔2007〕3 号	2007-01-31
443	关于印发 2007 年职业教育与成人教育工作要点的通知	教育部职业教育与成人教育司	教职成司函〔2007〕5 号	2007-02-05
444	教育部关于进一步加强和改进对省级实现"两基"进行全面督导检查的意见	教育部	教督〔2007〕4 号	2007-02-06
445	关于对中部地区农村义务教育经费保障机制改革情况进行专项督导检查的通知	国家教育督导团 全国农村义务教育经费保障机制改革领导小组办公室	国教督函〔2007〕1 号	2007-02-07
446	教育部关于推进高等农林教育服务社会主义新农村建设的若干意见	教育部	教高〔2007〕6 号	2007-03-02
447	教育部关于做好 2007 年中等职业学校招生工作的通知	教育部	教职成〔2007〕1 号	2007-04-18
448	教育部办公厅、国家发展改革委办公厅、财政部办公厅关于河北等 13 省（区、市）2007 年度农村中小学现代远程教育工程实施方案的审核意见	教育部办公厅、国家发展改革委办公厅、财政部办公厅	教基厅〔2007〕6 号	2007-05-14

序号	文件名	颁布部门	文号	颁布日期
449	国务院批转教育部国家教育事业发展"十一五"规划纲要的通知	国务院	国发〔2007〕14号	2007-05-18
450	教育部关于切实落实中小学安全工作的通知	教育部	教基〔2007〕6号	2007-06-01
451	教育部 国家发展改革委关于编报中西部农村初中校舍改造工程建设规划的通知	教育部 国家发展改革委	教财函〔2007〕28号	2007-06-06
452	教育部办公厅关于2006年教育系统农村劳动力转移培训情况的通报	教育部办公厅	教职成厅〔2007〕14号	2007-06-06
453	教育部办公厅关于2006年教育系统农村实用技术培训情况及2007年工作计划的通报	教育部办公厅	教职成厅〔2007〕15号	2007-06-07
454	教育部办公厅、国家发展改革委办公厅、财政部办公厅关于山西等5省（区）2007年度农村中小学现代远程教育工程实施方案的审核意见	教育部办公厅、国家发改委办公厅、财政部办公厅	教基厅〔2007〕9号	2007-07-02
455	教育部 财政部关于在2007年秋季开学前后开展农村义务教育经费保障机制改革专项检查工作的通知	教育部 财政部	教财函〔2007〕40号	2007-07-04

序号	文件名	颁布部门	文号	颁布日期
456	教育部办公厅关于组织实施2007年暑期西部农村教师国家级远程培训的通知	教育部办公厅	教师厅函〔2007〕1号	2007-07-04
457	教育部关于大力推进师范生实习支教工作的意见	教育部	教师〔2007〕4号	2007-07-05
458	教育部办公厅关于向农村教学点免费发送教师培训光盘的通知	教育部办公厅	教基厅函〔2007〕52号	2007-07-05
459	教育部关于进一步做好农村义务教育经费保障机制改革有关工作的通知	教育部	教财〔2007〕10号	2007-07-12
460	教育部 公安部 国家安全监管总局关于加强农村中小学生幼儿上下学乘车安全工作的通知	教育部 公安部 国家安全监管总局	教基〔2007〕12号	2007-08-24
461	教育部关于新学期开展中小学安全大检查的紧急通知	教育部	教电〔2007〕365号	2007-08-30
462	教育部办公厅 国家发展改革委办公厅关于印发中西部农村初中校舍改造工程实施意见、专项资金管理办法、建设项目管理办法的通知	教育部办公厅 国家发展改革委办公厅	教财厅〔2007〕7号	2007-09-12
463	关于组织开展"农村寄宿制学校建设工程"质量专项检查工作的通知	国家西部地区"两基"攻坚领导小组办公室	攻坚办〔2007〕2号	2007-09-19

续表

序号	文件名	颁布部门	文号	颁布日期
464	教育部 国家发展改革委关于印发《"十一五"期间中西部地区特殊教育学校建设规划（2008—2010年)》的通知	教育部 国家发展改革委	教发〔2007〕20号	2007-09-24
465	教育部办公厅关于做好2008年"农村学校教育硕士师资培养计划"实施工作的通知	教育部办公厅	教学厅〔2007〕8号	2007-09-29
466	关于做好2008年"农村学校教育硕士培养计划"实施工作的通知	教育部办公厅	教学厅〔2007〕8号	2007-09-29
467	关于组织实施2007年万名中小学班主任国家级远程培训的通知	教育部师范教育司	教师司〔2007〕37号	2007-10-18
468	教育部办公厅关于开展农村学校艺术教育调研的通知	教育部办公厅	教体艺厅函〔2007〕37号	2007-10-31
469	关于召开《农村中小学现代远程教育环境下教学应用模式和案例研究》课题开题会的通知	中央电化教育馆	教电馆〔2007〕99号	2007-12-05
470	教育部等12个部门关于进一步加强扫盲工作的指导意见	教育部等12个部门	教基〔2007〕22号	2007-12-18
471	国务院办公厅转发国务院农村综合改革工作小组关于开展清理化解农村义务教育"普九"债务试点工作意见的通知	国务院办公厅	国办发〔2007〕70号	2007-12-19

续表

序号	文件名	颁布部门	文号	颁布日期
472	教育部财政部关于全面实施农村义务教育教科书免费提供和做好部分教科书循环使用工作的意见	教育部 财政部	教基〔2007〕23 号	2007-12-25
473	教育部 国家发展改革委 财政部关于《国家西部地区"两基"攻坚计划（2004—2007 年）》完成情况的报告	教育部 国家发展改革委 财政部	教财〔2007〕26 号	2007-12-29
474	教育部 财政部 农业部关于在全国开展新农村卫生新校园建设工程试点的通知	教育部 财政部 农业部	教财〔2007〕27 号	2007-12-30
475	关于印发《中央电化教育馆、教育部基础教育资源中心 2008 年工作要点》的通知	中央电化教育馆 教育部基础教育资源中心	教电馆〔2008〕1 号	2008-01-8
476	关于高度重视农村义务教育经费专项审计调查反映的问题进一步严格管理的通知	教育部财务司	保障办〔2008〕1 号	2008-01-14
477	关于印发《教育部"农村中小学现代远程教育工程"教育资源开发项目监理办法》和《2004—2006 年度农村中小学现代远程教育工程资源招标开发项目成果验收办法》的通知	教育部基础教育资源中心	教基资〔2008〕2 号	2008-01-16
478	关于印发《教育部"农村中小学现代远程教育工程"教育资源开发项目专家管理办法》的通知	教育部基础教育资源中心	教基资〔2008〕1 号	2008-01-16

续表

序号	文件名	颁布部门	文号	颁布日期
479	关于印发《师范教育司2008年工作要点》的通知	教育部师范教育司	教师司〔2008〕2号	2008-01-31
480	教育部办公厅关于向农村教学点免费发送"形势教育大课堂"光盘的通知	教育部办公厅	教基厅函〔2008〕16号	2008-03-03
481	关于进一步做好农村初中校舍改造工程实施工作的通知	教育部财务司	初改办〔2008〕1号	2008-03-10
482	关于印发《2004—2006年度农村中小学现代远程教育工程资源开发技术要求（试行）》的通知	教育部基础教育资源中心	教基资〔2008〕5号	2008-03-18
483	关于印发《农村中小学现代远程教育工程2004—2006年度教育资源开发工作研讨会纪要》的通知	教育部基础教育资源中心	教基资〔2008〕4号	2008-03-18
484	关于对示范性县级教师培训机构进行备案的通知	教育部师范教育司	教师司〔2008〕7号	2008-03-25
485	关于印发《2008年职业教育与成人教育司工作要点》的通知	教育部职业教育与成人教育司	教职成司函〔2008〕19号	2008-03-26
486	教育部 国务院纠风办 监察部 国家发展改革委 财政部 审计署 新闻出版总署关于2008年规范教育收费进一步治理教育乱收费工作的实施意见	教育部	教监〔2008〕7号	2008-03-26

续表

序号	文件名	颁布部门	文号	颁布日期
487	关于印发《农村中小学现代远程教育工程教育资源开发项目"探究性学习资源"监理专题会议纪要》的通知	教育部基础教育资源中心	教基资〔2008〕6号	2008-03-27
488	国务院关于印发2008年工作要点的通知	国务院	国发〔2008〕15号	2008-03-29
489	教育部办公厅关于印发《2008年中小学教师国家级培训计划》的通知	教育部办公厅	教师厅〔2008〕1号	2008-04-8
490	教育部办公厅关于印发《教育部人才工作协调小组2008年工作要点》的通知	教育部办公厅	教人厅〔2008〕2号	2008-04-10
491	教育部关于做好2008年中等职业学校招生工作的通知	教育部	教职成〔2008〕3号	2008-04-23
492	教育部关于做好2007年农村义务教育学校教师特设岗位计划工作的通知	教育部	教师函〔2006〕3号	2008-04-25
493	教育部关于做好2008年农村义务教育阶段学校教师特设岗位计划工作的通知	教育部	教师函〔2008〕1号	2008-04-25
494	教育部关于做好为农村高中培养教育硕士师资工作的通知	教育部	教师函〔2004〕1号	2008-04-25
495	教育部办公厅关于组织实施2008年暑期中西部农村义务教育学校教师国家级远程培训的通知	教育部办公厅	教师厅函〔2008〕2号	2008-07-3

续表

序号	文件名	颁布部门	文号	颁布日期
496	国务院关于做好免除城市义务教育阶段学生学杂费工作的通知	国务院	国发〔2008〕25号	2008-08-12
497	教育部关于进一步加强中小学艺术教育的意见	中华人民共和国教育部	教体艺〔2008〕8号	2008-09-8
498	教育部办公厅关于转发住房和城乡建设部国家发展改革委《关于批准发布〈农村普通中小学校建设标准〉的通知》的通知	教育部办公厅	教发厅〔2008〕4号	2008-10-15
499	教育部办公厅关于举办农村义务教育中小学校长预算管理专题培训班的通知	教育部办公厅	教人厅函〔2008〕22号	2008-10-23
500	教育部办公厅关于中等职业学校面向返乡农民工开展职业教育培训工作的紧急通知	教育部办公厅	教职成厅〔2008〕6号	2008-11-24
501	国家教育督导团关于印发《国家教育督导报告2008（摘要）》的通知	国家教育督导团	国教督〔2008〕6号	2008-12-03
502	教育部关于成立教育部农村义务教育工程领导小组的通知	中华人民共和国教育部	教人函〔2008〕44号	2008-12-12
503	教育部　财政部关于认真做好未"普九"县农村寄宿制学校建设工程实施工作的通知	中华人民共和国教育部 中华人民共和国财政部	教财〔2008〕22号	2008-12-25

序号	文件名	颁布部门	文号	颁布日期
504	教育部关于印发《教育部2009年工作要点》和周济部长在教育部2009年度工作会议上的讲话的通知	中华人民共和国教育部	教政法〔2009〕2号	2009-01-07
505	教育部财务司 国家发展改革委社会发展司关于编制农村初中校舍改造工程（二期）需求规划的通知	教育部财务司	教财司函〔2009〕23号	2009-02-06
506	教育部关于切实做好返乡农民工职业教育和培训等工作的通知	中华人民共和国教育部	教职成〔2009〕5号	2009-02-20
507	教育部 财政部 人力资源社会保障部中央编办关于继续组织实施"农村义务教育阶段学校教师特设岗位计划"的通知	教育部等四部委	教师〔2009〕1号	2009-02-23
508	教育部关于做好2009年中等职业学校招生工作的通知	中华人民共和国教育部	教办〔2009〕9号	2009-03-10
509	教育部办公厅关于做好2009年"农村义务教育阶段学校教师特设岗位计划"实施工作的通知	教育部办公厅	教师厅函〔2009〕2号	2009-03-20
510	国务院关于落实《政府工作报告》重点工作部门分工的意见	国务院	国发〔2009〕13号	2009-03-22
511	教育部关于进一步做好中小学教师补充工作的通知	中华人民共和国教育部	教师〔2009〕2号	2009-03-25

续表

序号	文件名	颁布部门	文号	颁布日期
512	教育部 财政部 人力资源社会保障部 中央编办关于实施"农村义务教育阶段学校教师特设岗位计划"的通知	教育部 财政部 人力资源和社会保障部 中央编办	教师函〔2009〕1号	2009-03-30
513	关于印发《高等教育自学考试义务教育专业（专科、独立本科段）考试计划》的通知	教育部全国高等教育自学考试指导委员会	考委〔2009〕2号	2009-04-08
514	教育部关于当前加强中小学管理规范办学行为的指导意见	中华人民共和国教育部	教基一〔2009〕7号	2009-04-22
515	教育部办公厅关于教育系统农村实用技术培训2008年工作总结及2009年工作计划的通报	教育部办公厅	教职成厅〔2009〕2号	2009-04-24
516	教育部 国务院纠风办 监察部 国家发展改革委财政部 审计署 新闻出版总署关于2009年规范教育收费进一步治理教育乱收费工作的实施意见	教育部等七部委	教监〔2009〕5号	2009-04-30
517	教育部办公厅关于支持开展"高等教育自学考试义务教育专业"课程与在职中小学教师非学历培训课程学分互认试点工作的通知	教育部办公厅	教师厅〔2009〕1号	2009-05-04
518	国务院关于当前稳定农业发展促进农民增收的意见	国务院	国发〔2009〕25号	2009-05-10

序号	文件名	颁布部门	文号	颁布日期
519	教育部办公厅关于组织实施 2009 年中西部农村义务教育学校教师远程培训计划的通知	教育部办公厅	教师厅函〔2009〕4 号	2009-06-30
520	教育部办公厅关于印发《2009 年中小学教师国家级培训计划》的通知	教育部办公厅	教师厅〔2009〕3 号	2009-07-07
521	教育部办公厅关于组织实施中西部中小学体育、艺术骨干教师国家级培训的通知	教育部办公厅	教师厅函〔2009〕5 号	2009-07-16
522	教育部办公厅关于启动实施"2009—2011 年中国移动中小学校长培训项目"有关工作的通知	教育部办公厅	教人厅函〔2009〕13 号	2009-07-23
523	教育部关于做好 2010 年"农村学校教育硕士资培养计划"实施工作的通知	中华人民共和国教育部	教师〔2009〕5 号	2009-09-25
524	教育部关于贯彻落实科学发展观 进一步推进义务教育均衡发展的意见	中华人民共和国教育部	教基一〔2010〕1 号	2010-01-19
525	中共教育部党组关于教育系统深入开展大规模培训干部工作的实施意见	中国共产党教育部党组	教党〔2010〕3 号	2010-02-01
526	关于印发《师范教育司2010 年工作要点》的通知	教育部师范教育司	教师司〔2010〕5 号	2010-02-22

序号	文件名	颁布部门	文号	颁布日期
527	教育部关于印发《教育部2010年工作要点》的通知	中华人民共和国教育部	教政法〔2010〕2号	2010-02-25
528	教育部办公厅关于2009年教育系统农村劳动力转移培训情况和2010年工作计划的通报	教育部办公厅	教职成厅〔2010〕2号	2010-3-09
529	国务院关于落实《政府工作报告》重点工作部门分工的意见	国务院	国发〔2010〕8号	2010-03-21
530	教育部办公厅关于教育系统农村实用技术培训2009年工作总结及2010年工作计划的通报	教育部办公厅	教职成厅〔2010〕5号	2010-04-07
531	教育部办公厅 财政部办公厅关于做好2010年农村义务教育阶段学校教师特设岗位计划实施工作的通知	教育部办公厅	教师厅函〔2010〕3号	2010-04-15
532	教育部 国务院纠风办 监察部 国家发展改革委 财政部 审计署 新闻出版总署关于2010年治理教育乱收费规范教育收费工作的实施意见	教育部等七部委	教财〔2010〕2号	2010-05-07
533	教育部关于做好2010年中等职业学校招生工作的通知	中华人民共和国教育部	教职成〔2010〕5号	2010-05-10
534	教育部办公厅关于印发《教育部人才工作协调小组2010年工作要点》的通知	教育部办公厅	教人厅〔2010〕6号	2010-05-10

续表

序号	文件名	颁布部门	文号	颁布日期
535	教育部关于深化基础教育课程改革 进一步推进素质教育的意见	中华人民共和国教育部	教基二〔2010〕3号	2010-06-01
536	教育部 财政部关于实施"中小学教师国家级培训计划"的通知	教育部 财政部	教师〔2010〕4号	2010-06-30
537	教育部关于印发《2010年中小学教师国家级培训计划——示范性项目实施方案》的通知		教师〔2010〕1号	2010-06-30
538	教育部办公厅 财政部办公厅关于组织2010年"国培计划"——中西部农村骨干教师培训项目申报和发布项目招标指南的通知	教育部办公厅 财政部办公厅	教师厅函〔2010〕10号	2010-07-13
539	教育部办公厅关于组织实施"国培计划——2010年农村义务教育学校教师远程培训项目"的通知	教育部办公厅	教师厅函〔2010〕7号	2010-07-13
540	国家中长期教育改革和发展规划纲要（2010—2020年）	国家中长期教育改革和发展规划纲要工作小组办公室		2010-07-29
541	教育部办公厅关于印发《社区教育示范区评估标准（试行)》的通知	教育部办公厅	教职成厅〔2010〕7号	2010-08-10

续表

序号	文件名	颁布部门	文号	颁布日期
542	国务院办公厅关于开展国家教育体制改革试点的通知	国务院办公厅	国办发〔2010〕48号	2010-10-24
543	中共教育部党组关于深入学习贯彻党的十七届五中全会精神落实《"十二五"规划建议》对教育工作提出的各项任务的通知	中国共产党教育部党组	教党〔2010〕26号	2010-10-26
544	教育部办公厅关于做好农村寄宿制学校冬季采暖安全工作的通知	教育部办公厅	教基一厅〔2010〕8号	2010-10-27
545	国务院关于当前发展学前教育的若干意见	国务院	国发〔2010〕41号	2010-11-21
546	教育部关于印发《中等职业教育改革创新行动计划（2010—2012年）》的通知	中华人民共和国教育部	教职成〔2010〕13号	2010-11-27
547	教育部关于大力加强中小学教师培训工作的意见	中华人民共和国教育部	教师〔2011〕1号	2011-01-04
548	教育部关于印发《全国教育人才发展中长期规划（2010—2020年）》的通知	中华人民共和国教育部	教人〔2011〕1号	2011-01-14
549	关于印发教育部基础教育一司2011年工作要点的通知	教育部基础教育一司	教基一司函〔2011〕1号	2011-01-30
550	农业部 教育部关于实施基层农技推广特设岗位计划的意见		农科教发〔2011〕2号	

续表

序号	文件名	颁布部门	文号	颁布日期
551	教育部办公厅关于转发国家档案局中央档案馆《全国档案事业发展"十二五"规划》的通知	教育部办公厅	教办厅函〔2011〕20号	2011-02-11
552	国务院农村综合改革工作小组 财政部 教育部 农业部关于进一步做好清理化解农村义务教育债务工作有关问题的通知		国农改〔2011〕4号	2011-02-15
553	关于印发《教育部高等教育司2011年工作要点》的函	教育部高等教育司	教高司函〔2011〕34号	2011-02-17
554	教育部办公厅 财政部办公厅关于做好2011年农村义务教育阶段学校教师特设岗位计划有关实施工作的通知	教育部办公厅 财政部办公厅	教师厅函〔2011〕4号	2011-3-04
555	教育部等七部门关于2011年治理教育乱收费规范教育收费工作的实施意见	教育部等七部门	教监〔2011〕8号	2011-04-07
556	教育部关于做好2011年中等职业学校招生工作的通知	中华人民共和国教育部	教职成〔2011〕3号	2011-04-21
557	国务院关于促进牧区又好又快发展的若干意见	国务院	国发〔2011〕17号	2011-06-01
558	国务院关于进一步加大财政教育投入的意见	国务院	国发〔2011〕22号	2011-06-29
559	国家教育督导团关于印发《国家教育督导报告：关注中等职业教育（摘要）》的通知	国家教育督导团	国教督〔2011〕3号	2011-07-05

续表

序号	文件名	颁布部门	文号	颁布日期
560	国务院关于印发中国妇女发展纲要和中国儿童发展纲要的通知	国务院	国发〔2011〕24号	2011-07-30
561	中央文明办 教育部关于印发《乡村学校少年宫使用管理办法》的通知		文明办〔2011〕17号	2011-08-8
562	教育部 卫生部关于印发《农村寄宿制学校生活卫生设施建设与管理规范》的通知	中华人民共和国教育部 中华人民共和国卫生部	教体艺〔2011〕5号	2011-08-16
563	教育部办公厅关于组织实施"国培计划（2011）"——县级教师培训机构培训者远程培训项目的通知		教师厅函〔2011〕21号	2011-08-18
564	关于加大财政投入支持学前教育发展的通知	财政部 教育部	财教〔2011〕405号	2011-09-05
565	教育部 财政部关于实施幼儿教师国家级培训计划的通知	中华人民共和国教育部 中华人民共和国财政部	教师〔2011〕5号	2011-09-05
566	教育部关于大力推进教师教育课程改革的意见	中华人民共和国教育部	教师〔2011〕6号	2011-10-8
567	教育部等九部门关于加快发展面向农村的职业教育的意见	教育部 发改委 科学技术部等九部门	教职成〔2011〕13号	2011-10-25

序号	文件名	颁布部门	文号	颁布日期
568	教育部 财政部关于实施职业院校教师素质提高计划的意见	中华人民共和国教育部 中华人民共和国财政部	教职成〔2011〕14号	2011-11-8
569	教育部关于做好2012年全国普通高等学校毕业生就业工作的通知	中华人民共和国教育部	教学〔2011〕12号	2011-11-10
570	教育部关于"十二五"期间加强中等职业学校教师队伍建设的意见	中华人民共和国教育部	教职成〔2011〕17号	2011-12-24
571	教育部关于进一步完善职业教育教师培养培训制度的意见	中华人民共和国教育部	教职成〔2011〕16号	2011-12-24

参考文献

1. 何东昌主编．中华人民共和国重要教育文献[M]．海口：海南出版社，1998.

2. 李岚清．李岚清教育访谈录[M]．北京：人民教育出版社，2003.

3. 华东师范大学教育系教育学教研室编．教育学参考资料[M]．北京：人民教育出版社，1980.

4. 中国教育与人力资源问题报告课题组编．从人口大国迈向人力资源强国[M]．北京：高等教育出版社，2003.

5. 袁振国编．中国当代教育思潮[M]．上海：三联书店上海分店，1991.

6.《中国教育年鉴》编辑部编．中国教育年鉴(1949—1981)[M]．北京：中国大百科全书出版社，1984.

7. 北京师范学院教育教研室编．教育社论选辑 1941—1959[M]．北京：北京师范学院教育教研室，1959.

8. 中华人民共和国教育部计划财务司编．中国教育成就统计资料(1949—1983)[M]．北京：人民教育出版社，1984.

9. 金一鸣主编．中国社会主义教育轨迹[M]．上海：华东师范大学出版社，2000.

10. 程晋宽．"教育革命"的历史考察：1966—1976[M]．福州：福建教育出版社，2001.

11. 张乐天．高等教育政策的回顾与反思：1977—1999[M]．南京：南京师范大学出版社，2008.

12. 魏峰．弹性与韧性——乡土社会民办教师政策运行的民族志[M]．上海：上海三联书店，2009.

13. 中央教育科学研究所编．中华人民共和国教育大事记(1949—1982)[M]．北京：教育科学出版社，1983.

14. 刘英杰主编．中国教育大事典 1949—1990[M]．杭州：浙江教育出版社，1993.

15. 中华人民共和国教育部办公厅编．教育文献法令汇编[M]．北京：中华人民共和国教育部办公厅,1960.

16. 中共中央文献研究室编．建国以来重要文献选编[M]．北京：中央文献出版社,2011.

17. 教育部基础教育司编．义务教育法规文献汇编：1900—1998[M]．北京：中国社会科学出版社,1999.

18. 欧少亭主编．教育政策法规文件汇编[M]．延吉：延边人民出版社,2001.

19. 陈乃林,周新国主编．江苏教育史[M]．南京：江苏人民出版社,2007.

20. 中共中央文献研究室编．三中全会以来重要文献选编[M]．北京：人民出版社,1982.

21. 中国学前教育研究会编．中华人民共和国幼儿教育重要文献汇编[M]．北京：北京师范大学出版社,1999.

22. 何晓夏主编．简明中国学前教育史[M]．北京：北京师范大学出版社,1990.

23. 张秀兰主编．中国教育发展与政策 30 年[M]．北京：社会科学文献出版社,2008.

24. 方展画等编著．知识与技能——中国职业教育 60 年[M]．杭州：浙江大学出版社,2009.

25. 中央教育科学研究所编．刘少奇论教育[M]．北京：教育科学出版社,1998.

26. 汤生玲,曹晔．农村职业教育论[M]．北京：高等教育出版社,2006.

27. 陈超．中国重点大学制度建设中的政府干预研究[M]．广州：广东高等教育出版社,2009.

28. 刘文菁,王明舜．中国农村教育与经济协调发展问题研究[M]．青岛：中国海洋大学出版社,2009.

29. 李水山主编．农村教育史[M]．南宁：广西教育出版社,2007.

30. 卓晴君,李仲汉主编．中小学教育史[M]．海口：海南出版社,2000.

31. 中央文献出版社编辑部编．建国以来毛泽东文稿（第 2 册）[M]．北京：中央文献出版社,1988.